Zum 90. Geburtstag von Bertolt Brecht am 10. Februar 1988 legt der Insel Verlag den 1978 erstmals im Suhrkamp Verlag erschienenen Bildband *Bertolt Brecht. Sein Leben in Bildern und Texten* als insel taschenbuch vor. Aus einer Überfülle an Material wurden für diesen Band Fotografien, Faksimiles von Typoskripten und Manuskripten sowie amtliche Dokumente zusammengestellt, die in eindrucksvoller Weise Brechts Lebensstationen und Schaffensperioden anschaulich machen. Erstmals konnte hierfür zu einem guten Teil bisher völlig unbekanntes Bildmaterial zusammengestellt werden, das unter anderem Brechts Kinder, sein Bruder und Freunde zur Verfügung gestellt hatten, um auch Einblicke in die innere Lebenssphäre des Autors zu geben.
Der Band beabsichtigt eine subjektive Sicht, die sich aus dem Bildmaterial ergibt. Bei den Abbildungen stehen entsprechende Aussagen und subjektive Niederschriften Brechts in Form von Tagebuchaufzeichnungen, Selbstdarstellungen, aber auch unbekannte Briefpassagen. In dialektischer Weise entwickelt sich für den Leser aus dem Privaten das Politische und das Künstlerische: »Wie soll Kunst die Menschen bewegen, wenn sie selber nicht von den Menschen bewegt wird?« schrieb Brecht 1938.
Auf das Wesentliche hinorientiert, stellt der Band eine Fundgrube für den Betrachter dar. Er macht das Bekannte durch Unbekanntes verständlich, er verfremdet die Ergebnisse durch die Anlässe, er vermittelt Zugang durch Quellen.

insel taschenbuch 1122
Brecht
Sein Leben in Bildern und Texten

BERTOLT

BRECHT

Sein Leben in Bildern und Texten
Mit einem Vorwort von Max Frisch
Herausgegeben von Werner Hecht
Gestaltet von Willy Fleckhaus
Insel Verlag

insel taschenbuch 1122
Erste Auflage 1988
Insel Verlag Frankfurt am Main
© Suhrkamp Verlag Frankfurt am Main 1978
Alle Rechte vorbehalten
Vertrieb durch den Suhrkamp Taschenbuch Verlag
Umschlag nach Entwürfen von Willy Fleckhaus
Druck: Appl, Wemding
Printed in Germany

2 3 4 5 6 7 – 03 02 01 00 99 98

Inhalt

6 Max Frisch: Ein Mann namens Brecht
8 An die Nachgeborenen

11 Augsburg 1898–1917
34 Augsburg/München 1917–1924
54 Berlin 1922–1933
120 Exil. Skovsbostrand 1933–1939
156 Exil. Lidingö 1939–1940
176 Exil. Marlebäck 1940–1941
190 Exil. Santa Monica 1941–1947
232 Exil. Feldmeilen 1947–1948
238 Berlin 1948–1956

314 Werner Hecht: Leben und Werk in der Veränderung
320 Chronik. Überblick in Daten
323 Anmerkungen
342 Zitatnachweis
345 Fotonachweis
346 Brecht-Titel-Register
347 Namenregister

Max Frisch
Ein Mann namens Brecht

Die Wohnung, die Brecht in Herrliberg bekommen hat, befindet sich in einem alten Gärtnerhaus, Dachstock. Wir essen in der Küche, wo seine Frau ihre unbekanntere Könnerschaft zeigt, oder in der Diele, die etwas Estrichhaftes hat wie überhaupt die ganze Wohnung, etwas anregend Vorläufiges. Später wandeln wir auf einer bekiesten Dachzinne, wo man sich unter den Wäschestangen etwas bücken muß, und zum schwarzen Kaffee setzen wir uns endlich in seinen Arbeitsraum, der ein schönes Fenster gegen den See und die Alpen hat, die für Brecht allerdings nicht in Betracht kommen; er findet das Fenster auch schön, nämlich weil es Helle gibt. Das Zimmer hat etwas von Werkstatt: Schreibmaschine, Blätter, Schere, Kiste mit Büchern, auf einem Sessel liegen Zeitungen, hiesige, englische, deutsche, amerikanische, hin und wieder wird etwas ausgeschnitten und in ein Mäpplein gelegt, auf dem großen Tisch sehe ich Kleister mit Pinsel, Fotos, Bühnenbilder von einer Aufführung in New York, Brecht erzählt von Laughton, ferner Bücher, die zur gegenwärtigen Arbeit gehören, Briefwechsel zwischen Goethe und Schiller, Brecht liest einiges daraus vor, das Dramatische und das Epische betreffend. Ferner gibt es ein Radio, eine Schachtel mit Zigarren, die Sessel gestatten nur ein aufrechtes Sitzen, einen Aschenbecher stelle ich auf den tannenen Boden, an der Wand gegenüber hängt eine chinesische Malerei, einrollbar, jetzt aber entrollt. Alles ist so, daß man in achtundvierzig Stunden abreisen könnte; unheimisch.

Dann ist es Zeit, den Heimweg anzutreten; Brecht nimmt die Mütze und den Milchtopf, der vor die Haustüre gestellt werden muß. Brecht ist von einer seltenen Art unlaunischer, zur Geste gewordener, dennoch herzlicher Höflichkeit. Wenn ich das Rad nicht habe, begleitet er mich an die Bahn, wartet, bis man eingestiegen ist, winkt mit einer knappen, etwas verstohlenen Gebärde der Hand, ohne die graue Schirmmütze abzunehmen, was stillos wäre; den Leuten ausweichend verläßt er den Bahnsteig mit raschen, nicht großen, eher leichten Schritten, mit Armen, die auffallend wenig pendeln, und stets mit etwas schrägem Kopf, die Schirmmütze in die Stirn gezogen, als möchte er sein Gesicht verstecken, halb verschwörerisch, halb schamhaft. Er wirkt, wenn man ihn so sieht, unscheinbar wie ein Arbeiter, ein Metallarbeiter, doch für einen Arbeiter zu unkräftig, zu grazil, zu wach für einen Bauern, überhaupt zu beweglich für einen Einheimischen; verkrochen und aufmerksam, ein Flüchtling, der schon zahllose Bahnhöfe verlassen hat, zu schüchtern für einen Weltmann, zu erfahren für einen Gelehrten, zu wissend, um nicht ängstlich zu sein, ein Staatenloser, ein Mann mit befristeten Aufenthalten, ein Passant unsrer Zeit, ein Mann namens Brecht, ein Physiker, ein Dichter ohne Weihrauch ...

Brecht in Gesellschaft von Leuten, die er nicht näher kannte – meistens waren es jüngere Leute, und man traf sich in einer Wohnung, selten in einem Restaurant, wo Unbefugte hätten zuhören können – liebte es, einer der Stilleren zu sein, derjenige, der sich vorallem erkundigt: Schwerpunkt der kleinen Gesellschaft, aber nicht Mittelpunkt, ungefeiert, im Mittelpunkt war immer ein Thema. Ich erinnere mich kaum, daß Brecht erzählte. Er gab ungern Rohstoff. Er breitete nicht aus, verkürzte wennmöglich auf Anekdote hin, die, wenn auch vielleicht zum ersten Mal erzählt, immer etwas Fertiges hatte. Nur selten hatte er ein Bedürfnis zu schildern. Daß Brecht fabulierte, sich in Erfindungen gehen ließ, einen Einfall vergeudete aufs Geratewohl oder vor Ulk überbordete, habe ich nie erlebt; aber was die Fabulierer dann nicht können, das konnte er: zuhören auf eine aufmunternde, ungeizige Art, sofern etwas berichtet wurde; er brauchte nichts zu sagen oder fast nichts: seine Kritik an den Vorfällen übertrug sich auf den Erzählenden. Mehr als dem Debatteur erlag man dem Zuhörer Brecht.

Plötzlich, bei einem nächsten Zusammentreffen, hatte er wieder das Häftlingsgesicht: die klein-runden Augen irgendwo im flachen Gesicht vogelhaft auf einem zu nackten Hals. Dabei konnte er grad sehr munter sein. Ein erschreckendes Gesicht: vielleicht abstoßend, wenn man Brecht nicht schon kannte. Die Mütze, die Joppe: wie von dem prallen Dessau entliehen; nur die Zigarre steckte authentisch. Ein Lagerinsasse mit Zigarre. Man hätte ihm ein dickes Halstuch schenken mögen. Sein Mund fast lippenlos. Er war sauber, nur unrasiert; kein Clochard: kein Villon. Nur grau. Sein Haarschnitt wirkte dann wie eine Maßnahme gegen Verlausung oder wie eine Schändung, die ihm angetan worden ist. Sein Gang: da fehlten Schultern. Sein Kopf erschien klein. Nichts von Kardinal, aber auch nichts von Arbeiter. Überhaupt sah Brecht nie wie ein Arbeiter aus, das wäre ein Mißverständnis seiner Tracht; eher so, wie Caspar Neher etwa einen Handwerker stilisieren würde, Tischler vielleicht: mit einem Kopf, daß die Römische Kirche nur in ihren Fundus hätte greifen müssen, um einen sehenswerten Kardinal zu haben. Jetzt aber, wie gesagt, war da nichts vom Kardinal, und man ging neben einem Brecht, der einen verlegen machte wie ein Beschädigter. Er klagte über nichts, im Gegenteil, er rühmte die Giehse. Wir saßen im Café Ost, das es heute nicht mehr gibt, gegenüber einem leeren Stammtisch mit studentischem Couleur-Firlefanz. Was macht einen Schauspieler aus? Man überlegte, als habe Brecht nie eine Zeile darüber geschrieben. Er hatte Zeit, Lust zu sprechen, im Gespräch war er wach und lebhaft, alles andere als ein Geschädigter, denklustig. Erst draußen auf der Straße ging er wieder wie einer, der unser Mitleid erweckt, wie ein Geschundener, die graue Schirmmütze in die Stirne gezogen. Vorallem der Hals: so nackt. Er ging geschwind, aber die Arme machten nicht mit. Die graue Farmer-Jacke: als habe man ihn aus Beständen einer Anstalt eingekleidet, und nur das Bündel von Schreibstiften, die er immer in der oberen Tasche trug, war privat, die Zigarre unerläßlich, sonst wußte er nicht, wohin mit den Händen, und schob sie dann wie etwas Entblößtes flach in die Rocktaschen.

An die Nachgeborenen

I

Wirklich, ich lebe in finsteren Zeiten!
Das arglose Wort ist töricht. Eine glatte Stirn
Deutet auf Unempfindlichkeit hin. Der Lachende
Hat die furchtbare Nachricht
Nur noch nicht empfangen.

Was sind das für Zeiten, wo
Ein Gespräch über Bäume fast ein Verbrechen ist
Weil es ein Schweigen über so viele Untaten einschließt!
Der dort ruhig über die Straße geht
Ist wohl nicht mehr erreichbar für seine Freunde
Die in Not sind?

Es ist wahr: ich verdiene noch meinen Unterhalt
Aber glaubt mir: das ist nur ein Zufall. Nichts
Von dem, was ich tue, berechtigt mich dazu, mich sattzuessen.
Zufällig bin ich verschont. (Wenn mein Glück aussetzt, bin ich verloren.)

Man sagt mir: Iß und trink du! Sei froh, daß du hast!
Aber wie kann ich essen und trinken, wenn
Ich dem Hungernden entreiße, was ich esse, und
Mein Glas Wasser einem Verdurstenden fehlt?
Und doch esse und trinke ich.

Ich wäre gerne auch weise.
In den alten Büchern steht, was weise ist:
Sich aus dem Streit der Welt halten und die kurze Zeit
Ohne Furcht verbringen
Auch ohne Gewalt auskommen
Böses mit Gutem vergelten
Seine Wünsche nicht erfüllen, sondern vergessen
Gilt für weise.
Alles das kann ich nicht:
Wirklich, ich lebe in finsteren Zeiten!

II

In die Städte kam ich zur Zeit der Unordnung
Als da Hunger herrschte.
Unter die Menschen kam ich zu der Zeit des Aufruhrs
Und ich empörte mich mit ihnen.
So verging meine Zeit
Die auf Erden mir gegeben war.

Mein Essen aß ich zwischen den Schlachten
Schlafen legte ich mich unter die Mörder
Der Liebe pflegte ich achtlos
Und die Natur sah ich ohne Geduld.
So verging meine Zeit
Die auf Erden mir gegeben war.

Die Straßen führten in den Sumpf zu meiner Zeit.
Die Sprache verriet mich dem Schlächter.
Ich vermochte nur wenig. Aber die Herrschenden
Saßen ohne mich sicherer, das hoffte ich.
So verging meine Zeit
Die auf Erden mir gegeben war.

Die Kräfte waren gering. Das Ziel
Lag in großer Ferne
Es war deutlich sichtbar, wenn auch für mich
Kaum zu erreichen.
So verging meine Zeit
Die auf Erden mir gegeben war.

III

Ihr, die ihr auftauchen werdet aus der Flut
In der wir untergegangen sind
Gedenkt
Wenn ihr von unseren Schwächen sprecht
Auch der finsteren Zeit
Der ihr entronnen seid.

Gingen wir doch, öfter als die Schuhe die Länder wechselnd
Durch die Kriege der Klassen, verzweifelt
Wenn da nur Unrecht war und keine Empörung.

Dabei wissen wir doch:
Auch der Haß gegen die Niedrigkeit
Verzerrt die Züge.
Auch der Zorn über das Unrecht
Macht die Stimme heiser. Ach, wir
Die wir den Boden bereiten wollten für Freundlichkeit
Konnten selber nicht freundlich sein.

Ihr aber, wenn es so weit sein wird
Daß der Mensch dem Menschen ein Helfer ist
Gedenkt unsrer
Mit Nachsicht.

1 Berthold Friedrich Eugen Brecht, 1899

Ich, Bertolt Brecht, bin aus den schwarzen Wäldern. / Meine Mutter trug mich in die Städte hinein / Als ich in ihrem Leibe lag. Und die Kälte der Wälder / Wird in mir bis zu meinem Absterben sein.
Vom armen B. B., 1922

2 Hochzeitsbild der Eltern, 1897

Der Vater, Berthold Friedrich Brecht, wurde am 6. November 1869 als Sohn des Lithographen Stephan Berthold Brecht (1839-1910) und Karoline Brecht, geb. Wurzler (1839-1919), in Achern/ Baden geboren.
Nach einer kaufmännischen Ausbildung und einer Anstellung in einer Stuttgarter Papiergroßhandlung wechselte er 1893 in die Papierfabrik Georg Haindl nach Augsburg über. Am 15. Mai 1897 heiratete er Wilhelmine Friederike Sophie Brezing. Die Mutter wurde am 8. September 1871 in Roßburg/ b. Bad Waldsee als Tochter des Königlich-Würthembergischen Stationsvorstandes Josef Friedrich Brezing (1842 bis 1922) und Friederike Brezing, geb. Gammerdinger (1838-1914), geboren.
Die Trauung des katholischen Vaters und der protestantischen Mutter fand in einer protestantischen Kirche statt.

3 Geburtsschein, 1898

4 Augsburg, Auf dem Rain Nr. 7

Am 14. Mai 1897, einen Tag vor der Eheschließung, bezogen die Eltern eine Wohnung in dem Haus Auf dem Rain Nr. 7. Dort wurde ihr erster Sohn geboren. Wegen des Lärmes der im Erdgeschoß gelegenen Feilenhauerei zog die Familie Brecht am 18. September in eine ruhigere Wohnung im großen Mietshaus Bei den sieben Kindeln Nr. 1.

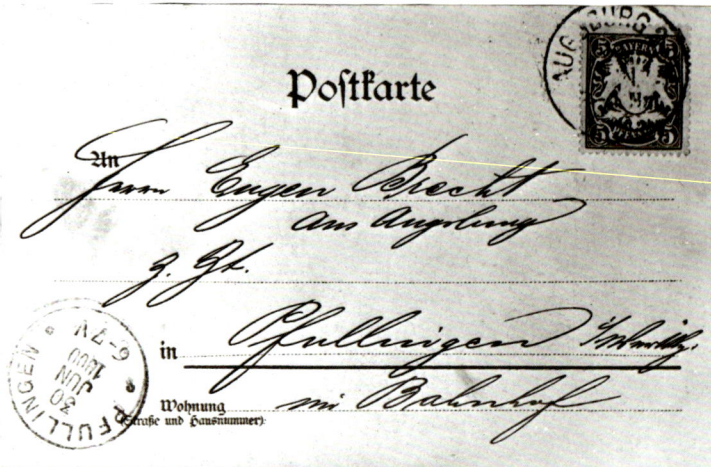

5/6 Postkarte des Vaters an den zweijährigen Sohn, 1900
Liebes Genele! Soeben hast Du ein kleines, nettes Brüderle bekommen, da weißt Du schon wenn du wieder zu Papale & Mamale kommen darfst. Herzl. Gruß Dein Papa Berthold Brecht & Frau
Augsburg, 29. Juni 1900

Die Eltern hatten ihren Sohn zu dieser Zeit nach Pfullingen in Obhut gegeben.

7 Erste überlieferte Schrift Eugen Bertholds, 1905
L. Mama, viele Grüße sendet dir dein Eugen
20. Juni 1905

Während eines Kuraufenthalts der Mutter in Bad Rain, Oberstaufen, schickte deren Schwester, Amalie Reitter, diese Karte, die nach dem Text am Rande Eugen gekauft hat: »Er will auch schreiben.«

8 Mit Verwandten, 1902
Gustav Brecht schickte diese Postkarte am 28. Juli 1902 aus Achern an seinen Bruder Berthold nach Augsburg. Darauf ist mit anderen Kindern auch sein Neffe Eugen Berthold (mit Hut) abgebildet.

9 Augsburg, Bei den sieben Kindeln Nr. 1
Familie Brecht wohnte zwei Jahre in der neuen Wohnung, in der am 29. Juni 1900 der zweite Sohn, Walter, geboren wurde.

10 Schulanfang, 1904
Eugen Berthold wurde auf Wunsch der Mutter in die evangelische Volksschule bei den Barfüßern gegeben. Die dort gepflegten Fächer »Religion« und »Protestantische Geschichte« vermittelten ihm die luthersche Bibelsprache.

11 Familie Brecht, etwa 1906
Vater Berthold (links) und Mutter Sophie (zweite von rechts) mit Eugen Berthold (vor ihr) und Walter (daneben) zusammen mit Bekannten in Augsburg.

12 Mit seinem Bruder Walter, 1904

13 Familie Brecht, 1908

14 Augsburg, Bleichstraße 2, 1910
Am 12. September 1900 zog die Familie Brecht in das Haus Bleichstraße 2 um. Dieses Haus gehörte zu der »Haindlschen Stiftung«, die von den Papierfabriken nach dem Modell der Fuggerschen Siedlung für leitende Angestellte, Invaliden und Pensionäre des Unternehmens sowie »unbescholtene und ohne Schuld unbemittelte Augsburger« geschaffen worden war. Vater Berthold war am 12. Januar 1901 zum Prokuristen der Haindlschen Papierfabrik aufgestiegen und nach seinem Umzug zum Verwalter der »Haindlschen Stiftung« gemacht worden.
Die Familie Brecht bewohnte die 1. Etage des Hauses und hatte außerdem zwei ausgebaute Dachkammern zur Verfügung. Rechts im Fenster die beiden Brüder, links eine Hausangestellte. Am 18. September 1908 kam Eugen Berthold in das Königlich Bayrische Realgymnasium.

15 Postkarte der Mutter an die Neffen, etwa 1910
Liebe Buben! Eugen & Walter lassen vielmals für die 1. Karten danken. Sie konnten am Sonntag nicht kommen, weil sie sich da bei einem Förster bei Welden eingemietet. Wann kommt Ihr denn heim? Großmutter müßt Ihr schon noch schreiben, sie will heute mittag lüften.
Am 15. Juni kommt die Waschfrau. Herzl. grüßen Euch & Eure l. Eltern
Alle Brechts!

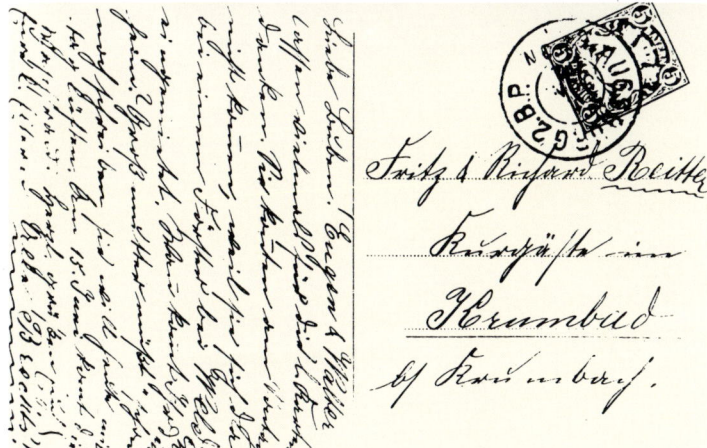

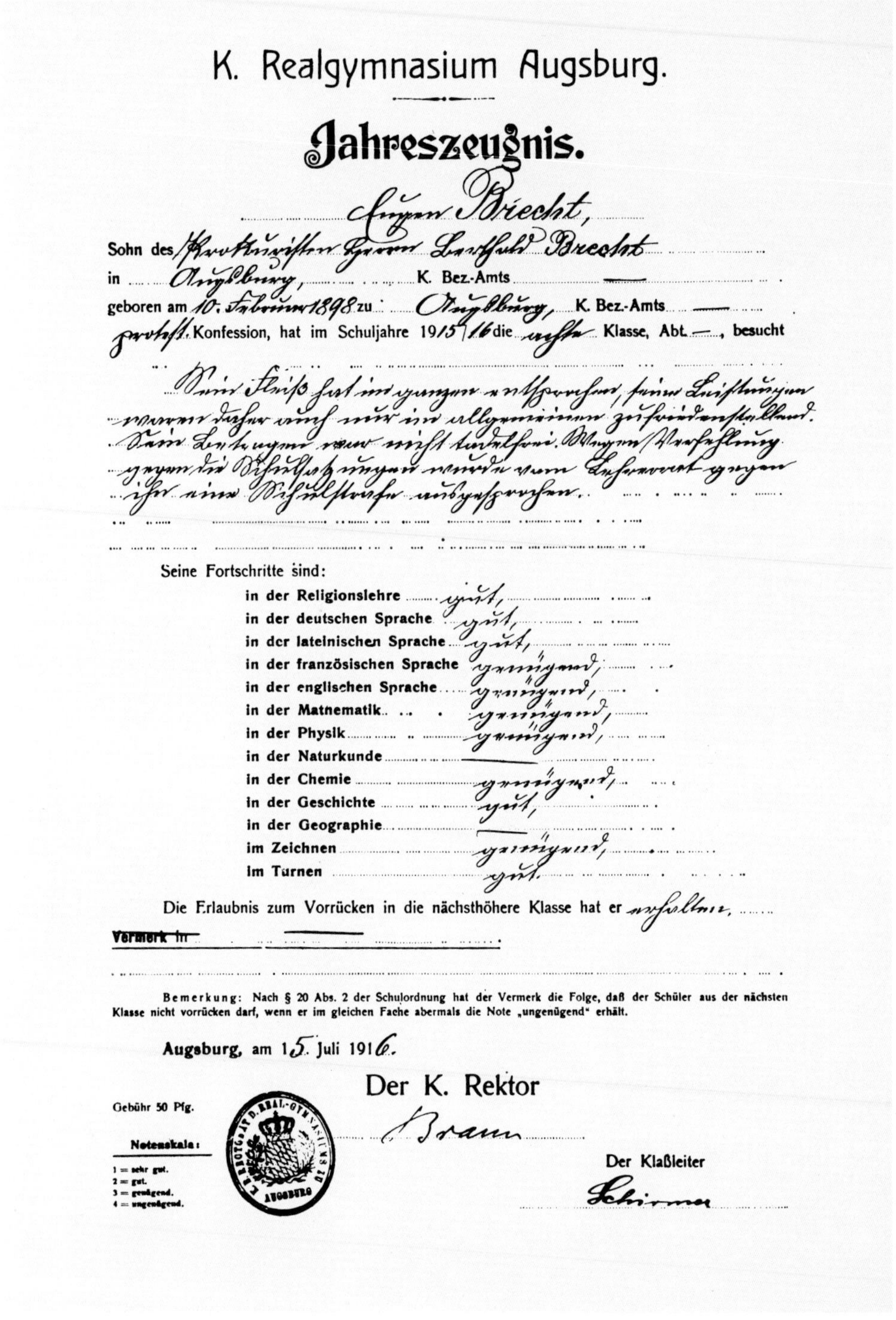

K. Realgymnasium Augsburg.

Jahreszeugnis.

Eugen Brecht,

Sohn des Prokuristen Herrn Berthold Brecht

in Augsburg, K. Bez.-Amts —

geboren am 10. Februar 1898 zu Augsburg, K. Bez.-Amts —

protest. Konfession, hat im Schuljahre 1915/16 die achte Klasse, Abt. —, besucht

Sein Fleiß hat im ganzen entsprochen, seine Leistungen waren daher auch nur im allgemeinen zufriedenstellend. Sein Betragen war nicht tadelfrei. Wegen Verfehlung gegen die Schulsatzungen wurde vom Lehrerrat gegen ihn eine Schulstrafe ausgesprochen.

Seine Fortschritte sind:

in der Religionslehre	gut,
in der deutschen Sprache	gut,
in der lateinischen Sprache	gut,
in der französischen Sprache	genügend,
in der englischen Sprache	genügend,
in der Mathematik	genügend,
in der Physik	genügend,
in der Naturkunde	—
in der Chemie	genügend,
in der Geschichte	gut,
in der Geographie	—
im Zeichnen	genügend,
im Turnen	gut.

Die Erlaubnis zum Vorrücken in die nächsthöhere Klasse hat er erhalten.

~~Vermerk in~~ —

Bemerkung: Nach § 20 Abs. 2 der Schulordnung hat der Vermerk die Folge, daß der Schüler aus der nächsten Klasse nicht vorrücken darf, wenn er im gleichen Fache abermals die Note „ungenügend" erhält.

Augsburg, am 15. Juli 1916.

Der K. Rektor

Braun

Gebühr 50 Pfg.

K. B. Rektorat d. Real-Gymnasiums zu Augsburg

Notenskala:

1 = sehr gut.
2 = gut.
3 = genügend.
4 = ungenügend.

Der Klaßleiter

Schirmer

16 Schulzeugnis, 1916
Urteil: Sein Fleiß hat im ganzen entsprochen, seine Leistungen waren daher auch nur im allgemeinen zufriedenstellend. Sein Betragen war nicht tadelfrei. Wegen Verfehlung gegen die Schulsatzungen wurden vom Lehrerrat gegen ihn Schulstrafen ausgesprochen. Anlaß für diese Beurteilung bot ein Aufsatz, den Brecht über das Thema ›Dulce et decorum est pro patria mori‹ geschrieben hatte.

Der Ausspruch, daß es süß und ehrenvoll sei, für das Vaterland zu sterben, kann nur als Zweckpropaganda gewertet werden. Der Abschied vom Leben fällt immer schwer, im Bett wie auf dem Schlachtfeld, am meisten gewiß jungen Menschen in der Blüte ihrer Jahre. Nur Hohlköpfe können die Eitelkeit so weit treiben, von einem leichten Sprung durch das dunkle Tor zu reden, und auch dies nur, solange sie sich weitab von der letzten Stunde glauben. Tritt der Knochenmann an sie selbst heran, dann nehmen sie den Schild auf den Rücken und entwetzen, wie des Imperators feister Hofnarr bei Philippi, der diesen Spruch ersann.
Schulaufsatz, Juni 1916

Der Lateinlehrer, Konrektor Dr. Friedrich Gebhardt, erregte sich über die Beleidigung, die Brecht dem Dichter Horaz angetan habe, und plädierte für seine Demission vom Gymnasium. Durch Vermittlung des Aushilfslehrers Pater Romuald Sauer wurde im Lehrerrat schließlich auf Schulstrafe entschieden.
Ich habe das Licht der Welt im Jahr 1898 erblickt. Meine Eltern sind Schwarzwälder. Die Volksschule langweilte mich 4 Jahre. Während meines 9jährigen Eingewecktseins an einem Augsburger Realgymnasium gelang es mir nicht, meine Lehrer wesentlich zu fördern. Mein Sinn für Muße und Unabhängigkeit wurde von ihnen unermüdlich hervorzuheben.
Brief an Herbert Jhering vom Oktober 1922

18 Schülerverzeichnis des Königlichen Realgymnasiums Augsburg, Klasse VII, 1914

17 Klassenausflug, Juni 1915
Obere Reihe von links, vierter: Berthold Eugen Brecht, siebenter: Rektor des Königlichen Realgymnasiums Oberstudienrat Dr. Wilhelm Braun, daneben: Klassenlehrer Oberstudienrat Karl Bernhard. Eugen Berthold beteiligte sich seit 1913 an der Herausgabe einer literarischen Schülerzeitung ›Die Ernte‹. Darin brachte er erste Gedichte, Prosatexte sowie sein Drama ›Die Bibel‹ unter. Das dabei benutzte Pseudonym aus seinem Vornamen »Berthold Eugen« behielt er bis 1916 bei, von da ab nannte er sich »Bert Brecht«.
Nach dem Ausbruch des ersten Weltkrieges verfaßte Brecht patriotische Texte, die er in Zeitungen publizierte. Im August 1914 beteiligte er sich an einer Turmwacht, bei der Schüler des Nachts nach feindlichen Flugzeugen Ausschau halten mußten, und berichtete darüber:
Es war wunderbar schön hier in mitternächtiger Stunde auf dem hohen Turm. Ab und zu fuhr rollend ein Zug aus dem Bahnhof – ein Zug von Soldaten, die hinauszogen in die Nacht, in ein ungewisses Los, vielleicht, um nicht wieder zurückzukehren. Jedesmal, wenn wir das Rasseln der Wagen, das Stöhnen der Maschine hörten, vernahmen wir auch ein fernes, mattes Hochrufen, das eigen, feierlich klang.
Manchmal auch tönte unter uns ein Lied in die stille Nacht. Im Ratskeller sangen sie patriotische Lieder. Mächtig schwollen die Töne der ›Wacht am Rhein‹ zu uns empor. Und dann erklang es leis und weh: ›Muß i denn, muß i denn zum Städtele naus‹.
Es war eine schöne Nacht. Wenn wir auch keinen Flieger sehen. –
Und nun zum Schluß möcht ich noch die Jugend und Gymnasiasten fragen, die dies lesen: Möchtet ihr nicht auch so Turmwacht halten fürs Vaterland? Es sind noch viele Posten nötig. Freilich, das Bett marschiert nicht mit hinauf die zwei Stunden, aber dafür leistet ihr der gemeinsamen Sache unseres lieben Vaterlandes einen kleinen Dienst und – genießt kostenlos den Reiz einer »Turmwacht«.
NB. Wir möchten noch mitteilen, daß sich die Jungen bei Herrn Rechtsrat Deutschenbaur (Rathaus) als Wachtposten melden können.
Turmwacht / Von einem Augsburger Mittelschüler, erster gedruckter Text am 8. August 1914

19 Mit seinem Bruder Walter, Frühjahr 1917

20 Augsburg, Bleichstraße 2
In das Bleichviertel, wo wir wohnten, kam regelmäßig ein Ausrufer mit einem Handwagen und verkaufte Fegesand. Wenn dieser Mann in die Bleichstraße einbog und Brecht hörte den Ruf »Feeegsand! – Feeegsand!«, dann kam er sogleich auf die Straße heruntergesprungen und sprach mit dem Sandverkäufer. Beide schienen aneinander Gefallen gefunden zu haben. Mit dem Milchmann war es ähnlich. Da kamen die Frauen mit ihren Kannen und Töpfen aus den Häusern und holten Milch oder Sahne. Schon stellte sich der achtzehnjährige Brecht dazu, redete mit ihnen oder hörte dem Milchmann und den Frauen zu, wie da miteinander getratscht wurde. Die Umgangssprache hatte es ihm angetan. Von den Ausdrücken und Redewendungen der Handwerker, Straßenhändler und Viehtreiber (die es ja damals noch gab) war er magisch angezogen.
(Friedrich Mayer, Bekannter aus der Nachbarschaft)

21 Kastanienallee gegenüber vom Wohnhaus, von Walter Brecht 1919 fotografiert
Vorbei an meinem väterlichen Haus führte eine Kastanienallee entlang dem alten Stadtgraben; auf der anderen Seite lief der Wall mit Resten der einstigen Stadtmauer. Schwäne schwammen in dem teichartigen Wasser. Die Kastanien warfen ihr gelbes Laub ab.
Bei Durchsicht meiner ersten Stücke, 1954

22 Mit der Mutter, 1915
In der Laube im Garten des Hauses Bleichstraße 2
Die Mutter (tritt ein verhüllt, und wie gestorben, so ernst): Mein Sohn, ich habe gehört, was mit dir zuging und bin dennoch gekommen, denn ich weiß daß du leidest. Ich bin schuldig geworden durch dich, verflucht ward mein Schoß um deinetwillen. Aber du bist wie ein Kind, das nicht wußte, daß es Sünde gibt und in die Hölle lief, wie in einen Spielgarten. Ich bitt dich, kehr um und tue Buße! Dir werden die Menschen verzeihen, dich wird keiner mehr beugen, wenn du dein Haupt selber beugst: denn sie haben alle Mitleid mit denen, die anders sind und nicht so gut wie sie. (Streichelt ihm das Haar.)
Oratorium, etwa 1916

24 Brecht, Ende 1917
Bin *ich* hübsch? Schreibe mir bitte Deine Ansicht! Es ist schon so lange Zeit niemand mehr ordentlich grob zu mir gewesen. Diese jungen Leute um mich sind so höflich! (Und ich bin so grob – das ganz verschämt, pianissimo, pst!)
Brief an Caspar Neher vom 18. Dezember 1917

23 Mutter sein . . ., Veröffentlichung in der ›München-Augsburger Abendzeitung‹ vom 21. September 1914

Mutter sein . . . .

Mutter sein, zu unseren Zeiten,
Heißt: Leiden

Mutter sein, das heißt:
Weinend geben —
Heißt: mit Körper, Seele, Geist
Einem andern Leben leben. — —
Wenn der Sturm es in die Wellen reißt,
Selbstversinkend es zum Himmel heben
Und s i c h geben.
Mutter sein, das heißt:
Tausendmal sterben.
Heißt: Wenn Not und Tod die Seel erlösten,
Um Verzeihung drum beim Kinde werben
Und den Erben
Sterbend noch mit einem Lächeln trösten.

Mutter sein, zu allen Zeiten,
Hieß: Leiden.

Berthold Eugen.

25 Mit den vier letzten Schülern der Klasse, März 1917
Ich werde im schönen Mai gemustert. Aber ich habe ein schlechtes Herz. Ich laufe zuviel. Ich denke zuviel. Ich würde eine Offensive vereiteln.
Brief an Caspar Neher vom April 1918

Die übrigen Schüler der Klasse IX waren bereits im Militärdienst. Von links: Rudolf Hartmann, Georg Geyer, Ludwig Lang, Brecht, Alex Baldi.

26 Mit Freunden bei einem Ausflug, 1918
Es geht heut Montag abends 6ʰ in den Eisladen vis-à-vis der Heilig † Kirche in der Kreuzstraße. Réunion der Silversterspukgestalten. Hast Du Punschessenz?
Nötig: Trinkbecher. Schlitten. Holz (im Rucksack). Mundharmonika. Humor. Zigaretten. Wasserstiefel. Gefühl für Romantik und Ulk. Ziel: Nervenheil.
Rodelpartie im Sternenschein. Thee im Wald. Zweikämpfe mit Flurhütern. Also um 6 Uhr. Holdseligster!
Einladung an Heiner Hagg, Anfang Januar 1917

Mit Paula Banholzer, Heiner Hagg, Emmi Wild, Otto Bezold

27 Augsburg, Gablers Taverne
Nachts im Orchideengarten Eis gegessen, dann einen Psalm (›Ich weiß, ihr Herz ist schlecht‹) gemacht auf dem Weg, dann bei Gabler Heidelbeerwein getrunken und Psalmen gelesen, dann mit Orge heim.
Tagebücher, 18. Juli 1920

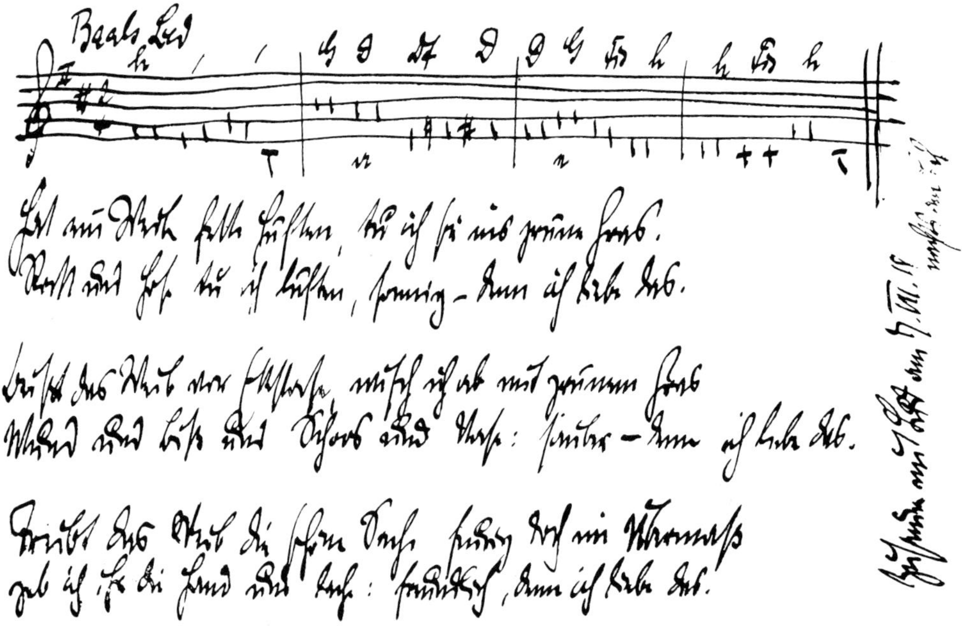

28 Baals Lied, 1918
Zusammen mit Lud[wig Prestl]
am 7. VII. 1918, nachts
am Lech
Lieder zur Klampfe, 1918

Hat ein Weib fette Hüften, tu ich sie ins grüne Gras. / Rock und Hose tu ich lüften, sonnig – denn ich liebe das. Beißt das Weib vor Ekstase, wisch ich ab mit dem grünen Gras / Mund und Biß und Schooß und Nase: sauber – denn ich liebe das. Treibt das Weib die schöne Sache feurig doch im Übermaß / geb ich ihr die Hand und lache: freundlich, denn ich liebe das.

29 Lied der müden Empörer, 1918
Lieder zur Klampfe, 1918

Wer immer seinen Schuh gespart / dem ward er nie zerfranzt. / Und wer nie müd noch traurig ward / der hat auch nie getanzt. Und wenn aus Altersschwäche gar / im Staub zerfällt dein Schuh / der ganz wie du nur für Fußtritte war / war glücklicher noch als du. Wir tanzten nie mit mehr Grazie / als über Gräber noch. / Gott pfeift die schönste Melodie / stets auf dem letzten Loch.

30 Rudolf Caspar Neher, etwa 1917
Aber Deine Karikaturen, Du großer Zyniker mit dem Kindskopf, sind über die Maßen gut. Tatsächlich. Es scheint, Du willst darauf hinaus, Seelen zu karikieren, nachdem die andern immer nur Mienen oder Verständer oder Körper karikiert haben. Du mußt soviel als möglich zeichnen und alles mir schenken. Das ist ein wesentlicher Punkt. Bitte, schreibe mir noch einmal extra, daß ich sie behalten darf. Sonst müßte ich beten, daß Du bald stirbst. Ich werde sie, wenn ich nach Argentinien gehe, in meinen Futterbeutel oder in die Leibbinde wickeln. Ich werde sie behalten zu diesem Zweck.
Brief an Caspar Neher vom September 1917

Man wird mich ausstoßen aus dem Himmel dieser Edlen, Idealen und Geistigen, aus diesen Strindhügeln und Wedebabies, und ich werde Bücher schreiben müssen über Deine Kunst. Und ich stelle mich auf meine Füße und spucke aus und habe das Neue satt und fange mit dem Arbeiten an und dem ganz Alten, mit dem 1000mal Erprobten und mache, was ich will, auch wenn ich Schlechtes will. Und ich bin Materialist und ein Bazi und ein Proletarier und ein konservativer Anarchist, und ich schreibe nicht für die Presse, sondern für mich und Dich und die Japaner.
Brief an Caspar Neher vom Juni 1918

31 Skizzen Caspar Nehers für ein Brecht-Porträt, 1919
Rudolf Caspar Neher kam 1911 in das Realgymnasium und war seitdem mit Brecht befreundet. Neher begann 1914 ein Studium an der Kunstgewerbeschule und Kunstakademie München. Nachdem Neher eingezogen worden war, schrieben sich die beiden Freunde viele Briefe. Am 2. Oktober 1917 begann Brecht an der Ludwig-Maximilians-Universität München das Studium der Medizin.

32 An Caspar Neher, 1914

Als Freund, nicht als Kritiker (denn da hätte ich kein Recht), rate ich Dir, die Behandlung des Lichtes nicht zu einer Manie auszugestalten, d. h. allzu grobe u. unwahrscheinliche Lichteffekte zu vermeiden. Nun, bisher allerdings, vermittelt das Licht außerordentlich poetische Stimmung, aber – – Aber der Dichter (und Maler nach meinem Sinne) ist von der Wirklichkeit abhängig. Naturwahrheit *und* Idealismus zu verschmelzen ist Kunst. »Wirklichkeit ist das Lager des großen Dichters auf dem er seine Träume träumt.«
Brief an Caspar Neher vom 10. November 1914

33 Mit Otto Müllereisert, 1918
Auf der Universität hörte ich Medizin und lernte das Gitarrespielen. In der Gymnasiumszeit hatte ich mir durch allerlei Sport einen Herzschock geholt, der mich mit den Geheimnissen der Metaphysik bekannt machte. Während der Revolution war ich als Mediziner an einem Lazarett.
Brief an Herbert Jhering vom Oktober 1922

34 Lied an die Kavaliere der Station D, 1918
Oh, wie brannten euch der Liebe Flammen / als ihr jung und voller Feuer wart. / Ach der Mensch haut halt *das* Mensch zusammen / das ist nun einmal so seine Art.
Lieder zur Klampfe, 2. November 1918

35 Brecht, 1917
Aber ich bin ins Rennen geraten. Von 8-11, von 12-1; von 3-½7; von 7-10½ ins Laboratorium, Universität und Theater. Täglich. Ich fresse alles Erreichbare hinein und lese unheimlich. Ich verdaue es dann beim Militär.
+++ Freue mich immer auf Augsburg, wo ich 1½ Tage faul sein kann. Hier komme ich aus einem System von Verspätungen nie heraus. Früh um 6 Uhr habe ich schon 24 Stunden Verspätung. Nachts 11 Uhr, 24 + 15 Std. usw. Nächstens stehe ich in der Frühe einfach nicht mehr auf.
Postkarte an Heiner Hagg vom 23. November 1917

Mit der Kunst ist nicht viel los. Ich bin für die Schließung der Theater – aus künstlerischen Gründen. Bevor nicht der letzte Zuschauer an den Därmen des letzten Schauspielers aufgehängt ist, gibt es keine Kunst! Die Politik beginnt sich mit Tatsachen zu beschäftigen statt mit Reden wie bisher. Wenn die Diplomatie, das Militär und das Kapital der Teufel geholt hat, steht dem Frieden nur mehr die Nachgiebigkeit im Weg.
Brief an Caspar Neher vom 29. Dezember 1917

36 Mit Paula Banholzer, 1918
Es ist nicht meine Schuld,
daß es mir nicht schlecht geht.
Damit wird es ja
jetzt wohl bald besser werden.
Habe jetzt oft 8 Stunden
Kolleg täglich und
keinen einzigen Freund.
Komme ich nach
Augsburg, ist meine ganze
Stube voll davon, und
Bittersüß und ich haben
keinen Winkel, um im
Dunkeln ungestört einiges zu
besprechen.
Wir zünden nachts auch
Lampions an und ziehen
durch die Stadt zu den schönen
Mädchen und machen
Musik, heulen wie
die Wölf'!
*Brief an Caspar Neher vom
11. Mai 1918*

37 Mit Paula Banholzer in der Mansardenstube, 1919
Nachmittags ist Bi da, sie kocht
Tee, den wir im schönen
Zimmer nehmen, auf
der Chaiselongue, bequem
vom Rauchtischchen. Das
ist sehr angenehm, Teetrinken
ist ein seelenvoller Sport.
Bi hat so hübsche, weiße Beine,
die etwas Aufmerksamkeit
unbedingt beanspruchen
können. Sie ist gerade
Hausfrau und muß ihren
kleinen Bruder erziehen.
Wenn sie schimpft, dreht sie
sich schnell um und läuft
hinaus, weil sie lachen muß.
›Tagebücher‹, 22. August 1920

38 An Bittersweet, Manuskript, 1919
So halb im Schlaf in bleicher
Dämmerung / an deinem
Leib, so manche Nacht, *der*
Traum: / Gespenstige
Chausseen unter abend-
bleichen / sehr kalten Himmeln.
Bleiche Winde. Krähen /
die nach der Speise
schrein und nachts kommt
Regen. / Mit Wind und
Wolken, Jahre über Jahre, /
verschwimmt dein
Antlitz, Bittersüße, wieder, /
und in dem kalten Wind
fühl ich erschauernd /
leicht deinen Leib, so, halb
im Schlaf, in Dämmerung /
ein wenig Bitternis noch im
Gehirn.
An Bittersweet,
31. 10. 19

39 Mit Paula Banholzer, 1918
Nun hat mich Bittersüß lieb.
So nenne ich Paul. Sie ist
wundervoll weich und
frühlingshaft, scheu und
gefährlich. Tagtäglich führe ich
mich in Versuchung, um mich
von allen Übeln zu erlösen.
Aber ich will nicht tun, was ich
tun will? Was aber, wenn *sie*
will?
*Brief an Caspar Neher vom 24.
Februar 1918*

Ich danke Dir für Deinen
Brief, der so schrecklich lang
nicht kam, und für die
Photographie, auf der Du so
schön dumm aussiehst. Ich
habe doch alle Deine
Bilder hier – bis auf das bei
Otto, im Kimono, an dem
Vorhang, kannst Du mir das
nicht auf kurz schicken? Ich
sehe Dich immer, viele Male am
Tag, wenn ich die Brief-
mappe aufmache.
[. . .] Liebste Geiß, gute Geiß,
ich hab Dich lieb.
Du mußt mehr schreiben, was
tust Du denn immer? Du darfst
mir nichts zu Weihnachten
kaufen, oder es müßte etwas
von *Dir* sein, aber ich habe *auch*
kein Geld, und Du mußt mit
ganz wenig zufrieden sein dies
Jahr, *nächstes* Jahr verdiene ich!
*Brief an Paula Banholzer vom
Dezember 1921*

*Brecht lernte Paula Banholzer,
die Tochter eines Augsburger
Arztes, 1917 kennen; er nannte
sie »Bittersüß«, »Bittersweet«
oder abgekürzt »Bi«.*

40 Brecht in Valentins Orchester, 1920
Szene ›Oktoberfest – Schaubude‹, mit Karl Valentin und Lisl Karlstadt

Am Mittag, als es wärmer wurde, hielt es der Zug nimmer aus, der 15 Stunden gelaufen war, und spie mich in den Münchner Bahnhof aus, mit meinen Koffern und etlichen siebenzig Bärten im Gesicht, ungewaschen in der Mittagssonne! Aber ich war kreuzvergnügt, ich trottete ganz langsam in die Pension und saß abends bis 11 im Kabarett bei Valentin und wälzte mich fast vor Lachen.
Brief an Dora Mannheim von Mitte März 1920

41 Mit seinem Freund Georg Pfanzelt, etwa 1918

In jener Zeit war ich Soldatenrat in einem Augsburger Lazarett, und zwar wurde ich das nur auf dringendes Zureden einiger Freunde, die behaupteten, ein Interesse daran zu haben. (Wie sich dann herausstellte, konnte ich jedoch den Staat nicht so verändern, wie es für sie gut gewesen wäre.) Wir alle litten unter einem Mangel an politischen Überzeugungen und ich speziell noch dazu an meinem alten Mangel an Begeisterungsfähigkeit. Ich bekam einen Haufen Arbeit aufgehalst. Der Plan der Obersten Heeresleitung, mich ins Feld zu bringen, war ja schon ein halbes Jahr vorher gescheitert. Ich hatte es, durch Glück begünstigt, verstanden, meine militärische Ausbildung zu verhindern, nach einem halben Jahr beherrschte ich noch nicht einmal das Grüßen und war selbst für die damals schon gelockerten militärischen Verhältnisse zu schlapp. Ich verfügte dann aber sehr bald über meine Entlassung. Kurz: ich unterschied mich kaum von der überwältigenden Mehrheit der übrigen Soldaten, die selbstverständlich von dem Krieg genug hatten, aber nicht imstande waren, politisch zu denken. Ich denke also nicht besonders gern daran.
Nachdruck verboten!
9. November 1928

Hier war Plärrer. Ich habe mich halb kaputt geschiffschaukelt. Arbeiten kann man wenig, wenn der Sommer so verflucht schön ist! Was tun *Sie*? Ich esse Eis, spiele Gitarre, warte auf mein Todesurteil und schaukle auf dem Plärrer.
Brief an Hans Otto Münsterer vom August 1918

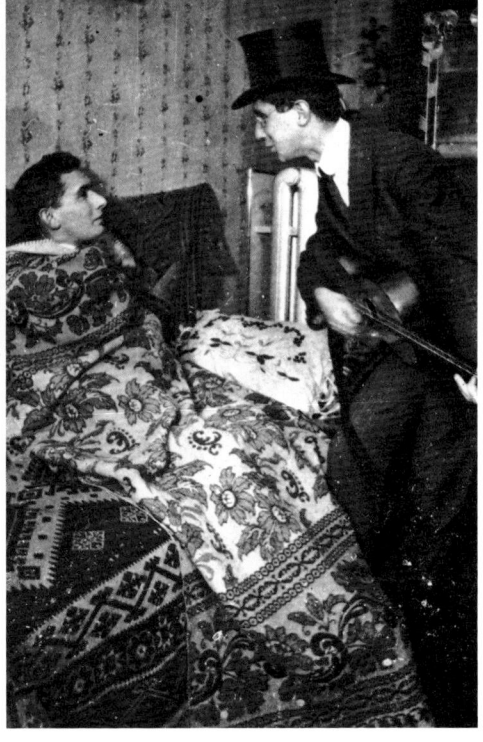

Dieser Mensch ist ein durchaus komplizierter, blutiger Witz. Er ist von einer ganz trockenen, innerlichen Komik, bei der man rauchen und trinken kann und unaufhörlich von einem innerlichen Gelächter geschüttelt wird, das nichts besonders Gutartiges hat. Denn es handelt sich um die Trägheit der Materie und um die feinsten Genüsse, die durchaus zu holen sind. Hier wird gezeigt die *Unzulänglichkeit aller Dinge*, einschließlich uns selber. Wenn dieser Mensch, eine der eindringlichsten geistigen Figuren der Zeit, den *Einfältigen* die Zusammenhänge zwischen Gelassenheit, Dummheit und *Lebensgenuß* leibhaftig vor Augen führt, lachen die Gäule und merken es tief innen.
Karl Valentin, Oktober 1922

42 Der Großmutter zum 80. Geburtstag, 1919
Gedicht Brechts, von seinem Vater abgeschrieben.

Aufgewachsen in dem zitronenfarbenen Lichte der Frühe / unter dem breiten Dach des Hauses am Markte, / Kind mit anderen Kindern, sah sie die Jahre / ohne Sternenflug oder die schrecklichen Schatten / ehernen Schicksals. Aber der Mittag war / heiß und mühevoll. Wenn ihre Kinder / tief im Schatten des breiten Daches des Hauses am Markte / schliefen – / hatte sie voller Arbeit die Hände, denen das Brot und den Trunk / die Kinder entrissen. Später, am Nachmittag, / wölbte der Baum ihres Schicksals höher den Wipfel, / aber der Wind blieb stark, daß das Stehen oft / schwer war. Dann, als die Kinder, aufgewachsen und schon gehärtet, / von ihr gingen, wie Vögel in alle Himmel / über das Land und die Länder und über das Meer, / lernte die Greisin weiter zu schauen: / über das Land und die Länder und über das Meer. / Jahre gingen. Schon wuchsen die Enkel auf, / fern ein Geschlecht über Ländern und Meeren, / das in den Knochen ihr Mark, in den Adern ihr Blut / trug / und in den Stürmen des Lebens, immer neu / durchgekämpft, / sie aus der Ferne verehrte, die Mutter der Mütter. / Endlich am Abend ging sie, die alle geboren, / allein durch das Haus am Marktplatz, aufrecht und / ungebeugt, / während in dunkler gewordenen Ländern Kanzelwort / und Trompetenruf / die Enkel entzweite. Sie aber betete / über dem Streit für die Enkel diesseits und jenseits. / Jene aber, im Kampfe, dachten wohl immer / ihrer in zweierlei Lagern und daß in dem Hause / am Marktplatz / Kammern für sie bereit und der Tisch schon gedeckt war.
Augsburg, September 1919,
Eugen Bert Brecht

Die Großmutter starb am 19. Dezember 1919.

43 Eltern des Vaters in Achern
Karoline Brecht, geborene Wurzler, arbeitete in der Werkstatt ihres Mannes, des Lithographen Stephan Berthold Brecht. Sie war Brechts Vorbild für die Geschichte ›Die unwürdige Greisin‹.

44 Frank Wedekind als Karl Hetmann in ›Hidalla‹
Samstag abend bummelten Ludwig Prestel und ich am Lech herum, und weil wir die Gitarre dabei hatten, sang ich am Wehr ein paar Lieder von Frank Wedekind. Ich las am Morgen drauf, daß er gestorben ist. Dann war ich am Dienstag beir Beerdigung. Ich sah ihn noch im Sarg. Eine der größten Überraschungen, die ich je hatte: Er sah aus wie ein kleiner Junge, so um den Mund herum. Der süffisante, preziöse Zug der Lippen, das Übersättigte, Zynische ganz weg! Zuerst meinte man, er lächle; aber dann sah man, daß das Lächeln sich schon »abgewöhnt« hatte. – Er hatte sich operieren lassen, ohne direkte Notwendigkeit, nur um nicht als Krüppel »halb« leben zu müssen. Vor 6 Wochen hörte ich ihn in der Abschiedskneipe des Kutscher-Seminars zur Laute singen. Er sah aus, als könne er nicht sterben. Er war eine Persönlichkeit wie Sokrates und Tolstoi.
Brief an Caspar Neher von Mitte März 1918

45 Augsburg, Plärrer mit Moritatensänger
Immer streune ich abends übern Plärrer, der einem seine Negermusiken mit Keulenschlägen eintreibt: Man bringt sie nachts nimmer aus den Hautfalten! Der Mond, wo wir die Hallelujahsinger im Laub spielen, verfällt langsam, es regnet häufig, wir müssen uns nach neuen Beschäftigungen umschauen. Mit Film und Bänkelsang werden wir uns noch einen halben Mond über Wasser halten, aber dann muß neuer Flug angehen; im Oktober noch als Kriechechse durch das bunte Laub, aber dann, schwarze Riesenvögel über die Winter-Himalajaberge!
›Tagebücher‹, 24. August 1920

46 Brecht, 1918

Über diesen Sommer
Ich habe nicht viel gemacht,
etwas geschwommen, einiges
gelesen, nichts geliebt. Aber
die Zeit war nicht arm.
Ich mußte umschaufeln und
mich an den Anblick von
Leichen gewöhnen. Schlimmer,
als daß nichts getan wurde,
ist, daß viel angefangen
wurde. Immerhin sind einige
Balladen fertig. Auch
die Sägearbeit an dem Ast,
auf dem ich sitze, schreitet vor,
wenn auch langsam. Aber
die Sicherheit treibe ich
mir noch aus.
›Tagebücher‹,
26. September 1920

47 ›Erinnerung an die Marie A.‹, Manuskript
Sentimentales Lied Nr. 1004
An jenem Tag im blauen Mond
September / still unter einem
jungen Pflaumenbaum / da
hielt ich sie, die Bleiche
Stille Liebe / an meiner Brust
wie einen Wiegentraum, / und
über uns, im schönen
Sommerhimmel / war eine
Wolke, die ich lange sah / sie
war sehr weiß und unge-
heuer oben / und als ich
aufstand war sie nimmer da.
Seit jenem Tag sind viele viele
Monde / geschwommen still
hinunter und vorbei / die
Pflaumenbäume sind wohl
abgehauen / und fragst du
mich: Was mit der Liebe sei – /
So sag ich dir: Ich kann
mich nicht erinnern / und doch,
gewiß, ich weiß schon was
du meinst. / Doch ihr Gesicht,
das weiß ich lange nimmer /
ich weiß nur mehr: Ich küßte
es dereinst.
Doch auch den Kuß, ich hätt
ihn wohl vergessen / wenn
jene Wolke nicht gewesen
wär: / die weiß ich noch
und werd ich immer wissen /
sie war sehr weiß und kam
von oben her. / Die Pflaumenbäume blühen vielleicht noch
immer / Und jenes Weib
hat jetzt vielleicht das
7. Kind – / Doch jene Wolke
lebte nur Minuten / und als ich
aufstand schwand sie
schon im Wind.
21. II. 20,

abends 7^h im Zug nach Berlin
Im Zustand der gefüllten
Samenblase sieht der Mann in
jedem Weib Aphrodite.
Geh.R. Kraus

Notizbuch, 1920

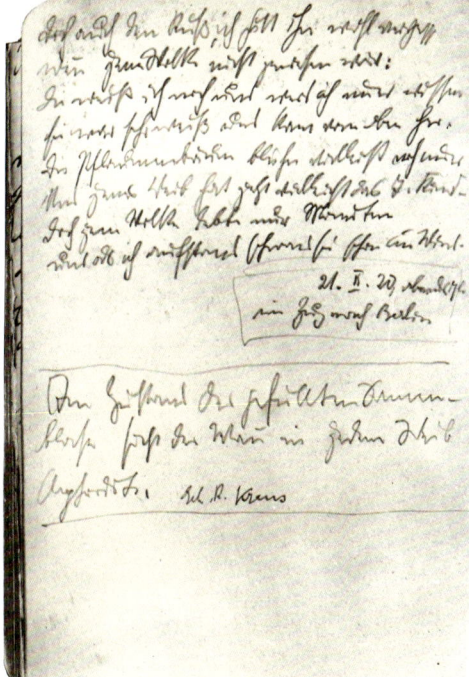

48 Marie Rose Aman
Brecht lernte die Schülerin Marie Rose Aman im Frühsommer 1916 kennen.

Ich kann also die Rosmarie nicht mehr küssen (sie hat weiche, feuchte, volle Lippen in dem blassen, durstigen Gesichtchen). Ich kann aber andere küssen, natürlich. Ich sehe 100 Münder vor mir, sie verschmachten ohne meinen Kuß. 30 Jahre gebe ich mir und 5 Erdteile. Aber die Rosmarie kann ich also . . . Kreuzteufel! Was sind 100 Möglichkeiten gegen *eine* Unmöglichkeit? Vergessen ist Kraft = Flucht aus – Schwäche. Das Höchste, was man kann, ist: das zu nehmen, was man nehmen kann. Und das andere? Aber das andere, das man nicht . . . ? »Es kann keinen Gott geben, *weil* ich es sonst nicht aushielte, *kein* Gott zu sein.« Wer lacht da *nicht*? (Lachen ist auch so eine Kraft der Schwachen!)
Brief an Caspar Neher vom 18. Dezember 1917

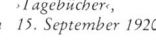

49 Kimratshofen, nach der Taufe des Sohnes Frank Banholzer, 2. August 1919
Frank habe rote Haare, sei frech, liebe den Unsinn. Bravo!
›Tagebücher‹,
9. September 1920

»*Laut Protokoll des Amtsgerichts Augsburg vom 1. Oktober 1919 und 19. Februar 1920 hat sich der stud. med. Bert Brecht (Familienname sehr unleserlich/Dorn) in München, Paul Heysestr. 9/IV als Vater des von der led. Arztentochter Paula Banholzer, wohnhaft in Augsburg, am 30. Juli 1919 außerehelich geborenen Kindes Frank Otto Walter Banholzer bekannt.
Kimratshofen, 8. April 1920
Der Standesbeamte:
Dorn*«

Paula Banholzer hatte das Kind in Kimratshofen bei ihren Großeltern geboren. Die Taufe wurde in einer Gaststätte gefeiert. Auf dem Bild von links: Paula Banholzer, Otto Müllereisert, Caspar Neher, eine Bekannte, Georg Pfanzelt, Brecht und ein Verwandter Paulas.

50 Brecht, 1920
Mittags redet Papa Unsinn über den Kommunismus. Zwei Äpfel im Garten sind gestohlen, ich verteidige den Dieb: Was Bäume machen, gehört niemand.
Hierauf schreit Papa, in der Zeitung stehe, die Entente-Kommission setze die Polizeistunde auf 11 Uhr fest, soweit sei es mit Deutschland wegen Leuten wie uns gekommen. Er möchte wissen, was ich schon für die Allgemeinheit getan hätte, noch rein gar nichts. Ich mache mein Physikum noch in fünf Jahren nicht. Er wolle jetzt einmal eine ernste Arbeit bei mir sehen. Das, was ich mit meiner Literatur getan hätte, halte er persönlich für gar nichts. Das müsse sich erst noch beweisen. Ich ging schnell hinaus. Ich habe noch nichts verdient.
›Tagebücher‹,
15. September 1920

51 Frank Otto Walter Banholzer, 1921
Mit Bi nach Kimratshofen gesegelt. Es regnet auf dem Weg, Wind geht. Die Frau bringt den Buben, ich hatte eine tiefe Freude. Ich hatte Angst gehabt, er sehe bäurisch aus. Er ist schlank, zartgliedrig, mit feinem hellem Gesicht, roten gelockten Haaren, die vorn glatt sind, er ist lebhaft und hat große, dunkelbraune Augen. Er macht gern Ulk, lacht viel, läuft immer herum und spielt mit vielen Dingen, kurz nacheinander, aber er ist nie gewalttätig und nie lärmend, sondern immer freundlich und zart. Er redet fast nichts, ist aber originell im Spielen (setzt einem Pferdchen meinen Hut auf) und schenkt allen Leuten, was er bekommt. Er gewöhnt sich sehr schnell an mich, spielt mit mir und läuft mir entgegen, mehr als der Bi, die nicht gleich den Ton trifft, dann aus Angst vor Körben ihn läßt. Ich leihe ihm gleich meinen Hut, dann meine Krawatte, die Uhr, zehn Pfennige. Ich will Papa bitten, ihn zu sich zu nehmen. – Bi ist nett, und ich habe sie gern.
›Tagebücher‹, 28. April 1921

An Franks drittem Geburtstag besuche ich die Bi in Utting. Sie ist leicht und gut, wir baden, sitzen unter den Bäumen; aber den Frank hat sie fast vergessen, erst heut schreibt sie ihm zum Geburtstag, sie tut auch nichts, ihn zu sehen. Ich muß doppelt viel arbeiten, um ihn zu mir nehmen zu können!
›Tagebücher‹, Juli 1921

Frank Banholzer wurde bei einem Distriktwegemacher in Pflege gegeben. Er lebte später bei der Schwester von Helene Weigel in Baden bei Wien. Paula Banholzer, die 1924 einen Kaufmann heiratete, nahm Frank 1935 nach Augsburg, wo sich nun auch der Vater Brechts um ihn kümmerte.

52 Brechts Mutter, etwa 1919

1. Ich erinnere mich ihres Gesichts nicht mehr, wie es war, als sie noch nicht Schmerzen hatte.
Sie strich müd die schwarzen Haare aus der Stirn, die mager war, die Hand dabei sehe ich noch.
2. Zwanzig Winter hatten sie bedroht, ihre Leiden waren Legion, der Tod schämte sich vor ihr. Dann starb sie, und man fand einen Kinderleib.
3. Sie ist im Wald aufgewachsen.
4. Sie starb zwischen Gesichtern, die ihr zu lang beim Sterben zugeschaut hatten, da waren sie hart geworden. Man verzieh ihr, daß sie litt, aber sie irrte hin zwischen diesen Gesichtern, vor sie zusammenfiel.
5. Viele gehen von uns, ohne daß wir sie halten. Wir sagten ihnen alles, es gab nichts mehr zwischen ihnen und uns, unsere Gesichter wurden hart beim Abschied. Aber das Wichtige haben wir nicht gesagt, sondern gespart am Notwendigen.
6. Oh, warum sagen wir das Wichtige nicht, es wäre so leicht und wir werden verdammt darum. Leichte Worte waren es, dicht hinter den Zähnen, waren herausgefallen beim Lachen, und wir ersticken daran in unsrem Halse.
7. Jetzt ist meine Mutter gestorben, gestern, auf den Abend, am 1. Mai! Man kann sie mit den Fingernägeln nicht mehr auskratzen!
Lied von meiner Mutter, 1920

Wiewohl ich erst 22 Jahre zähle, aufgewachsen in der kleinen Stadt Augsburg am Lech, und nur wenig von der Erde gesehen habe, außer den Wiesen nur diese Stadt mit Bäumen und einige andere Städte, aber nicht lang, trage ich den Wunsch, die Welt vollkommen überliefert zu bekommen. Ich wünsche alle Dinge *mir* ausgehändigt, sowie Gewalt über die Tiere, und ich begründe meine Forderung damit, daß ich nur *ein*mal vorhanden bin.
Notiz um 1920

Meine Mutter:
Ich liebte sie auf meine Weise, aber sie wollte auf die ihre geliebt sein.
Notiz um 1920

Wilhelmine Friederike Sophie Brecht starb am 1. Mai 1920 in Augsburg.

53 Brechts Vater und Mitglieder der »Augsburger Liedertafel«, 1912

Ich habe Vater wieder und wieder bearbeitet, den Frank zu nehmen, die vielen Zimmer geschildert, die leer sind wie im Hotel, den Garten mit Bäumen, auf die niemand hinaufklettert, und alles das. Aber er beißt nicht an, und ich werde unlustig, bekomme die Scham in den Hals. Die Marie Roecker hetzt dagegen, wenn's nur mit ihrem Gesicht ist und indem sie immer hereinläuft, wenn ich mit Vater rede. Ich höre alle ihre Argumente von ihm. Vor Jahren habe ich sie immer gehalten, wenn Mamma, Walter und auch Vater gegen sie waren. Jetzt hält sie Vater ab, mein Kind zu uns zu nehmen aus Bequemlichkeit. Und Vater fängt an, selber davon zu reden, daß er alt wird und die Weiber wachsen ihm über den Kopf und es liegt ihm nicht mehr viel daran, mir zu helfen. Er denkt auch daran zu heiraten und fängt schon an, das Haus von uns langsam zu säubern. Ich aber stecke die Hände in Papier oder Hosentaschen, schmiere Zeug, das niemand kauft, rauche, denke an mein Kind und verdiene nichts. Laufe so herum.
›Tagebücher‹, 15. Mai 1921

Am 1. Mai 1917 wurde Vater Berthold Brecht zum kaufmännischen Direktor der Haindlschen Papierfabrik ernannt. Er war an der Augsburger Liedertafel und in der Anglervereinigung aktives Mitglied. Auf dem Bild vom Vorstand des Gesangsvereins: links außen Brechts Vater. Nach dem Tod der Mutter führte Marie Roecker, seit 1910 als Hausdame in der Familie angestellt, den Haushalt.

54 Zeichnung zu ›Baal‹ von Caspar Neher, 1919

»Meine Komödie: »Baal frißt! Baal tanzt!! Baal verklärt sich!!! Was tut Baal? 24 Szenen.« ist fertig und getippt – ein stattlicher Schmöker! Ich hoffe damit einiges zu erreichen. Schicken könnte ich sie Dir natürlich nur gegen absolute Garantie, sie wiederzukriegen.
Brief an Caspar Neher von Mitte Juni 1918

Die dramatische Biographie »Baal« behandelt das Leben eines Mannes, der wirklich gelebt hat. Es war ein gewisser Josef K., von dem mir Leute erzählten, die sich sowohl an seine Person, als auch an das Aufsehen, das er seinerzeit erregte, noch deutlich erinnern konnten. K. war das ledige Kind einer Waschfrau. Er geriet früh in üblen Ruf. Ohne irgendwelche Bildung zu besitzen, soll er imstande gewesen sein, selbst wirklich gebildete Leute durch erstaunlich informierte Gespräche für sich einzunehmen. Mein Freund sagte mir, er habe durch die unvergleichliche Art, sich zu bewegen (im Nehmen einer Zigarette, beim Sichsetzen auf einen Stuhl usw.), auf eine Reihe von vornehmlich jüngeren Leuten einen solchen Eindruck gemacht, daß sie seine Art nachahmten. Jedoch sank er durch seinen unbedenklichen Lebenswandel immer tiefer, besonders weil er, ohne übrigens irgend etwas zu unternehmen, jede ihm gebotene Gelegenheit schamlos ausnützte. Verschiedene dunkle Fälle, zum Beispiel der Selbstmord eines jungen Mädchens, wurden auf sein Konto gesetzt. Er war gelernter Monteur, arbeitete aber unseres Wissens niemals. Als der Boden für ihn in A. brennend wurde, zog er mit einem heruntergekommenen Mediziner ziemlich weit herum, kam aber dann wieder, etwa im Jahre 1911, nach A. zurück. Dort kam bei einer Messerstecherei in einer Schankwirtschaft am Lauterlech dieser Freund ums Leben, ziemlich sicher durch K. selbst. Er verschwand jedenfalls daraufhin fluchtartig aus A. und soll im Schwarzwald elend verstorben sein.
Das Urbild Baals, 1926

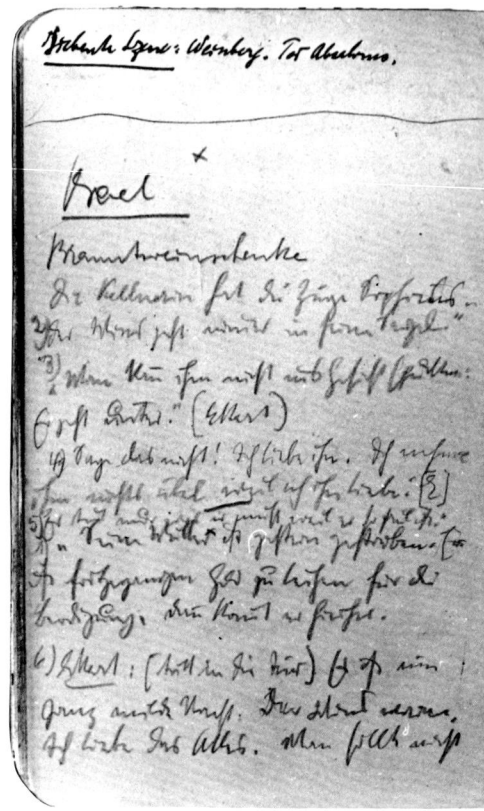

55 Notiz für eine Umarbeitung des ›Baal‹, 1920

Baal
Branntweinschenke
Die Kellnerin hat die Züge Sophiens.
2) Der Wind geht nimmer in seine Segel.«
3) »Man kann ihm nicht ins Gesicht spucken: Er geht unter.« (Ekart)
4) Sage das nicht! Ich liebe ihn. Ich nehme ihm nichts übel weil ich ihn liebe.« (E)
5) Er tut nur was er muß weil er so faul ist.«
1) »Seine Mutter ist gestern gestorben. Er ist fortgegangen Geld zu leihen für die Beerdigung. Dann kommt er hierher.
6) Ekart: (tritt in die Tür) Es ist eine ganz milde Nacht: der Wind warm. Ich liebe das Alles. Man sollte nicht soviel trinken. (zurück) Die Nacht ist ganz mild. Jetzt und noch 3 Wochen in den Herbst kann man gut auf den Straßen laufen. (setzt sich)
Ekart: Jetzt sind es acht Jahre.

betroffenen verwenden das zu Trostsprüchen. Ich finde aber: mich hetzt es noch auf.
Ich stelle fest: Ich habe keine Lust, nicht aufgeführt zu werden. Ich bin ein sehr beträchtlicher Herr. Ich stelle das hier fest. Ich verweise hier darauf. Ich bin nicht der einzige vernünftige Mensch, der das weiß, aber ich bin der einzige Mutige, der es zu sagen wagt. Ich bin finanziell darauf angewiesen, daß ich aufgeführt werde. Schämt euch! Sie alle sind finanziell auf irgendwas angewießen. Sie handeln in Ihrem Interesse, wenn Sie dafür sorgen, daß Verträge eingehalten werden. Ich bitte Sie nachdrücklich, für Ihr Interesse zu handeln.
Ich bitte alle jungen Menschen, die ihr Recht haben wollen, mir zum Meinen zu verhelfen. Nicht weil Sie mein Stück sehen wollen, sondern weil Sie Ihr Recht haben müssen, sollen Sie am Mittwoch abend 7 h im Deutschen Theater erscheinen. Ich lade Sie alle ein und Ihre Freunde, die Mediziner, die Juristen, die Kaufleute, die verständigen Menschen aller Berufe, ich lade Sie alle ein, am Mittwoch, Do, u. Fr. an 3 aufeinander folgenden Tagen für Unser Recht einzutreten
Fingiertes Flugblatt vom März 1920

Johannes: Mit fünfundzwanzig ginge das Leben erst an. Da werden sie breiter und haben Kinder.
Watzmann: Seine Mutter 1)
Johannes: Baal. Der Wind 2)
Watzmann: (zu E.) Du hast wohl viel mit ihm auszuhalten?
Ek.: Man kann 3)
Watzmann: (zu Joh.) Tut dir das weh?
Joh.: Es ist schade um ihn.
Watzm.: Er wird immer eckelhafter.
Ek.: 4)
Watzm.: 5)
Januar 1920

Die Notizbucheintragung ist eine Umarbeitung der ersten Fassung des Stücks von 1918. Auf der linken Seite sind charakteristische Dialogpassagen formuliert, die dann auf der rechten Seite durch Ziffern in den Dialog eingeordnet werden.
Die Notizen werden auf dem folgenden Blatt fortgesetzt.

Das Theater gefällt mir.
Ich habe an das Theater mein Stück Baal gegeben, und es hat Kontrakt gemacht. Ich müßte bis . . . aufgeführt sein.
Ich wurde nicht aufgeführt.
Ich weiß, das passierte schon vielen Leuten.
Wenn ein Unrecht viele Leute trifft, dann scheint das manche zu trösten, und die Nicht-

56 Brecht in Augsburg, 1921

57/58 Marianne Zoff, etwa 1919
Das ist meine Frau Marianne!

Es ist Aschermittwoch, wo man so wach ist, reinlich ist, sich bessert. Napoleons Totenmaske liegt auf dem Waschtisch, draußen liegt Schnee, im Bett liegt ein Blutfleck. Wir sind bei Steinicke gewesen, auch Cas war da, Otto und auch Feuchtwangers. Mit der Frau hab ich getanzt, aber dann bin ich weggelaufen, und mit Marianne habe ich Wange an Wange getanzt. Wir haben uns bald, voll Bergamotteschnaps, in ein Auto gelegt und sind heimgeflitzt. Es saßen da herum auch noch die arme Frau Jörgen, weißgeschminkt, krank (und sie bemühte sich um mich, aber ich nahm Mars Hand), und die kleine Edith Blaß, die so alt wird, die Zähne fallen ihr bald aus.
Ich konnte kein Auge zumachen, Mar sagte, ich hätte mit Frau Feuchtwanger sinnlich getanzt und die Frauen seien alle so wenig. Einmal wurde ihr schlecht, einmal weinte sie, weil sie kein Kind bekommt, und da sah sie herrlich aus, viel sei ihr verziehen Auf dem Ball trug sie ein Pagenkostüm und war die schönste Frau dort und behandelte die Männer wundervoll, ganz rein und königlich und still und lustig und unnahbar und doch nicht stolz. Sie war die einzige, die auf den Ball gehen konnte, denn sie paßte nicht hin. Er war einzig für sie veranstaltet, aber sie machte sich nichts draus.
›Tagebücher‹, 9. Februar 1921

Wir sind die ganze Nacht zusammen. Sie ist anders geworden. Nun hat sie etwas Kindliches, Unsicheres, kleine Gebärden und ein atemloses Stimmchen mitunter. Einmal kann ich sie nicht nehmen, muß sie lassen, und da lacht sie, ganz leis und glücklich, und lacht mich aus. »Das ist gerade recht, das ist gut, daß du nicht immer kannst, ich habe schon abgenommen. Das ist sehr gut.«
›Tagebücher‹, 14. Februar 1921

Die Opernsängerin Marianne Zoff kam 1919 von München nach Augsburg. Hier gab sie ihr Debüt als Zigeunermädchen in ›Carmen‹.

Aber ich bin wie zerschlagen vom Sommer. Ich weiß jetzt (und erst jetzt), was eine Frau ist, und auch die Bettliebe weiß ich jetzt und vieles mehr, aber die Frechheit habe ich liegen lassen, die unglaubliche Naivität, den naiven Unglauben, die Sicherheit der Unwissenden. Aber doch besänftigt sich dafür jetzt wenigstens wieder der Betrieb, ich sehe größere Zusammenhänge, wenn ich auch nicht stark genug fühle. Die Finger sind pelzig, ich habe zuviel Daumen an den Händen, und dieses Mißtrauen gegen alles Überkommene! Dabei neige ich gegen Experimente. Die Natur experimentiert nicht. Das Lebendige ist nie spießig, und es gibt keine Kunst ohne Abstand. Bei den Schwarmgeistern geht zuviel in die Luft. Auch ist es wichtig, sich nie nach außen zu stülpen, immer dunkel und massig zu bleiben. Nur keine Exhibition!
›Tagebücher‹, 15. September 1921

59 Marianne Zoff in ›Carmen‹
Ich mache das ›Rheingold‹ durch; die Aufführung wird scheußlich abgesetzt. Das Orchester leidet an Knochenerweichung, hier hat alles Plattfüße. Die Göttchen deklamieren zwischen ziemlich sorgfältig ausgeführten Kopien von Versteinerungen der Juraformation, und die Dämpfe aus der Waschküche, in der Wotans schmutzige Herrenwäsche gewaschen wird, machen einem übel. Erstaunlich einzig Mariannes schöne, zarte Stimme.
›Tagebücher‹, 28. Oktober 1921

60 Mit seiner Frau Marianne, etwa 1922

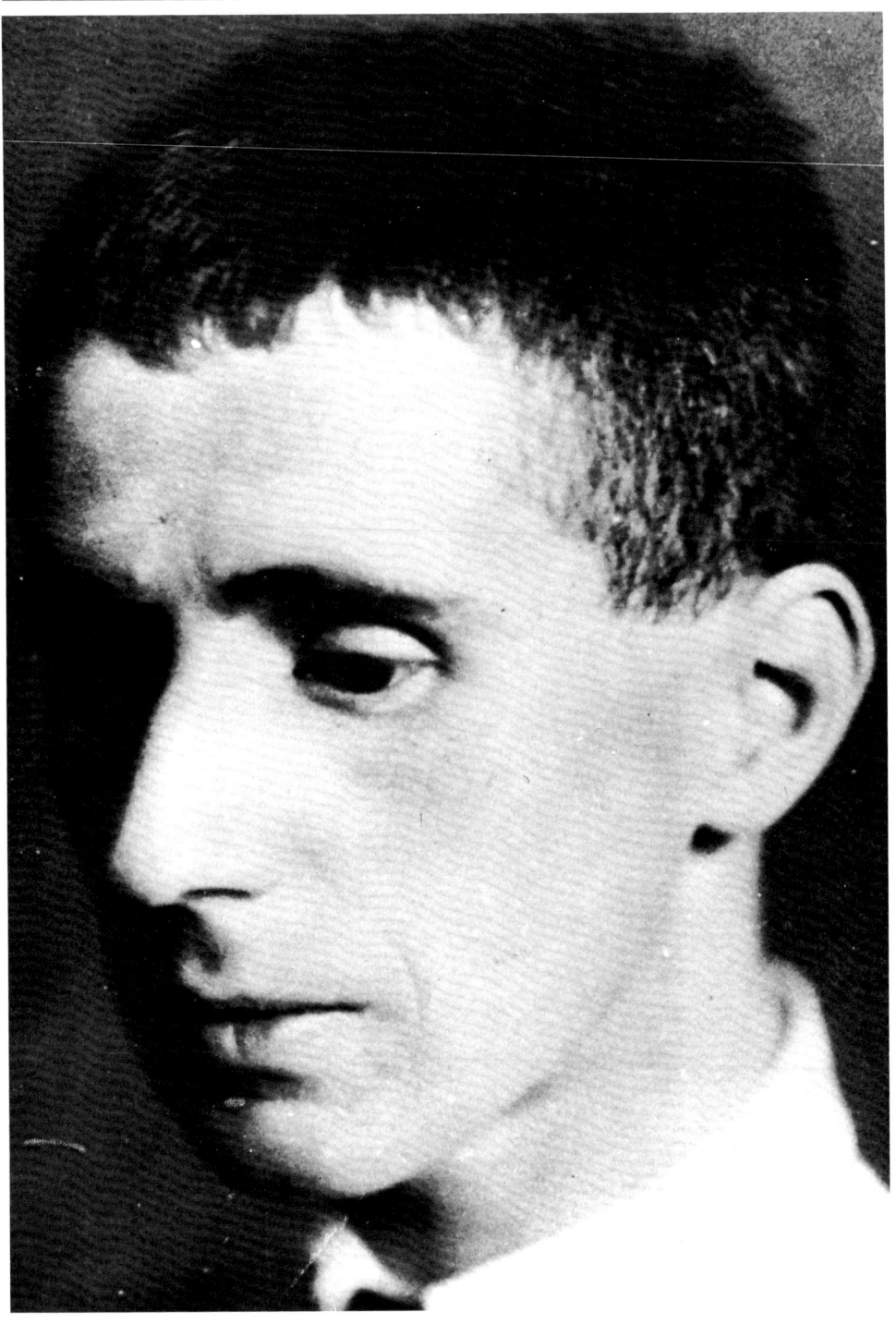

61 Brecht, Mai 1923
Ich lebe luxuriös, mit der schönsten Frau Augsburgs, schreibe Filme. Alles am hellen Tag, die Leute sehen uns nach. Wie lange noch und Gottes Geduld reißt, ich sitze auf dem Stein, und die Hunde schiffen mich an!?
›Tagebücher‹, 26. März 1921

Ich bin's müde. Die Affären verbrauchen mich. Der Film deckt mich zu, die Feinde scharren mich ein. Was soll ich mit der schwangeren Frau? Ich habe Lust, gut zu ihr zu sein. Die Hiebe sausen zu dick. Nun liegt sie im Bett den Tag, aber der Kapellmeister bringt eine neue Rolle, und die Harpye lächelt sie an. Ich aber rechne immer: Wenn ich Geld habe, tue ich das und das, baue Phantasmagorien, wälze mich in Scheinen, stelle verzwickte Berechnungen an. Sie lacht darüber, sie lebt so hin, aber ich muß mich angeilen zum Geldverdienen, sonst mag ich nicht. Die Tage sind grau, ich stehe nieder im Kurs. Zeitweise fühle ich gar nichts zu dieser Frau, Bi steht mir immer näher, immerfort rechne ich: Wie komme ich heraus, zu ihr, und dann rechne ich wieder in fabulösen Zahlen, Brillantenfresser 10 000, Mysterium 5000, Liebesmatch 5000, Trommeln 50 000, Preisfilm 5000. Aber Mar will sogar ihre Schwester nach Meran schicken, wenn ich Geld habe, vor George!
›Tagebücher‹, 18. April 1921

Oft denke ich an die Marianne, die im Auto fährt, wenn sie will. Sich Pelzmäntel schenken läßt, Ringe, Kostüme. Für sich selbst. Soll man sie herausholen? Ich kann sie nicht bezahlen und nichts für sie. Und was bin ich? Ein kleines, freches Knäuel, man sieht mein Gesicht noch nicht, ein kreditiertes Versprechen, und was kann man wegbeißen? Kleider, Seife, helle Wohnung, Theater, gutes Essen, Musik, feinere Gefühle, Faulheit, Achtung der Leute, Reibungslosigkeit, Reisen, Schönheit, Jugend, Gesundheit, Kunst, Freiheit? Und das alles in den Dreck geschmissen, um einem physiologischen Trieb zu gehorchen, der, befriedigt, versiegt! Oder weil ich gut zu sein scheine, der ich mich immer ändere? Man bei mir hell wohnt, Theater hat, lieber ißt, Musik fühlt, stark fühlt, für was arbeiten darf, Achtung hat, Abenteuer hat, keine Reisen braucht, dann Kraft, Frische, Neues, Vertrauen hat? Was alles nicht sicher ist . . . Und ich kann nicht heiraten. Ich muß Ellbögen frei haben, spucken können, wie mirs beliebt, allein schlafen, skrupellos sein.
›Tagebücher‹, 25. Februar 1921

Am 3. November 1922 heirateten Brecht und Marianne Zoff in München. Am 12. März 1923 wurde die Tochter Hanne geboren.

62 Marianne und Hanne Brecht, München 1924

63 ›Trommeln in der Nacht‹, München 1922
Am 29. September 1922 wurde ›Trommeln in der Nacht‹ an den Münchner Kammerspielen aufgeführt, Regie: Otto Falkenberg, Bühnenbild: Otto Reighert, mit Erwin Faber, Hans Leibelt, Kurt Horwitz, Maria Koppenhöfer.
Es empfiehlt sich, im Zuschauerraum einige Plakate mit Sprüchen wie »Glotzt nicht so romantisch« aufzuhängen.
›Glosse für die Bühne‹, 1923

Der Hollaender hat die ›Trommeln‹ also abgewürgt. Es ist ein schwarzes Herz, das der Mann in der Brust hat. Gott wird Gericht über ihn halten. Es ist unangenehm für ihn, aber auch ich werde Gericht über ihn halten, und das wird unangenehmer sein.
Brief an Herbert Jhering vom Februar 1923
Felix Hollaenders Kritik bezog sich auf die Berliner Aufführung am Deutschen Theater.

64 ›Im Dickicht‹, München 1923
Aufführung am Residenztheater München am 9. Mai 1923, Regie: Erich Engel, Bühnenbild: Caspar Neher, mit Otto Wernicke (Shlink), Erwin Faber (Garga), Maria Koppenhöfer (Marie).

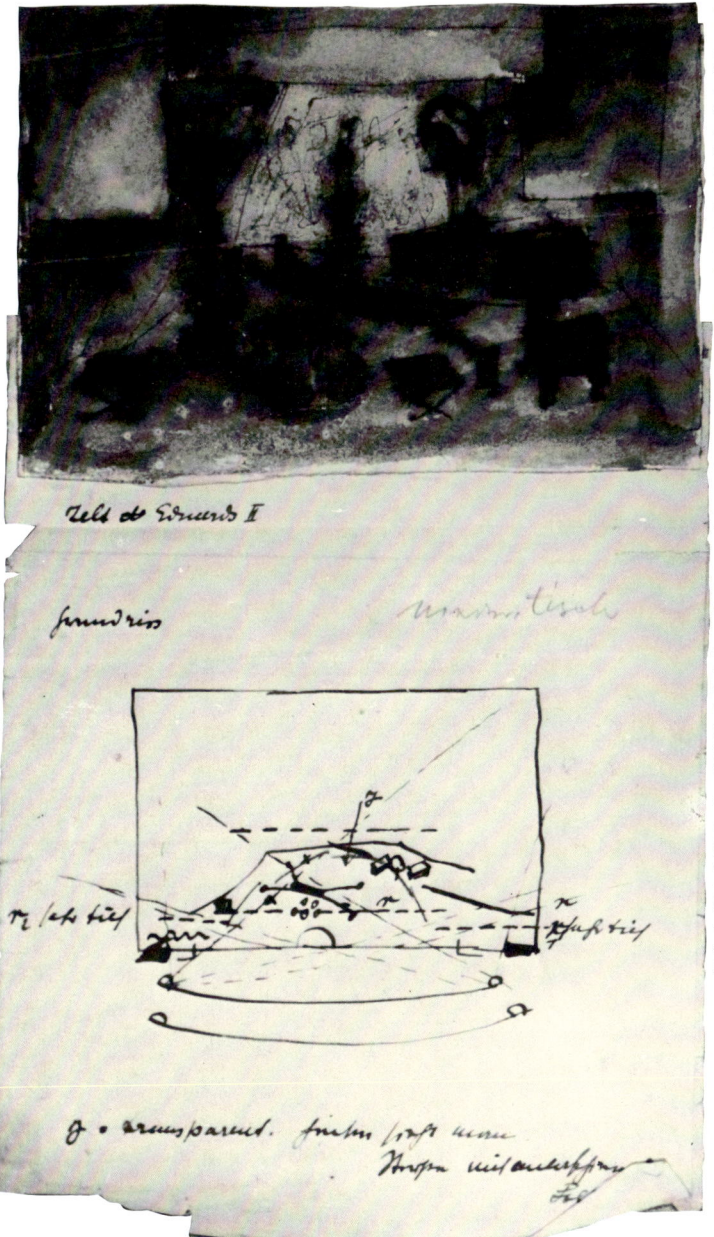

65 Mit der Schauspielerin Sybille Binder, etwa 1922
Im Hof der alten Kammerspiele, Augustenstraße.
Im Oktober 1922 wurde Brecht als Dramaturg an die Münchner Kammerspiele verpflichtet. Er inszenierte seine dafür hergestellte Adaption von Marlowes ›Leben Eduards des Zweiten von England‹. Wie schon bei ›Trommeln in der Nacht‹ arbeitete er auch bei diesem Stück mit Lion Feuchtwanger zusammen.

In der Stadt kann man sich nicht umdrehen, und die Leute sind so dumm, daß man so viel Humor braucht, daß man schlechter Laune wird. Das kommt von schlechtem Wasser. [. . .] Hier wird im Theater nicht Wassersuppe, sondern Suppenwasser gekocht. Es ist eine Lackfabrik.
Brief an Herbert Jhering vom Februar 1923

66 ›Leben Eduards des Zweiten von England‹, Bühnenskizzen von Caspar Neher, 1924
Aufführung am 18. März 1924 an den Münchner Kammerspielen, Regie: Brecht, Bühnenbild: Caspar Neher, mit Erwin Faber (Eduard), Oskar Homolka (Mortimer), Maria Koppenhöfer (Anna).

Wir wollten eine Aufführung ermöglichen, die mit der Shakespearetradition der deutschen Bühnen brechen sollte, jenem gipsig monumentalen Stil, der den Spießbürgern so teuer ist.
›Bei Durchsicht meiner ersten Stücke‹, 1954

67 Zeichnung von George Grosz, Friedrichstraße, 1918
Das, was die Bourgeoisie gegen den Proletarier geltend macht, ist sein schlechter Teint. Ich denke, das, was Sie zum Feind des Bourgeois gemacht hat, George Grosz, ist seine Physiognomie. Es ist ziemlich bekannt, daß zwischen dem Proletariat und der Bourgeoisie gegenwärtig Krieg herrscht. Dieser Krieg beruht allerdings nicht auf einem Unterschied der Geschmäcker, wenn man die gegenseitigen Argumente gelten läßt, aber die Argumente sind trügerisch und tatsächlich ohne Beweiskraft, und wie wir hätten weniger und nimmer berücksichtigt. Es geschieht Unrecht von seiten der Bourgeoisie, aber es geschieht überall Unrecht. Sie, George Grosz, und ich sind gegen Unrecht (wie alle Welt). Aber wir hätten weniger dagegen, wenn vom Proletariat aus Unrecht getan werden könnte.
Gespräch mit George Grosz, etwa 1928

Berlin ist eine wundervolle Angelegenheit, kannst Du nirgends 500 M stehlen und kommen? Da ist z. B. die Untergrundbahn und Wegener. Alles ist schrecklich überfüllt von Geschmacklosigkeiten, aber in was für einem Format, Kind!
Brief an Caspar Neher vom Februar 1920

Es ist eine graue Stadt, eine gute Stadt, ich trolle mich so durch. Da ist Kälte, friß sie! Esse mittags bei Warschauer, abends Wurstbrot. Mache Balladen. Bin allein.
›Tagebücher‹, 12. November 1921

68 Mitgliedskarte des Verbands Deutscher Bühnenschriftsteller und Bühnenkomponisten, 1920

69 Mit Freunden, Berlin 1923
Von links, stehend: Brecht, Frank Warschauer, Lion Feuchtwanger, dessen Schwager; sitzend: Feuchtwangers Schwester, Marianne Zoff, Marta Feuchtwanger.
Hier ist es kalt, jetzt regnet es auch noch, und ich bin soviel unterwegs – in den Proben bei Reinhardt usw. Auch werde ich jetzt wahrscheinlich mit dem Verlag Erich Reiß einen Generalvertrag abschließen, aber ich habe die Auswahl zwischen dem und dem Verlag Kiepenheuer. Das ist ein sehr wichtiges Ergebnis meiner Berlinreise. Auch kriege ich viele Verbindungen, die Leute kennen alle die Novelle im ›Merkur‹ und reden einiges davon und wollen mir alle noch behilflich sein. Oft ist es eine Jagd, die Dir gefallen würde, aber ich hab es über, wirklich, bis zum Hals.
Brief an Paula Banholzer, Anfang Dezember 1921

Es gibt einen Grund, warum man Berlin anderen Städten vorziehen kann: weil es sich ständig verändert. Was heute schlecht ist, kann morgen gebessert werden. Meine Freunde und ich wünschen dieser großen und lebendigen Stadt, daß ihre Intelligenz, ihre Tapferkeit und ihr schlechtes Gedächtnis, also ihre revolutionärsten Eigenschaften, gesund bleiben. Meinen Freunden wünsche ich natürlich alles, was sie meiner Ansicht nach brauchen.
Sylvester 1928

70 Baal, Berlin 1926
Aufführung der ›Jungen Bühne‹ am Deutschen Theater Berlin, Regie: Bertolt Brecht und Oskar Homolka, Bühnenbild: Caspar Neher. Szene mit Oskar Homolka (Baal) und Gerda Müller (Sophie). In der Aufführung spielte auch Helene Weigel mit.

In dieser dramatischen Biographie von Bertolt Brecht sehen Sie das Leben des Mannes Baal, wie es sich abgespielt hat im Anfang dieses Jahrhunderts. Sie sehen die Abnormität Baal, wie sie sich zurechtfindet in der Welt des zwanzigsten Jahrhunderts. Baal, der relative Mensch, Baal das passive Genie, das Phänomen Baal von seinem ersten Auftauchen unter gesitteten Menschen bis zu seinem entsetzlichen Ende, mit seinem ungeheuerlichen Verbrauch von Damen der besten Gesellschaft, in seinem Umgang mit den Menschen. Das Leben dieser Erscheinung war von sensationeller Unsittlichkeit. Sie wurde durch die Bearbeitung für die Bühne stark gemildert.
Vorspruch, 1926

71 Mit Herbert Jhering, Ende der zwanziger Jahre

72 Im November 1922 wurde Brecht der Kleist-Preis verliehen.
Zu ›Trommeln in der Nacht‹: Dieses Stück wurde auf etwa fünfzig bourgeoisen Bühnen aufgeführt. Der Erfolg war groß und bewies lediglich, daß ich an die falsche Adresse geraten war. Ich war mit dem Erfolg absolut unzufrieden. Den Grund hierzu konnte ich nicht sofort feststellen. Ich hatte lediglich ein schlechtes Gefühl. Ich hatte die unklare Vorstellung, daß die Leute, die mir stürmisch die Hände zu schütteln wünschten, gerade das Pack war, das ich hatte auf den Kopf hauen wollen, vielleicht nicht in diesem Stück, aber überhaupt. Mir war wie einem Mann, der

Verleihung des Kleistpreises an Berthold Brecht.

Ehrende Erwähnungen von Ernst Barlach, Ernst Weiß, Ulli Klimsch.

Der Vertrauensmann der Kleiststiftung, Herbert Ihering, hat den Kleistpreis dieses Jahres Berthold Brecht für seine drei Dramen „Trommeln in der Nacht", „Baal" und „Im Dickicht" zuerkannt. Er hat ferner drei ehrende Erwähnungen ausgesprochen und zwar für Ernst Barlach mit seinen Dramen „Der arme Vetter", „Die echten Sedemunds" und „Der tote Tag", ferner Ernst Weiß mit seinem Drama „Olympia" und Ulli Klimsch für sein Trauerspiel „Der Toten Heimkehr". Herbert Ihering begründet sein Urteil wie folgt: „Berthold Brecht wurde 1898 geboren. Als Zwanzigjähriger schrieb er das Revolutionsdrama „Trommeln in der Nacht", das die Stücke seiner Generationsgenossen schon dadurch übertrifft, daß die Revolution hier nicht heraufspringende Tendenz, sondern Hintergrund für eine menschliche Handlung geworden ist. Wenn Brecht im ersten Akt noch manchmal in einer typisierenden Charakteristik befangen zu sein scheint (Sternheim, Kaiser), so kündigt sich im Aufstieg schon darin an, wie er noch innerhalb dieses Dramas die Typisierung überwindet und in eine individuelle, sprachlich sinnbildliche, szenentragende Charakteristik hineinsteigert. — Brechts sprachliche Kraft entfaltet sich noch reicher im „Baal" und in dem Drama „Im Dickicht". Diese Sprache ist bildhaft ohne poetische Absicht, symbolisch ohne literarisierende Bedeutung. Brecht ist Dramatiker, weil seine Sprache zugleich körperlich und räumlich empfunden ist. Brecht gestaltet den Menschen in der Wirkung auf den andern Menschen und vermeidet deshalb auf der einen Seite die lyrische Deklamation, auf der anderen die isolierende Einzelcharakteristik. Brecht gewinnt die geistigen Hintergründe und Perspektiven allein aus der szenischen Anschauung. Nach-

auf Leute, die ihm nicht gefallen, aus einer Kanone geschossen hat, und nun kommen eben diese Leute und lassen ihn hochleben: Er hat aus Versehen mit Brotlaiben geschossen. Als ich dann versuchte, mich aus den Zeitungen zu orientieren, fand ich, daß der größte Teil des Erfolges in den wütenden Angriffen der künstlerisch reaktionären Presse bestand. Es gab also auch noch Leute, die das Brot kritisierten!
Der Erfolg von ›Trommeln in der Nacht‹ bei der Bourgeoisie, etwa 1928

Zu ›Dickicht‹:

Das Bürgertum wird auch auf dem Theater, nachdem es hundert Jahre damit vertrödelt hat, Kämpfe zwischen Männern lediglich um Frauen zu veranstalten, für Kämpfe um wichtigere Dinge nur mehr wenig Zeit haben, bevor es sich genötigt sehen wird, sich auch im Theater ausschließlich dem wichtigsten aller zeitgemäßen Kämpfe, dem Klassenkampf, zu widmen. Einen so idealen Kampf, wie man ihn in dem Stück ›Im Dickicht der Städte‹ sehen kann, wird man vorerst nur im Theater, in der Wirklichkeit erst in fünfzig Jahren haben können.
Für das Programmheft zur Heidelberger Aufführung, 1928

73 Trommeln in der Nacht, Berlin, Deutsches Theater 1922
Das Stück inszenierte Otto Falckenberg, mit Alexander Granach (Kragler), Heinrich George (Glubb). Die Abbildung zeigt die Szene »Schnapsdestille«.

Ich war also bereit, die Liebesgeschichte zu liefern, aber natürlich interessierte mich daran hauptsächlich die Besitzfrage. Der Typus Kragler, der mir der heldische Typ der Zeit schien, erlaubte sonst auch nichts. Er wünschte, ein bestimmtes Weib zu haben, und hatte seelisch, wenn er sie nicht bekam, lediglich die Möglichkeit eines Mannes, der etwa ein Haus nicht bekommt, das er besaß oder zu besitzen wünscht. Auf die Gründe seines Begehrens glaubte ich nicht eingehen zu müssen. Tatsächlich gestaltete ich das Weib nicht besonders wünschenswert. Sie verfügt über eine gewisse Alltagssinnlichkeit, welche deshalb, weil sie sich ohne weitere Umstände, im Grund ohne auf das Objekt, den Partner, angewiesen zu sein, befriedigt, nicht stark genannt werden darf. Der ganze Trieb bleibt dürftig und gewohnheitsmäßig. Er schadet weder dir noch mir. Das ist nicht jene fast revolutionäre kräftige Forderung nach körperlicher Befriedigung, die davon ausgeht, daß das Weib den Beischlaf eben braucht und den Mann nehmen muß, wo es ihn findet. Der Mann ist für diese Anna Balicke kein Gebrauchsgegenstand, sondern ein billiger Luxusartikel. Das Gebiet der Erotik ist in der bürgerlichen Gesellschaft erschöpft.
Vorwort zu ›Trommeln in der Nacht‹

Von meinen ersten Stücken ist die Komödie ›Trommeln in der Nacht‹ das zwieschlächtigste. Die Auflehnung gegen eine zu verwerfende literarische Konvention führte hier beinahe zur Verwerfung einer großen sozialen Auflehnung. Die »normale«, das heißt konventionelle Führung der Fabel hätte dem aus dem Krieg kehrenden Soldaten, der sich der Revolution anschließt, weil sein Mädchen sich anderweitig verlobt hat, entweder das Mädchen zurückgegeben oder endgültig verweigert, in beiden Fällen jedoch den Soldaten in der Revolution belassen. In ›Trommeln in der Nacht‹ bekommt der Soldat Kragler sein Mädchen zurück, wenn auch »beschädigt«, und kehrt der Revolution den Rücken. Dies erscheint geradezu die schäbigste aller möglichen Varianten, zumal da auch noch eine Zustimmung des Stückeschreibers geahnt werden kann. Ich sehe heute, daß mich mein Widerspruchsgeist – ich unterdrücke den Wunsch, hier das Wort »jugendlicher« einzuschalten, da ich hoffe, ihn auch heute noch ungeschmälert zur Verfügung zu haben – dicht an die Grenze des Absurden herangeführt hat.
Bei Durchsicht meiner ersten Stücke, 1954

Berliner Illustrirte Zeitung

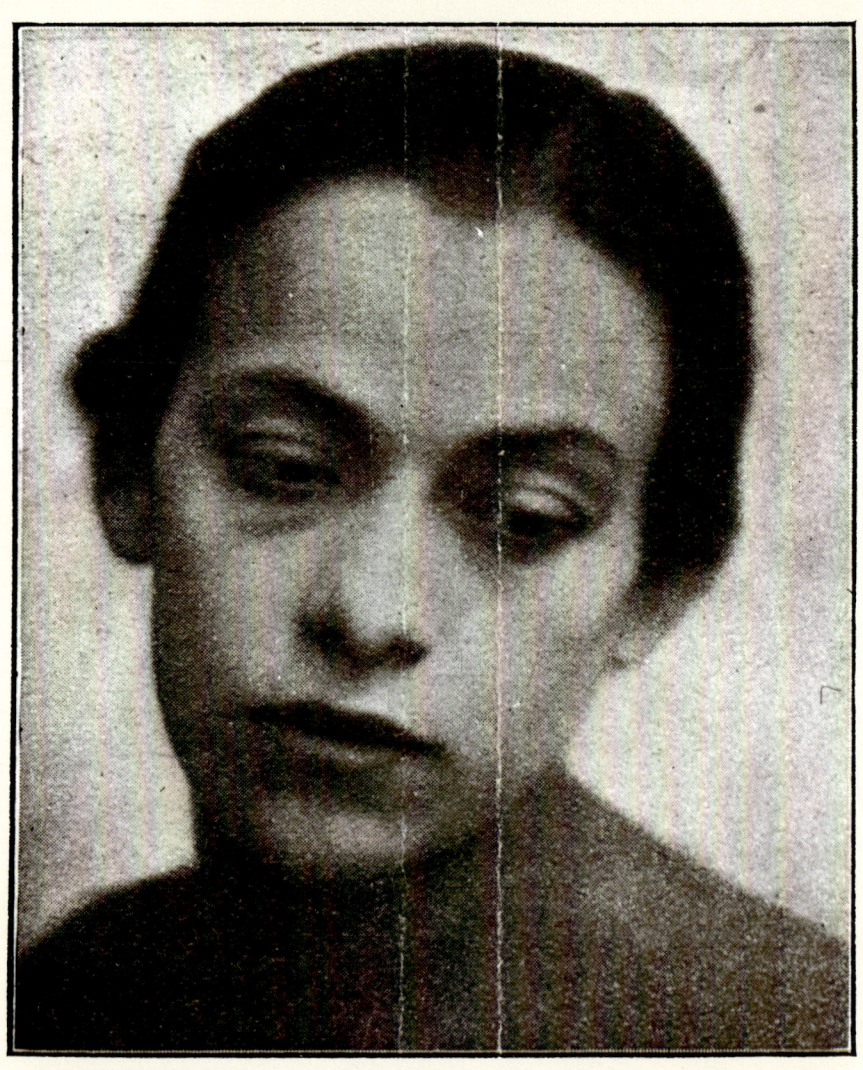

Berliner Bühnenkünstlerin Helene Weigel
vermählte.
Phot. Zander & Labisch.

74 Helene Weigel, 1924

Ich habe sehr früh als Schauspielerin angefangen. Es war eigentlich so ein Platzen von Talent und Kraft, eine Art Wahrhaftigkeit, die damals ohne Zweifel durchbrach. Bedenkenlose Wahrhaftigkeit. Ich hatte Brecht bei der Berliner Premiere von ›Trommeln in der Nacht‹ kennengelernt. Er hat am Anfang nicht viel von mir als Schauspielerin gehalten, das war gar nicht so. Dann hat Brecht angefangen, mit mir etwas zu arbeiten, zum Beispiel haben wir die Magd in ›Ödipus‹ probiert. Das ist eigentlich die erste Arbeit gewesen, die er in Anerkennung, daß es doch eine Art Talent sei, mit mir gemacht hat. Sehr komisch. Das liegt vielleicht daran, daß ich sehr häufig das gespielt hatte, was man Charakterfach nennt. So wie ich aussah und so wie ich angefangen hatte, ging das alles ins Charakterfach. Und vom Charakterfach ins Mütterfach zu kommen, ist fast kein Weg im Theater.
(Helene Weigel, 1969)

Helene Weigel, geboren am 12. Mai 1900 in Wien, begann als Schauspielerin 1919 in Frankfurt/Main und wechselte 1922 nach Berlin über. Sie wurde bald als vitale, leidenschaftliche und lautstarke Charakterdarstellerin bekannt.

Die ›Berliner Illustrirte‹ veröffentlichte das Foto anläßlich der Heirat Brechts und Helene Weigels 1929. Links neben dem Porträt der Weigel stand das hier gleichfalls abgebildete Foto von Brecht mit dem gemeinsamen Bildtext: »Der Dichter Bert Brecht, der sich mit der Berliner Bühnenkünstlerin Helene Weigel vermählte.«

75 Helene Weigel mit ihrer Mutter und Schwester, etwa 1907

76 Brecht, 1922

Die darstellenden Künstler fangen an, sich selbst ernst zu nehmen, und übersehen, daß das »alles«, das für die Kunst sich opfern läßt, verdammt wenig sein muß. Sie sind wahnsinnig geworden, als sie zum erstenmal in den illustrierten Zeitungen die graphischen Darstellungen ihres Verdauungstraktus »erlebten«. Die »unverschämten« Tiere kommen in Mode. Die geschäftstüchtigen Inhaber geschmeidiger Hälse ersetzen die Fürstlichkeiten, der Kastrat den Papst, der Eunuch das Bologneserhündchen. In der Zeiteinheit werden die Lorbeerhaine des Planeten aufgefressen, und 700 Hähne bemühen sich unter Beifallssalven, auf 699 originelle Arten den Eindruck zu erwecken, als sei das einzige Misthäufchen ihr Erzeugnis.
Über die Zukunft des Theaters, 1922

Wann hast Du wieder Zeit??? Wirst Du so gut schlafen, als ich es wünsche, und fröhlich sein? Allerdings nicht zu sehr, aber etwas.
Ich bin Ihnen fortdauernd reichlich gewogen, Madamme.
Brief an Helene Weigel vom Sommer 1924

Ich gehe immer noch promenieren in der Kastanienallee und bin nicht ohne Beschäftigung. Jetzt habe ich ungefähr 4 Akte im Rohbau. Was ich habe, ist befriedigend, einiges gut.
Ich komme Mitte nächster, spätestens Ende nächster Woche.
Es ist schwer hier zu bleiben. Ich bin Ihnen immer noch leidlich gewogen sowie Ihrem geheimnisvollen Inhalt.
Brief an Helene Weigel von Anfang September 1924

KANTINE

LEOKADJA: Guten Abend, meine Herren Soldaten. Ich bin die Witwe Begbick, und das ist mein Alewaggon, der, angehängt, an die grossen Militärtransporte, über alle Geleise Indiens rollt, und weil man in ihm zugleich Ale trinken und zugleich fahren und dabei schlafen kann, heisst er: " Witwe Begbicks Alewaggon und von Heiderabad bis Rangoon weiss man, dass er die Zufluchtsstätte manches beleidigten Soldaten war.

(Türe rechts. Die Drei stehen in der Tür, schieben Galy Gay zurück)

URIA: Ist das hier die Kantine des 8. Regiments?

BEGBICK: Das ist sie! Seid Ihr nur drei? Wo ist Euer vierter Mann?

(Sie heben zwei Tische auf und tragen sie brutal nach links, wo sie eine Art Verschlag bauen.)

JESSE: Was ist der Sergant für ein Mann?

BEGBICK: Nicht nett!

POLLY: Das ist aber unangenehm, dass der Sergant nicht nett ist.

BEGBICK: Er heisst der blutige Fünfer, genannt der Tiger von Kilkoa, der menschliche Taifun. Er ist zwar ein sehr sinnlicher Mensch und wenn er einen seiner Anfälle von Sinnlichkeit hat, ist er blind für alles, was um vorgeht, aber er hat einen unnatürlichen Geruchsinn, er riecht Verbrechen.

(Jesse, Polly und Uria sehen sich an) So!

BEGBICK (nach vorne) Das ist die berühmte M. G. Abteilung, die die Schlacht von Heiderabad entschieden hat und die der Abschaum genannt wird. (ab)

GALY GAY (kommt herein) Ich kenne solche Etablissements. Musik beim Essen, Speisekarten. Im Siam-Hotel gibt es da eine ungeheure. Gold auf Weiss. Ich habe da einmal eine gekauft. Mit Verbindung kann man ja alles haben. Da gibt es unter anderem Chikauka-Sauce. Und das ist noch eines der kleineren Gerichte. Chikauka-Sauce.

JESSE (Galy Gay dem Verschlag zuschiebend): Lieber Herr, Sie sind in der Lage, drei armen Soldaten in Bedrängniss einen kleinen Gefallen zu erweisen, ohne dass es für Sie etwas ausmacht.

POLLY: Unser vierter Mann hat sich beim Abschied mit seiner Frau verspätet, und wenn

77 ›Mann ist Mann‹,
Typoskript mit Korrekturen
Brechts, 1929

78 Mit Elisabeth Hauptmann
in Brechts Atelierwohnung,
Spichernstraße 16, 1927

79 Widmung des
Urmanuskripts von ›Mann ist
Mann‹ an Elisabeth
Hauptmann, 1925

Das sind die hauptmanuskripte
des lustspiels ›Mann = Mann‹
oder ›Galy Gay‹ nebst dem viele
jahre vorher geschriebenen
›Urgalgeianfang‹. ich schenkte
es am ende des jahres 1925 beß
hauptmann, die dieses ganze
jahr ohne lohn mit mir
gearbeitet hat. es ist ein
schwieriges stück gewesen und
sogar das zusammenstellen des
manuskriptes aus 20 Pfund
papier war schwerarbeit; ich
benötigte dazu 2 tage,
½ flasche kognak, 4 flaschen
selters, 8–10 zigarren und alle
geduld und es war das einzige,
was ich allein gemacht habe.
brecht

Die Genossin Elisabeth Hauptmann war usprünglich als
Lehrerin tätig, arbeitete dann
als Übersetzerin englischer und
französischer Werke, besonders belletristischer Art, bis
sie 1922 (soweit ich mich
erinnere, war es in diesem Jahr)
zu mir kam. Sie war bald meine
beste Mitarbeiterin. Sie besitzt
eine außergewöhnliche sprachliche Begabung und hat aktiv
und kritisch an allen meinen
dramatischen Arbeiten mitgearbeitet, auch selber Novellen
geschrieben. Besonders einige
Lehrstücke für Schulen interessierten sie, eines davon, das ich
zusammen mit ihr verfaßte
(›Der Jasager‹), wurde in vielen
Schulen des In- und Auslandes
aufgeführt. Ihre Übersetzung
und Bearbeitung eines amerikanischen Stückes ging im
Berliner Staatstheater, ihr
Stück ›Happy End‹ im Theater
am Schiffbauerdamm in Berlin
in Szene. [...] Sie ist einer der
verläßlichsten und tüchtigsten
Menschen, die ich kenne.
*Gutachten für eine Bewerbung,
1934*

Die kleinen Tagzeiten der Abgestorbenen

Schmilzt wie Holz salzflutzerschlagner Kutter
Unter Sturmflut! Gras in zu viel Tau!
11 Ach, die Hand an ihrer Brust, wie gräsern!
In den Beinen schwarzer Pestgestank!
Milde Luft floß ab an Fenstergläsern
Und sie staken im verfaulten Schrank!
12 Wie Spülicht floß der Abend an die Scheiben
Und die Gardinen räudig von Tabak
In grünen Wassern zwei Geliebte treiben
Von Liebe ganz durchregnet, wie ein Wrack
13 Am Meergrund, das, geborsten, in den Tropen
Zwischen Algen und weißlichen Fischen hängt
Und von einem Salzwind über der Fläche oben
Tief in den Wassern unten zu schaukeln anfängt.
14 Am vierten Tage, in der Früh, mit Streichen
Knirschender Äxte brachen Nachbarn noch
Und hörten Stille dort, und unter Leichen
(Und munkelten von einem grünen Schein
15 Der von Gesichtern ausgehn kann), auch roch noch
Verliebt das Bett, das Fenster borst vor Frost:
Ein Leichnam ist was Kaltes! Ach, es kroch noch
Ein schwarzer Faden Kälte aus der Brust.

Legende vom toten Soldaten

5 Und als der Krieg im vierten Lenz
Keinen Ausblick auf Frieden bot
Da zog der Soldat seine Konsequenz
Und starb den Heldentod.
2 Der Krieg war aber noch nicht gar
Drum tat es dem Kaiser leid

Daß sein Soldat gestorben war:
Es war noch nicht an der Zeit.
3 Der Sommer zog über die Gräber her
Und der Soldat schlief schon
Da kam es eines Nachts eine militärische ärztliche Kommission
4 Es zog die ärztliche Kommission
Zum Gottesacker hinaus
Und grub mit geweihtem Spaten den gefallenen Soldaten aus.
5 Und der Doktor besah den Soldaten genau
Oder was von ihm noch da war
Und der Doktor fand, der Soldat war k.v.
6 Und sie nahmen sogleich den Soldaten mit
Die Nacht war blau und schön.
Man konnte, wenn man keinen Helm auf hatte
Die Sterne der Heimat sehn.
7 Sie schütteten ihm einen feurigen Schnaps
In den verwesten Leib
Und hängten zwei Schwestern in seinen Arm
Und sein halb entblößtes Weib.
8 Und weil der Soldat nach Verwesung stinkt
Drum hinkt ein Pfaffe voran
Der ihr ein Weihrauchfaß schwingt
Daß er nicht stinken kann.
9 Voran die Musik mit Tschindrara
Spielt einen flotten Marsch
Und der Soldat, so wie er's gelernt
Schmeißt seine Beine vom Arsch.
10 Und brüderlich den Arm um sich
Zwei Sanitäter gehn
Sonst flög er noch in den Dreck ihnen hin
Und das darf nicht geschehn.
11 Sie malten auf sein Leichenhemd
Die Farben schwarz-weiß-rot
Und trugen's vor ihm her; man sah
Vor Farben nicht mehr den Kot.
12 Ein Herr im Frack schritt auch voran
Mit einer gestärkten Brust

Schlußkapitel

Der war sich als ein deutscher Mann
Seiner Pflicht genau bewußt.
13 So zogen sie mit Tschindrara
Hinab die dunkle Chaussee
Und der Soldat zog taumelnd mit
Im Sturm eine blasse Flocke Schnee.
14 Die Katzen und die Hunde schrein
Die Ratzen im Feld pfeifen wüst:
Sie wollen nicht französisch sein
Weil das eine Schande ist.
15 Und wenn sie durch die Dörfer ziehn
Waren alle Weiber da.
Die Bäume verneigten sich. Vollmond schien.
Und alles schrie hurra!
16 Mit Tschindrara und Wiedersehn

Und Weib und Hund und Pfaff
Und mitten drin der tote Soldat
Wie ein besoffner Aff.
17 Und wenn sie durch die Dörfer ziehn
Kommt's, daß ihn keiner sah
So viele waren herum um ihre
Mit Tschindra und Hurra.
18 So viele tanzten und johlten um ihn
Daß ihn keiner sah
Man könnte ihn einzig von oben noch sehn
Und da sind nur Sterne da.
19 Die Sterne sind nicht immer da.
Es kommt ein Morgenrot.
Doch der Soldat, so wie er's gelernt
Zieht in den Heldentod.

Schlußkapitel

Gegen Verführung

1 Laßt euch nicht verführen!
Es gibt keine Wiederkehr.
Der Tag steht in den Türen;
Ihr könnt schon Nachtwind spüren:
Es kommt kein Morgen mehr.
2 Laßt euch nicht betrügen!
Daß Leben wenig ist.
Schlürft es in vollen Zügen!
Es wird euch nicht genügen

Wenn ihr es lassen müßt!
3 Laßt euch nicht vertrösten!
Ihr habt nicht zu viel Zeit!
Laßt Moder den Erlösten!
Das Leben ist am größten:
Es steht nicht mehr bevor.
4 Laßt euch nicht verführen
Zu Fron und Ausgezehr!
Was kann euch Angst noch rühren?
Ihr sterbt mit allen Tieren
Und es kommt nichts nachher.

Anhang: Vom armen Bidi

Vom schlechten Gebiß

1 Zahnlos von vielen Brombeerschlecken
Katzbalgerei und Zähneblecken
Unschuldig ein Kind, keusch wie ein Greis

Verfliegt mir mein Leben in solcher Weis.
2 Wohl zermalme ich Steine mit meinem Kiefer
Aber mein Zahnfleisch ist blau wie Schiefer!

38 / 39

80 Bertolt Brechts Taschenpostille, 1926

Auf der Rückseite des Titelblattes steht folgender Vermerk der Leipziger Druckerei: »Die Ausgabe wurde im Auftrag des Verfassers als einmaliger unverkäuflicher Privatdruck in fünfundzwanzig Exemplaren hergestellt.« Die in Leder gebundene Ausgabe enthält Bibeldünndruckpapier, Überschriften und Ziffern sind rot gedruckt.

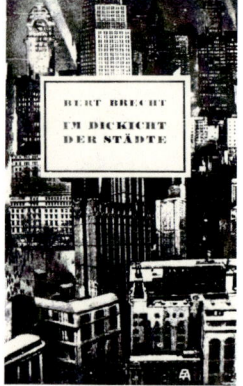

81 ›Im Dickicht der Städte‹, Buchausgabe 1927

Die hier gedruckte Fassung ist die Bearbeitung des Stückes ›Im Dickicht‹, das 1922 in München und 1924 in Berlin aufgeführt wurde.
Es ist meiner Frau Marianne Brecht gewidmet.
Vermerk im Buch, 1927

82 Brecht, 1927

Ich schwanke sehr, mich der Literatur zu verschreiben. Bisher habe ich alles mit der linken Hand gemacht. Ich schrieb, wenn mir etwas einfiel oder wenn die Langeweile zu stark wurde. ›Baal‹, das entstand, um ein schwaches Erfolgsstück in den Grund zu bohren mit einer lächerlichen Auffassung des Genies und des Amoralen. ›Trommeln‹, um Geld zu machen (es ist danach, hat aber kein Geld gemacht). Mit ›Dickicht‹ wollte ich die ›Räuber‹ verbessern (und beweisen, daß Kampf unmöglich sei wegen der Unzulänglichkeit der Sprache). Und ›Edward‹, weil ich den Marlowe inszenieren wollte und er nicht ausreichte. Die Balladen, um George und Otto in Schwung zu bringen für einige Stunden des Abends, der in Augsburg sehr trocken verläuft, und die Sonette aus purer Langeweile. ›Mann ist Mann‹ nur für das Theater, aber das Theater ist nichts, wo keine Appetite sind. Würde ich mich entscheiden, es mit der Literatur zu versuchen, so müßte ich aus dem Spiel Arbeit machen, aus den Exzessen ein Laster. Ich müßte einen Plan aufstellen und ihn ausführen, um Tradition zu bekommen in der Arbeit, die Inspiration durch manuelle Gewohnheit und die Lust des Abarbeitens. Ich müßte Mühe daran setzen, einen Stil zu wählen, der mir ermöglicht, das Abzuwickelnde auf die mir leichteste Weise zu formulieren.
Meine Appetite müßten geregelt werden, so daß die wilden Anfälle ausgemerzt und die Interessen auf lange Dauer ziehbar wären, so etwa, daß ich Stücke sehr rasch schreiben könnte, aber nicht müßte. Dieses letztere ist die Fähigkeit der Klassiker. Sie erzielt Plastik.
Notiz, Ende Juli 1926

83 Mit seiner Tochter Hanne, Mai 1926

Mit Kindern kann man, auch wenn sie so erstklassig wie meine Tochter sind, mit Ausnahme von fotografieren wenig anfangen. Sie sind zu weise und zu defektlos, um interessant zu sein; dem Normalen, An-sich-Befriedigenden gegenüber aber versagt die Beobachtung. Übrigens hat sie die Unermüdlichkeit und den abnormen Konsum von ihrem Vater geerbt. Sie hat Augen, die sie zu einer großen Tragödin machen müssen, wenn sie nicht einfach nur die Merkmale des Unglücks sein werden.
Autobiographische Aufzeichnungen, etwa 1923

84 Helene Weigel, 1928
Am 3. November 1924 wurde Brechts und Helene Weigels Sohn Stefan geboren.

Ich sitze nicht bequem auf meinem Hintern: er ist zu mager. Das schlimmste ist: Ich verachte die Unglücklichen zu stark. Ich mißtraue den Mißtrauischen, habe etwas gegen die, denen es nicht gelingt, zu schlafen. . . . Mein Appetit ist zu schwach – ich bin gleich satt!! Die Wollust wäre das einzige, aber die Pausen sind so lang, die sie braucht! Wenn man den Extrakt ausschlürfen könnte und alles verkürzen! Ein Jahr vögeln oder ein Jahr denken! Aber vielleicht ist es ein Konstitutionsfehler, aus dem Denken eine Wollust zu machen; es ist vielleicht zu etwas anderm bestimmt! Für einen starken Gedanken würde ich jedes Weib opfern, beinahe jedes Weib. Es gibt viel weniger Gedanken als Weiber. Politik ist auch nur gut, wenn genug Gedanken vorhanden sind (wie schlimm sind auch hier die Pausen!), der Triumph über die Menschheit. Das Richtige tun zu dürfen, unnachsichtig, mit Härte!
Notizbuch, etwa 1926

85 Elisabeth Hauptmann, etwa 1928
Von Brecht wurde Elisabeth Hauptmann (1897-1973) als Mitarbeiterin an folgenden vor dem Exil geschriebenen Stücken genannt: ›Mann ist Mann‹, ›Die Dreigroschenoper‹, ›Aufstieg und Fall der Stadt Mahagonny‹, ›Der Ozeanflug‹, ›Das Badener Lehrstück vom Einverständnis‹, ›Der Jasager und Der Neinsager‹, ›Die heilige Johanna der Schlachthöfe‹, ›Die Ausnahme und die Regel‹, ›Die Rundköpfe und die Spitzköpfe‹.

86 Mit Freunden und Mitarbeitern, Berlin, Spichernstraße 16, 1927
Ein Bild zustandezukriegen, aus dem zu ersehen ist, wie man arbeitet, ist nicht leicht. Wahrscheinlich wird man morgen eine Arbeitsweise haben, die photographiert werden kann. Aber bisher war Arbeiten und Photographiert werden oft schwer unter einen Hut zu bringen. Ich selber arbeite fast alles mit andern zusammen, ließ also den Photographen zu einer Zeit kommen, wo ich das Zimmer voll hatte, wenn auch nicht gerade zum Arbeiten. Zu unserer Entschuldigung muß ich noch erwähnen, daß unsere unnatürliche Haltung auf unserm Entschluß beruht, ausnahmsweise so zu tun, als wüßten wir, daß wir photographiert werden.
Uhu, 1927

Von links: Box-Weltmeister Paul Samson-Körner, Brecht, Box-Manager Seelenfreund, Hans Borchardt, Hannes Küpper und Elisabeth Hauptmann.

87 Mit Paul Samson-Körner, 1927
Er boxte sachlich.
Interview 1926

88 ›Mann ist Mann‹, Berlin Januar 1928
Helene Weigel als Begbick mit Steffi Spira und Hans Leibelt (Fairchild).

Sie werden sicher auch sagen, daß es eher bedauernswert sei, wenn einem Menschen so mitgespielt wird und er einfach gezwungen wird, sein kostbares Ich aufzugeben, sozusagen das einzige, was er besitzt, aber das ist es nicht. Es ist eine lustige Sache. Denn dieser Galy Gay nimmt eben keinen Schaden, sondern er gewinnt. Und ein Mensch, der eine solche Haltung einnimmt, muß gewinnen. Aber vielleicht gelangen Sie zu einer ganz anderen Ansicht. Wogegen ich am wenigsten etwas einzuwenden habe.
Vorrede zu ›Mann ist Mann‹, 1927

Frau Weigel, Marketenderin tut sich hervor: durch einen festen Dauerschrei; straffes Gegell; Peitschenton; Schenkelprofil; Prallsprung. Wacker. (Berliner Tageblatt, 5. 1. 1928 Alfred Kerr)
Aber dem begabten Fräulein Weigel, das Wert darauf legt, die lärmendste Schauspielerin Berlins zu sein, sollte das gräßliche Schreien schnellstens gelegt werden. Das ist ja zum Davonrennen! (BZ am Mittag, 1. 1928 Norbert Falk)
Die Schauspielerin Helene Weigel gab mir in der Rolle der Leokadja viel. Anderen – zu viel. Norbert Falk fand in der BZ, daß Fräulein Weigel die lärmendste Schauspielerin Berlins und zum Davonrennen ist. Ich blieb ergriffen sitzen. (Das Theater 1928)

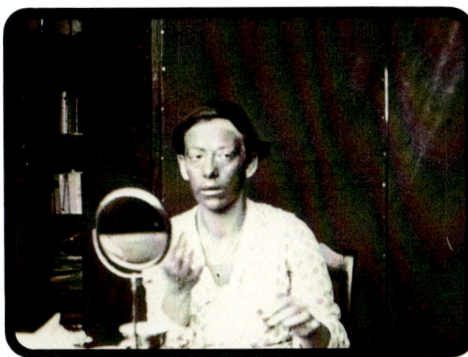

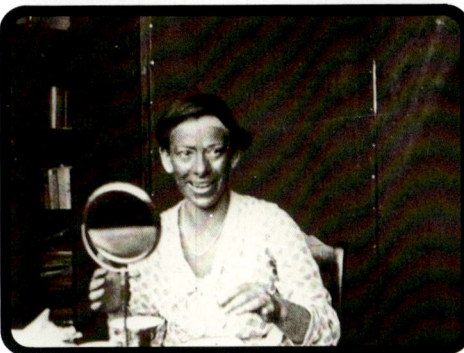

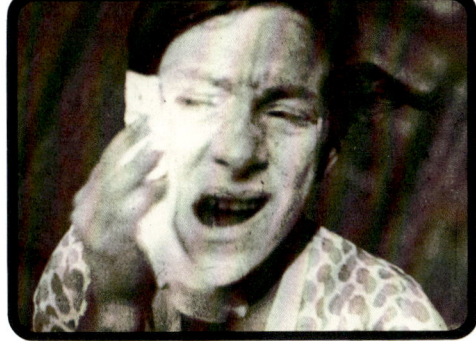

89-91 Helene Weigel beim Schminken, etwa 1929
Der Stückeschreiber nahm einen Film von der Weigel beim Schminken. Er zerschnitt ihn, und jedes einzelne Bildchen zeigte einen vollendeten Ausdruck, in sich abgeschlossen und mit eigener Bedeutung. »Man sieht, was für eine Schauspielerin sie ist«, sagte er bewundernd. »Jede Geste kann in beliebig viel Gesten zerlegt werden, die alle für sich vollkommen sind. Da ist eines für das andere da und zugleich für sich selber. Der Sprung ist schön und auch der Anlauf.« Aber das wichtigste schien ihm, daß jede Muskelverschiebung beim Schminken einen vollkommenen seelischen Ausdruck hervorrief. Die Leute, denen er die Bildchen zeigte und die Frage vorlegte, was die verschiedenen Ausdrücke bedeuteten, rieten bald auf Zorn, bald auf Heiterkeit, bald auf Neid, bald auf Mitleid. Er zeigte ihn auch der Weigel und erklärte ihr, wie sie nur ihre Ausdrücke zu kennen brauchte, um die Gemütsstimmungen ausdrücken zu können, ohne sie jedesmal zu empfinden.
›Der Messingkauf‹, etwa 1941

92/93 Brecht mit seinem Steyr-Auto, etwa 1928

Wir haben: / Sechs Zylinder und dreißig Pferdekräfte. / Wir wiegen: / Zweiundzwanzig Zentner. / Unser Radstand beträgt: / Drei Meter. / Jedes Hinterrad schwingt geteilt für sich: wir haben / Eine Schwenkachse. / Wir liegen in der Kurve wie Klebestreifen. / Unser Motor ist: / Ein denkendes Erz.
›Singende Steyrwägen‹, etwa 1929

Die Autofirma hatte Brecht für sein Gedicht das Auto zum Geschenk gemacht. Im Mai 1929 verunglückte er mit dem Auto und ließ sich mit dem demolierten Fahrzeug fotografieren. Auf Brechts veröffentlichte Erklärung, daß man in diesen Autos einen Unfall ohne Schaden überstehen kann, bekam er einen neuen Steyr.

94 Brecht, Zigarettenbild 1926

An das Finanzamt Wilmersdorf-Nord, Wilmersdorf
Sehr geehrter Herr,
ich erhielt eben Ihre nochmalige Aufforderung zur Abgabe einer Steuererklärung und möchte Ihnen gerne eine Erklärung geben, weshalb ich mich für steuerfrei halte. Ich schreibe Theaterstücke und lebe, von einigen kleinen äußerst schlecht bezahlten Nebenarbeiten abgesehen, ausschließlich von Vorschüssen der Verlage, die in der Form von Darlehen an mich gegeben werden. Da ich mit den Stücken *vorläufig* beinahe nichts einnehme, bin ich bis über den Hals meinen Verlagen gegenüber in Schulden geraten. Ich wohne in einem kleinen Atelier in der Spichernstraße 16 und bitte Sie, wenn Sie Reichtümer bei mir vermuten, mich zu besuchen.
Brief an das Finanzamt Wilmersdorf-Nord vom 16. Dezember 1927

95 Mit Emil Hesse-Burri, 1925
Die »Junge Bühne« probiert Ihre »Amerikanische Jugend«. Wissen Sie das? Ich frage, weil Sie es ja schon einmal nicht zu wissen bekamen. Und Sie müßten sich doch sehr energisch um die Sache kümmern, da die »Junge Bühne« wirklich das gefährlichste und korrumpierteste Unternehmen der Berliner Theaterbourgeoisie ist. Und Sie werden Herrn Seeler doch zweifellos niemals zu dem selbstlosen Ausspruch jenes arabischen Fischverkäufers veranlassen können: »Nicht die Fische sind es, die stinken, sondern ich.«
Brief an Emil Hesse-Burri vom 9. April 1927

96 Brecht, etwa 1927
Ich habe mich schwer an die Städte gewöhnt. Ich hatte kein Geld und zog immerzu um. Dann wohnte ich einen Monat lang in einem schon fertig gestellten Zimmer. Die Zimmer waren zu häßlich und zu teuer. Um es in ihnen auszuhalten, hätte ich viel schwarzen Kaffee und Kognak trinken müssen, aber ich hatte nicht einmal genügend Geld zum Rauchen.

[. . .] Als ich später etwas Geld hatte, wollte ich alles kaufen. Der erste Bedarfsgegenstand, den ich kaufte, war eine Axt. Um sie als Axt zu gebrauchen, hätte man sie schleifen lassen müssen. Ich benutzte sie also zum Einschlagen von Nägeln, und dazu war sie zu groß. Wie man merkt, kaufte ich auch Nägel. Langsam, jedoch unaufhaltsam wurde das Problem der großen Städte lösbar.

Große Appetite gefielen mir sehr. Es schien mir ein natürlicher Vorzug, wenn Leute viel und mit Genuß essen konnten, überhaupt viel wünschten, aus den Dingen viel herausholen konnten usw. An mir mißfiel mir mein geringer Appetit. Freilich hatte auch ich heftige Wünsche, dies oder das zu besitzen, aber sie waren plötzlich und unregelmäßig, statt stetig und verläßlich, wie sie mir gefallen hätten. Und vor allem: hatte ich, was ich mir gewünscht hatte, so war ich so bald satt; so daß ich geradezu Unbehagen spürte vor einem Teller mit begehrten Speisen, ich könnte ihn nicht aufessen können, da mein Magen zu klein war. Die Frage war also: Wie sollte ich große und stetige Appetite bekommen?

Autobiographische Aufzeichnungen, etwa 1930

97 Polizeiliche Anmeldung von Helene Weigel und Stefan Weigel, 1925

98 Polizeiliche Anmeldung von Bert Brecht, 1928
Am 2. November 1927 wurde die Ehe Brechts mit Marianne Brecht geschieden. Am 10. April 1929 heiratete er Helene Weigel.

Muster a — **Polizeiliche Anmeldung.** — Rückseite beachten!

Am 15. ten Februar 19 25 ist (sind)
von (Ort) Spichernstrasse 16 .... Straße — Platz — Nr. .... Kreis Berlin
nach (Ort) Babelsbergerstrasse 52 .... Straße — Platz — Nr. .... zugezogen.

[Stamp: 155. Polizeirevier 3 - MRZ 1925 Berlin]

1	2	3	4	5	6	7	8	9	10
Vor- und Zuname (bei Frauen auch Geburtsnamen und Namen früherer Ehen)	ob ledig, verheiratet, verwitwet, geschieden	Stand oder Gewerbe	Geburts- Tag / Monat / Jahr	Geburtsort und Kreis	Religion	Staatsangehörigkeit	Ob bereits früher in Groß-Berlin? wann? letzte Wohnung (Straße, Nr., bei wem?)	Wohnung bei der letzten Personenstandsaufnahme (Ort, Straße, Nr.)	Ob eigene Wohnung, oder bei wem, und ob in Aftermiete, Schlafstelle oder Dienst, ob Vorderhaus, Seitenflügel usw., ob Keller, Erdgeschoß, 1 Treppe usw.
Helene Weigel und Kind Stefan Weigel	l	Schau-spielerin	12.-5. 1900 3.11.1924	Wien Berlin	—	—	ja. Spichernstrasse 16	Berlin	—

Berlin, den 15. ten Februar 1925

Muster A. — **Polizeiliche Anmeldung.** — Rückseite beachten!

Am 2. ten November 19 28 ist (sind)
von (Ort) Berlin Spichernstr. Straße — Platz-Nr. 16 Kreis
nach (Ort) Berlin Hardenbergstr. Straße — Platz-Nr. 1a zugezogen.

[Stamp: 126. Polizeirevier 3 NOV. 1928 Berlin]

1	2	3	4	5	6	7	8	9	10
Vor- und Zuname (bei Frauen auch Geburtsname und Namen früherer Ehen)	Ob ledig, verheiratet, verwitwet, geschieden	Stand oder Gewerbe	Geburts- Tag / Monat / Jahr	Geburtsort und Kreis	Staats-angehörigkeit	Religion	Ob bereits früher in Groß-Berlin? Wann? Letzte Wohnung? (Straße, Platz, Nr., bei wem?)	Wohnung bei der letzten Personenstandsaufnahme (Ort, Straße, Nr.)	Ob eigene Wohnung oder bei wem und ob in Untermiete, Schlafstelle oder Dienst, ob Vorderhaus, Seitenflügel usw., ob Keller, Erdgesch., 1 Tr. usw.
Bert Brecht		Schriftsteller	10					Spichernstr. 16	

Berlin, den 2. ten November 1928

Sonntagnachmittag in Soho

Die Bettler betteln. Die Zuhältersich aufspielen. Die Huren huren. Die sjöligsten Verbrechen
die Ruhe ... Der Moritatensänger singt,

und der haifisch der hat zähne
und die trägt er im gesicht
und macheath der hat ein messer
doch das messer sieht man nicht.

und es sind des haifischs flossen
rot wenn dieser blut vergiesst
mackie messer trägt
~~doch/trägt/trä~~ nen handschuh
drauf man keine untat liest.

~~doch/trägt/tr~~
an der themse grünen wasser ~~fallen plötzlich leute um~~
fallen plötzlich leute um
~~doch~~ es ist weder pest noch cholera
doch es heisst: mackie geht um.

an nem schönen blauen sonntag
liegt ein toter mann am strand
und ein mensch geht um die ecke
den man mackie messer nennt.

und schmul meyer bleibt verschwunden
und so mancher reiche mann
xjx und sein geld hat mackie messer
dem man nichts beweisen kann

Und die leichten Herzen Her + deren Knechten, finden ihren Weg, ihr Recht.
und jane bowler wird gefunden
mit dem messer in der brust

100 Marx-Ausgabe Brechts
Als ich ›Das Kapital‹ von Marx las, verstand ich meine Stücke. Man wird verstehen, daß ich eine ausgiebige Verbreitung dieses Buches wünsche.
Etwa 1927

99 Typoskript aus der ›Dreigroschenoper‹, 1928
Diese Urfassung der ›Moritat des Räubers Mackie Messer‹ wurde während der Proben des Stückes geschrieben.

1918 war ich Soldatenrat und in der USPD gewesen. Aber dann in die Literatur eintretend, kam ich über eine ziemlich nihilistische Kritik der bürgerlichen Gesellschaft nicht hinaus. Nicht einmal die großen Filme Eisensteins, die eine ungeheure Wirkung ausübten, und die ersten theatralischen Veranstaltungen Piscators, die ich nicht weniger bewunderte, veranlaßten mich zum Studium des Marxismus. Vielleicht lag das an meiner naturwissenschaftlichen Vorbildung (ich hatte mehrere Jahre Medizin studiert), die mich gegen eine Beeinflussung von der emotionellen Seite her stark immunisierte. Dann half mir eine Art Betriebsunfall weiter. Für ein bestimmtes Theaterstück brauchte ich als Hintergrund die Weizenbörse Chicagos. Ich dachte, durch einige Umfragen bei Spezialisten und Praktikern mir rasch die nötigen Kenntnisse verschaffen zu können. Die Sache kam anders. Niemand, weder einige bekannte Wirtschaftsschriftsteller noch Geschäftsleute – einem Makler, der an der Chicagoer Börse ein Leben lang gearbeitet hatte, reiste ich von Berlin bis nach Wien nach –, niemand konnte mir die Vorgänge an der Weizenbörse hinreichend erklären. Ich gewann den Eindruck, daß diese Vorgänge schlechthin unerklärlich, das heißt von der Vernunft nicht erfaßbar, und das heißt wieder einfach unvernünftig waren. Die Art, wie das Getreide der Welt verteilt wurde, war schlechthin unbegreiflich. Von jedem Standpunkt aus außer demjenigen einer Handvoll Spekulanten war dieser Getreidemarkt ein einziger Sumpf. Das geplante Drama wurde nicht geschrieben. Statt dessen begann ich Marx zu lesen, und da, jetzt erst, las ich Marx. Jetzt erst wurden meine eigenen zerstreuten praktischen Erfahrungen und Eindrücke richtig lebendig.
Notiz von 1935

101 Berlin, Theater am Schiffbauerdamm
Das 1894 gebaute Theater wurde privat verpachtet. Hier spielte Anfang des Jahrhunderts Max Reinhardt. Der ehemalige Schauspieler Ernst Josef Aufricht eröffnete seine Direktion im August 1928 mit der Uraufführung der ›Dreigroschenoper‹.

102 Mit Kurt Weill im Gespräch, 1928
Die Aufführung der ›Dreigroschenoper‹ 1928 war die erfolgreichste Demonstration des epischen Theaters. Sie brachte eine erste Verwendung von Bühnenmusik nach neueren Gesichtspunkten. Ihre auffälligste Neuerung bestand darin, daß die musikalischen von den übrigen Darbietungen streng getrennt waren. [. . .] Es gab Duette, Terzette, Solonummern und Chorfinales. Die Musikstücke, in denen das balladeske Moment vorherrschte, waren meditierender und moralisierender Art. Das Stück zeigte die enge Verwandtschaft zwischen dem Gemütsleben der Bourgeois und dem der Straßenräuber. [. . .] Diese Songs gewannen eine große Verbreitung, ihre Losungen tauchten in Leitartikeln und Reden auf. Viele Leute sangen sie zu Klavierbegleitung oder nach Orchesterplatten, so wie sie Operettenschlager zu singen pflegten. ›Über die Verwendung von Musik für ein episches Theater‹, 1935

104/105 Carola Neher als Polly, Skizze von Caspar Neher, 1929
Erfrische dich, Schwester / An dem Wasser aus dem Kupferkessel mit den Eisstückchen – / Öffne die Augen unter Wasser, wasch sie – / Trockne dich ab mit dem rauhen Tuch und wirf / Einen Blick in ein Buch, das du liebst. / So beginne / Einen schönen und nützlichen Tag.
Rat an die Schauspielerin C. N., 1930

Das Theater des Stückeschreibers war sehr klein. Nur wenige Stücke wurden aufgeführt, nur wenige Schauspieler wurden ausgebildet. Die Hauptschauspielerinnen waren: die Weigel, die Neher und die Lenya. Die Hauptschauspieler waren: Homolka, Lorre und Lingen. Auch der Sänger Busch gehörte zu diesem Theater, trat aber nur selten auf der Bühne auf. Der Bühnenbaumeister war Caspar Neher, nicht verwandt mit der Schauspielerin. Die Musiker waren Weill und Eisler.
›Der Messingkauf‹, etwa 1941

103 Mit Lotte Lenya und Kurt Weill, 1928
Kurt Weill (1900-1950) hat für folgende Stücke Brechts Musiken geschrieben: ›Die Dreigroschenoper‹, ›Aufstieg und Fall der Stadt Mahagonny‹, ›Der Ozeanflug‹, ›Der Jasager und Der Neinsager‹, ›Die sieben Todsünden der Kleinbürger‹. Seine Frau, Lotte Lenya, debütierte als Schauspielerin (Spelunkenjenny) in der Uraufführung der ›Dreigroschenoper‹. Da ihr Name versehentlich im Programm nicht gedruckt worden war, mußte ein zusätzlicher Zettel eingelegt werden.

106 ›Die Dreigroschenoper‹,
Berlin 1928
Finale der Uraufführung mit Harald Paulsen (Macheath), Roma Bahn (Polly), Erich Ponto (Peachum) und Kurt Gerron (Brown).

›The Beggar's Opera‹ wurde im Jahre 1728 zum erstenmal im Lincoln's Inn Theatre aufgeführt. Der Titel bedeutet nicht etwa, wie manche deutsche Übersetzer geglaubt haben: ›Die Bettleroper‹, das heißt eine Oper, in der eben Bettler vorkommen, sondern: ›Des Bettlers Oper‹, das heißt eine Oper für Bettler. ›The Beggar's Opera‹, auf Anregung des großen Jonathan Swift verfaßt, war eine Händel-Travestie und hatte, wie berichtet wird, den großartigen Erfolg, daß Händels Theater ruiniert wurde. Da uns heute ein so großer Anlaß zur Parodie wie die Händelsche Oper fehlt, wurde jede Absicht zu parodieren aufgegeben: Die Musik ist vollständig neu komponiert. Nicht fehlen uns Heutigen die soziologischen Anlässe von ›The Beggar's Opera‹: Wie vor zweihundert Jahren haben wir eine Gesellschaftsordnung, in der so ziemlich alle Schichten der Bevölkerung, allerdings auf die allerverschiedenste Weise, moralische Grundsätze berücksichtigen, indem sie nicht in Moral, sondern natürlich von Moral leben. Formal stellt ›Die Dreigroschenoper‹ den Urtypus einer Oper dar: Sie enthält die Elemente der Oper und die Elemente des Dramas.
Über ›Die Dreigroschenoper‹, 1929

Theater am Schiffbauerdamm
Direktion: Ernst Josef Aufricht

Die Dreigroschenoper
(The Beggars Opera)

Ein Stück mit Musik in einem Vorspiel und 8 Bildern nach dem Englischen des John Gay.
(Eingelegte Balladen von François Villon und Rudyard Kipling)

Personen:

Jonathan Peachum, Chef einer Bettlerplatte	Erich Ponto
Frau Peachum	Rosa Valetti
Polly, ihre Tochter	Roma Bahn
Macheath, Chef einer Platte von Straßenbanditen	Harald Paulsen
Brown, Polizeichef von London	Kurt Gerron
Lucy, seine Tochter	Kate Kühl
Trauerweidenwalter	Ernst Rotmund
Münzmatthias	Karl Hannemann
Hakenfingerjakob	Manfred Fürst
Sägerobert	Josef Bunzel
Jimmie	Werner Maschmeyer
Ede	Albert Venohr
Filch, einer von Peachums Bettlern	Naphtali Lehrmann
Smith, Konstabler	Ernst Busch
Huren	Kuffner / Jeckels / Helmke / Kliesch u. a.
Bettler	Schiskaja / Ritter / Heimsoth u. a.

Banditen, Huren, Bettler, Konstabler, Volk.
(Ort der Handlung: London)
Eine kleine Pause nach dem 3. Bild.
Große Pause nach dem 6. Bild.
Die Walzen des Leierkastens wurden hergestellt in der Fabrik Bacigalupo.

Übersetzung: Elisabeth Hauptmann
Bearbeitung: Brecht
Musik: Kurt Weill
Regie: Erich Engel
Bühnenbild: Caspar Neher
Musikalische Leitung: Theo Mackeben
Kapelle: Lewis Ruth Band.

107 Programmzettel der Uraufführung, 1928

Ich hoffe, die ›3groschenoper‹ wirkt aus der Ferne nicht allzu aufreizend! Sie hat nichts Falsches an sich, eine gute alte ehrliche Haut. Daß sie eingeschlagen hat, ist sehr angenehm. Es widerlegt die allgemeine Ansicht, man könne das Publikum nicht befriedigen – worüber ich ja etwas enttäuscht bin.
Brief an Erwin Piscator, etwa September/Oktober 1928

Ich verstehe nichts vom Operettengewerbe; und man sollte keine Kunst in dasselbe investieren. Was die Dreigroschenoper‹ betrifft, so ist sie – wenn nichts anderes – eher ein Versuch, der völligen Verblödung der Oper entgegenzuwirken. Die Oper scheint mir bei weitem dümmer, wirklichkeitsfremder und in der Gesinnung niedriger als die Operette.
Antwort auf eine Rundfrage, Februar 1929

108-113 Brecht, Augsburg 1928

Ich danke Ihnen für Ihre Einladung, im Herrenhaus Lyrik zu lesen, habe aber schwere Hemmungen, da man mir meine Lyrik immer so schwer ankreidet, daß mir seit langem schon jeder Reim im Hals stecken bleibt! Meine Lyrik ist nämlich das schlagendste Argument gegen meine Dramen! Alle sagen sofort befreit aufatmend, mein Vater hätte mich eben Lyriker und nicht Dramatiker werden lassen sollen! Als ob nicht schon meine einzig dastehende Abneigung gegen das bestehende »Dramatische« da für mich spräche! Es handelt sich doch wirklich nur darum, eine Form zu finden, die für die Bühne dasselbe möglich macht, was den Unterschied zwischen Ihren und Manns Romanen macht!
Brief an Alfred Döblin vom Oktober 1928

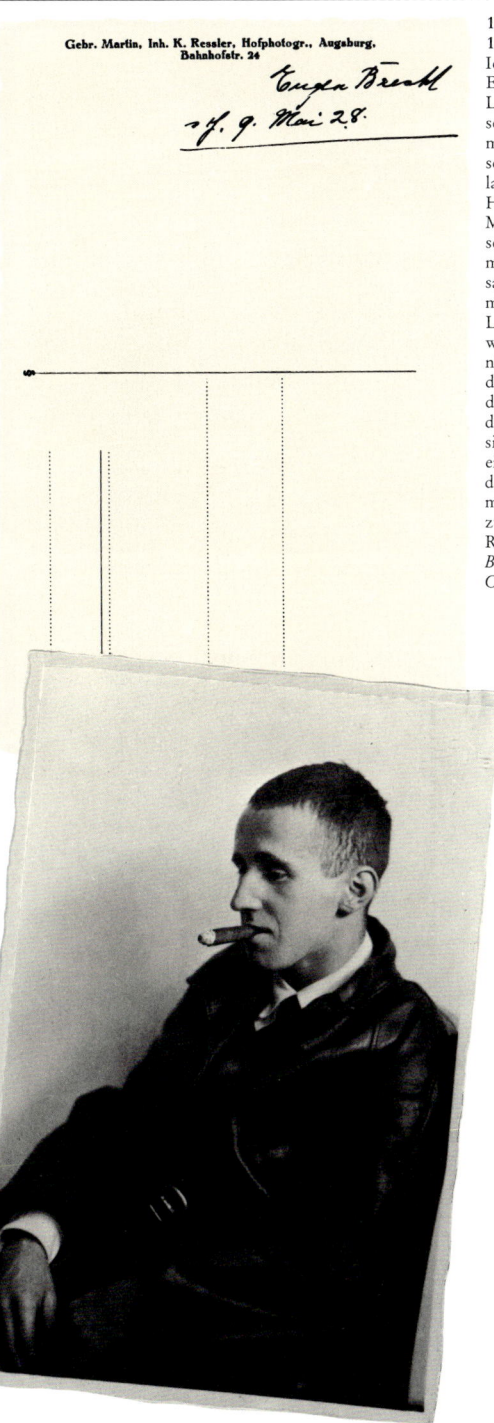

114–116 Helene Weigel mit Stefan, 1928

117 Brecht mit Stefan, 1928
Sobald zwei Menschen zueinander in Beziehung treten, tritt auch, in den allermeisten Fällen stillschweigend, ihr Vertrag in Kraft. Dieser Vertrag regelt die Form der Beziehung. [. . .] Besonders schwierig ist der Vertrag zwischen einem Mann und einer Frau. Eine Frau, die klug ist, versucht nie, den Minimalvertrag zu verletzen, aber sie kann versuchen, ihn zu erweitern. Ein Sondervertrag ist meistens wertvoller als ein Generalvertrag. Bei Mann und Frau ist es meistens so, daß der Mann kraft seines Vertrages ungeheuer viel verlangen kann und die Frau ungeheuer viel zugeben muß. Es ist wichtig, daß die Frau sobald wie möglich untersucht oder es instinktiv herausfühlt, welches die Punkte des gegnerischen Vertrages sind, ob sie berechtigt sind, ob angreifbar, ob zu beseitigen, oder ob sie sie als unabänderlich hinzunehmen hat. Manches muß die Frau als unabänderlich hinnehmen. Die meisten Männer, die von ihrer Frau größte Pünktlichkeit und unbedingte Verläßlichkeit verlangen, sind ausgemacht unpünktlich und unzuverlässig, was tägliche Dinge angeht, im Grund kann man sich aber auf sie verlassen. Ein Vertrag darf auch nicht starr sein, sondern muß sich wie Gummi ziehen lassen, aber er muß immer den Minimalvertrag deutlich erkennen lassen. Lange Dauer macht einen Vertrag elastischer. Man darf einen Vertrag aber nicht überspannen und nicht unterspannen. Das Überspannen geschieht in verschiedener

Form von beiden Seiten, bei Mann und Frau muß die Frau meistens draufzahlen. Das Unterspannen richtet sich vor allem gegen die Frau und äußert sich meistens in Gleichgültigkeit oder unzureichender Beschäftigung. Zum Einhalten von Verträgen gehört Takt.
Beziehungen der Menschen untereinander, 1925

Ich wünsche Dir und mir ein gutes neues Jahr, das heißt gute neue Jahre! Ich glaube, daß Du ein wenig betrübt bist, weil auf dem Theater nichts los ist, aber ich glaube, Du weißt, daß ich ungeheuer viel von Dir halte, auch wenn ich es selten oder nie sage. Liebe Helli, ich küsse Dich.
Brief an Helene Weigel von Silvester 1926

Die Fotos sind sehr hübsch, Du mußt noch einige machen. Sind sie mit Deinem Apparat gemacht? Hier ist es langweilig bis zur Verzweiflung und Arbeit! Dieser ›Fatzer‹ ist ein harter Bissen. Ich baue immer noch am Rahmen herum. Was tut ihr, wenn es regnet? Kannst Du Steff nicht mal zur Unterhaltung kahl scheren mit einer Maschine auf 3–5 Millimeter? Dadurch gewöhnt er sich an eine Kopfform!
Brief an Helene Weigel vom Oktober 1928

118 Mit dem Vater, Augsburg 1929

119 Mit Hans Flesch und Ernst Hardt, 1929
Gespräch mit den Intendanten des Berliner und des Kölner Rundfunks bei dem Deutschen Kammermusikfest in Baden-Baden.

Ich hätte gern mit Ihnen einmal über die Möglichkeit eines wirklichen Sendespiels gesprochen, ich habe ein solches skizziert, es heißt ›Die Geschichte der Sintflut‹, in naiver Art. Es gehen ziemlich moderne Großstädte dabei unter! [...] Obwohl ich sowohl in Berlin wie in Breslau sehr gute Verbindungen habe, möchte ich doch zuerst fragen, ob Sie in Köln eine Möglichkeit für so etwas schaffen können.
Brief an Ernst Hardt vom 18. Oktober 1927

120 Songspiel ›Mahagonny‹, Baden-Baden 1927
Rechts auf der Bühne Brecht, der das Schild hält »Für Weill«, daneben Kurt Weill.

Die Oper ›Mahagonny‹ wurde 1928/29 geschrieben. In den anschließenden Arbeiten wurden Versuche unternommen, das Lehrhafte auf Kosten des Kulinarischen immer stärker zu betonen.
Also aus dem Genußmittel den Lehrgegenstand zu entwickeln und gewisser Institute aus Vergnügungsstätten in Publikationsorgane umzubauen.
Brecht und Suhrkamp, 1930

Wirklicher Fortschritt ist nicht Fortgeschrittensein, sondern Fortschreiten. Wirklicher Fortschritt ist, was Fortschreiten ermöglicht oder erzwingt. Und zwar in breiter Front die angeschlossenen Kategorien mitbewegend. Wirklicher Fortschritt hat als Ursache die Unhaltbarkeit eines wirklichen Zustandes und als Folge seine Veränderung.
Anmerkungen zu ›Mahagonny‹, 1930

Das Songspiel wurde am 17. Juli 1927 uraufgeführt, Regie: Brecht, Dirigent: Erich Mehlich, mit Lotte Lenya, Irena Ender, Erik Wine u. a.

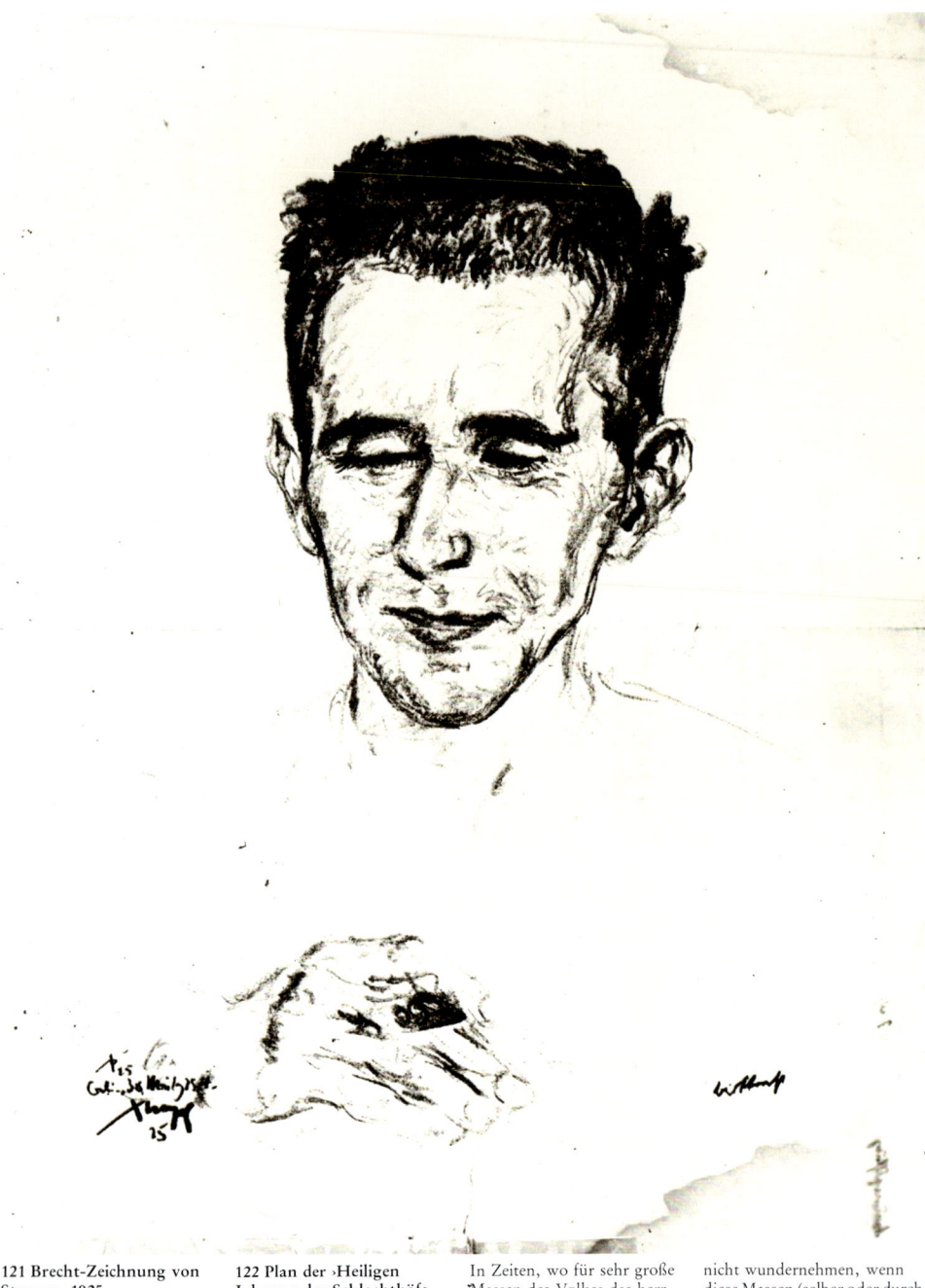

121 Brecht-Zeichnung von Stumpp, 1925

122 Plan der ›Heiligen Johanna der Schlachthöfe‹, 1929
Der Plan ist auf die Rückseite der Zeichnung geschrieben.

In Zeiten, wo für sehr große Massen des Volkes das herrschende gesellschaftliche System, das Arbeit und Broterwerb regelt, unerträgliche Härten verursacht, kann es nicht wundernehmen, wenn diese Massen (selber oder durch den Mund derer, die für sie sprechen) die großen geistigen Systeme überprüfen, welche die Lebenshaltung in moralischer

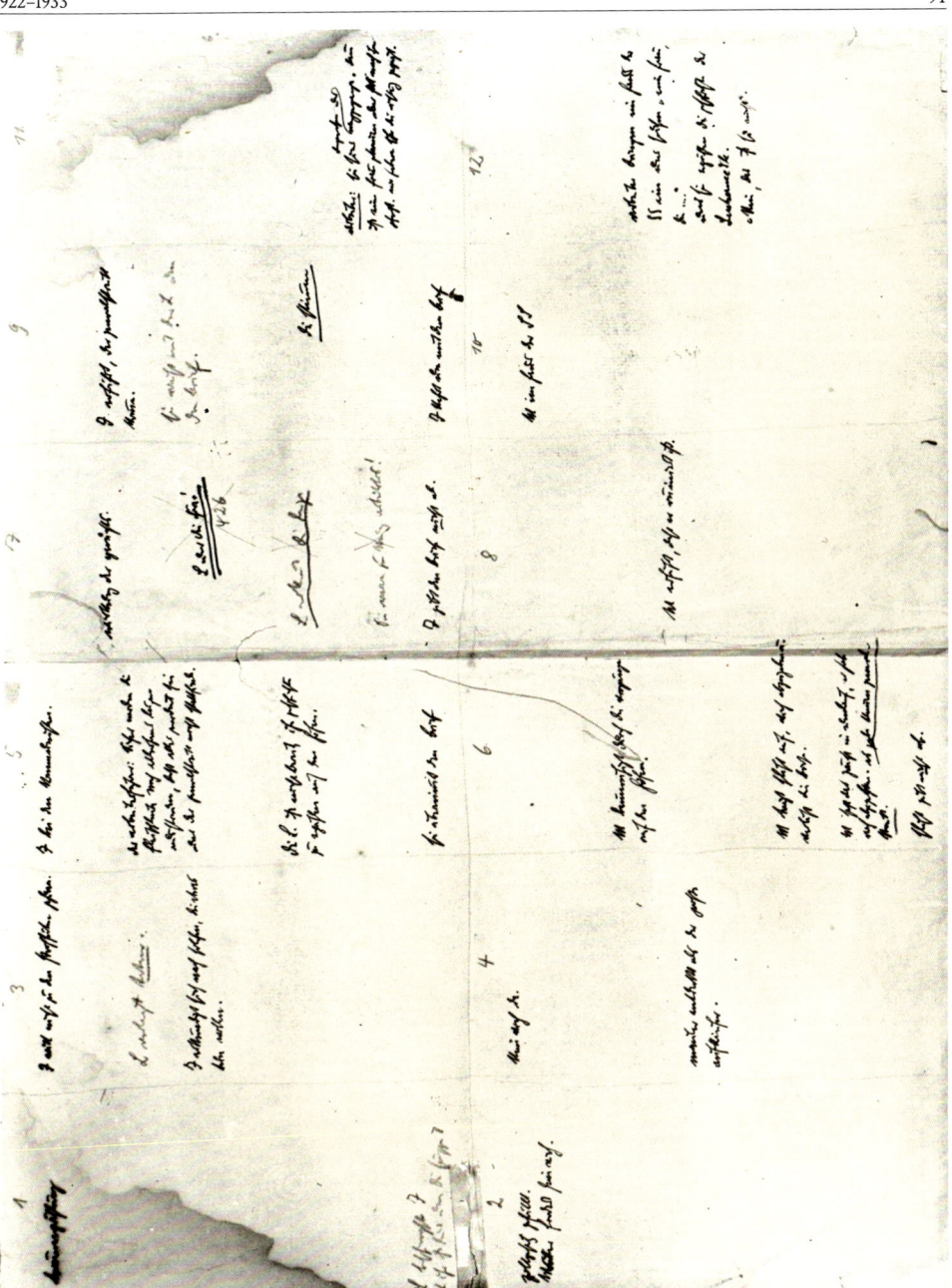

und religiöser Hinsicht zu gestalten suchen. Für die Institutionen, die diese Systeme vertreten, wie die Kirchen, Schulen und so weiter, stellt sich das so dar: Riesige Teile der Arbeiterschaft, unzufrieden mit dem herrschenden gesellschaftlichen System, erklären diese Institutionen für organisatorisch und geistig verknüpft und verbündet mit der gesellschaftlichen Ordnung, die für sie keine Lebensmöglichkeit mehr schafft, und wenden sich von bestimmten religiösen und moralischen Gedankengängen ab.

Erklärung des Sinns der ›Heiligen Johanna der Schlachthöfe‹, etwa 1930

 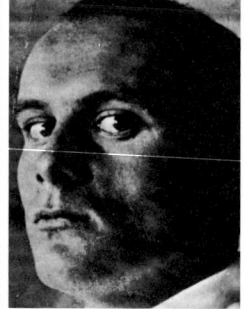  

123 Lion Feuchtwanger
Sein achtungsvolles Interesse an »Galgei« tut mir wohl. Er ist ein guter und starker Mensch, sehr klug und vornehm.
›Tagebücher‹, 6. Juli 1920

127 Bernhard Diebold
Was immer er selber glauben mag, was er braucht, sind Anweisungen. Sie müssen der Form nach leicht faßlich, was den Inhalt betrifft, anregend und im Ton freundlich, aber bestimmt sein. So wäre etwa die Anweisung, von Begabungsuntersuchungen in meinem Fall schon endlich abzulassen, für ihn mit Gold aufzuwiegen.
Brief an Alfred Döblin vom Oktober 1928

124 Arnolt Bronnen
Kann ich Dein Salonstückchen haben? Ich interessiere mich immer noch für Deine literarischen Versuche. ›Dickicht‹ halte ich zurück in Berlin. Es ist eigentlich Engel versprochen. Ich möchte gerne wieder in Dein arisch Gesicht blicken. Wie einst im Mai.
Brief an Arnolt Bronnen etwa Ende Juli 1923

128 Max Reinhardt
Es sind sehr wenige Bedürfnisse vorhanden, und die wenigen muß man natürlich wie rohe Eier behandeln. Aber es ist sehr schwierig, Monumentalitäten herzustellen. Ich spreche davon, weil der monumentale Stil heute tatsächlich der einzige ist, der ernst genommen wird, obgleich viele andere, also besonders das mittlere Genre, in der Ausführung viel besser sind.
Weniger Gips!!!, 1926

125 Herbert Jhering
Ich bin nämlich überzeugt, daß die Brechthausse ebenso auf einem Mißverständnis beruht wie die Brechtbaisse, die ihr folgen wird. Inzwischen liege ich ziemlich ruhig in der Horizontalen, rauche und verhalte mich ruhig. [...] Ich freue mich über jede Zeile von Ihnen.
Brief an Herbert Jhering vom Oktober 1922

129 Thomas Mann
Seine Ansicht ist, daß der Unterschied zwischen seiner und meiner Generation ein ganz geringfügiger ist. Dazu kann ich nur sagen, daß nach meiner Ansicht in einem eventuellen Disput zwischen einer Droschke und einem Auto es bestimmt die Droschke sein wird, die den Unterschied geringfügig findet.
Unterschied der Generationen, etwa 1926

126 Erich Engel
Mit wirklicher Genugtuung aber stelle ich fest, daß meine Gefühle für Sie, mit denen ich diesen Brief eröffnete, jetzt am Schluß noch fast die gleichen sind, nämlich günstige – ein unter Menschen gewiß seltener Fall von Dauer.
Brief an Erich Engel, Mitte bis Ende der 20er Jahre

130 George Grosz
Die Zeichnungen des George Grosz und die Stücke des Brecht wurden nicht als die Darstellungen einer bösen Welt, sondern als die Werke böser Menschen angesehen. Ihre Werke wurden zersetzend genannt, da sie die allgemeine Zersetzung der Moral und der alten Institutionen zeigten. Der Anstreicher verjagte beide mit vielen anderen.
Notiz, etwa 1934

131 Erwin Piscator
Was diese persönliche Stellung betrifft, so dürfen Sie sie nicht mißverstehen. Ich bin nicht bereit, unter der *literarischen* Leitung Gasbarras zu arbeiten, wohl aber unter der politischen. Ich bin vielleicht Ihr Genosse, aber ich bin bestimmt nicht Ihr Dramaturg usw.
Brief an Erwin Piscator, etwa Mitte 1927

135 Fritz Sternberg
Ihnen konnte es nicht beifallen, dem allgemeinen Aberglauben zu huldigen, irgendein Drama habe *ewige* menschliche Appetite zu befriedigen unternommen, wo es doch immer nur einen ewigen Appetit zu befriedigen versuchte, den Appetit, ein Drama zu sehen. Sie wissen, daß die anderen Appetite wechseln, Sie wissen warum. Sie, der Soziologe, allein also sind, ohne Furcht, den Niedergang der Menschheit schon in der Aufgabe eines ihrer Appetite sehen zu müssen, bereit zuzugeben, daß die großen Shakespearischen Dramen, die Basis unseres Dramas, heute nicht mehr wirken.
Sollten wir nicht die Ästhetik liquidieren? 1927

132 Leopold Jeßner
Obwohl ich, wie Sie wissen, sachlich gegen Sie stark eingestellt bin, halte ich es für wichtig, Sie zu bitten, nicht aus irgendwelchen begreiflichen Motiven des Ekels einem Kampf um Ihre Position auszuweichen. Ich glaube, wir halten es für nötig, daß Sie in dieser Stadt künstlerisch weiterarbeiten, da Ihre Arbeit notwendig und unersetzlich ist.
Brief an Leopold Jeßner gegen Ende der 20er Jahre

136 Hermann Duncker
Ich stecke acht Schuh tief im ›Kapital‹. Ich muß das jetzt genau wissen.
Brief an Elisabeth Hauptmann vom Oktober 1926

133 Alfred Döblin
Es wäre wunderbar, wenn wir die wöchentlichen Abende diesen Winter wieder abhalten könnten. Ich habe eine Unmenge herausgezogen. Ich habe immer gewußt, daß die Art Ihrer Dichtung etwa das neue Weltbild ausdrücken kann, aber jetzt wird es auch noch klar, daß sie gerade jenes Loch ausfüllt, das durch die jetzige marxistische Kunstauffassung gebildet wird!
Brief an Alfred Döblin vom Oktober 28

137 Bernard v. Brentano
Könnten Sie mir helfen, eine kleine Sammlung von Literatur zusammenzustellen, aus der man als Intellektueller die Grundzüge der materialistischen Dialektik studieren kann? Also evtl. Angabe der doch verstreuten Stellen bei Hegel, Marx, Engels usw. Es wäre das erste, was zu tun ist!
Brief an Bernard von Brentano vom Oktober 1928

134 Georg Kaiser
Ach, George, Sie wissen, daß wir für Sie sind, aber bitte, George, sind Sie auch für uns und glauben Sie uns, mit Augenrollen ist es nicht getan. Wir sind jetzt etwas verstimmt über Sie, weil Sie wieder der Originellste gewesen sind und uns zu blamieren versucht haben, indem Sie taten, als seien Sie von annodazumal und hätten die »Kolportage« aus Unkenntnis darüber geschrieben, wo Gott wohnt.
Offener Brief an Georg Kaiser, etwa 1928

138 Karl Kraus
Dieser Karl Kraus, der von der Allgemeinheit erstaunlich wenig geschätzt wird, kann sich doch nicht heute und nicht morgen die wirkliche Achtung der Besten erringen, da gerade der Geruch nach Vorzugsschüler auf gutem Niveau unangenehmer als der eines Unholdes ist. Kraus ist ein Beispiel dafür, daß aus der Antithese nichts herauskommt! Ein so aktives Gegenteil wie K. eines so schlechten Menschen, wie K. nicht ist, ist merkwürdiger- und beruhigenderweise noch keineswegs gut.
Über die Zeitungen an Karl Kraus, etwa 1926

139 ›Der Lindberghflug‹, Berlin 1929
Konzertaufführung des Radiolehrstücks unter der Regie von Brecht und der musikalischen Leitung von Otto Klemperer. Wegen faschistischer Aktivitäten Lindberghs tilgte Brecht später den Namen und nannte das Lehrstück ›Der Ozeanflug‹.

Ich habe über die Radiosendung des ›Lindberghfluges‹ etwas nachgedacht, und zwar besonders über die geplante öffentliche Generalprobe. Diese könnte man zu einem Experiment verwenden. Es könnte wenigstens optisch gezeigt werden, wie eine Beteiligung des Hörers an der Radiokunst möglich wäre. (Diese Beteiligung halte ich für notwendig zum Zustandekommen des »Kunstaktes«.)
Brief an Ernst Hardt vom Juli 1929

140 ›Die Maßnahme‹, Berlin 1930
Aufführung des Lehrstücks am 13. Dezember 1930 in der Berliner Philharmonie durch den Berliner Schubert-Chor und den Gemischten Chor Groß-Berlin, Gesamtleitung: Karl Rankl, Regie: Slatan Dudow, mit Ernst Busch, Alexander Granach, Anton Maria Topitz und Helene Weigel als Agitatoren.

1. Glauben Sie, daß eine solche Veranstaltung politischen Lehrwert für den Zuschauer hat?
2. Glauben Sie, daß eine solche Veranstaltung politischen Lehrwert für den Ausführenden (also Spieler und Chor) hat?
3. Gegen welche in der ›Maßnahme‹ enthaltenen Lehrtendenzen haben Sie politische Einwände?
4. Glauben Sie, daß die Form unserer Veranstaltung für ihren politischen Zweck die richtige ist? Könnten Sie uns noch andere Formen vorschlagen?
Material zur ›Maßnahme‹ Fragebogen an die Besucher

Am 15. April 1928 führten Brecht, Kerr und Weichert im Sender Radio Berlin ein Gespräch über die ›Not des Theaters‹.

142 Mit Alfred Kerr und Hans Weichert, 1928
Weichert: [. . .] Sagen Sie, wieviel Leute, glauben Sie, interessieren sich eigentlich für dieses Ihr neues Theater, lieber Brecht?
Brecht: Ja, das kann ich nicht wissen, wieviel Interessenten es für geistige Dinge gibt. Aber selbst, wenn es sehr viele gäbe, würden sie durch eure Schuld nicht darauf kommen, etwas Geistiges im Theater zu suchen. Ihr müßt ihnen also erst mitteilen, daß ihr jetzt Geistiges im Theater vorführt, daß ihr jetzt die großen oder kleinen geistigen Kämpfe der Gegenwart in euren Theatern vorführt. Oder mit anderen Worten, daß ihr nunmehr auf euren Theatern vorführen wollt: das typische Verhalten der Menschen unserer Zeit, so wie es zu Zeiten, wo das Theater eine kulturelle Bedeutung hatte, der Fall war.
Die Not des Theaters, 1928

141 ›Badener Lehrstück vom Einverständnis‹, 1929
Am 28. Juli 1929 fand während der Baden-Badener Musikwochen unter der Regie von Brecht und der musikalischen Leitung von Ernst Wolff und Alfons Dressel die Uraufführung des Stückes statt. Links am Tisch: Brecht. Als Clowns spielten Theo Lingen und Karl Paulsen.

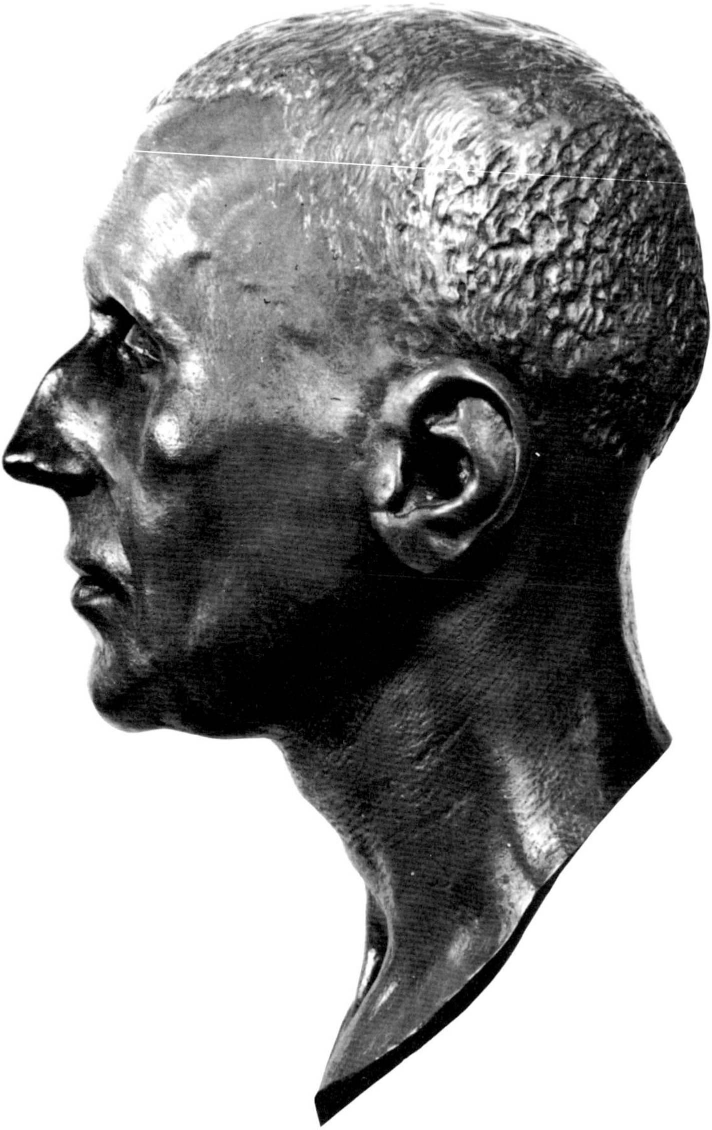

143 Brecht 1928, Fotografie von Lie Brecht
Ich möchte gern eine Kunst machen, die die tiefsten und wichtigsten Dinge berührt und tausend Jahre geht: Sie soll nicht so ernst sein.
Notiz von 1927

144 Brecht, Bronzeplastik von Paul Hamann, 1930

145 Brecht, Radierung von Rudolf Schlichter, 1927

Schweig! / Was, meinst du, ändert sich leichter / Ein Stein oder deine Ansicht darüber? / Ich bin immer gleich gewesen. Was besagt eine Fotografie? / Einige große Worte / Die man jedem nachweisen kann? / Ich bin vielleicht nicht besser geworden / Aber / Ich bin immer gleich geblieben.
Du kannst sagen / Ich habe früher mehr Rindfleisch gegessen / Oder ich bin / Auf falschen Wegen schneller gegangen. / Aber die gute Unvernunft ist die / Welche vergeht, und / Ich bin immer gleich gewesen.
Was wiegt ein großer Regen? / Ein paar Gedanken mehr oder weniger / Wenige Gefühle oder gar keine / Wo alles nicht genügt / Ist nichts genügend. / Ich bin immer gleich gewesen.
Behauptung, 1926

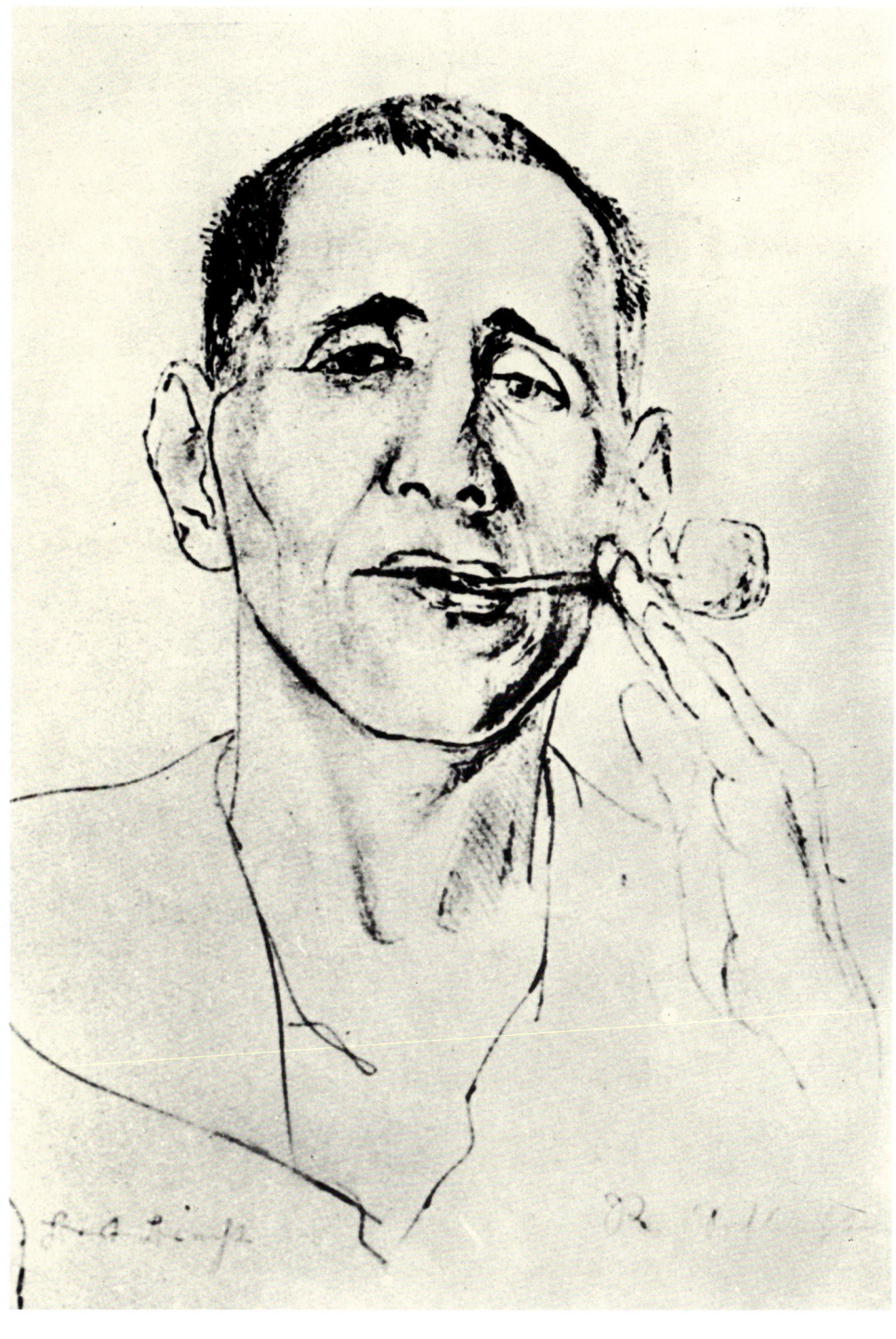

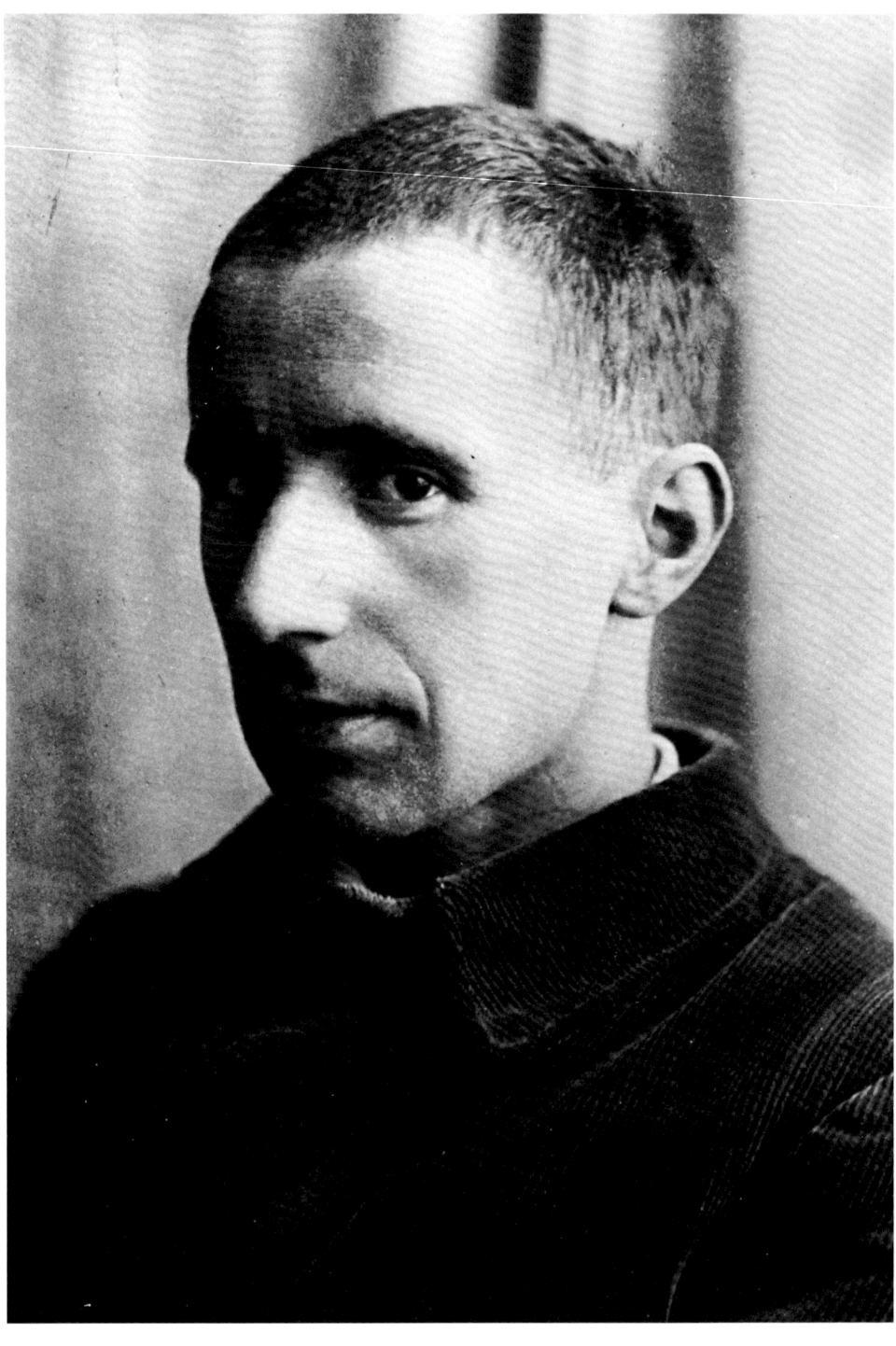

146 Brecht, 1930

»Woran arbeiten Sie?« wurde Herr Keuner gefragt. Herr Keuner antwortete: »Ich habe viel Mühe, ich bereite meinen nächsten Irrtum vor.«
Die Mühsal der Besten

Herr Keuner empfahl, jedem Vorschlag noch einen weiteren Vorschlag beizufügen, für den Fall, daß der Vorschlag nicht beachtet wird. Als er z. B. dem Staate angeraten hatte, zu verbieten, daß ein Mensch dem Menschen dienstbar sei, fügte er diesem Verbot weitere genaue Verbote hinzu, welche jene betreffen, die das Verbot nicht einhalten würden. Hierin bewies er sich als Gesetzgeber. Der Staat, sagte er, ist fast nie gut genug, eine Lage zu schaffen, die es allen Leuten ermöglicht, das Vernünftige zu tun. Die Gesetzgeber lassen beinahe immer jene aus den Augen, die die Gesetze übertreten. Wer nicht alles kann, dem darf man nicht weniges erlassen.
Vorschlag, wenn der Vorschlag nicht beachtet wird

›Geschichten vom Herrn Keuner‹ 1930

147 ›Fatzer‹, Manuskript des Chores VII, etwa 1928

1
unrecht ist menschlich / menschlicher aber / kampf gegen unrecht! / machet aber doch halt auch hier / vor dem menschen, laßt ihn / unversehrt. den getöteten / belehrt nichts mehr! / schabe nicht, messer, ab / die schrift mit der unreinheit – / du behältst / einzig ein leeres blatt sonst / mit narben bedeckt!
2
solch ein reinliches blatt / narbenbedeckt laßt uns / einfügen endlich dem bericht von / der menschheit!
fatzerchor 7

Untergang des Egoisten Johann Fatzer, Ende der 20er Jahre

148 Mit den Kindern Hanne und Stefan, etwa 1929
1928 heirateten Brechts geschiedene Frau Marianne und Theo Lingen.

149 ›Mann ist Mann‹, Berlin 1931
Anmerkungen zum Lustspiel ›Mann ist Mann‹, 1931

Die Abbildung zeigt die drei Soldaten (Wolfgang Heinz, Alexander Granach und Theo Lingen) in der Aufführung des Staatstheaters Berlin, bei der Brecht Regie führte.

Bei der Berliner Aufführung des Lustspiels ›Mann ist Mann‹, eines Stückes vom Parabel-Typus, wurden ungewöhnliche Mittel angewendet. Die Soldaten und der Sergeant erschienen vermittels Stelzen und Drahtbügeln als besonders große und besonders breite Ungeheuer. Sie trugen Teilmasken und Riesenhände. Auch der Packer Galy Gay verwandelte sich ganz zuletzt in ein solches Ungeheuer.
Die vier Verwandlungen wurden deutlich voneinander abgesetzt (Verwandlung des Soldaten Jeraiah Jip in einen Gott; Verwandlung des Sergeanten Fairchild in einen Zivilisten; Verwandlung der Kantine in einen leeren Platz; Verwandlung des Packers Galy Gay in einen Soldaten).

150 Brecht, 1931
Ich, der ich nichts mehr liebe /
Als die Unzufriedenheit mit
dem Änderbaren / Hasse auch
nichts mehr als / Die tiefe Unzufriedenheit mit dem
Unveränderlichen.
1931

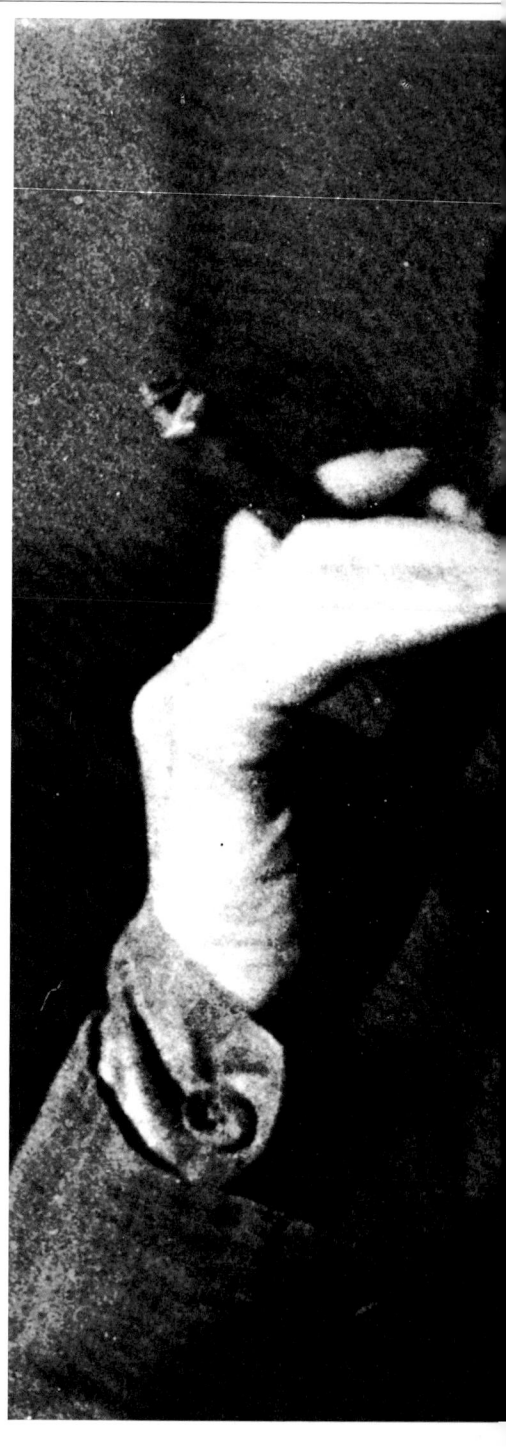

153 Hanne und Stefan, etwa 1932

152 Mit Barbara, etwa 1932
Am 28. Oktober 1930 wurde Brechts und Helene Weigels Tochter Barbara geboren.

151 Utting, 1932
Etwa fünfzig Meter von meinem Grundstück entfernt erhebt sich über die Gesträucher wie eine breite, grüne Wolke eine riesige Erle, die ich auch noch zu meinem Besitz rechne, da von einem bestimmten Punkt meines Gartens aus ihr vielleicht vollkommenster Anblick gewährt ist. Gleichsam um ihre Schönheit erst voll zu zeigen, steht hinter ihr eine in ihrer Art ebenso schöne Fichte von dunklem Grün, eine kleine, zapfenbehangene Zacke über der wogenden Erle.
Der Garten ist auf welligem Gelände angelegt, so daß man von seinen Enden die Enden nicht sieht. So wirkt er, der keineswegs sehr groß ist – nicht über ein Tagwerk –, wie ein gewaltiger Park.
Die Bäume sind in Gruppen gepflanzt. Sieben oder acht bilden eine Wand, mitunter erwecken zwei oder drei den Eindruck eines einzigen Baumes, ihr Blätterdach ist ihnen gemeinsam. Etwa in der Mitte des Gartens halten sich wunderbare, fast schwarze Fichten auf. Es ist, als träte man in einen kleinen Wald. Sie umgeben einen etwas finsteren Karpfenteich. Die vielen und außerordentlich schönen und verschiedenen Pflanzen sind so gescheit angeordnet, daß der Garten keineswegs allzu reich bepflanzt wirkt. Die Anordnung verbirgt glücklich seinen wirklichen Reichtum. Es gibt auf dem welligen Gelände die schönsten Wiesen. Darauf stehen kleine Büsche von lang blühenden Blumen in halber Männerhöhe und einfarben. Je nach den verschiedenen Einblicksmöglichkeiten sieht man den einen oder den anderen. Von einer bestimmten Stelle aus sieht man nachts, fast erschreckt, einen schneeweißen.
Notiz von 1932

Brecht erwarb im August 1932 das Grundstück am Ammersee von Josef Ritter von Reiss. Er konnte es nur kurze Zeit nutzen und überschrieb es 1934 auf seinen Vater, später auf seine Tochter Hanne.

154 Brecht mit Hanns Eisler und Slatan Dudow, 1931
Hanns Eisler schrieb die Musik für den Film ›Kuhle Wampe‹, für den er auch das ›Solidaritätslied‹ komponierte. Ursprünglich war an dieser Stelle des Films die ›Ballade von dem Tropfen auf den heißen Stein‹ vorgesehen. Brecht, Eisler und ich berieten darüber, denn ich hatte Bedenken. Mir schien, so sehr ich auch Brecht schätzte und die Ballade schön fand, daß sie für den Film nicht das richtige war. Ich stellte mir ein Lied vor, das, knapp in der Wortführung, mobilisierend wirken müßte, und ich versuchte meine Gründe klar darzulegen. Eisler rückte etwas nervös an seiner Brille und sah auf Brecht, Brecht machte einen verstimmten und nachdenklichen Eindruck, und mir war auch nicht wohl zumute, schließlich war ich der Jüngste im Kollektiv. Die peinliche Pause hielt an, bis Eisler das erlösende Wort sprach: »Der Steppenwolf«, so nannten mich damals die Freunde, »scheint recht zu haben.« Brecht lächelte zweifelnd und fragte bereitwillig: »Ja, ja, aber wie macht man so was?« Und bevor wir uns klar wurden und während wir eifrig darüber diskutierten, hatte Brecht – in großen Zügen – das ›Solidaritätslied‹ entworfen. In diesem Kreis galt das Argument und nicht die Autorität!
(Slatan Dudow, 1962)

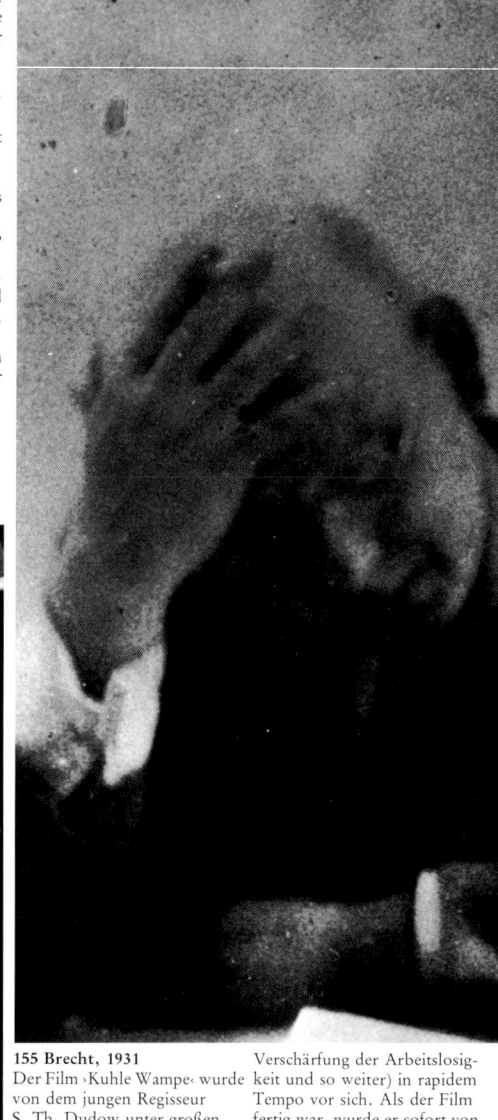

155 Brecht, 1931
Der Film ›Kuhle Wampe‹ wurde von dem jungen Regisseur S. Th. Dudow unter großen materiellen Schwierigkeiten hergestellt.
Durch die Schwierigkeiten, immerfort die Geldmittel aufzutreiben, dauerte die Herstellung des Films über ein Jahr, und inzwischen ging die Entwicklung der Verhältnisse in Deutschland (Faschisierung, Verschärfung der Arbeitslosigkeit und so weiter) in rapidem Tempo vor sich. Als der Film fertig war, wurde er sofort von der Zensur verboten. Der Inhalt und die Absicht des Films geht am besten aus der Aufführung der Gründe hervor, aus denen die Zensur ihn verboten hat.
1932

156 Mit Eisler, etwa 1931
Die Musik Eislers ist keineswegs das, was man einfach nennt. Sie ist als Musik ziemlich kompliziert, und ich kenne keine ernsthaftere als sie. Sie ermöglichte in einer bewunderungswürdigen Weise gewisse Vereinfachungen schwierigster politischer Probleme, deren Lösung für das Proletariat lebensnotwendig ist.
1935

Aus ›Kuhle Wampe‹ 1931, von Dudow – Brecht. Verfallene Vorstadthäuser, Slumdistrikt in all seinem Elend und Schmutz. Die »Stimmung« des Bildes ist passiv, deprimierend; sie lädt zum Trübsinn ein. Dagegen ist rasche, scharfe Musik gesetzt, ein polyphones Präludium, marcato-Charakter. Der Kontrast der Musik – der strengen Form sowohl wie des Tones – zu den bloß montierten Bildern bewirkt eine Art von Schock, der, der Intention nach, mehr Widerstand hervorruft als einfühlende Sentimentalität.
(Hanns Eisler, 1942)

Hanns Eisler (1898-1962) arbeitete seit 1929 mit Brecht zusammen. Er komponierte die Musik zu ›Die Maßnahme‹, ›Die Mutter‹ und später zu vielen weiteren Stücken Brechts. – Slatan Dudow (1903-1963) hatte an dem Lehrstück ›Die Maßnahme‹, am Film ›Kuhle Wampe oder Wem gehört die Welt?‹ mitgearbeitet.

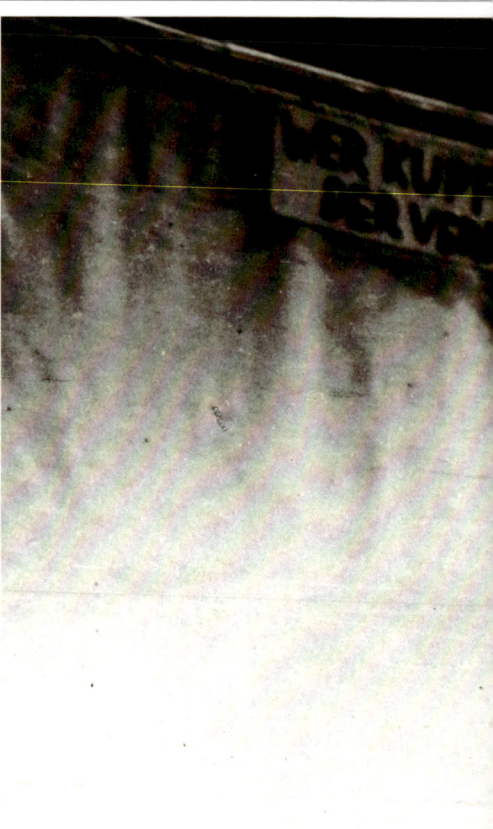

157 ›Die Mutter‹, Berlin 1932
Der Schluß des Stückes zeigt die großen Demonstrationszüge der Petersburger Arbeiter, die durch ihre Riesenstreiks die Gewaltherrschaft des Zaren niederringen und den mörderischen Krieg beenden. Eine rote Fahne tragend, marschiert die alte Kämpferin für die Sache der Arbeiter in diesem Zug der Tausenden, und ein Gedicht über die Dialektik des Weltgeschehens drückt die Erfahrung ihres tapferen Lebens aus: daß es nämlich nur an den Unterdrückten liegt, wenn die Unterdrückung bleibt, und daß der nicht aufzuhalten ist, der seine Lage erkannt hat. Das Stück ›Die Mutter‹, aufgeführt am Todestag der großen proletarischen Revolutionärin Rosa Luxemburg, ist mit seinen Gesängen und Chören den für die proletarische Sache kämpfenden Arbeitern Deutschlands und insbesondere den kämpfenden Frauen gewidmet.
Anmerkungen zur ›Mutter‹, 1932

158 ›Die Mutter‹, Helene Weigel als Pelagea Wlassowa, mit Margarete Steffin als Dienstmädchen, Berlin 1932
Margarete Steffin (1908 bis 1941) wirkte als Laienspielerin bei der Uraufführung des Stückes ›Die Mutter‹ mit. Sie folgte 1933 Brecht und Helene Weigel ins Exil. In der Uraufführung, die von Emil Burri in Zusammenarbeit mit Brecht inszeniert wurde, spielten Helene Weigel (Pelagea Wlassowa, rechts oben), Ernst Busch (rechts unten), Margarete Steffin (zweite von links).

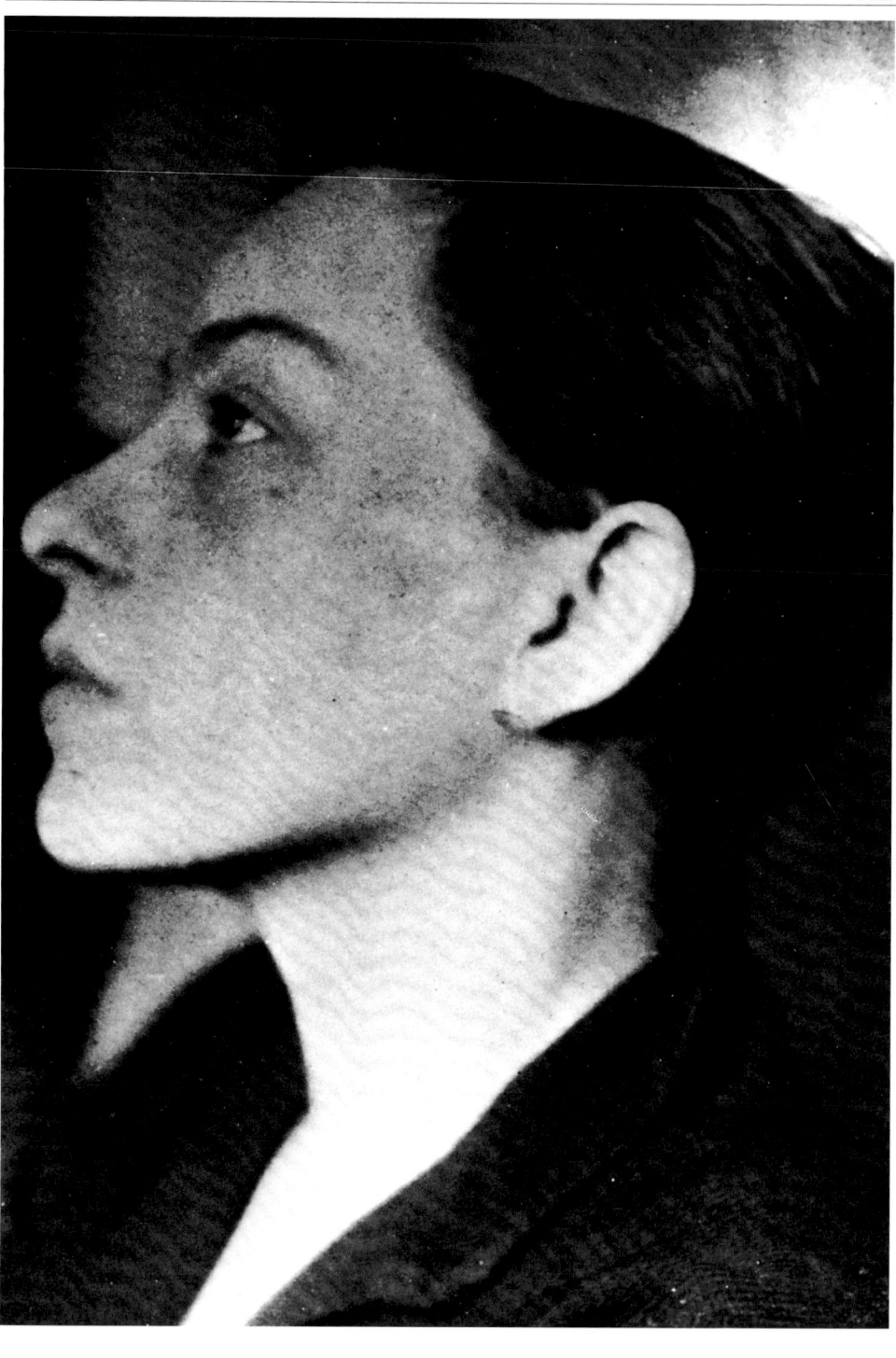

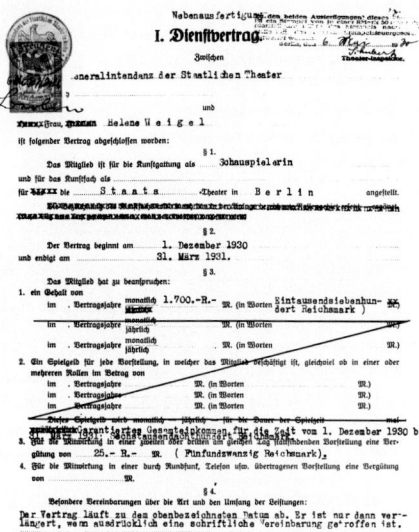

159 Helene Weigel, 1930
Ich weiß von mir, daß ich Dir immer nah stehe darin, auch über Verstimmungen hinweg, auch während derselben. Wenn es nicht so scheint, vergiß nicht, ich lebe gerade (und meistens) in schwieriger Arbeit und schon dadurch ohne rechte Möglichkeit, mimisch usw. mich auszudrücken, und fürchte Privatkonflikte, Scenen usw., die mich sehr erschöpfen. Nicht aber lebe ich ausschweifend. Davon ist keine Rede.
Brief an Helene Weigel, etwa 1932

160 Arbeitsvertrag von Helene Weigel, 1930
Mit dem auf vier Monate ausgeschriebenen Vertrag wurde Helene Weigel für die Darstellung der Begbick in ›Mann ist Mann‹ verpflichtet.

161 Hausordnung, 1932

162 Vater Brechts mit Stefan, etwa 1931

163 Mit Adolf Fischer und Laienspielern bei den Dreharbeiten zum Film, 1931
Der Film wurde bei der Prometheus GmbH produziert und nach deren Auflösung von der Praesens Film GmbH fertiggestellt. Am 31. 3. 1932 verbot die Filmprüfstelle Berlin den Film. Wegen der Beschwerde zweier Beisitzer wurde das Urteil nochmals in der Film-Oberprüfstelle beraten und bestätigt. – Wegen der zahlreichen öffentlichen Proteste gegen das Zensurverbot und der Kürzungen der Filmfirma gaben die Zensoren ›Kuhle Wampe‹ am 21. April 1932 mit weiteren Zensurauflagen frei.

164 ›Kuhle Wampe oder Wem gehört die Welt?‹ Illustrierter Film-Kurier, 1932
Der Zensor zeigte keine Scheu, auf Einzelheiten der Gestaltung einzugehen. Unsere Anwälte sahen mit Erstaunen, daß sich eine regelrechte Kunstdebatte entwickelte. Der Zensor betonte, wir hätten dem Selbstmordvorgang einen ausgemacht demonstrativen Charakter verliehen. Er gebrauchte den Ausdruck »so etwas Mechanisches«. Dudow stand auf und verlangte aufgeregt, daß man das Gutachten von Ärzten einhole. Sie würden bezeugen, daß Handlungen dieser Art oft einen mechanischen Eindruck hervorriefen. Der Zensor schüttelte den Kopf. »Das mag sein«, sagte er hartnäckig. »Aber Sie müssen doch zugeben, daß Ihr Selbstmord alles Impulsive vermeiden läßt. Der Zuschauer will ihn sozusagen gar nicht aufhalten, was doch bei einer künstlerischen, menschlich warmherzigen Gestaltung eintreten müßte.

Großer Gott, der Schauspieler macht das ja, wie wenn er zu zeigen hätte, wie man Gurken schält!« Wir hatten es schwer, unsern Film durchzubringen. Aus dem Haus gehend, verhehlten wir nicht unsere Wertschätzung des scharfsinnigen Zensors. Er war weit tiefer in das Wesen unserer künstlerischen Absichten eingedrungen als unsere wohlwollendsten Kritiker. Er hatte ein kleines Kolleg über den Realismus gelesen. Vom Polizeistandpunkt aus.
Etwa 1933

165 Bericht des Zensors an das Innenministerium, 1932
1.) Ich habe in der heutigen Kammersitzung auftragsgemäß anhand der Aufzeichnung des Herrn Unterabteilungsleiters entschieden und nachdrücklich das Verbot des Bildstreifens ›Kuhle Wampe‹ gefordert. RA Abg. Landsberg erwiderte als Vertreter der Antragstellerin ziemlich scharf. Die Kammer hat den Bildstreifen verboten. Gegen diese Entscheidung haben 2 Beisitzer, unter ihnen der bekannte Journalist Dr. Olden vom Berl. Tagebl. Beschwerde eingelegt. Es wird danach mit der Möglichkeit von Presseangriffen namentlich im Berl. Tagebl. zu rechnen sein, denen meiner Ansicht nach ebenso scharf entgegenzutreten sein wird wie meine heutige Stellungnahme war.
2.) Vorzulegen dem Herrn Staatssekretär
d. d. H. des Herrn Pressereferenten
d. d. H. des Herrn U. Abt. Leiters
d. d. H. des Herrn Abt. Leiters zur gef. Kenntnis
3.) W. v. nach 1 Woche (Oberprüfstelle)
Erbe

Oberregierungsrat Erbe nahm an der Verhandlung über den Film am 31. März 1932 in der Filmprüfstelle Berlin als Sachverständiger des Innenministeriums teil. – Unter den Nationalsozialisten, die ihn sofort übernahmen, machte Erbe Karriere und arbeitete mit Globke an der »Neugestaltung Europas«.

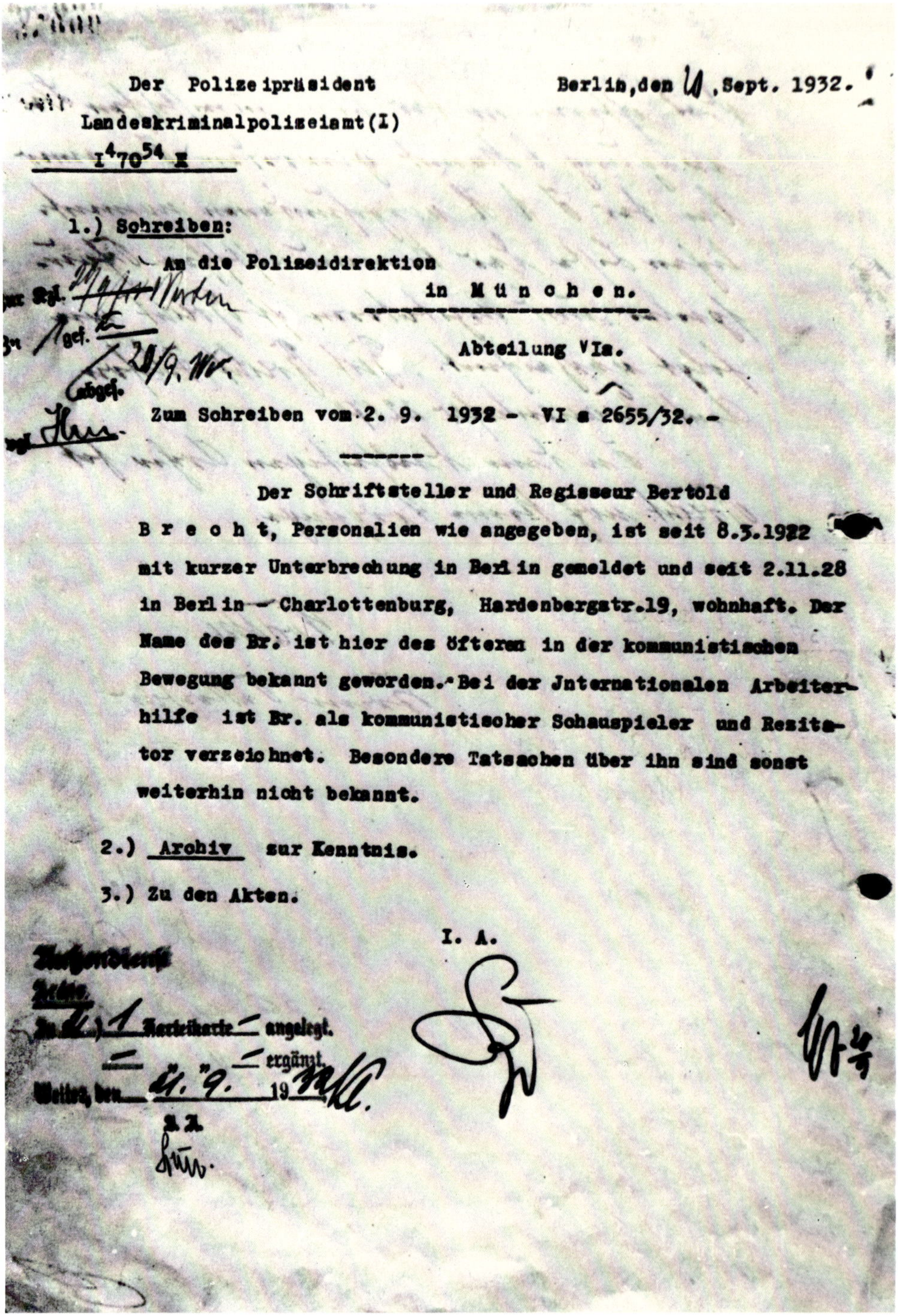

Der Polizeipräsident Berlin, den 11. Sept. 1932.

Landeskriminalpolizeiamt (I)

I 4 7054 z

1.) Schreiben:

An die Polizeidirektion

in München.

Abteilung VIa.

Zum Schreiben vom 2. 9. 1932 - VI a 2655/32. -

Der Schriftsteller und Regisseur Bertold Brecht, Personalien wie angegeben, ist seit 8.3.1922 mit kurzer Unterbrechung in Berlin gemeldet und seit 2.11.28 in Berlin - Charlottenburg, Hardenbergstr. 19, wohnhaft. Der Name des Br. ist hier des öfteren in der kommunistischen Bewegung bekannt geworden. Bei der Jnternationalen Arbeiterhilfe ist Br. als kommunistischer Schauspieler und Rezitator verzeichnet. Besondere Tatsachen über ihn sind sonst weiterhin nicht bekannt.

2.) Archiv zur Kenntnis.

3.) Zu den Akten.

I. A.

Nachrichtendienst

Kartei

Zu 1.) 1 Karteikarte – angelegt.

– – ergänzt.

Berlin, den 21. 9. 1932

166 Bericht des Polizeipräsidenten von Berlin über Brecht, 1932
Offensichtlich wurde Brecht in der letzten Passage mit Ernst Busch verwechselt.

167 Helene Weigel mit Stefan, Barbara und Hanne, 1932
Als sie nämlich ihre Kunst beherrschte und sich vor dem größten Auditorium, dem Volk, an die größten Gegenstände, die das Volk angehenden, wenden wollte, verlor sie durch diesen Schritt ihre ganze Stellung, – und es begann ihr Abstieg. [...] Gefragt, wie sie es anstelle, die Unterdrückten, die sich zum Kampf erheben, so edel darzustellen, antwortete sie: »Durch genaueste Nachahmung.« Sie verstand es, den Menschen nicht nur Gefühle, sondern auch Gedanken zu erregen, und dieses Denken, das sie erregte, war ihnen ganz und gar genußvoll, bald eine heftige, bald eine sanfte Freude. Jetzt spreche ich aber von den Arbeitern, die zu ihrem Spiel kamen. Die Kunstkenner blieben weg, und statt ihrer kamen die Polizisten. Die Wahrheiten, denen sie ihre Stimme und ihre Deutlichkeit lieh, riefen die Justiz herbei, welche dazu da ist, die Gerechtigkeit zu bekämpfen. Nach den Aufführungen fand sie sich nunmehr oft in Polizeizellen. Um diese Zeit trat der Anstreicher die Macht an, und sie war gezwungen, aus dem Land zu flüchten.
›Abstieg der Weigel in den Ruhm‹, 1938

168 Handschrift der ›Wiegenlieder‹ für Helene Weigel, 1932
Brecht schrieb die ›Wiegenlieder‹, nach deren Vortrag Helene Weigel mehrfach polizeilich vernommen wurde, auf kleine Zettel, die er auf das Format des ›Schatzkästchens‹ seiner Frau zurechtgeschnitten hatte. Sie verwahrte das Kästchen, in dem sich noch weitere Handschriften Brechts für sie befanden, bis an ihr Lebensende – auch nach dem Aufbau des Bertolt-Brecht-Archivs – bei sich.

169 Brecht, Berlin Februar 1933

170 berlin, hardenbergstr. 1 A februar 33 »die kisten sind gepackt«.

VORWORT

I. TEIL: Der Reichstagsbrand
           oder
           Hitler "rettet" Europa. -

WIE DIE HITLERREGIERUNG DIE LAGE IN DEUTSCHLAND IM FEBRUAR UND MAERZ 1933 DER WELT DARSTELLT.

Es sprechen:
Der Zeuge G ö r i n g ;
Der Zeuge G ö b b e l s ;
Der Reichskanzler H i t l e r ;
Die nationalsozialistische Parteipresse ;
Der Amtliche Preussische Pressedienst ;
Der Untersuchungsrichter beim Reichsgericht V o g t ;

DEM KOMMUNISMUS SOLL DER PROZESS GEMACHT WERDEN.

II. TEIL: Zwei Voruntersuchungen.

Die Weltmeinung. (Die Frage: Wem nützt es?)
Herr Vogt baut seine Anklage auf.
Braunbuch I.   (Ein Buch, das Geschichte macht. - Die Weltpresse nimmt die Darstellung des Braunbuchs auf.)
Die Ankläger werden zu Angeklagten.
Die Londoner Voruntersuchung.

[17607] **Bekanntmachung.**

Auf Grund des § 2 des Gesetzes über den Widerruf von Einbürgerungen und die Aberkennung der deutschen Staatsangehörigkeit vom 14. Juli 1933 (Reichsgesetzbl. I S. 480) erkläre ich im Einvernehmen mit dem Reichsminister des Auswärtigen folgende Reichsangehörige der Staatsangehörigkeit für verlustig, weil sie durch ein Verhalten, das gegen die Pflicht zur Treue gegen Reich und Volk verstößt, die deutschen Belange geschädigt haben: Abraham, Max, am 27. April 1904; Brecht, Bertold (Bert), geb. am 10. Februar 1898; Dr. Brainin, Isaak David, geb. am 4. Oktober 1896; Dr. Budzislawski, Hermann, geb. am 11. Februar 1901; Bussemeyer, Friedrich Peter, geb. am 25. Februar 1906; Crumfeld, Siegmund, geb. am 19. Februar 1892; Frehl, Gustav, geb. am 23. Dezember 1890; Dr. Goldmann, Naphum, geb. am 10. Juli 1894; Gruschwitz, Max, geb. am 9. Oktober 1896; Günther, Eduard Wilhelm Gustav, genannt Albert Günther, geb. am 11. Mai 1869; Dr. Hänischel, Kurt Emil Richard, geb. am 13. Juli 1889; Dr. Degemann, Werner, geb. am 15. Juni 1881; Dr. Hilferding, Rudolf, geb. am 10. August 1877; Dr. Hiller, Kurt, geb. am 17. August 1885; Hirsch, Werner Daniel Heinrich, geb. am 7. Dezember 1899; Dr. Hobann, Max, geb. am 30. August 1894; Höltermann, Karl, geb. am 20. März 1894; Joel, Hans, geb. am 1. November 1892; Kummer, Friedrich, geb. am 1. Juni 1875; Lew, Kurt, genannt Lenz, geb. am 23. Juni 1901; Liepmann, Max Heinz, geb. am 27. August 1905; Mann, Erika, geb. am 9. November 1905; Dr. Marck, Siegfried, geb. am 9. März 1889; Mehring, Walter, geb. am 29. April 1896; Mühsam, Kreszentia, geb. Elfinger, geb. am 29. Juli 1884; Neubauer, Erich, geb. am 27. März 1901; Pfemfert, Franz Gustav Hugo, geb. am 20. November 1879; Schiff, Viktor, geb. am 21. Februar 1895; Schneider, Peter Josef, geb. am 18. März 1895; Seehof, Arthur, geb. am 9. April 1892; Steinfeld, Justin, geb. am 27. Februar 1886; Westheim, Paul, geb. am 7. August 1886; Dr. Wolf, Friedrich, geb. am 23. Dezember 1888; Dr. Wolff, Arthur, geb. am 29. April 1888; Paskiel, Dave, geb. am 16. August 1900; Freiherr von Zedlitz-Neukirch, Dietrich, geb. am 7. Juli 1893. Der Verlust der deutschen Staatsangehörigkeit wird ausgedehnt auf die Ehefrauen: Elsera Chaja Pfemfert, geb. Ramm, geb. am 31. März 1883, und Betty Schneider geb. Lübbemann, geb. am 5. Juni 1896. Das Vermögen sämtlicher obengenannten Personen wird hiermit beschlagnahmt. Die Entscheidung darüber, inwieweit der Verlust der deutschen Staatsangehörigkeit sonst noch auf Familienangehörige auszudehnen ist, bleibt vorbehalten. I A 5541/5013 e.

Berlin, den 8. Juni 1935.

Der Reichsminister des Innern.

171 Entwurf für ein Braunbuch über den ›Reichstagsbrandprozeß‹, 1933
Unter den Bajonetten und Stahlruten der Nazis, vor den gekauften oder eingeschüchterten höchsten Richtern der gestürzten Republik, mit halbtot geprügelten Zeugen, enthüllte sich plötzlich zum Entsetzen der Welt das wahre Bild: Ein großes und zivilisiertes Volk war unter Ausnützung demokratischer Freiheiten von bewaffneten Banden, gedungen von intrigierenden Industrialisten und Militärs, aller seiner Freiheiten beraubt und zu Boden geschlagen worden.
›Der Reichstagsbrandprozeß‹, 1943

172 Der Reichstagsbrand, 27. Februar 1933
Ich mußte Deutschland im Februar 1933, am Tag nach dem Reichstagsbrand, verlassen. Ein Exodus von Schriftstellern und Künstlern begann, wie ihn die Welt noch nicht gesehen hatte.
Anrede an den Kongreß für unamerikanische Betätigungen, 1947

173 Bekanntgabe der Ausbürgerung Brechts, 1935
In einer Verfügung des Reichsministers des Innern vom 8. Juni 1935 (I A 5541/5013 c) wurde Brecht, kurz danach auch seine Frau und der Sohn Stefan, ausgebürgert. Das in Deutschland befindliche Vermögen wurde beschlagnahmt. In einer kurzen Begründung der Entscheidung wurde im amtlichen Papier folgendes ausgeführt:
»Bertold (Bert) Brecht, marxistischer Schriftsteller, der in der Nachkriegszeit durch seine tendenziösen Theaterstücke und Gedichte für den Klassenkampf Propaganda machte. Nach der nationalsozialistischen Erhebung sind in der Emigrantenpresse und in Broschürenform zahlreiche deutschfeindliche Artikel und Gedichte von ihm erschienen. Seine Machwerke, in denen er unter anderem den deutschen Frontsoldaten beschimpft, zeugen von niedrigster Gesinnung.«
Auf derselben Ausbürgerungsliste steht auch der ehemalige Ministerialdirigent Dr. Kurt Häntzschel, der ein Jahr zuvor als Leiter der politischen Abteilung im Innenministerium im Verhör der Film-Oberprüfstelle das zweite Verbot von ›Kuhle Wampe‹ durchgesetzt hatte.

174 Mit Marta Feuchtwanger, Lugano 1933
Wir beschlossen, für alle was am Luganer See zu suchen. Kläbers wollen es in die Hand nehmen. Es soll sehr billig sein. Heute gehe ich hin. (Ich fuhr abends nach Lugano.) Feuchtwanger kommt morgen her. Bitte schreib Lugano postlagernd, das Hotel ist zu teuer, ich ziehe raschmöglichst um – vielleicht zu Kläber. Aber das ist etwas weg von Lugano, wo Feuchtwanger sein will, in Carona. Schreib gleich! Was ist mit Barbara? Ich hoffe in 2–3 Tagen was zu haben. Jedes Übernachten im Hotel usw. ist furchtbar teuer. Ihr müßt gleich in was Festes kommen! Und kaufen kann man hier auch nichts. Also lieber alles aus Berlin kommen lassen! Und bring Steff mit!
Brief an Helene Weigel vom März/April 1933

175 Kläbers Haus in Carona, 1933
Aber als das beste scheint mir jetzt, Du kommst mit den Kindern eben doch selber her, evtl. mit Steff voraus. Ein paar Tage kann man hier irgendwo billig unterkommen, und da zeige ich Dir, was ich ausfindig gemacht habe. Ohne Dich für lang was mieten hat keinen Sinn. Natürlich wüßte ich gern, wie es am Züricher See ist: dort ist Döblin und Seghers und eine deutsche Stadt. Billiger allerdings als ein paar Tage Zürich mit Familie ohne Wohnung ist, wie mir scheint, Lugano doch, und man kann nachher von hier aus einmal hin. Jetzt ist es ja hier viel wärmer und schöner. *Bettwäsche sollte man dabei haben.* Hat mein Vater schon Geld geschickt? In Zürich möchte Dich die Seghers sehen.

Wenn wenigstens die noch herkämen! Der Schmitt ist kein Marx, aber immerhin . . . Bei Kläbers in der Nähe in Carona ist Wohnen sehr schön und sehr billig, aber das ist nur 3mal tägl. mit Autobus ziemlich teuer erreichbar, letzter abends 6 Uhr. Mit Auto wunderbar. (Vielleicht bringt Brentano das seine, aber auf den soll man sich nicht verlassen!) Ich wäre jetzt froh, wenn wir alle zusammen wären!
Brief an Helene Weigel vom März/April 1933

Brecht war mit Helene Weigel und Stefan über Prag nach Wien gefahren. Von dort begab er sich allein in die Schweiz, um mit Hilfe anderer exilierter Schriftsteller einen Zufluchtsort zu suchen. Wegen der Enteignung der Exilierten durch die Nationalsozialisten, die auch alle aus Auslandsverträgen bei deutschen Verlagen einkommenden Tantiemen einbezog, wählten Brecht und Weigel ein weniger kostenaufwendiges Exilland.

176 Mit Kurt Kläber und Bernard von Brentano auf dem Weg zu Hermann Hesse, Montagnola 1933

Seit etwa 4 Wochen bin ich in der Schweiz, vorher war ich kurz in Prag, länger in Wien, eine Woche in Paris. Unter den Genossen habe ich überall nicht wenig Wirrwarr angetroffen, nach so kurzer Zeit schon Gegeneinanderarbeiten, Mißtrauen, Skepsis oder Illusionen. Die Berufspolitiker scheinen fast alle in Deutschland geblieben zu sein, aber mit ihnen gibt es wenig Verbindung; vorläufig hindert die Existenz der Partei eher den Zusammenschluß der Emigrierten, als daß sie ihn fördert, man wartet auf Direktiven, Linien, Abrechnungen, Umgruppierungen usw. usw. Es ist alles zentralisiert, und das Zentrum antwortet nicht.
Brief an Sergej Tretjakow vom April 1933

Ich war in Paris, wo ich zusammen mit Weill einen Auftrag hatte; ich traf aber nur Eisler und Seghers. Es gibt sehr hübsche und billige Wohnungen dort, und die Stadt hat mir, da ich diesmal beschäftigt war, sehr gefallen; wahrscheinlich gehen wir im Herbst doch dorthin. Die Schweiz ist zu teuer, hat keine Städte und ist eine Theaterdekoration (aber ohne Bühnenarbeiter).
Brief an Margit von Brentano vom April 1933

Kurt Kläber und Lisa Tetzner luden Brecht und Helene Weigel in ihr Haus in Carona am Luganer See ein. Im August siedelt die Familie Brecht nach Dänemark um.

177 Skovsbostrand, Svendborg, Dänemark, 1934
Wohnort der Familie Brecht 1933 bis 1938

Wenn ich bedenke, wozu mich das begeisterte Mitgehen geführt hat und was mir das oftmalige Prüfen genützt hat, so rate ich zum zweiten. Hätte ich mich der ersten Haltung überlassen, dann lebte ich noch in meinem Vaterland, da ich aber die zweite Haltung nicht eingenommen hätte, wäre ich kein ehrlicher Mensch mehr.
Notiz von 1934

179 Brechts Auto, 1934
Der Sommer naht, das Wasser wird warm: Die Zeit Deiner jährlichen Europareise naht heran, Freund. Auf, betritt das Schiff! Die Pension hier kostet 4 Kronen (2 Mark vierzig). Ein kleiner Ford aus der Urzeit verschafft Bequemlichkeit. Nirgends sitzest Du näher an Deiner Heimat!
Brief an George Grosz vom Mai 1934

Ford hat ein Auto gebaut / Das fährt ein wenig laut. / Es ist nicht wasserdicht / Und fährt auch manchmal nicht.
Alfabet, 1934

178 Brechts Haus in Skovsbostrand, 1933
Ein Ruder liegt auf dem Dach. Ein mittlerer Wind / wird das Stroh nicht wegtragen. / Im Hof für die Schaukel der Kinder sind / Pfähle eingeschlagen. / Die Post kommt zweimal hin / wo die Briefe willkommen wären. / Den Sund herunter kommen die Fähren. / Das Haus hat vier Türen, daraus zu fliehn.
Zufluchtsstätte, etwa 1935

Wir sind seit Wochen auf der kleinen Insel Thurö, einem flachen grünen Eiländchen, mit Wald und Badegelegenheit. In der Nähe gibt es ein kleines Städtchen, das gar nicht übel ist. Und es ist ganz außerordentlich billig, viel billiger als in Österreich.
Brief an Karl Kraus, Anfang Juli 1933

Wir lebten den Sommer über in Dänemark. Von einem Vorschuß habe ich in Svendborg, einer kleinen Hafenstadt, in der Nachbarschaft von Frau Karin Michaelis, ein kleines Fischerhaus gekauft.
Herbst 1933

Die dänische Schriftstellerin Karin Michaelis, seit 1919 mit Helene Weigel befreundet, brachte Familie Brecht zunächst in Thurö unter. Am 9. August 1933 kaufte Brecht durch ihre Vermittlung das Haus in Svendborg auf der Insel Fünen.

180 Helene Weigel und Barbara, etwa 1937

Steff und Barbara im ersten Zeit des Exils (1933)

181 Steff und Barbara im ersten Jahr des Exils (1933)
Das Foto wurde von Brecht ins ›Arbeitsjournal‹ unter der Notierung vom 11. September 1938 eingeklebt.

182 Brechts Arbeitszimmer, Manuskriptenschrank, Gitarre und Masken

183 Brechts Arbeitszimmer, Bibliothek mit Stehpult
Der Herr der Strohhütten an den Herrn der Wolkenkratzer Gefährte glücklicher Zeiten! Seit einigen Monaten haust Dein Freund in einem strohgedeckten, länglichen Hause auf einer Insel mit einem alten Radiokasten. Wie so manchen andern hat auch ihn der »Zorn des Volkes« hinweggespült. Obwohl seine Nase einen Sattel und sein Haar keine Locken im Nacken hat, mußte auch er den goldenen Staub seiner Heimat von den Füßen schütteln. Vorüber sind die Zeiten der Asphaltliteratur. Die Gesellschaft zur Förderung gemäßigten Fortschritts innerhalb der Grenzen des Erlaubten hat sich aufgelöst, auch die Gesellschaft der Freunde des bewaffneten Aufstands.
Brief an George Grosz vom Mai 1934

Die Insel Fünen wird der Garten Dänemarks genannt. So weit man blickt, ist alles grün, und, was wichtiger ist, die Leute haben gute Handelsverträge mit England. Die Obstbäume müssen mit Hölzern gestützt werden, und die Fischer stechen mit Lanzen in das Sundwasser und holen in einigen Stunden Dutzende von Aalen heraus. Ich kann gut leben, habe einen 500 Seiten langen Roman geschrieben und, was wichtiger ist, ich habe einen guten Handelsvertrag mit einem holländischen Verlag. Dennoch plane ich fortwährend Schläge gegen die Verbrecher, die im Süden hausen, verstehst Du? Ich höre jeden ihrer Vorträge im Radio, lese ihre Gesetzentwürfe und sammle ihre Fotografien.
Brief an George Grosz vom 2. September 1934

184 Mit Rudolf Hartmann und Georg Pfanzelt, 1934
Die beiden Augsburger Freunde besuchten ihn in Skovsbostrand.

Wir haben Radio, Zeitungen, Spielkarten, bald ihre Bücher, Öfen, kleine Kaffeehäuser, eine ungemein leichte Sprache, und die Welt geht hier *stiller* unter.
Brief an Walter Benjamin vom 22. Dezember 1933

Auf Umwegen erfahre ich, Sie tragen sich doch mit dem Gedanken, unserm Dänisch-Sibirien näherzutreten. Das wäre ausgezeichnet. (Neben unserm steht ein Haus mit etwa 5 Zimmern, das ungefähr 7-800 Kronen – 420-480 Mark – Jahresmiete kostet, allerdings möbellos ist.) Im Radio können Sie die geistigen Kämpfe in Deutschland verfolgen und im ›Neuen Vorwärts‹ hier ebensogut wie anderswo verlockende Programme lesen. Von den Emigrationskämpfen erfährt man allerdings hier so gut wie nichts, aber es ist schließlich das Nichts, von dem man wenig erfährt.
Brief an Bernard von Brentano vom Januar 1934

Ich bin jetzt 36 Jahre alt und habe diese Jahre nicht müßig verbracht; das kann ich sagen, wenn ich weniger meiner Leistungen und mehr meiner Mühen gedenke und wenn ich für manches zur Entschuldigung anführe, daß ich in einer Zeit lebe, wo man nicht nur leicht Zeit vergeudet, sondern auch um solche bestohlen wird. Ich habe nicht für mich gelebt, sondern in großer Öffentlichkeit, denn seit meinem 21. Lebensjahre bin ich durch literarische Werke und manche Unternehmung, die damit zusammenhängt, bekannt geworden. Auch habe ich schon Schüler und habe oft andere beraten oder geleitet. Dies alles erwähne ich nur, um dem einigen Nachdruck zu geben, daß ich sage: »Ich kenne mich im Leben nicht aus.« Dabei bin ich nicht etwa unpraktisch, schwebe keineswegs in großen Höhen, meide durchaus nicht das »Getriebe der Welt«, bin kaum ein »unschuldiges Gemüt«. Ich habe vorteilhafte Verträge abgeschlossen, die mir ein meinen Wünschen entsprechendes Leben ermöglichen, ich unterhalte eine Familie, beschäftige Sekretäre, und das, obwohl der Charakter meiner Arbeiten ein eher marktfremder genannt werden muß. Aber selbst wenn ich unpraktisch wäre, in dem Sinn, wie ich mich ratlos genannt habe, sind auch Praktischere ratlos, ich weiß es.
Notiz von 1934

Weisen auch deshalb, weil ich Dich auf Thurö mit den Fischern und Studenten reden hörte und weil ich an Deine tausend Geschichten über Land und Leute denke, die Du leider nicht aufschreibst. Aber vielleicht schreibst Du sie in zwanzig oder dreißig Jahren auf, dann werden es zweitausend sein. Sie werden mir nicht ausreichen. Wir waren immer darin einig, daß die Zeit, in der wir leben, für Kämpfer eine vortreffliche Zeit ist. In welcher anderen Zeit hatte die Vernunft eine solche Chance? In keiner lohnte der Kampf mehr.
In herzlicher Kameradschaft
Dein Brecht
Zum 70. Geburtstag von Karin Michaelis, März 1942

185 Brechts Vater mit seinen Enkeln Stefan und Barbara, 1934

186 Mit Karin Michaelis, 1934
Die chinesischen Lyriker und Philosophen pflegten, wie ich höre, ins Exil zu gehen wie die unsern in die Akademie. Es war üblich. Viele flohen mehrere Male, aber es scheint Ehrensache gewesen zu sein, so zu schreiben, daß man wenigstens *ein*mal den Staub seines Geburtslandes von den Füßen schütteln mußte.
Ich komme auf die chinesischen

187 Mit seinem Vater, Skovsbostrand 1934

188/189 Postkarte an Stefan, 1934

lieber steff, hier eine schöne karte mit einem alten chinesischen bild, theaterspielende Kinder. sieh dir genau an, was für ein stück sie aufführen! ich glaube, du wirst es ganz modern finden. was macht dein theater? dank für den brief! herzlich dein alter bidi
london, nov. 34
grüße Marie!
das bild ist gut für die wand!

Für seinen Sohn schrieb er später ein Gedicht über das Bild und klebte es an die Postkarte. Am 20. fahre ich zurück nach Dänisch-Sibirien. London ist ein böses und zähes Städtchen. Die Eingeborenen hier gehören zu den heimtückischsten Europas. Es gibt eine hohe Kultur der Korruption, die dem Reisenden kaum zugänglich ist. Haben Sie gelesen, daß anläßlich der Heirat im Königshause hiesige Arbeitslose dem Prinzen ein Hochzeitsgeschenk überreicht haben?
Brief an Margit v. Brentano vom Dezember 1934

Brecht verhandelte in London über die Herausgabe seiner Werke im Malik-Verlag und schrieb Film-Exposés.

wehe!

auf den tischen stehen die unmündigen

spielend

zeigen sie was sie gesehen haben

wie sich der mensch verhielt zu den menschen und ihm ein wolf war

schon

muss einer knieen vor einem andern (ach, er erreicht nichts!)

vier bemühen sich, zu zeigen was sie gesehen haben, nur zwei

sind geblieben ihnen zu zu sehen, die andern

sind weggelaufen, von furcht erfasst.

bald

werden die unseligen spieler

ihre staatsbürgerschaft verloren haben!

190 I. Internationaler Schriftstellerkongreß, Paris 1935
Am Mikrophon André Gide, neben ihm (halb verdeckt) Heinrich Mann, im Hintergrund Henri Barbusse und Paul Mizan.

Wir haben soeben die Kultur gerettet. Es hat 4 (vier) Tage in Anspruch genommen, und wir haben beschlossen, lieber alles zu opfern als die Kultur untergehen zu lassen. Nötigen Failes wollen wir 10–20 Millionen Menschen dafür opfern. Gott sei Dank haben sich genügend gefunden, die bereit waren, die Verantwortung dafür zu übernehmen. Übrigens sind wir sowohl kühn als auch vorsichtig vorgegangen. Unser Bruder Henricus Mannus hat seine flammende Rede für das freie Wort, bevor er sie hielt, der Sureté vorgelegt. Ein kleiner Zwischenfall hat Aufsehen erregt: Bruder Barbussius fraß gegen Schluß Bruder Andreas Gideus bei offener Bühne mit Haut und Haaren auf, welcher Vorgang tragisch ausging, da ein Zuschauer, wie es heißt, aus Langeweile Selbstmord verübte, als er das sah. – Der Faschismus wurde allgemein verurteilt, und zwar wegen seiner *unnötigen* Grausamkeiten.
Brief an George Grosz, etwa Juli 1935

191 Mit Johannes R. Becher, Ilja Ehrenburg und Gustav Regler, Paris 1935
Viele von uns Schriftstellern, welche die Greuel des Faschismus erfahren und darüber entsetzt sind, haben diese Lehre noch nicht verstanden, haben die Wurzel der Roheit, die sie entsetzt, noch nicht entdeckt. Es besteht immerfort bei ihnen die Gefahr, daß sie die Grausamkeiten des Faschismus als unnötige Grausamkeiten betrachten. Sie halten an den Eigentumsverhältnissen fest, weil sie glauben, daß zu ihrer Verteidigung die Grausamkeiten des Faschismus nicht nötig sind. Aber zur Aufrechterhaltung der herrschenden Eigentumsverhältnisse sind diese Grausamkeiten nötig. Damit lügen die Faschisten nicht, damit sagen sie die Wahrheit. Diejenigen unserer Freunde, welche über die Grausamkeiten des Faschismus ebenso entsetzt sind wie wir, aber die Eigentumsverhältnisse aufrechterhalten wollen oder gegen ihre Aufrechterhaltung sich gleichgültig verhalten, können den Kampf gegen die so sehr überhandnehmende Barbarei nicht kräftig und nicht lang genug führen, weil sie nicht die gesellschaftlichen Zustände angeben und herbeiführen helfen können, in denen die Barbarei überflüssig wäre. Jene aber, welche auf der Suche nach der Wurzel der Übel auf die Eigentumsverhältnisse gestoßen sind, sind tiefer und tiefer gestiegen, durch ein Inferno von tiefer und tiefer liegenden Greueln, bis sie dort angelangt sind, wo ein kleiner Teil der Menschheit seine gnadenlose Herrschaft verankert hat. Er hat sie verankert in jenem Eigentum des einzelnen, das zur Ausbeutung des Mitmenschen dient und das mit Klauen und Zähnen verteidigt wird, unter Preisgabe aller Gesetze menschlichen Zusammenlebens überhaupt, um welche die Menschheit so lang und mutig verzweifelt gekämpft hat.
Rede auf dem I. Internationalen Schriftstellerkongreß zur Verteidigung der Kultur, Paris, 1935

192 ›Die Mutter‹, New York 1935
Plakat der Aufführung
193 ›Die Mutter‹, New York 1935, Szenenfoto

Am 19. November 1935 fand die Aufführung des Stückes durch die Theatre Union im Civic Repertory Theatre New York statt, Regie: Victor Wolfson, Bühnenbild: Mordecai Gorelik, mit Helen Henry (Pelagea Wlassowa). Brecht, der nach New York gekommen war, und Hanns Eisler bemühten sich ohne Erfolg, Einfluß auf die amerikanische Bühnenfassung (Übersetzer: Paul Peters) und auf die Regie zu nehmen.

Wenn die ›Theatre Union‹ die ›Mutter‹ aufführen will, dann soll sie, gerade weil sie ein Arbeitertheater ist, die richtige Original-›Mutter‹ aufführen. Nach wie vor bin ich bereit, herüberzukommen und die Regie zu führen, wenn man mir nur die Fahrtkosten aufbringt. Ich bin auch bereit, sie dann aus den zu erwartenden Tantiemen zurückzuzahlen. Die Änderungen, die für Amerika nötig sind, würden wir, denke ich, dann rasch gemacht haben. Und was die Schauspielertruppe betrifft, so habe ich viele Jahre mit Schauspielern aller Art gearbeitet, mit den berühmtesten Stars wie mit den proletarischen Agitpropspielern. Es ist nie ganz leicht gewesen, den Schauspielern diesen Stil beizubringen, aber es ist schließlich immer gegangen.
Brief an V. J. Jerome, Anfang September 1935

Überfahrt zuerst etwas bewegt, dann schön. Hereinkommen leicht. Deine jüdische Abkunft rentiert sich sehr. Hier alles recht gut. Leute nett. Proben haben noch nicht begonnen. Text: der meine. Nur: die Mutter – furchtbar. Wird schon umbesetzt. Haben aber noch keine neue. Gibt's hier noch weniger als in Berlin. Wird Dir auf diesem Planeten nicht leicht nachgespielt werden. Trotz gleichem Arrangement nichts wiederzuerkennen! Du solltest doch Englisch lernen.
Brief an Helene Weigel vom Oktober 1935

Das Theater verhielt sich nicht anders als jedes beliebige Broadwaytheater, das ein Stück einfach als Ware oder als Rohmaterial zu einer leicht verkaufbaren Ware behandelt. Außerdem erhielt die Fraktion der Theatre Union einen klaren Parteibeschluß, der die Integrität des Textes als ein prinzipielles Recht des Autors zu wahren befahl.
Die Autoren fügten sich den Wünschen der Partei, wenn sie darauf verzichteten, im Falle der Verstümmelung und Entstellung Stück und Musik zurückzuziehen. Brecht, obwohl nicht Parteimitglied, verzichtete sogar darauf, die Kritiker, die vom Theater zu der Premiere eingeladen waren, von der Verstümmelung seines Stückes in Kenntnis zu setzen. Das Versprechen der Partei, die Integrität des Textes zu schützen, konnte durch Disziplinlosigkeit der Fraktion der Theatre Union nicht gehalten werden.
Memorandum über die Verstümmelung und Entstellung des Textes vom 22. November 1935

194 Mit Freunden und Bekannten, Moskau 1935
Von links: S. Michoels, Dsiga Wertow, Erwin Piscator, Gertrud Azossew, Brecht, M. Azossew. Brecht reiste im Frühjahr 1935 nach Moskau. Er traf mit exilierten Schriftstellern und Theaterleuten zusammen und führte viele Gespräche mit sowjetischen Freunden. Zusammen mit ihnen trat er in literarischen Abenden auf.

Selbst in den wenigen Wochen, die ich in Moskau war, hat sich das Gesicht der Stadt deutlich verändert. Aber man sieht nicht nur diese Änderungen, den steten Aufschwung. Man sieht auch die große historische Grundänderung gegenüber der alten Welt. Es gibt Veränderungen, die betreffen Tage, Jahre. Hier betreffen die Veränderungen Jahrhunderte, Jahrtausende. Ich kann mir vorstellen, daß es dabei große Schwierigkeiten gegeben hat, die den Ruhm noch vermehren. Noch ehe ich in die Sowjetunion kam, hatte ich schon viel von diesem Aufstieg erfahren. Die Wirklichkeit aber hat alles übertroffen, was darüber gesagt und gedichtet wird. Die Stimme der Tatsachen spricht viel lauter als all das, was uns die Stimmen über die Tatsachen berichten. Das Sowjetleben zeigt das Resultat, das Ungeheure der ständigen Massenleistungen. Ich sah am 1. Mai den Triumph über die Schwierigkeiten, die die Umgestaltung

einer neuen Welt bringt. Den Triumph, daß man jene Schwierigkeiten hier nicht kennt, unter denen die ganze übrige Welt leidet und die sie nicht überwinden kann. Besonders fiel mir auf, wie stark das Wort die Massen ergriffen hat, wie es durch Losungen, Zitate, Bücher, Zeitungen, Versammlungen in ihr Bewußtsein gedrungen ist. Ich möchte es die Literarisierung der Massen nennen. Es sind aber keineswegs nur Worte, denn ihnen folgt ständig die Erkenntnis, die Tat.
Interview 1935

Die Art des Aufbaus des Sozialismus ist schwierig zu verstehen, von außen betrachtet (und wir sind nicht drinnen) scheint es sich da um den Vollzug von Befehlen zu handeln, von Plänen unter Berücksichtigung von Grundsätzen usw. Aber der Durchbruch der Produktivkräfte ist ein verwickelter Prozeß, nicht nur beansprucht er eine verwickelte Beschreibung, auch der Aufbau selber verwickelt sich immerfort. Man diskutiert von außen die Pläne, nichts als die Pläne und die Grundsätze. Warum die Pläne so sehr überschätzen? Warum nicht einmal (das macht jede Wissenschaft) einfach setzen: Hier entwickeln sich stürmisch Produktivkräfte, die gekettet waren; das Proletariat, die Industriearbeiterschaft baut ihre Produktionsweise auf, so und so geht das vor sich, unter den und den Formen politischer, kultureller Art. Alles wird widerspruchsvoll sein, nun: So und so liegen die Widersprüche. Das Proletariat baut: es muß fremdes Geld verzinsen, das in den Maschinen steckt, es muß Brot heranschaffen, den Feldbau umwälzen, mit Gewalt, dann wieder nachgebend, alten Lastern schmeichelnd hier, neue Tugenden produzierend dort. Es muß mit den Raubstaaten ringsum jeden Monat seiner Herrschaft kämpfen, feilschen, kriechen. Es muß alle Freunde einspannen, bis zum Aufopfern; es muß Unterdrückung anwenden, sich selber gegenüber, ein ganzes gleitendes System des Zwangs; es muß Klassenkampf führen, aufbauen, verschwenden, einspannen. Und es erhofft alles *(alles)* von der Entwicklung der Produktivkräfte, alles erst in zweiter Linie, die Entspannung, die Freiheit des Einzelnen, das lebenswerte Leben. Welch eine kümmerliche Vorstellung daneben die andere: von dem kleinen Klüngel der Herrschsüchtigen, der einen riesigen Aufbau erzwingt, um zu herrschen, seiner Macht wegen, um seine brutalen Triebe auszuleben! Dabei geht in die erste Vorstellung die zweite leicht hinein, aber niemals die erste in die zweite. Das müssen Sie doch sehen. Das Weltproletariat hat an einer Stelle eine riesige Anstrengung unternommen, nun schreitet es dort vor, leidet dort, zahlt für dort, hofft auf dort.
Brief an Bernard von Brentano, etwa 1935

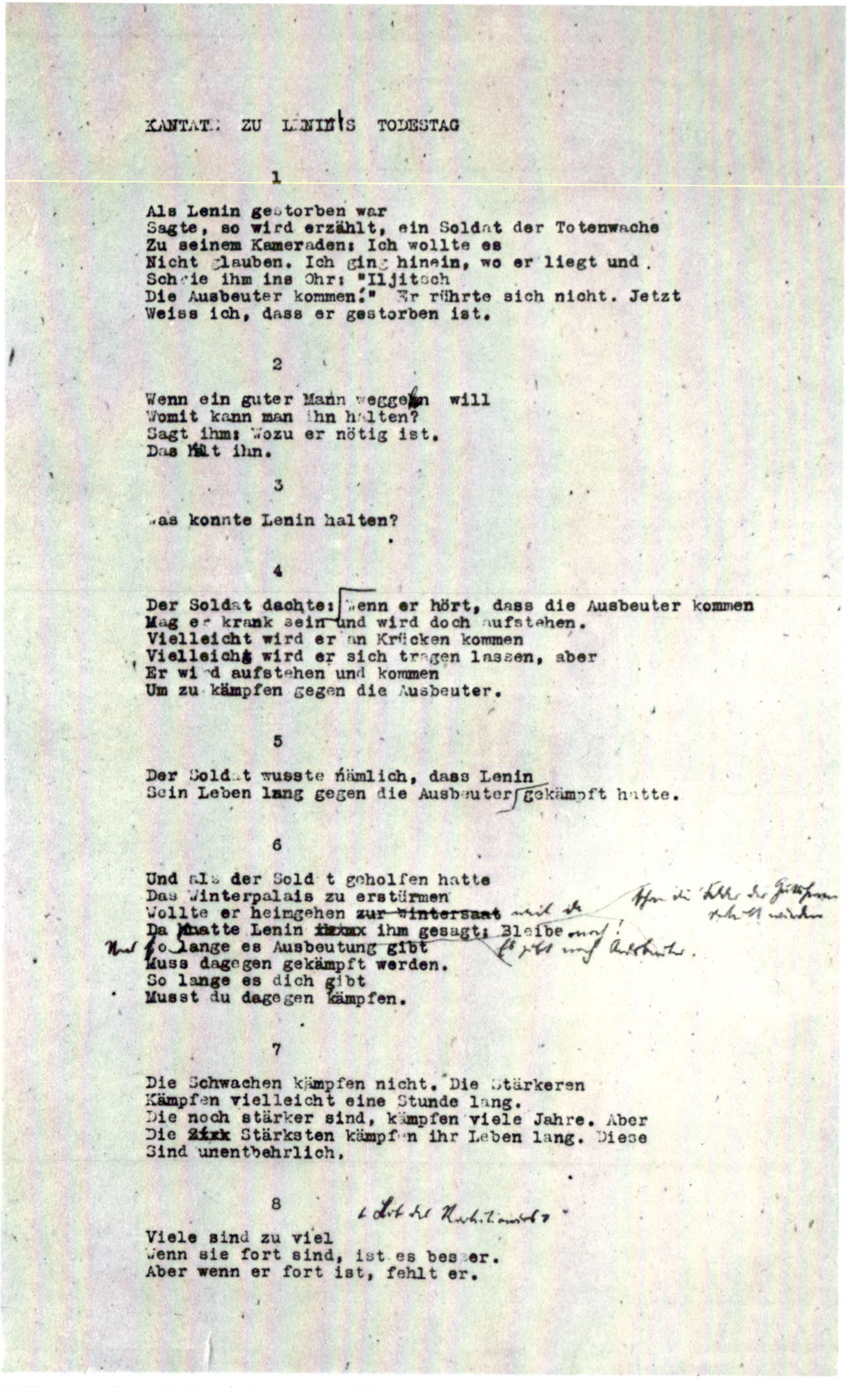

KANTATE ZU LENINS TODESTAG

1

Als Lenin gestorben war
Sagte, so wird erzählt, ein Soldat der Totenwache
Zu seinem Kameraden: Ich wollte es
Nicht glauben. Ich ging hinein, wo er liegt und
Schrie ihm ins Ohr: "Iljitsch
Die Ausbeuter kommen!" Er rührte sich nicht. Jetzt
Weiss ich, dass er gestorben ist.

2

Wenn ein guter Mann weggehn will
Womit kann man ihn halten?
Sagt ihm: Wozu er nötig ist.
Das hält ihn.

3

Was konnte Lenin halten?

4

Der Soldat dachte: Wenn er hört, dass die Ausbeuter kommen
Mag er krank sein und wird doch aufstehen.
Vielleicht wird er an Krücken kommen
Vielleicht wird er sich tragen lassen, aber
Er wird aufstehen und kommen
Um zu kämpfen gegen die Ausbeuter.

5

Der Soldat wusste nämlich, dass Lenin
Sein Leben lang gegen die Ausbeuter gekämpft hatte.

6

Und als der Soldat geholfen hatte
Das Winterpalais zu erstürmen
Wollte er heimgehen zur Wintersaat
Da hatte Lenin ihm gesagt: Bleibe
So lange es Ausbeutung gibt
Muss dagegen gekämpft werden.
So lange es dich gibt
Musst du dagegen kämpfen.

7

Die Schwachen kämpfen nicht. Die Stärkeren
Kämpfen vielleicht eine Stunde lang.
Die noch stärker sind, kämpfen viele Jahre. Aber
Die Stärksten kämpfen ihr Leben lang. Diese
Sind unentbehrlich.

8

Viele sind zu viel
Wenn sie fort sind, ist es besser.
Aber wenn er fort ist, fehlt er.

195 Kantate zu Lenins Todestag, Fassung etwa 1937

Er organisiert seinen Kampf
Um den Lohngroschen, um das Teewasser
Und um die Macht im Staat.

Er fragt das Eigentum:
Woher kommst du?
Er fragt die Ansichten:
Wem nützt ihr?

Wo immer geschwiegen wird
Dort wird er sprechen
Und wo Unterdrückung herrscht und vom Schicksal die Rede ist
Wird er die Namen nennen.

Wo er sich zu Tisch setzt
Setzt sich die Unzufriedenheit zu Tisch
Das Essen wird schlecht
Und als eng wird erkannt die Kammer.

Wohin sie jagen, dorthin
Geht der Aufruhr und wo er verjagt ist
Bleibt die Unruhe noch.

9

Zu der Zeit, als Lenin starb und fehlte
Lag Russland befreit und verwüstet.
Die Massen waren aufgebrochen, aber
Der Weg lag im Dunkeln.
Als Lenin starb
Setzten sich die Soldaten auf die Randsteine und weinten
Und die Arbeiter liefen von den Maschinen und
Schüttelten die Fäuste.

10

Als Lenin ging, war es
Als ob der Baum zu den Blättern sagte: ich gehe.

11

Seitdem vergingen 13 Jahre. Ein Sechstel der Erde
Ist befreit von der Ausbeutung.
Auf den Ruf: die Ausbeuter kommen!
Erheben sich die Massen immer aufs Neue
Bereit zu kämpfen.

12

Lenin ist eingeschreint
In dem grossen Herzen der Arbeiterklasse.
Er war unser Lehrer.
Er hat mit uns gekämpft. Er ist eingeschreint
In dem grossen Herzen der Arbeiterklasse.

196 Mit Helene Weigel, Kopenhagen 1936

Ich habe *alle* Anstrengungen gemacht, hier wegzukommen, aber es wäre eine *zu* große Dummheit gewesen, da noch einige Verhandlungen über Roman und ›Rundköpfe‹ »schweben«.
Also kann ich erst in etwa 2 Wochen weg, allerhöchstens in 3, so daß ich Mitte Januar in Svendborg bin. Es gibt also ein tristes New Yorker Weihnachten im Schoße der Eisler-Familie. Das Svendborger Weihnachten holen wir natürlich nach, die Sachen bringe ich mit. Steff und Barbara gehen mir sehr ab, schon jetzt, und an Christbäume ohne Dich kann ich mich nicht mehr erinnern; es war immer ein guter Abend und eine gute Nacht, *liebe Helli.* [. . .]
Ißt Du genug? Rauch nicht zu viel und heiz gut. Und behalte mich in der Erinnerung.
Brief an Helene Weigel vom Dezember 1935

Brecht kam Ende Januar 1936 von seiner Amerika-Reise zurück.

Hier die Kinder sind in Ordnung, Barbara sehe ich immer nur für Sekunden, sie ist gesellschaftlich überbürdet. Steffs Erziehung muß ausreichen. Marie kocht ganz nett, aber den ganzen Haushalt könnte sie nicht führen, ich lasse also die Kinder bei Frau Andersen. Wenn Du es anders für besser hältst, schreib mir gleich. Steff kommt nachmittags, und wir spielen Billard, was ihm ungeheuren Spaß macht. (Dir wird es auch Spaß machen, er beschreibt's schon, wie er es Dir beibringen will.)
Brief an Helene Weigel vom 30. Oktober 1937

197 Faksimile eines Gedichts für Helene Weigel, etwa 1938
der Verläßlichen, der die Polizei / den Mund zuhielt / der Unerschrockenen, die den / Unterstand baute mit dem Stroh- / dach, das Gesicht nach Süden / gewandt
der freundlichen und verständigen / welche die Kinder zu freund- / lichen machte und zu verständigen / der Warmherzigen.
b

An Helene Weigel
Resolution
Werte Genossin, der Gatten- und Söhnerat hat beschlossen, Dich aufzufordern, nach Erledigung Deiner Obliegenheiten *ohne Verzug* zurückzukehren und Deine Tätigkeit hier wieder aufzunehmen. Du hast Dich also baldmöglichst bei Untingen zu melden.
Mit revolutionärem Gruß
Steff
bidi
Brief an Helene Weigel vom November 1937

Helene Weigel fuhr nach der Uraufführung von ›Gewehre der Frau Carrar‹ in Paris nach Zürich, Wien und Prag zu Verwandten und verhandelte in Brechts Auftrag mit Verlegern.

198/199 Brecht, London 1936

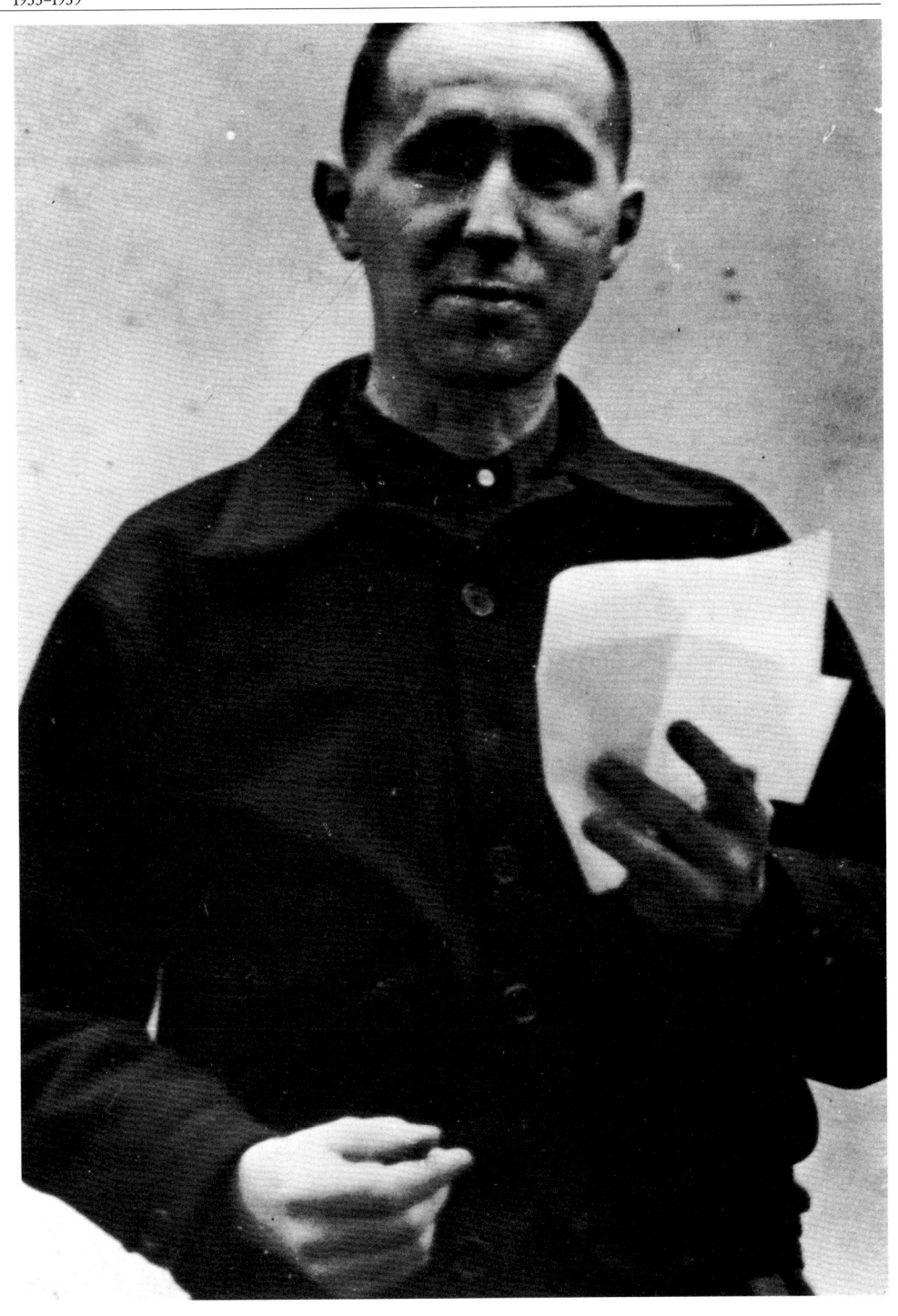

200 ›Die Gewehre der Frau Carrar‹, Typoskript einer frühen Fassung, 1937
Ursprünglicher Titel ›Generäle über Bilbao‹ ebenso wie die Namenskorrekturen in der Handschrift von Margarete Steffin, die an dem Stück mitarbeitete.

Ich schicke Dir, als kleines Angebinde, ein Gedicht. Abgesehen davon, daß es ein Schmuckstück meiner Arbeiten über Schauspielkunst sein wird, könnte es nützlich sein, wenn es vor der Premiere in Prag dort (mit einem Foto) irgendwo erschiene; das richtet die Aufmerksamkeit des Zuschauers ein.
Daß Du erst gegen Weihnachten kommst, hat uns ein wenig erschreckt, aber natürlich mußt Du in Prag spielen. Sieh nur zu, daß es nicht zu anstrengend wird, und *rauch nicht zu viel!* Das ist wirklich sehr wichtig.
Bis Du kommst, hoffe ich, die paar kleinen Stücke über Deutschland fertig zu haben. Vielleicht können wir sie im Frühjahr in Paris uraufführen? Ich habe große Lust, wieder so etwas zu machen, jetzt nach Paris; am meisten von allem dazu. So kann man besser als irgend sonst die epische Spielweise weiterbilden. Ich bin sehr stolz auf Dich, wie Du siehst.
Brief an Helene Weigel von Anfang November 1937

Mit den ›kleinen Stücken über Deutschland‹ bezog sich Brecht auf die Szenenfolge ›Furcht und Elend des Dritten Reiches‹.

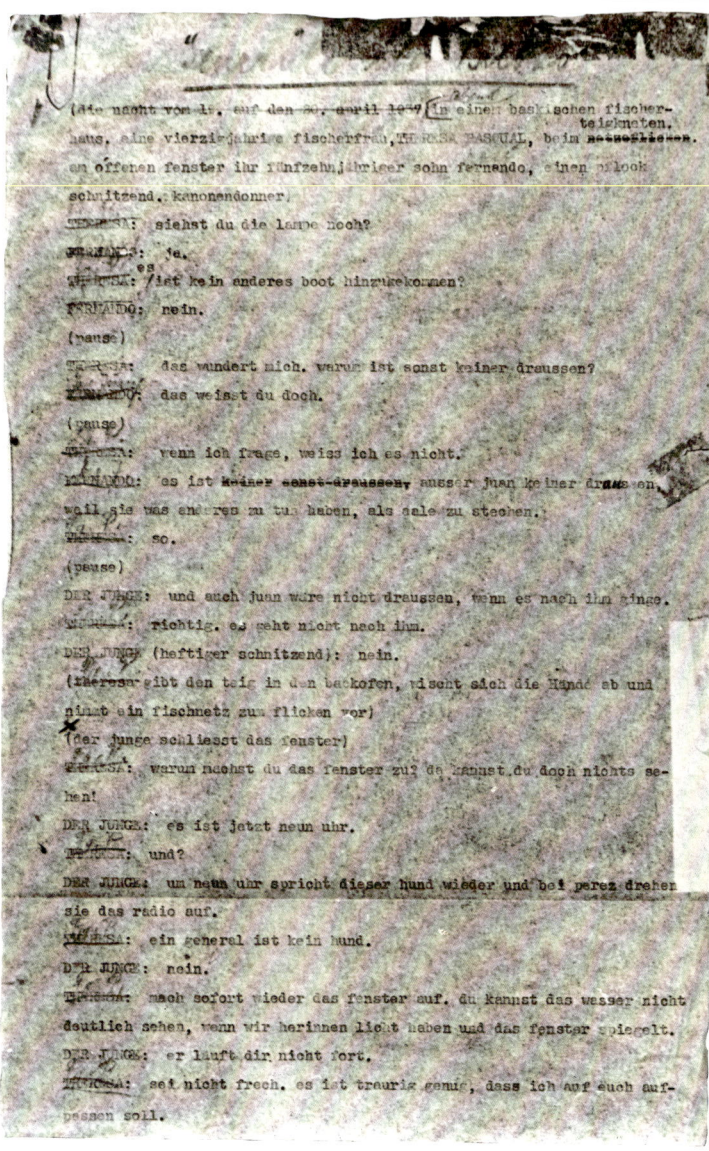

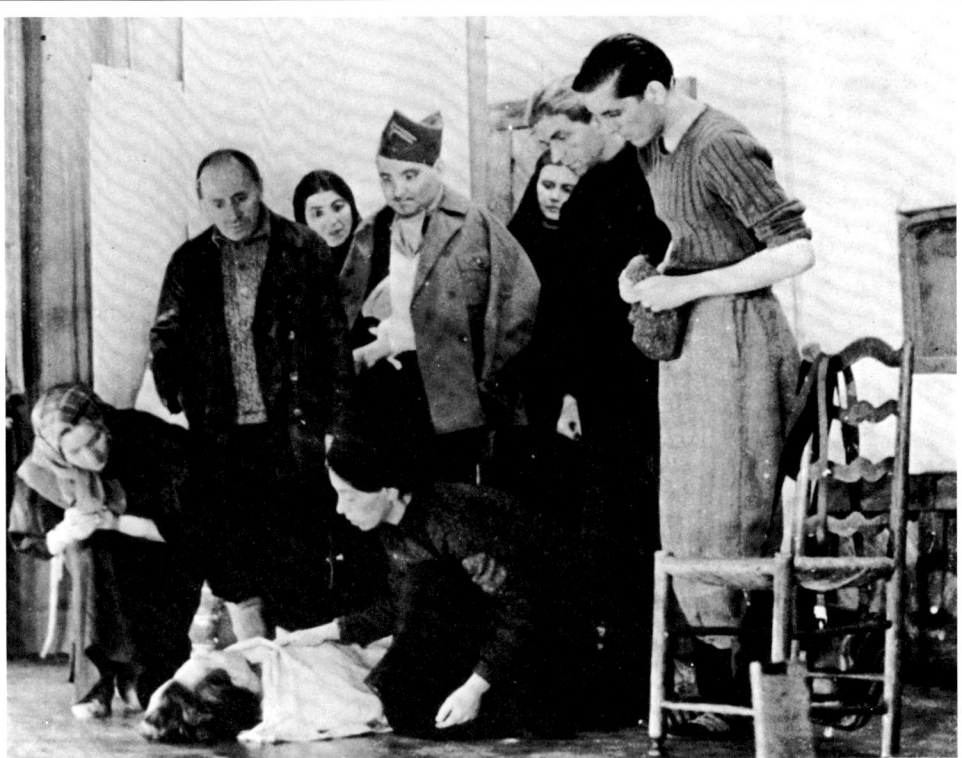

Jetzt schminkt sie sich. In der weißen Zelle / Sitzt sie gebückt auf dem ärmlichen Hocker / Mit leichten Gebärden / Trägt sie vor dem Spiegel die Schminke auf. / Sorgsam entfernt sie von ihrem Gesicht / Jegliche Besonderheit: die leiseste Empfindung / Wird es verändern. Mitunter / Läßt sie die schmächtigen und edlen Schultern / Nach vorn fallen, wie die es tun, die / Hart arbeiten. Sie trägt schon die grobe Bluse / Mit den Flicken am Ärmel. Die Bastschuhe / Stehen noch auf dem Schminktisch. / Wenn sie fertig ist / Fragt sie eifrig, ob die Trommel schon gekommen ist / Auf der der Geschützdonner gemacht wird / Und ob das große Netz / Schon hängt. Dann steht sie auf, kleine Gestalt / Große Kämpferin / In die Bastschuhe zu treten und darzustellen / Den Kampf der andalusischen Fischersfrau / Gegen die Generäle.
Die Schauspielerin im Exil, Helene Weigel gewidmet, 1937

201 ›Die Gewehre der Frau Carrar‹, Paris 1937
Die Uraufführung des Stücks fand am 16. Oktober 1937 unter dem Protektorat des Schutzverbandes Deutscher Schriftsteller statt, Regie: Slatan Dudow, mit Helene Weigel als Carrar.

Im Herbst war ich mit Helli in Paris (wo die ›Dreigroschenoper‹ aufgeführt wurde, französisch, mit der Guilbert als Frau Peachum, und auch sonst gut besetzt, es ging auch ganz gut, nur kriege ich keine Tantiemen heraus, die frißt der deutsche Verlag), und wir führten mit einer deutschen Truppe ein kleines Spanienstück auf. Helli war besser als je, sie hat nichts eingebüßt durch die Pause und war froh darüber. Ihr Spiel war das Beste und Reinste, was bisher an epischem Theater irgendwo gesehen werden konnte. Sie spielte eine andalusische Fischerfrau, und es war interessant, wie der sonstige Gegensatz zwischen realistischer und kultivierter Spielweise ganz aufgehoben werden konnte.
Brief an Karl Korsch von etwa Oktober/November 1937

202 Rollbild ›Der Zweifler‹
Das Bild hat Brecht durch alle Exilorte mitgenommen. Es hängt jetzt im Schlafzimmer seiner letzten Wohnung, Berlin, Chausseestraße 125.

Ich besitze:
Ein chinesisches Rollbild
›Der Zweifler‹
3 japanische Masken
2 kleine chinesische
Teppiche
2 bayerische Bauernmesser
1 bayerisches Jägermesser
Einen englischen Kaminstuhl
Kupferne Fußwanne, kupferne
Krüge, kupferne Aschbecher
Messingwännchen
2 große Bretter von Neher,
›Alter Mann und Baal‹
6 Bretter von Neher
›Die Maßnahme‹
Ein paar Abzüge ›Der Herr der
Fische‹ von Neher
Eine silberne Whiskyflasche
Eine Dunhillpfeife ›Caesar‹
in Schweinsleder
›Lukrez‹ alte Ausgabe
Vollständige ›Neue Zeit‹
›Me-Ti‹ in Leder
Alte hölzerne Bettstelle
Graue Bettdecke
Stählerne Taschenuhr
2 Bände der ›Versuche‹
Einen Leica-Fotoapparat
mit Theaterlinse
Gips- und Erzabgüsse meines
Gesichts und Kopfes
Büste der Weigel von Santesson
Eine Mappe mit Fotos
Die Manuskripte der ›Heiligen
Johanna‹, ›Rundköpfe‹,
›Galilei‹, ›Courage‹
2 Bände ›Breughelbilder‹
Ein ledernes Taschennotiz-
buch
Einen ledernen Tabakbeutel
Einen schwarzen Ledermantel
Einen alten runden Tisch
›Arbeitsjournal‹,
8. Dezember 1939

203 ›Der Zweifler‹, Typoskript
1937

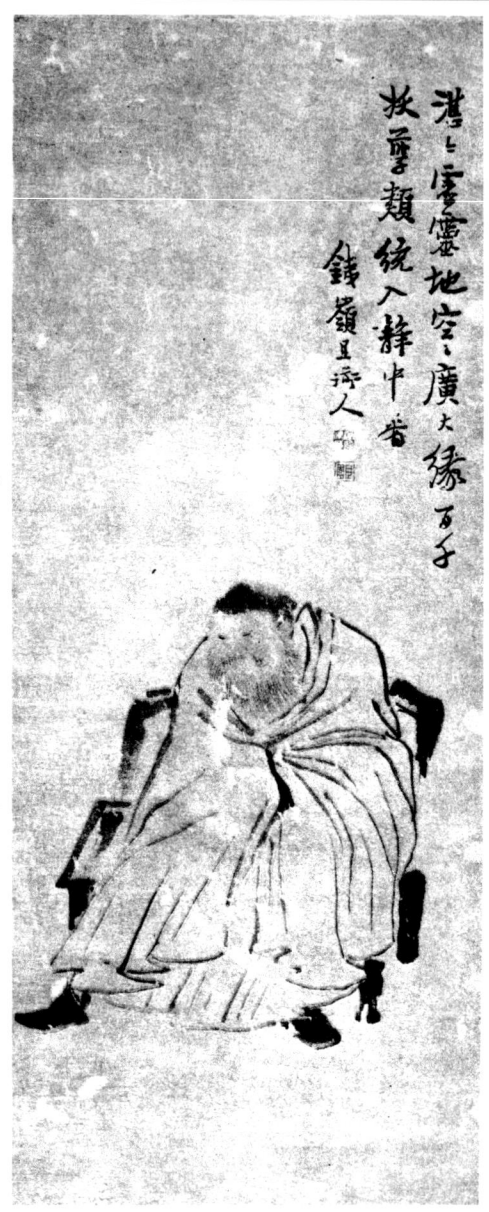

der zweifler

immer wenn
die antwort auf eine frage gefunden schien
löste einer von uns an der wand die schnur
der alten
aufgerollten chinesischen leinwand, sodass sie herabfiel und
sichtbar wurde der mann auf der bank, der
so sehr zweifelte.

ich, schien er zu sagen, bin
der zweifler. ich zweifle, ob
die arbeit gelungen ist, die eure tage verschlungen hat.
ob, was ihr gesagt, auch schlechter gesagt, noch für einige wert hätte.
ob ihr es aber gut gesagt und euch nicht etwa
auf die wahrheit verlassen habt, dessen, was ihr gesagt habt.
                                       möglichen
ob es nicht viel-deutig ist, für jeden irrtum
tragt ihr die schuld. es kann auch zu eindeutig sein
und den widerspruch aus den dingen entfernen; ist es zu eindeutig?
lässt es auch nüchtern? ist es am morgen zu lesen?
ist es auch angeknüpft an vorhandenes? sind die sätze, die
     vor euch gesagt, gut benutzt, wenigstens widerlegt? ist alles belegbar?
und was ihr da sagt, wem nützt es?
    durch erfahrung? durch welche?/aber vor allem
immer wieder vor allem andern: wie handelt man
wenn man das macht was ihr sagt oder wenn man euch glaubt? wie handelt man?

nachdenklich betrachteten wir den zweifelnden
blauen mann auf der leinwand, sahen uns an und
                    vorne
begannen von neuem.

                               einverstanden mit
       seid ihr wirklich im fluss des geschehens?/
                                                ihr?
       allem was wird? werdet i h r noch? wer seid
                                zu wem
       sprecht ihr? wem nützt es, was ihr da sagt?

                   und, nebenbei:

205 ›Die Gewehre der Frau Carrar‹, Kopenhagen 1938
Im Arbeitertheater Kopenhagen wurde von Brecht und Ruth Berlau das Stück mit Helene Weigel und exilierten Deutschen inszeniert.
Helli tritt nun mitunter in Kopenhagen auf und die Arbeit bekommt ihr, sie hat mindestens 10 Pfund zugenommen. Steff erzieht Barbara zu einer orthodoxen Atheistin, und der Ford zeigt weiter seinen unerschütterlichen Entschluß, uns alle zu überleben.
Brief an Karl Korsch vom April 1938

Ich verstehe Ihre Frage. Sie sehen mich hier sitzen und auf den Sund hinausschauen, der nichts Kriegerisches hat. Wie komme ich also dazu, mich mit dem Kampf des spanischen Volkes gegen seine Generäle zu beschäftigen? Aber bedenken Sie, warum ich hier sitze. Wie soll ich aus meinem Schreiben heraushalten, was mein Leben so beeinflußt hat? Und auch mein Schreiben? Denn ich sitze hier doch als Verbannter, und man hat mir vor allem andern meine Leser und Zuhörer weggenommen, deren Sprache ich schreibe, und das sind nicht nur Dichtungen ablieferte, sondern Menschen, denen mein tiefstes Interesse gilt. Ich kann nur an Menschen schreiben, für die ich mich interessiere; da sind Dichtungen genau, was Briefe sind. Und jetzt werden diese Menschen unsagbaren Leiden unterworfen. Wie soll ich das aus meinem Schreiben heraushalten? Und wohin ich sehe, wenn ich etwas weiter sehe als bis dorthin, wo dieser Sund aufhört, sehe ich Menschen solchen Leiden unterworfen. Aber wenn die Menschlichkeit zerstört wird, gibt es keine Kunst mehr. Schöne Wörter zusammenzusetzen, das ist keine Kunst. Wie soll Kunst die Menschen bewegen, wenn sie selber nicht von den Schicksalen der Menschen bewegt wird? Wenn ich selbst mich verhärte gegen die Leiden der Menschen, wie soll ihnen das Herz aufgehen über meinem Schreiben? Und wenn ich mich nicht bemühe, einen Weg für sie zu finden aus ihren Leiden, wie sollen sie den Weg zu meinem Schreiben finden? Das kleine Stück, von dem wir sprechen, handelt von dem Kampf einer andalusischen Fischersfrau gegen die Generäle. Ich versuche zu zeigen, wie schwer sie sich zu diesem Kampf entschließt, wie sie nur in äußerster Not zum Gewehr greift. Es ist ein Appell an die Unterdrückten, aufzustehen gegen ihre Unterdrücker, im Namen der Menschlichkeit.
›Kunst oder Politik?‹, 1938

206 Ruth Berlau mit Helene Weigel und Dagmar Andreasen, 1937
Ruth Berlau hatte das Stück im Dezember 1937 mit dem Arbeitertheater Kopenhagen inszeniert, mit Dagmar Andreasen als Carrar.

Der Vergleich des Spiels der Weigel und der Andreasen in der deutschen und dänischen Aufführung der ›Gewehre der Frau Carrar‹ ergibt wertvolle Aufschlüsse über einige Prinzipien des *epischen Theaters*. Die Weigel ist eine hochqualifizierte Artistin und Kommunistin, die Andreasen eine Laienspielerin und Kommunistin. Die Aufführungen glichen sich in allen Stellungen und fanden in derselben Dekoration statt.
Unterschiede der Spielweise / Weigel und Andreasen als Frau Carrar, 1938

207 Mit Ruth Berlau, etwa 1938
*Brecht lernte Ruth Berlau (1906-1974), die damals Schauspielerin am Königlichen Theater in Kopenhagen war, Ende 1933 bei Karin Michaelis in Thurö kennen. Sie übersetzte einige seiner Werke ins Dänische, inszenierte mit Hilfe von Brecht und Helene Weigel ›Die Mutter‹ und ›Die Gewehre der Frau Carrar‹.
Ruth Berlau folgte Brecht durch alle Stationen des Exils nach Berlin. Sie wurde von Brecht als Mitarbeiterin folgender Stücke genannt: ›Der gute Mensch von Sezuan‹, ›Der kaukasische Kreidekreis‹, ›Die Tage der Commune‹.*

Benjamin behauptet, Freud sei der Meinung, die Sexualität werde einmal überhaupt absterben. Unsere Bourgeoisie ist der Meinung, sie sei die Menschheit. Als der Kopf des Adels fiel, stand ihm wenigstens noch der Schwanz. Der Bourgeoisie ist es gelungen, sogar die Sexualität zu ruinieren. Ich helfe eben Ruth, einen Band Novellen mit dem Titel ›Jedes Tier kann es‹ fertigzustellen. 70 % aller Frauen sollen frigid sein. Wir haben gute Titel [. . .]. Unproduktivität der Technik. Der Orgasmus als Glücksfall.
›Arbeitsjournal‹, 13. August 1938

Lieber Bert, bis jetzt geschlagen. Premiere war; scheints großer Erfolg. Ich war nicht gut, weil übermüdet. Meine Schuld. Sah sehr gut aus. Ich habe nur judenhafte Frau und [...] gespielt. Ich war unangenehm im Jammer, aber es klappte und war zusammen. [...], die Leute hatten sehr viel Applaudiertes sehr viel nach jedem Stück, die Umbauten dauerten viel zu lang, die Musik war laut und war fad und die Worte unscharf. Jetzt holt mich [...] ab. Und heute nacht oder morgen früh schicke ich Dir Berichte von einzelnen Stunt. Bis.

Hello Lotte in Tzeater(?)

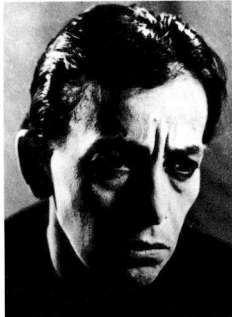

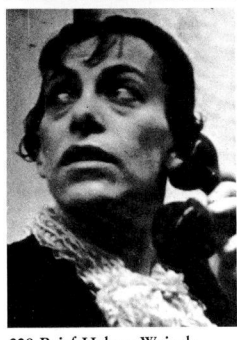

208 Brief Helene Weigels an Brecht, Mai 1938
Lieber Bert, bis jetzt geschlafen. Premiere war: scheints großer Erfolg. Ich war nicht gut, weil übermüdet. Meine Schuld. Sah sehr gut aus. Ich habe nur jüdische Frau und Arbeitsbeschaffung gespielt. Ich war unzufrieden im Ganzen, aber es klappte und war zusammengerissen. Die Leute lachten sehr viel. Applaudierten sehr viel nach jedem Stück. Die Umbauten dauerten viel zu lang. Die Musik war fad und die Worte unverständlich. Jetzt holt mich Erwin ab und heute nacht oder morgen früh schicke ich Dir Berichte von einzelnen. Sternb. Pis.
Helli läuft ins Theater

209 ›Arbeitsbeschaffung‹, Paris 1938, Helene Weigel in der Rolle der Frau

210 ›Die jüdische Frau‹, Helene Weigel als Judith Keith

211 ›Winterhilfe‹. Szene mit Helene Weigel als Alte Frau
Der Schriftsteller Ludwig Turek als SA-Mann (rechts) Einige Stücke aus der Szenenfolge ›Furcht und Elend des Dritten Reiches‹ wurden unter dem Titel ›99 %‹ in Paris im Mai 1938 uraufgeführt, Regie: Slatan Dudow, Musik: Paul Dessau.

Ich schicke Dir in den nächsten Tagen einen Zyklus kleiner und kleinster Stücke, die ich unter dem Titel ›Furcht und Elend des Dritten Reiches‹ zusammengefaßt habe. Aber für eine Aufführung könnte man natürlich auch einen anderen Titel wählen, so etwas wie ›Deutsche Heerschau‹ etwa. Ich könnte mir denken, daß es für Amerika etwas außerordentlich Passendes wäre. Alle Welt fragt sich, ob, wie, wie lang Hitler Krieg führen kann. Und die sogenannten Demokratien interessieren sich sehr für die Wirkungen, welche die Diktatur des Hakenkreuzes auf die verschiedenen Schichten hat. Das Stück gibt einen Querschnitt durch alle Schichten in 19 Szenen (es können noch etliche dazukommen). Terror und Widerstand in allen Schichten. Dazwischen könntest Du Dokumentarisches einfügen. Den Stil denke ich mir wie in den Goyaschen Radierungen über den Bürgerkrieg.
Brief an Erwin Piscator von März/April 1938

›Furcht und Elend des Dritten Reiches‹ ist jetzt in Druck gegangen.
[...] Das epische Theater kann damit zeigen, daß sowohl »Interieurs«, als auch beinahe naturalistische Elemente in ihm möglich sind, nicht den Unterschied ausmachen. Der Schauspieler tut jedenfalls gut, die ›Straßenszene‹ zu studieren, bevor er eine der kleinen Szenen spielt. Die erwähnten Gesten sind nicht so zu vollführen, daß der Zuschauer wünscht, den Fortgang der Szene aufzuhalten, die Einfühlung ist sorgfältig zu meistern, sonst fällt alles unter den Tisch. Die Montage, so sehr verfemt, entstand durch die Briefe Dudows, der für die kleine proletarische Spieltruppe in Paris etwas brauchte. So hält das proletarische Theater im Exil das Theater in Gang!
›Arbeitsjournal‹, 15. August 1938

212 Helene Weigel mit Margarete Steffin

213 Mit Margarete Steffin, etwa 1934
Margarete Steffin (1908-1941) arbeitete mit Brecht an den Stücken ›Die Rundköpfe und die Spitzköpfe‹, ›Die Horatier und die Kuriatier‹, ›Furcht und Elend des Dritten Reiches‹, ›Die Gewehre der Frau Carrar‹, ›Leben des Galilei‹, ›Das Verhör des Lukullus‹, ›Der gute Mensch von Sezuan‹, ›Der aufhaltsame Aufstieg des Arturo Ui‹. Sie übersetzte Martin Andersen Nexös ›Erinnerungen‹, die sie zusammen mit Brecht herausgab, und schrieb Geschichten und Theaterstücke für Kinder. Ihre Übersetzung des Stückes ›Die Niederlage‹ von Nordahl Grieg benutzte Brecht später für sein Stück ›Die Tage der Commune‹.

Zu euch kam ich als Lehrer, und als Lehrer / Hätte ich von euch gehn können. Da ich aber lernte / Blieb ich. Denn auch später / Fliehend unter das dänische Strohdach / Ging ich doch nicht von euch. / Und eine von euch / Habt ihr mir mitgegeben. / Daß sie prüfe / Alles, was ich sage; daß sie verbessere / Jede Zeile von nun an / Geschult in der Schule der Kämpfer / Gegen die Unterdrückung. / Seitdem unterstützt sie mich – / Schwacher Gesundheit, aber / Fröhlichen Geistes, unbestechlich / Auch von mir. Oftmals / Streiche ich lachend selber eine Zeile durch, schon ahnend / Was sie darüber sagen würde.
Die gute Genossin M. S., 1937

Als wir zerfielen einst in *Du* und *Ich* / Und unsere Betten standen *Hier* und *Dort* / Ernannten wir ein unauffällig Wort / Das sollte heißen: ich berühre dich. / Es scheint: solch Redens Freude sei gering / Denn das Berühren selbst ist unersetzlich / Doch wenigstens wurd »sie« so unverletzlich / Und aufgespart wie ein gepfändet Ding. / Blieb zugeeignet und wurd doch entzogen / War nicht zu brauchen und war doch vorhanden / War wohl nicht da, doch wenigstens nicht fort / Und wenn um uns die fremden Leute standen / Gebrauchten wir geläufig dieses Wort / Und wußten gleich: wir waren uns gewogen.
Das erste Sonett, 1933

214 ›Leben des Galilei‹, Typoskript der ersten Niederschrift (›Die Erde bewegt sich‹), 1938
Mitarbeit: Margarete Steffin

VERWANDLUNG zu VII

IM PALAST DES FLORENTINISCHEN GESANDTEN IN ROM. GALILEI UNTERHALT SICH MIT DEM KLEINEN MOENCH, DER IHM NACH DER SITZUNG DES COLLEGIUMS ROMANUM DEN BESCHEID DER PAEPSTLICHEN ASTRONOMEN ZUGEFLUESTERT HAT.

DER KLEINE MOENCH: Sie haben recht.
GALILEI: haben Sie das dekret der indexkongregation nicht gelesen?
DER KLEINE MOENCH: ich habe es gelesen.
GALILEI: das gewand tragend, das sie tragen, können Sie danach nicht mehr sagen, ich habe recht.
DER KLEINE MOENCH: ich beschloss heute früh, als ich die messe gelesen hatte, zu Ihnen zu ~~kommen und Sie zu bitten, mich als Ihren schüler aufzunehmen.~~
~~GALILEI: was wollen Sie von mir lernen? Sie haben gehört, ich bin ein dummkopf.~~
~~DER KLEINE MOENCH: das habe ich nicht gehört.~~
GALILEI: sehen Sie dort unten diesen menschen, der sich hinter dem oleanderbusch herumdrückt und ab und zu heraufstarrt? seit der herr kardinal inquisitor durch mein rohr geschaut hat, fehlt es mir nie an begleitung. man interessiert sich sehr für verbrecher in rom.
DER KLEINE MENSCH: wollen Sie mir glauben, dass ich mit diesem menschen und auch denen, die ihn geschickt haben, nichts zu tun habe? ich bin mathematiker.
GALILEI: und ich bin ein verbrecher.
DER KLEINE MENSCH: ja, in bestimmter weise. erlauben Sie mir, dass ich Ihnen das erkläre. ich bin als sohn von bauern in der campagnia aufgewachsen. es sind einfache leute. sie wissen alles über den ölbaum, aber sonst recht wenig. wenn ich nun die phasen der venus beobachte, sehe ich gern meine leute vor mir, wie sie mit meiner schwester am herd sitzen und käse essen. ich sehe die balken über ihnen, die der rauch von jahrhunderten geschwärzt hat und ich sehe genau ihre alten abgearbeiteten hände und das kleine messer darin. es geht ihnen nicht gut, aber in ihrem unglück liegt eine gewisse ordnung verborgen. da sind diese verschiedenen kreisläufe, von dem des staubwischens über den der jahreszeiten im ölfeld zu dem der steuerzahlung. es ist regelmässig, was auf sie herabstösst an unfällen. der rücken meines vaters wird zu-

215 Brecht, 1938

30 Jahre sind nicht zu viel für das noch zu Schaffende. Denn da muß noch ein Haufen Aktuelles dazwischendrin gemacht werden. So fehlt ein kleiner Roman für die proletarische Jugend mit Helden, am besten einem Kind, es kann auch Koloman Wallisch sein. Und dabei schickt sich der Anstreicher an, die Welt zu erobern. Gestern haben die großen Deutschen Manöver begonnen, die Probemobilmachung.
›Arbeitsjournal‹,
16. August 1938

Der Kapitalismus hat uns zum Kampf gezwungen. Er hat unsere Umgebung verwüstet. Ich gehe nicht mehr »im Walde vor mich hin«, sondern unter Polizisten. Da ist noch Fülle, die Fülle der Kämpfe. Da ist Differenziertheit, die der Probleme. Es ist keine Frage: Die Literatur blüht nicht, aber man sollte sich hüten, in alten Bildern zu denken. Die Vorstellung von der Blüte ist einseitig. Den Wert, die Bestimmung der Kraft und der Größe darf man nicht an die idyllische Vorstellung des organischen Blühens fesseln. Das wäre absurd. Abstieg und Aufstieg sind nicht durch Daten im Kalender getrennt. Diese Linien gehen durch Personen und Werke durch.
›Arbeitsjournal‹,
10. September 1938

Nach diesen Ostern breche ich meinen Aufenthalt in Fünen endgültig ab. Ich habe mein kleines Haus zum Verkauf ausgeschrieben, die Formalitäten sind natürlich zeitraubend. Dann ist das Packen der Bücher und Möbel, und die Papiere für die Kinder müssen in Ordnung kommen. Sie sollen zunächst nach Kopenhagen, da ist wenigstens ein Sund weniger zu überqueren.
Brief an Henry Peter Matthis vom April 1939

216 Brecht, Lidingö 1939
Haben Sie *vielen* Dank
für die *große Arbeit,* die die
schnelle Beschaffung eines
Visums sicher gekostet hat.
Man war dieser Tage hier sehr
niedergedrückt und besorgt.
Die Zeitungen brachten ein
Dementi Berlins über Truppenzusammenziehungen an der
dänischen Grenze usw.
Allgemein wurde mir gesagt,
wie ungemein schwierig es ist,
ein Visum für Schweden zu
bekommen. Bitte entschuldigen Sie meinen Anruf am
Samstag, ich bin sicher, Sie
haben eine Vorstellung von der
Peinlichkeit, auf einem dieser
Inselchen zu sitzen im
Augenblick, wo die Schlächterei anzufangen scheint.
Schließlich ist in diesem Jahr
jede Woche ohne Weltkrieg für
die Menschheit ein bloßer
unbegreiflicher Glückstreffer.
*Brief an Henry Peter Matthis
vom 11. April 1939*

Reise nach Stockholm, der
Kriegsgefahr wegen. Visum
beschafft durch schwedisches
sozialdemokratisches Komitee
(Branting, Ström usw.) für
Vortrag in der Studentenbühne
Stockholm. Land Nr. 3.
›Arbeitsjournal‹, 23. April 1939

217 Lidingö, Wohnhaus der Familie Brecht
Das Haus ist ideal. Es liegt auf
Lidingö, von zwei Seiten geht
Tannenwald heran. Das
Arbeitszimmer, bisher ein
Bildhaueratelier, ist 7 Meter
lang, 5 Meter breit. Ich habe
also viele Tische.
›Arbeitsjournal‹, 15. Juli 1939

218 Mit Martin Andersen Nexö, dessen Tochter, Margarete Steffin und Frau Nexö, 1939
Durch Vermittlung der Schauspielerin Naima Wifstrand erhielten Brecht und seine Familie Unterkunft in einem Haus der Bildhauerin Ninnan Santesson. Brecht traf sich hier mit Freunden und emigrierten Wissenschaftlern,
die er für ein Schlagwörterbuch des Faschismus gewinnen wollte. Mit Margarete Steffin hatte Brecht die ›Erinnerungen‹ von Martin Andersen Nexö ins Deutsche übersetzt.

Mit Grete übersetze ich Andersen Nexös ›Erinnerungen‹: Sie gefallen mir, trotz der Seelenzergliederungen und Moralismen, da noch Rohstoff darinsteckt. Ein respektabler Proletarismus. Aber da sind schöne Stellen, wo die Solidarität der Besitzlosen geschildert wird.
›Arbeitsjournal‹, 25. Juli 1938

Ein paar Tage nach seiner Ankunft in Schweden erfuhr Brecht, daß am 20. Mai 1939 sein Vater in Darmstadt verstorben war.

219 Mit Helene Weigel, 1940
Tafel
Uns haben geholfen:
aus Deutschland
Suhrkamp, Müllereisert und Weiskopf.
in Österreich
Karl Kraus.
in Dänemark
Ruth Berlau.
in England
Fritz Kortner
und
in Amerika
Jerome.
in Schweden
Georg Branting
Naima Wifstrand, Ninnan Santesson und Alwa Anderson.
Notiz von 1939

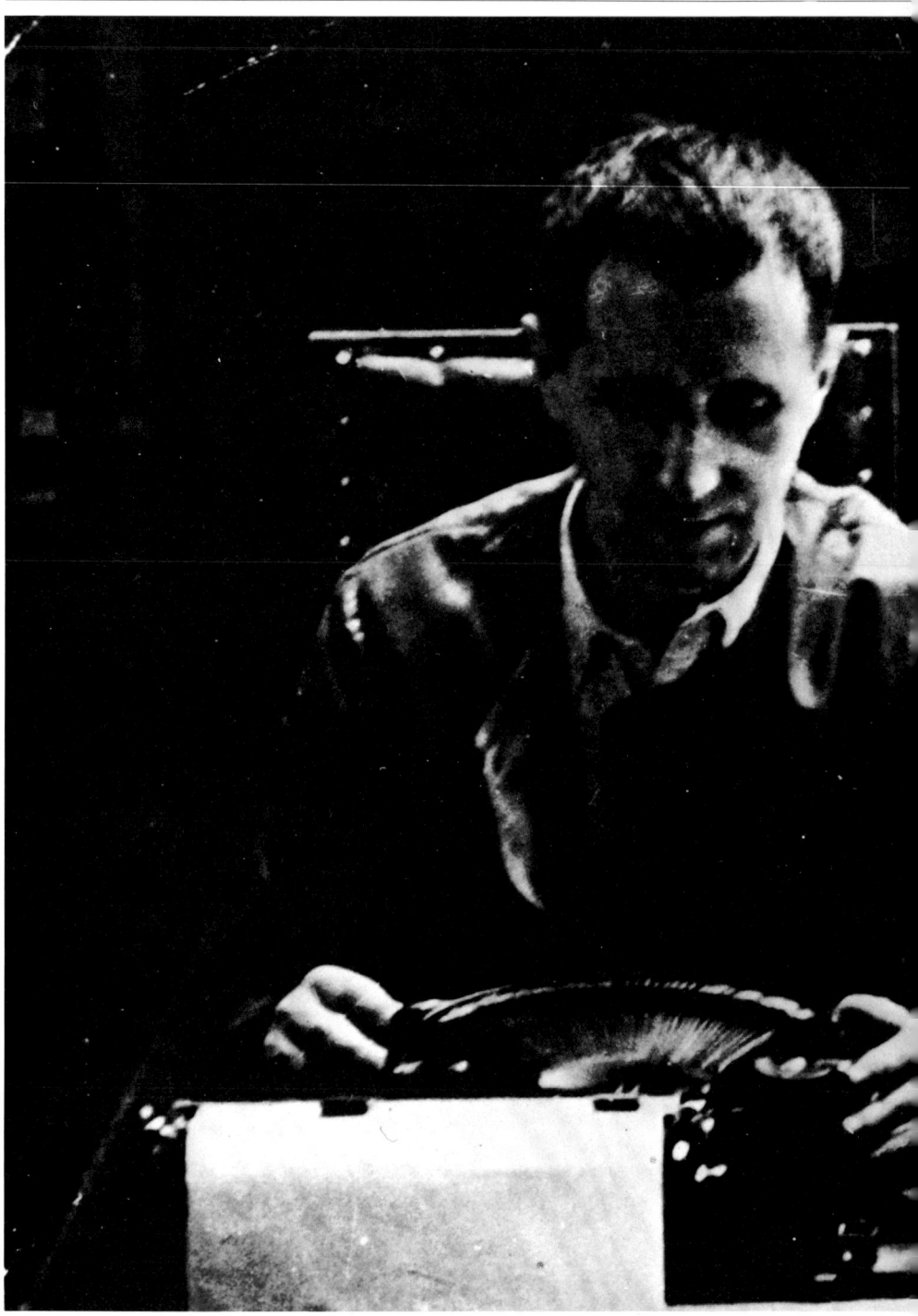

220 Brecht, Lidingö 1939

221 Hanne mit ihrem Stiefvater Theo Lingen, Am Lido 1936

222 Mit seinem Bruder Walter, Lidingö 1939
Prof. Dr. Walter Brecht war seit 1931 als Ordinarius für Papierfabrikation an der Technischen Hochschule Darmstadt tätig. Er hatte seinen Bruder bereits in Skovsbostrand besucht. Bei Gelegenheit einer Vortragsreise nach Stockholm besuchte er ihn in Lidingö.

223 Mit Helene Weigel und Barbara, Lidingö 1939
Immer fand ich den Namen falsch, den man uns gab: Emigranten. / Das heißt doch Auswanderer. Aber wir / Wanderten doch nicht aus, nach freiem Entschluß / Wählend ein anderes Land. Wanderten wir doch auch nicht / Ein in ein Land, dort zu bleiben, womöglich für immer. / Sondern wir flohen. Vertriebene sind wir, Verbannte. / Und kein Heim, ein Exil soll das Land sein, das uns da aufnahm. / Unruhig sitzen wir so, möglichst nahe den Grenzen / Wartend des Tags der Rückkehr, jede kleinste Veränderung / Jenseits der Grenze beobachtend, jeden Ankömmling / Eifrig befragend, nichts vergessend und nichts aufgebend / Und auch verzeihend nichts, was geschah, nichts verzeihend. / Ach, die Stille der Sunde täuscht uns nicht! Wir hören die Schreie / Aus ihren Lagern bis hierher. Sind wir doch selber / Fast wie Gerüchte von Untaten, die da entkamen / Über die Grenzen. Jeder von uns / Der mit zerrissenen Schuhn durch die Menge geht / Zeugt von der Schande, die jetzt unser Land befleckt. / Aber keiner von uns / Wird hier bleiben. Das letzte Wort / Ist noch nicht gesprochen.
›Über die Bezeichnung Emigranten‹, 1937

1.9.39
früh 8 uhr 45. deutschland warnt alle neutralen, das polnische staatsgebiet zu überfliegen. hitler an die wehrmacht. dazwischen die melancholische marschmusik, mit der die deutschen militaristen ihre schlächtereien einleiten.
gestern abend richtete ein englischer frontsoldat, natürlich offizier, eine rede an die deutschen frontsoldaten des weltkriegs. schluss: "... sonst werden wir die beherrscher deutschlands lehren, mit den nachbarvölkern anständig und ehrenhaft zu verkehren. gute nacht."
dann jazz, bei den deutschen märsche.
der neutralitätspakt mit der USSR gestern abend ratifiziert. von nun an bedeutet für england die preisgabe polens nicht mehr die erleichterung für einen hitlermarsch nach osten, sondern die preisgabe eines verbündeten im rücken Ds. prompt erfolgte versteifung englands, und allianz mit polen. sie meinen den kampf ohne die USSR leichter führen zu können (der kuhhandel wäre mit einer scheinallianz leichter zu führen gewesen). für die domminions und amerika wird das stimmen.

hitlers rede im radio auffallend unsicher ("ich bin entschlossen, entschlossen zu sein"). stärkster beifall, als er davon spricht, dass verräter nichts zu erwarten haben als den tod. das ist die clique, der gang, der fremdkörper, der den krieg beginnt ohne gott und mit brotkarte. ein blanquismus auf nationaler basis.

schon am abend wird im englischen radio die kriegsschuldfrage angeschnitten. die deutschen hören eben noch (vor der eiserne vorhang niedergehen wird), dass die "überraschend grosszügigen vorschläge" hitlers überhaupt nicht überreicht wurden.
dann wieder im deutschen radio die militärmärsche, die stimmung für das sterben machen, im englischen anweisungen für die bevölkerung, die evakuierung von 3 millionen menschen aus london.
grete schüttelt den kopf über die "berliner", die nur sandsäcke auf den treppenabsätzen haben, um brandbomben löschen zu können.

mittags lunch im stadthaus für thomas mann. (ström, der lord major, ljungdal, edfelt, mattis.) mann ist gegen die schützenhilfe der USSR für hitler. erika mann, seine tochter, findet den pakt logisch und verständlich, ist aber gegen die behauptung, er diene dem frieden.

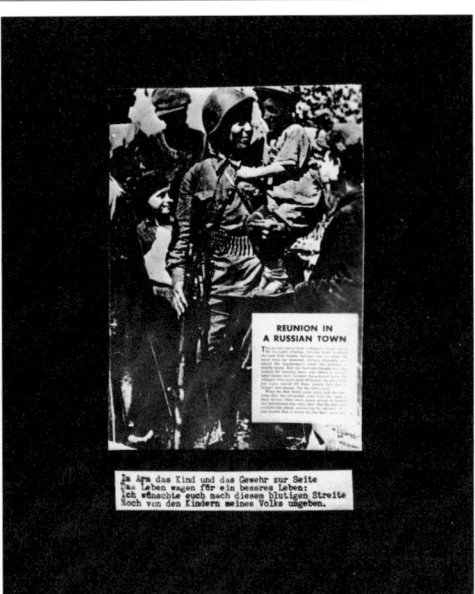

224 ›Arbeitsjournal‹, Notierungen vom 1. September 1939
Faksimile der Originalseite aus dem ›Arbeitsjournal‹

225 Fotogramme aus der ›Kriegsfibel‹, 1944
Die Fotogramme stellte Brecht zusammen mit Ruth Berlau im amerikanischen Exil her. Auf schwarze Karten, die nur wenig größer sind als hier abgebildet, wurden fotografisch verkleinerte Fotos und Texte geklebt.

Tatsächlich wird durch den Deutsch-Russischen Pakt zunächst die Luft klarer. Man hat einen Krieg zwischen imperialistischen Staaten. Man hat Deutschland als Angreifer und Kriegsbrandstifter. Man hat einen aggressiven Kapitalismus gegen einen defensiven. Die Mittelmächte brauchen den Krieg, um zu erobern, die Westmächte brauchen ihn, um Erobertes zu verteidigen. Man hat so viel Barbarei, als zur Aufrechterhaltung barbarischer Zustände nötig ist. Eine Teilnahme am Krieg wäre für die USSR nur auf der westlichen Seite möglich, wäre aber mehr »staatlich«, gliche mehr dem Umfall der sozialdemokratischen Parteien im Weltkrieg, wäre mehr Machtpolitik, Beteiligung an kapitalistischen Auseinandersetzungen als das Fernbleiben.
›Arbeitsjournal‹, 7. September 1939

Der Krieg zeigt einen merkwürdig epischen Charakter, er belehrt die Menschheit sozusagen über sich selbst, liest ein Kolleg, einen Text, zu dem Kanonendonner und Bombeneinschläge nur die Begleitung bilden. Seine ökonomischen Zwecke enthüllt er schamlos, indem er zu rein ökonomischen Mitteln greift. Auf die Eroberung der Märkte antwortet die Blockade, auf die Aufrüstung der Rohstoffentzug. Die ideologische Verhüllung hat eine solche Dünne erreicht, daß sie die wirklichen Vorgänge nur noch um so schärfer hervortreten läßt. Im Gegensatz zum ersten Weltkrieg, wo die Klassen Burgfrieden hielten des nationalen Krieges wegen, stoppen jetzt die nationalen Kriege des Klassenkampfes wegen. Der Krieg ist tatsächlich »meaningless«.
›Arbeitsjournal‹, 7. November 1939

MK,1

SCHAUSPIELER: wir schauspieler sind ganz von
den stücken abhängig, die man uns zum spielen
gibt. wir sehen ja nicht einfach einige deiner VORFAELLE und ahmen sie dann auf der bühne
nach. also müssten wir erst auf neue stücke
warten, die eine solche darstellung, wie du
sie haben willst, möglich machen.
PHILOSOPH: das hiesse unter umständen bis zum
sankt nimmerleinstag warten. ich schlage vor,
hier nicht vom stückebau zu reden, wenigstens
zunächst nicht. im grossen und ganzen stutzen
eure stückeschreiber solche vorfälle aus dem
leben, die genügend interesse auch im leben
erwecken würden, so zu, dass sie auf der bühne
wirken. auch wenn sie erfinden, erfinden sie,
von den ganz fantastischen stücken abgesehen,
immer so, dass die vorfälle aus dem leben genommen scheinen. alles was ihr tun solltet,
ist nur: die vorfälle möglichst ernt nehmen
und ihre verwertung durch den stückeschreiber
möglichst leicht. ihr könnt seine interpretationen ja zum teil wegstreichen, neues einfügen, kurz, die stücke als rohmaterial verwenden. und ich nehme von vornherein an, dass ihr
nur stücke wählt mit vorfällen, die genügend
öffentliches interesse bieten.
SCHAUSPIELER: und der sinn der dichtung, das
geheiligte wort des dichters, der stil, die
athmosphäre?
PHILOSOPH: oh, die absicht des dichters schein
t mit nur von soweit von öffentlichen interesse, als sie dem öffentlichen interesse dient
sein wort sei geheiligt, wo es die richtige
antwort auf die frage des volkes ist, der stil
hängt sowieso von eurem geschmack ab und die at
athmosphäre soll eine saubere sein, durch oder
gegen den dichter. hat er sich an die interessen und die wahrheit gehalten, so folgt ihm,
wenn nicht. so verbessert ihn!
DRAMATURG: ich frage mich, ob du wie ein kultivierter mensch sprichst.
PHILOSOPH: jedenfalls wie ein mensch, hoffe
ich. es gibt zeiten, wo man sich entscheiden
muss, ob man kultiviert oder menschlich sein
will. und warum diese üble sitte mitmachen,
nur diejenigen kultiviert zu nennen, die schö
ne kleider zu tragen verstehen, statt diejenigen, die sie zu machen verstehen?

226 Brecht, Lidingö 1940

227 ›Der Messingkauf‹, Typoskript, Fragment aus der ersten Nacht, 1939
Viel Theorie in Dialogform lösen ›Der Messingkauf‹ (angestiftet zu dieser Form von Galileis ›Dialogen‹). Vier Nächte. Der Philosoph besteht auf dem P-Typ (Planetariumtyp, statt K-Typ, Karuselltyp), Theater nur für Lehrzwecke, einfach die Bewegungen der Menschen (auch der Gemüter der Menschen) zum Studium modelliert, das Funktionieren der gesellschaftlichen Beziehungen gezeigt, damit die Gesellschaft eingreifen kann. Seine Wünsche lösen sich auf in Theater, da sie vom Theater verwirklicht werden. Aus einer Kritik des Theaters wird neues Theater. Das Ganze einstudierbar gedacht, mit Experiment und Exerzitium. In der Mitte der V-Effekt.
›Arbeitsjournal‹, 12. Februar 1939

228 Die schwedische Schauspielerin Naima Wifstrand
Bei Gelegenheit eines Besuches in Stockholm Anfang 1938 hatte Brecht Naima Wifstrand kennengelernt, die Übersetzerin und Hauptdarstellerin von ›Die Gewehre der Frau Carrar‹. Sie besuchte ihn in Dänemark, um Wünsche für eine geplante ›Dreigroschenoper‹-Aufführung vorzutragen. Sie machte ihn mit der Geschichte der nordischen Marketenderin Lotta Svärd aus ›Fähnrich Stahls Erzählungen‹ von Johan Ludvig Runeberg bekannt und regte ihn dadurch zu ›Mutter Courage‹ an. Naima Wifstrand gab Helene Weigel die Möglichkeit des Schauspielunterrichts an ihrer Theaterschule.

Helli arbeitet mit Naima Wifstrand an deren Schule für Schauspieleleven. Sie treibt Shakespearestudien.
›Arbeitsjournal‹, 14. Januar 1940

VOR EINEM OFFIZIERSZELT.

MUTTER COURAGE WARTET. EIN SCHREIBER SCHAUT AUS DEM ZELT.

~~DER SCHREIBER: Ihr marketendergeschäft wollens überschreiben lassen?~~
~~MUTTER COURAGE NICKT.~~
~~DER SCHREIBER: wartens, bis der herr rittmeister zeit hat.~~

EIN JUNGER SOLDAT (KOMMT RANDALIEREND): boque la madonne! wo ist der gottverdammte hund von rittmeister, wo ~~uns die gage~~ unterschlägt und versaufts mit seine menscher? er muss hin sein!

EIN ÄLTERER SOLDAT (KOMMT NACHGELAUFEN): halts maul. du kommst in stock.

DER JUNGE SOLDAT: komm heraus, du dieb! ich hau dich zu koteletten! ~~den sold~~ unterschlagen, dass ich nicht einmal ein bier kaufen kann, ich lass mirs nicht gefallen. komm heraus, dass ich dich zerhack!

DER ÄLTERE SOLDAT: maria und josef, er rennt sich ins verderben.

MUTTER COURAGE: habens ihm kein gezahlt?

DER JUNGE SOLDAT: lass mich los, ich renn dich mit nieder, es geht auf ein aufwaschen.

DER ÄLTERE SOLDAT: ~~und alle nicht.~~ er ist noch jung und nicht lang genug dabei.

MUTTER COURAGE: lass ihn los, er ist kein hund, wo man in ketten legen muss. haben wollen ist ganz vernünftig. warum er sonst?

DER SOLDAT: dass sich besauft drinnen! ihr seids nur hosenscheisser.

MUTTER COURAGE: junger mensch, brüllens mich nicht an. ich hab meine eigenen sorgen und überhaupt, schonens Ihre stimm, Sie möchtens brauchen bis der rittmeister kommt, nachher ist er da und Sie sind heiser und bringen kein ton heraus und er kann Sie nicht in stock schliessen lassen bis Sie schwarz sind. solche, wo so brüllen, machens nicht lang, eine halbe stund und man muss sie in schlaf singen, so erschöpft sinds.

DER JUNGE SOLDAT: ich leids nicht, redens nicht, ich vertrag keine ungerechtigkeit.

MUTTER COURAGE: da habens recht, aber wie lang? wie lang vertragens keine ungerechtigkeit? eine stund oder zwei? sehens, das haben Sie sich nicht gefragt, obwohls die hauptsach ist, warum, im stock ists ein elend, wenns entdecken, jetzt vertragen Sies plötzlich.

229 ›Mutter Courage und ihre Kinder‹, Typoskript 1939
Merkwürdig, wie das Manuskript während der Arbeit zum Fetisch wird! Ich bin ganz abhängig vom Aussehen meines Manuskripts, in das ich immerfort einklebe und das ich ästhetisch auf der Höhe halte. Immer wieder ertappe ich mich dabei, daß ich, nur damit die Seite ausgeht, versuche, mit einer ganz bestimmten Anzahl von Versen auszukommen für eine Änderung!
›Arbeitsjournal‹, 12. April 1941

TER COURAGE: ich komm mich, beim rittmeister beschweren. ich wer schika-
rt.
SCHREIBER: ich kenn Sie. Sie haben einen zahlmeister von die evangeli-
en bei sich gehabt, wo sich verborgen hat. beschwerens sich lieber nicht.
TER COURAGE: doch beschwer ich mich. ich bin unschuldig und wenn ichs zu-
s, schauts aus, als ob ich ein schlechtes gewissen hätt. sie haben mir al-
mit die säbel zerfetzt im wagen und 5 taler buss für nix und wieder nix
erlangt.
SCHREIBER: ich rat Ihnen zum guten, haltens das maul. wir haben nicht
l marketenter und lassen Ihnen Ihren Handel, besonders, wenns ein schlech-
gewissen haben und ab und zu eine buss zahlen.
TER COURAGE: ich beschwer mich.
SCHREIBER: wie Sie wollen. dann wartens, bis der rittmeister zeit hat. AB

X
JUNGE SOLDAT: ich bin nie nicht erschöpft und von schlafen ist keine red.
hab kohldampf. / der verhurt mein trinkgeld und ich hab kohldampf. er muss
sein.
TER COURAGE:
versteh, Sie haben kohldampf. voriges jahr hat euer feldhauptmann euch
die strassen runterkommandiert und quer über die felder, damit das korn
dergetrampelt würd, ich hätt für stiefel 10 gulden kriegen können, wenn
einer 10 gulden hätt ausgeben können und ich stiefel gehabt
t. er hat geglaubt, er ist nicht mehr in der gegend dies jahr. aber jetzt
er doch noch da und der kohldampf ist gross. ich versteh, dass Sie einen
n haben.

230 Mit Helene Weigel, 1939

231 Büste der Weigel von Ninnan Santesson, 1939
Kleinen Aufsatz über Fotos geschrieben, die ich, während die *Santesson* an einem Kopf Hellis arbeitete, machen ließ. Man sieht da die Stadien der Knetarbeit. Lehrreich für Dialektiker. Tatsächlich kommt am Schluß etwas eigentümlich Gutes heraus: Der Kopf darf seine Widersprüche unausgeglichen behalten.
›Arbeitsjournal‹, 11. September 1939

Es gibt viele Künstler – und es sind das nicht die schlechtesten –, die entschlossen sind, auf keinen Fall nur für diesen kleinen Kreis von »Eingeweihten« Kunst zu machen, die für das ganze Volk schaffen wollen. Das klingt demokratisch, aber meiner Meinung nach ist es nicht ganz demokratisch. Demokratisch ist es, den »kleinen Kreis der Kenner« zu einem *großen* Kreis der Kenner zu machen. Denn die Kunst braucht Kenntnisse. Die Betrachtung der Kunst kann nur dann zu wirklichem Genuß führen, wenn es eine Kunst der Betrachtung gibt.

[. . .] Ein paar Worte über die Skulptur, die auf dieser Seite abgebildet ist, *Ninnan Santessons* Kopf der Schauspielerin Helene Weigel. In dieser Skulptur scheint sich eine neue Richtung der Porträtkunst anzumelden, der die erwähnte neue Betrachtungsweise zugrunde liegt.
›*Betrachtung der Kunst und Kunst der Betrachtung*‹, 1939

232 Helene Weigel, 1940

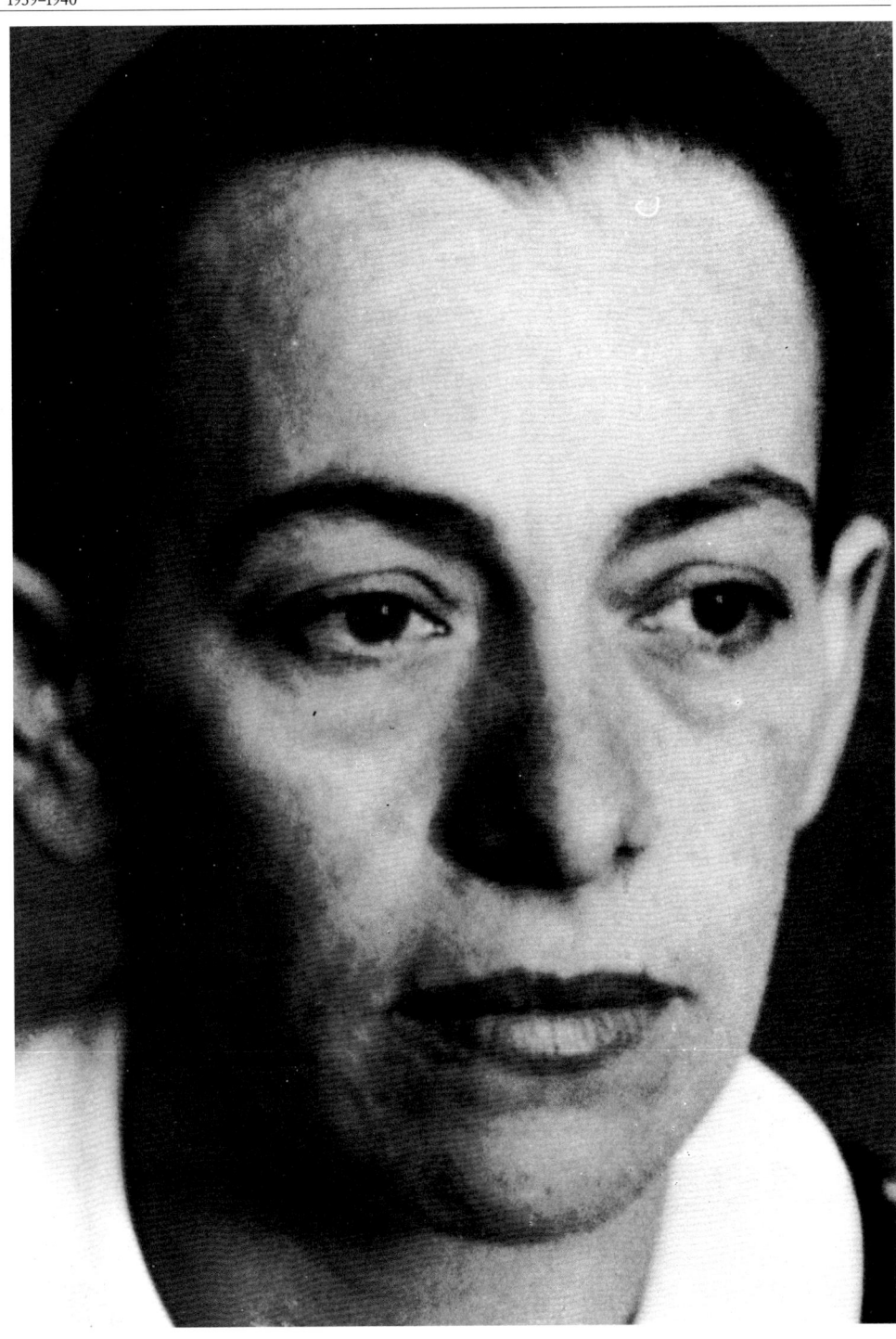

233 Mit Ruth Berlau, 1939

Es ist möglich, daß wir hier nicht mehr lang bleiben können. Vielleicht bekämen wir ein finnisches Einreisevisum, wenn wir von Ihnen eine Einladung zeigen könnten. Könnten Sie uns eine schicken? Es müßte freilich bald sein. Wir würden sie nur benützen, wenn nötig.
Brief an Hella Wuolijoki vom April 1940

Nur damit Du verstehst, daß ich eine ziemliche Verantwortung für Ruth fühle: Es kann, wenn sich der Naziapparat in Kopenhagen erst einmal eingespielt, unmöglich verborgen bleiben, was sie in Zusammenarbeit mit mir alles gemacht hat. Nicht nur, daß Helli und ich bei ihr in Kopenhagen wohnten und sie bei uns in Svendborg – sie hat die ›Frau Carrar‹ inszeniert, zwei Stücke (›Die heilige Johanna der Schlachthöfe‹ und ein *Ballett*) am Königlichen Theater angebracht, und sie hat vor allem die ›Svendborger Gedichte‹ als Subskriptionsdruck herausgebracht. Und darin stehen böse Sachen über die Nazis. Und dazu trat sie in unzähligen Antinaziversammlungen auf und rezitierte Gedichte von mir! Sie kann meiner Meinung nach nicht zurück, bevor der Krieg aus ist.
Brief an Hella Wuolijoki von 1940

234 Brecht, 1940
Zur folgenden Seite
Die Welt ändert sich jetzt stündlich. Ich erinnere mich, wie nach und nach immer mehr verschwand. Erst gab es noch die Zeitungen, deutsche in Österreich, Tschechoslowakei, Schweiz, Saarland. Eine nach der andern ging ein, kam nicht mehr. Das Radio blieb. Aber eines Tages schwieg Wien, eines andern Tages Prag. Warschau hörte man noch länger. Dann schwieg Warschau, und Kopenhagen und Oslo brachten nur noch die deutschen Sendungen. Jetzt gibt es Paris nicht mehr. Da ist nur noch London geblieben von den Demokratien des Westens. Für wie lang? Steff und ich hatten nacheinander immer neue Landkarten zu betrachten. Die polnische, dann die skandinavische, dann Holland, Belgien, Frankreich. Jetzt liegt England offen.
›Arbeitsjournal‹, *1. Juli 1940*

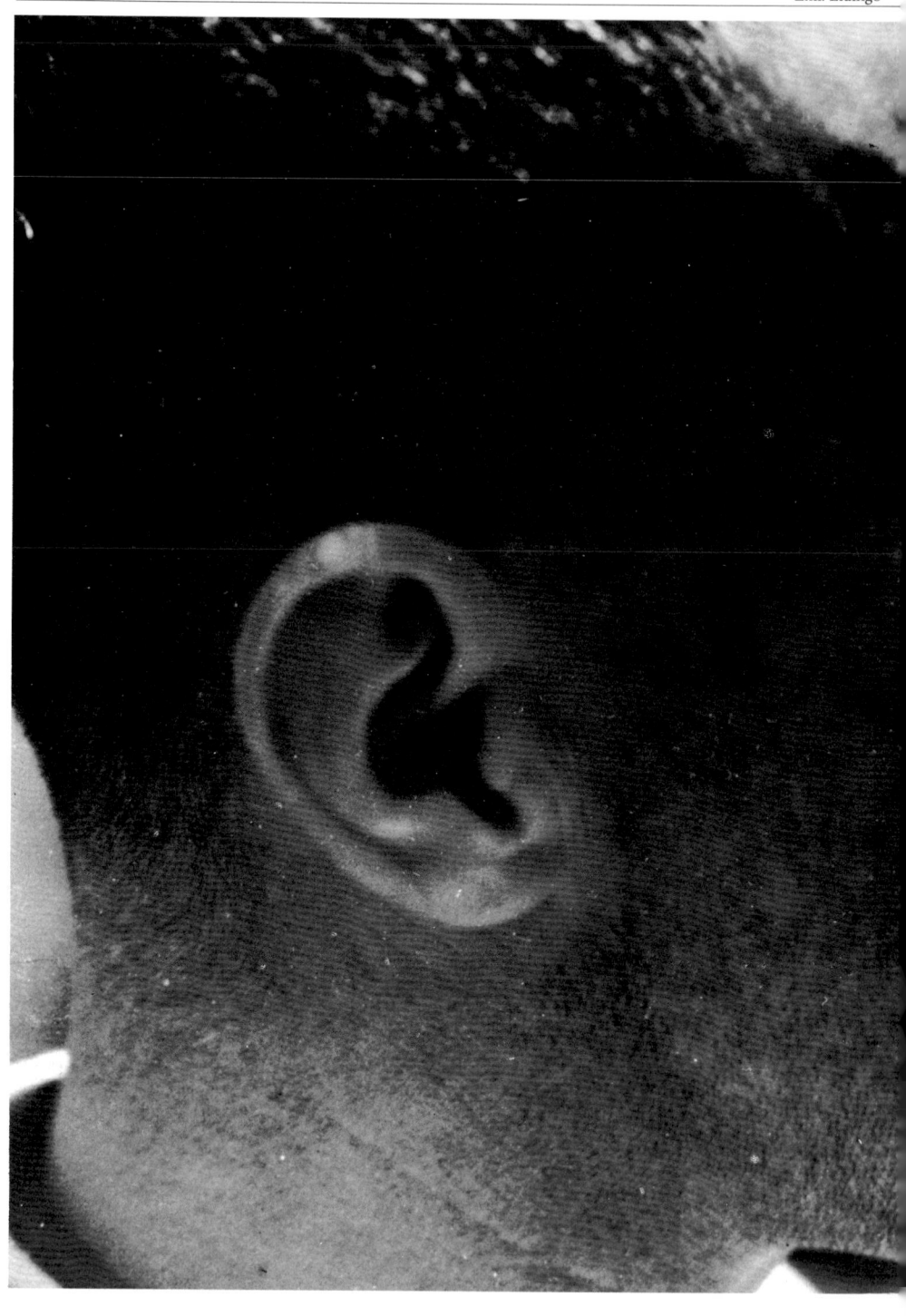

1	2	3	4
die überschwemmung	notwehr und annonce	liebe	der flieger soll fliegen

das kleine boot, das li⟨e⟩ güter verlieren haben, ist schnell bis zum kentern besetzt von unglücklichen./ eine familie erhält unterkunft./ die sinstige besitzerin wird versorgt./ frühere lieferanten kommen mit forderungen./ di⟨e⟩ hauswirtin verlangt bürgschaft./	der herr vetter kommt und räumt auf./ die familie wird der polizei übergeben./die lieferanten werden abgefunden./ die besitzerig wird vertröstet./ aber keine bosheit ersetzt den mangel an kapital und hilft gegen die mächtigen und eine annonce muss entworfen werden, in der für li gung ein wohlsituierter mann gesucht wird.	in einem bank um li gungs beruf./ sie geht zum rendezvous mit einem wohlsituierten freier./ trifft den stellungslosen flieger sohan, der sich eben aufhängen will./ tröstet ihn./ verliebt sich in ihn./ und kauft von sun, dem wasserträger für ihn ein glas wasser./	suns hand wird zerbrochen, ~~~~ li gung berichtet von ihrer liebe und kauft einen ~~~~, der barbier verliebt sich sterblich in sie./ sie aber entdeckt suns verletzung und sucht ~~~~ für ihn./ umsonst./ sie bietet sich nun meineid an./ das teppichhändlerpaar belauscht ein gespräch zwischen für und schane mutter über eine stelle für schan, die doc ⟨jen⟩ kostet./ sie bietan eine bürgschaft für den laden an./ der flieger soll fliegen./

235 ›Der gute Mensch von Sezuan‹, Stückplan 1940
Brecht schrieb das Stück für Helene Weigel.

Unter Hinterlassung der Möbel, Bücher usw. nach Finnland mit Schiff.
›Arbeitsjournal‹, 17. April 1940

Kleine leere Wohnung in Töölö für einen Monat ergattert. Helli fuhr mit einem Lastauto herum und holte sich in zwei Stunden die nötigen Möbel zusammen, fünf Leute borgten sie, die wir gestern nicht kannten. Wir zogen in der letzten Aprilwoche ein, und ich nahm die Arbeit an ›Der gute Mensch von Sezuan‹ ernstlich auf. Das Stück ist in Berlin begonnen, in Dänemark und Schweden aufgenommen und beiseitegelegt worden. Ich hoffe es hier fertigzubekommen.
›Arbeitsjournal‹, 6. Mai 1940

Ein Weltreich ist zusammengestürzt, und ein zweites wankt in seinen Grundfesten, seit ich die letzte Fassung des ›Guten Menschen von Sezuan‹ begonnen habe, die finnische. Ich begann das Stück in Berlin, arbeitete daran in Dänemark und in Schweden. Es machte mir mehr Mühe als je ein anderes Stück vorher. Ich trenne mich ganz besonders schwer von der Arbeit. Es ist

5	6	7	8
sieg der liebe	die hochzeit	mutterfreuden	die tabakfabrik
der vetter schafft die summe für schan/ er verpraßt an die hauswirtin das verpfändete geschäft/ er macht die bekanntschaft schans und durchschaut ihn/ er bespricht sich mit den barbier/ nun wird enttäuscht/ li gung soll gutes tun können/ schan und der barbier reden zum publikum/ li gung entscheidet sich für schan/	schan will heiraten und verkaufen/ man wartet auf den vetter/ die teppichhändler kommen gelaufen und werden von li gung beruhigt/ wohin li gung kommt, kommt der vetter nicht/	mutterfreuden/ schans mutter/ die bürgschaft/ die kehrichttonne/ der schreiner/ der herr vetter wird für li gungs kleinen sohn sorgen/	die kinder des schreiners schlafen gegen die tabaksäcke/ schan bokt sich als antreiber aus/ das lied der tabakarbeiter/

ein Stück, das ganz fertig sein müßte, und das ist es nicht.
›Arbeitsjournal‹, 29. Juni 1940

Ich gehe jetzt zum xsten Male den ›Guten Menschen von Sezuan‹ durch, Wort für Wort mit Grete. Eifersüchtig verteidige ich meinen Vormittag, in der letzten Zeit, seit die Nachrichten so schlecht werden, erwäge ich sogar, ob ich das Frühradio abstellen soll.

Der kleine Kasten steht neben dem Lager, meine letzte Handlung am Abend ist, ihn aus-, meine erste am Morgen, ihn anzudrehen.
›Arbeitsjournal‹, 11. Juni 1940

Es ist unmöglich, ohne die Bühne ein Stück fertigzumachen. The proof of the pudding . . . wie soll ich feststellen, ob etwa die 6. Szene des ›Guten Menschen‹ noch die

Erkenntnis der Li Gung von dem (sozialen) Grund der Schlechtigkeit ihres Freundes aushält oder nicht? Nur die Bühne entscheidet über die möglichen Varianten. Außer ›Mutter‹ und ›Rundköpfe‹ ist seit der ›Johanna‹ alles, was ich schrieb, ungetestet.
›Arbeitsjournal‹, 30. Juni 1940

236 Hella Wuolijoki, Ende der dreißiger Jahre

Die finnische Dichterin Wuolijoki (1886-1954) schrieb Dramen und Geschichten. Wegen ihrer sowjetfreundlichen Einstellung wurde sie 1943 zu lebenslänglicher Haft verurteilt. Nach ihrer Freilassung setzte sie sich für die Demokratisierung Finnlands ein.

Wunderbar die Geschichten der Wuolijoki, vom Volk auf dem Gut, in den Wäldern, wo sie einmal große Sägewerke besaß, aus der heroischen Zeit. Sie sieht schön und weise aus, wenn sie, ständig sich ausschüttend vor Lachen, von den Listen der einfachen Leute und den Dummheiten der feinen erzählt, ab und zu einen mit listig zugekniffenen Augen anblickend und die Reden der Personen mit epischen, fließenden Bewegungen ihrer dicken schönen Hände begleitend, als schlüge sie den Takt zu einer nur ihr hörbaren Musik. (Sie schlägt mit der Hand, im Gelenk gerührt, einen liegenden Achter.) Über ihre Insel und Moore schleppt sie ihr großes Gewicht mit verblüffender Energie, und ihre Dickleibigkeit hat da etwas Chinesisches, die Gutsgeschäfte scheint sie mit sehr leichter Hand zu regeln, niemals kommt es zu Befehlshabereien. Dabei ist sie sehr bestimmt und repräsentiert ausgezeichnet das Gut. Und sie ist sehr menschlich.
›Arbeitsjournal‹, 30. Juli 1940

237 Marlebäck, Herrenhaus

Mit Hella Wuolijoki nach Gut Marlebäck (Kausala) gefahren [. . .] Das Gutshaus, weiß, mit zwei Reihen von je acht großen Fenstern, ist über 100 Jahr alt, im Empirestil gebaut. Die Zimmer sind museumsreif. Neben dem Gutshaus liegt ein riesiger Steinbau für die Kühe (etwa 80 Stück) mit Fütterungsluken von oben, wohin das Lastauto mit dem Futter fährt, und schöner Wasserspülung, alles in Eisen und herrlichem Holz, der rötlichen Fichte des Nordens.
›Arbeitsjournal‹, 5. Juli 1940

Es ist verständlich, daß die Leute hierzulande ihre Landschaft lieben. Sie ist so sehr reich und zeigt Großes gemischt. Die fischreichen Gewässer und schönbäumigen Wälder mit ihrem Beeren- und Birkengeruch. Die ungeheuren Sommer, über Nacht einbrechend nach unendlichen Wintern, eine starke Hitze nach einer starken Kälte. Und wie der Tag verschwindet im Winter, so verschwindet im Sommer die Nacht. Dann ist die Luft so kräftig und wohlschmeckend, daß sie fast allein sättigt. Und welch eine Musik füllt diesen heiteren Himmel! Beinahe unaufhörlich geht Wind, und da er auf viele verschiedene Pflanzen trifft, Gräser, Korn, Gesträuche und Wälder, entsteht ein sanfter, an- und abschwellender Wohlklang, der kaum mehr wahrgenommen wird und dennoch immer da ist.
›Arbeitsjournal‹, 8. Juli 1940

238 Hella Wuolijoki mit einem Landarbeiter auf Marlebäck
Rechts im Hintergrund das Haus, das sie der Familie Brecht zur Verfügung stellte.

239 Helene Weigel mit Barbara, 1940

240 Marlebäck, Wohnhaus der Familie Brecht
Sie gibt uns eine Villa zwischen schönen Birken. Wir sprechen von der Stille hier draußen. Aber es ist nicht still; bloß sind die Geräusche viel natürlicher, der Wind in den Bäumen, das Rascheln des Grases, das Gezwitscher und was vom Wasser herkommt. [. . .] Wir sind sehr schläfrig; wahrscheinlich von der ungewohnten Luft. Der Birkengeruch allein ist berauschend und auch der Holzgeruch. Unter den Birken gibt es reichlich Walderdbeeren, und auch das Sammeln macht die Kinder müd. Ich fürchte, daß das Kochen für Helli schwierig wird, es ist nötig, den Ofen zu heizen, und das Wasser ist nicht im Haus. Aber die Leute sind sehr freundlich, und Hella Wuolijoki weiß unzählige Geschichten.
›Arbeitsjournal‹, 5. Juli 1940

241 Barbara mit Puppenstube, 1941
Selbstgebautes Weihnachtsgeschenk der Mutter
Über Europa fallen die Schatten einer riesig heraufziehenden Hungersnot. Hier geht der Kaffee nun aus, der Zucker wird knapp, Zigarren (für mich Produktionsmittel) werden unerschwinglich. Alles und jedes zeigt die wachsende Macht des Dritten Reiches.
›Arbeitsjournal‹, 29. Juni 1940

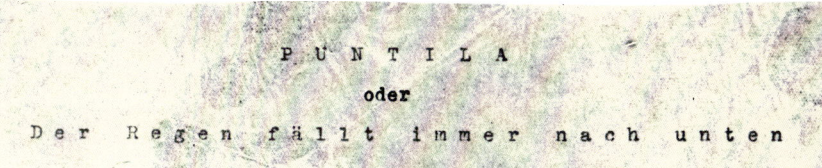

242 Hella Wuolijoki mit dem Urbild des Puntila auf Marlebäck

Brecht schrieb das Stück zusammen mit Hella Wuolijoki nach der Vorlage ihres Stücks ›Die Sägemehlprinzessin‹.

Meine Freundin, die bedeutende finnische Dichterin Hella Wuolijoki, [...] erzählte mir seinerzeit von dem Vorbild des Puntila, der damals meines Wissens noch lebte. Sie plante selber ein Stück und einen Film über ihn, da ich jedoch den Stoff selbständig behandeln wollte, was sie mir erlaubte, hielt ich mich nicht an ihre Pläne, sondern an ihre Erzählungen.
Brief an Jacob Geis vom 28. August 1948

Mit Hella Wuolijoki ein Volksstück für einen finnischen Wettbewerb begonnen. Abenteuer eines finnischen Gutsbesitzers und eines Schofförs. Er ist nur menschlich, wenn er betrunken ist, da er dann seine Interessen vergißt.
›Arbeitsjournal‹, 27. August 1940

Arbeit am ›Puntila‹. Hella Wuolijokis Stück, halb fertig, ist eine Konversationskomödie. (Der nüchterne Puntila ist nur der betrunkene mit einem Katzenjammer, also übellaunig, der gewöhnliche Trinker. Sein Schofför ist ein Gentleman, der die Fotografie der Tochter gesehen und sich als Schofför hat engagieren lassen. usw.) Jedoch zieht sie noch einen Film zu, aus dem wertvolle Elemente kommen (die Fahrt nach legalem Schnaps und die Bergbesteigung), Elemente epischer Art. Was ich zu tun habe, ist, den zugrunde liegenden Schwank herauszuarbeiten, die psychologisierenden Gespräche niederzureißen und Platz für Erzählungen aus dem finnischen Volksleben oder für meine Meinungen zu gewinnen, den Gegensatz »Herr« und »Knecht« szenisch zu gestalten und dem Thema seine Poesie und Komik zurückzugeben. Das Thema zeigt, wie Hella Wuolijoki mit all ihrer Gescheitheit, Lebenserfahrung, Vitalität und dichterischen Begabung durch die konventionelle dramatische Technik gehindert wird. Was für eine hinreißende Epikerin ist sie, auf ihrem Holzstuhl sitzend und Kaffee kochend! Alles kommt biblisch einfach und biblisch komplex.
›Arbeitsjournal‹, 2. September 1940

Es wäre unglaublich schwierig, den Gemütszustand auszudrücken, in dem ich am Radio und in den schlechten finnischschwedischen Zeitungen der Schlacht um England folge und dann den ›Puntila‹ schreibe. Dieses geistige Phänomen erklärt gleichermaßen, daß solche Kriege sein können und daß immer noch literarische Arbeiten angefertigt werden können. Der Puntila geht mich fast nichts an, der Krieg alles; über den Puntila kann ich fast alles schreiben, über den Krieg nichts. Ich meine nicht nur »darf«, ich meine auch wirklich »kann«. Es ist interessant, wie weit die Literatur, als Praxis, wegverlegt ist von den Zentren der alles entscheidenden Geschehnisse.
›Arbeitsjournal‹, 16. September 1940

243 Titel der ersten Fassung des Stücks, 1940

244 ›Puntila‹, Szenenplan, 1940
Am Rande ist jeweils vermerkt, ob Puntila betrunken (B) oder nüchtern (N) ist.

1) Puntila und Kalle B
2) P. bringt es nicht übers Herz, seinen Wald zu verkaufen B
3) P. und die Frühaufsteherinnen B
4) Der Verein der Bräute und Herr von Puntila N
5) Verlobung mit dem Attaché N
   kompromittierung
6) Verlobung mit dem Chaufför B
7) gericht über Kalle N + B
8) haushälterin heiraten + Bergbesteigen N +B
9) Kalle verläßt Puntila

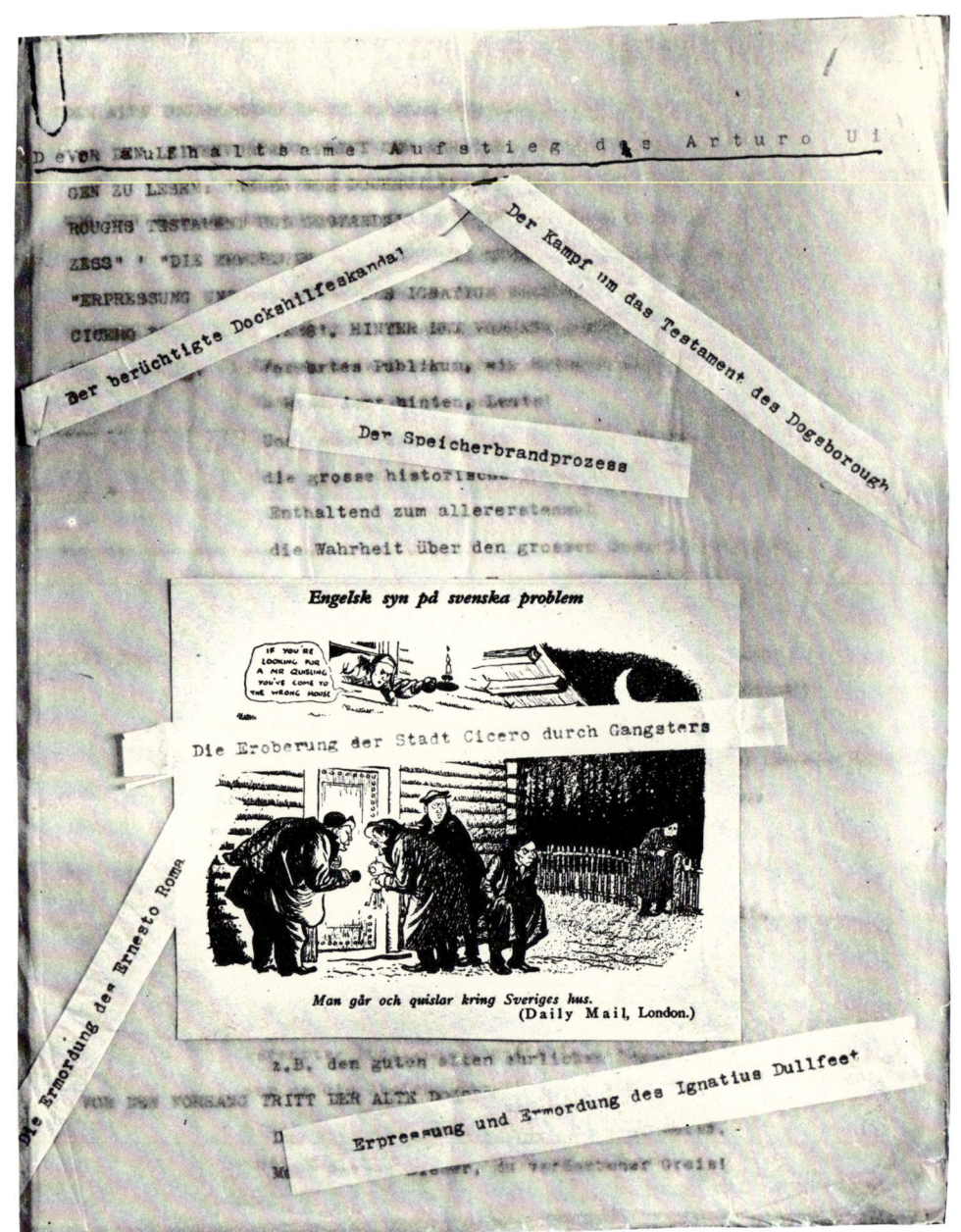

245 ›Der aufhaltsame Aufstieg des Arturo Ui‹, Titelseite der Erstfassung, 1941
An das amerikanische Theater denkend, kam mir jene Idee wieder in den Kopf, die ich einmal in New York hatte, nämlich ein Gangsterstück zu schreiben, das gewisse Vorgänge, die wir alle kennen, in die Erinnerung ruft (The gangster play we know.) Ich entwerfe schnell einen Plan für 11–12 Szenen. Natürlich muß es in großem Stil geschrieben werden.
›Arbeitsjournal‹, 10. März 1941

Inmitten all des Trubels um die Visas und die Reisemöglichkeit arbeite ich hartnäckig an der neuen *Gangsterhistorie*. Nur noch die letzte Szene fehlt. Die Wirkung der Doppelverfremdung – Gangstermilieu und großer Stil – kann schwer vorausgesagt werden. Noch die der Ausstellung klassischer Formen wie der Szene in Martha Schwertleins Garten und der Werbungsszene aus dem Dritten Richard. Steffs Kenntnisse über die Verwebungen der Gangsterwelt mit der Verwaltung kommen mir zustatten.
›Arbeitsjournal‹, 28. März 1941

246 Marlebäck, Sauna
Die *Sauna* des Gutes ist ein kleines viereckiges Holzhaus am Fluß. Durch das Auskleidezimmerchen kommt man in den kleinen, dunklen Baderaum, der von einem riesigen Steinofen beherrscht wird. Man nimmt den Holzdeckel ab und gießt aus einem danebenstehenden großen Eisentopf heißes Wasser über faustgroße Steine, die direkt über dem Feuer gehäuft sind. Dann klettert man ein paar Stufen hoch auf eine Holzestrade, wo man sich niederlegt. Wenn der Schweiß ausbricht, peitscht man die offenen Poren mit Birkenwedeln, und dann geht man auf den Steg hinaus und steigt in den Fluß. Klettert man wieder hoch – das kühle Wasser erscheint einem nicht kalt –, läßt man Birkenblätter zurück. Auch nachts, im Bett, findet man einige. »Man schläft mit der Birke«, sagt Hella Wuolijoki. Die finnischen Soldaten bauten Saunas selbst in der vordersten Stellung.
›Arbeitsjournal‹, 19. August 1940

Hella Wuolijoki verkauft Marlebäck. Der Betrieb wird immer schwieriger. Da kein Benzin verkauft wird, kehrt die Landwirtschaft zu Pferd und Menschenkraft zurück, und die Hauptstadt hat sich in die Entfernung zurückgezogen, die sie gegen Ende des vorigen Jahrhunderts hatte. Der Milchtransport zur Bahn wird ein Problem, er nimmt 4 Stunden statt eine halbe. Das Personal reicht nicht mehr aus, und mehr Leute zu füttern, ist fast unmöglich. Der Wert des Guts ist gestiegen, seit die Deutschen Durchfahrtsrecht nach Norge erhalten haben, was vorige Woche geschah.
›Arbeitsjournal‹, 3. Oktober 1940

ein versuch der aufzählung seiner stücke zu brechts geburtstag 1941.

von Margarethe Steffin

1

seit wochen schwimme ich auf dem fieberschiff. es steigt schrecklich auf und ab, mir ist so schlecht, so schlecht. ich will ans ufer der gesundheit, aber das schiff legt nie an. ich springe in das dunkle wasser. mit fischnetzen, mit angelhaken holen sie mich zurück. ich frage angstvoll, ob es keine rettung gibt? ja! sagen die wächter. wenn ich eine frage wahrheitsgetreu beantworte. welche frage? wem? rasch, rasch! welche frage!
komm, sagen die wächter und führen mich in den bauch des schiffes.

2

auf langen wartebänken sehe ich durch einen nebel menschen, viele. männer und frauen. ich frage einen wächter: wer sind sie? er sagt, mit einem gemisch aus ehrerbietung und verachtung: schauspieler! und was wollen sie von mir? d i e r o l l e !
ihre gierigen augen fressen an mir. ihre stimmen sind heiser vor aufregung. sag uns, welches d i e rolle ist. dann kannst du gehen.

3

ach! ich atme auf und schon lockert das fieber seinen würgegriff. heiter fast frag ich: für einen mann oder für eine frau?
für eine frau! schrein die frauen.
für einen mann! schrein die männer.
gut, es gibt in seinen stücken genug rollen für euch alle, sag ich, um sie zu beruhigen, wie man einem wolf etwas hinwirft, wenn er schon den mann auf dem schlitten anspringen will.
ich habe auch nicht zeit, nachzudenken, ich muss rasch rasch rollen nennen, und ich nenne den armen edward, die ärmere königin anna. garga, den ich nie verstand (er ist doch eine rolle?), galy gay, den einfachen packer vom hafen mit dem weichen gemüt, der sich in die menschliche schlachtmaschine verwandelte wegen einer gurke, die er nicht nicht zu kaufen wagte, das sodom und gomorrha leokadja begbick. krager, anna!....
einer ruft finster dazwischen: aha! paule ackermann nennst du uns nicht! und nicht jenny, nicht diese begbick! (die auch eine leokadja ist, ist sie die gleiche?)
peachum! rufe ich laut, um ihn zu übertönen - da weiss ich mich auf sicherem

247 Typoskript der ersten Seite eines Geburtstagsgrußes von Margarete Steffin, 1941

248 Mit Margarete Steffin, 1941
Im Dezember 40 wurden wir von Stockholm aus verständigt, daß für mich, Helli und die Kinder mexikanische Einwanderungsvisen bewilligt waren. Grete bekam keines, Kabels und Eingaben blieben fruchtlos, uns teilte man aus USA mit, wir sollten fahren, die neue mexikanische Regierung könne jeden Tag die Visen annullieren. Ich betrieb also die amerikanischen Visen, für Grete ein Besuchsvisum, da sie die medizinische Untersuchung nicht passieren konnte. Die Lage in Finnland wurde schnell bedrohlich. Unsere amerikanischen Einwanderungsvisen bekamen wir am 2. Mai 41, und die finnischen Freunde drängten heftiger auf unsere Abreise. Die deutschen motorisierten Divisionen vermehrten sich im Land, Helsinki war voll von deutschen »Reisenden«, die Spannung zwischen Deutschland und der USSR nahm zu. Endlich am 12. Mai bekam Grete als Hellas Sekretärin für Amerika ein Besuchervisum. Wir fuhren am 13. ab und waren am 15. in Leningrad. In Moskau brach Grete, die sich noch an der Grenze wegen der Manuskripte abgehetzt hatte – sie allein sprach russisch –, zusammen. Die karge Kost in Finnland (fast kein Fleisch, wenig Fette, kein Gemüse, kein Obst), die Aufregungen und Ängste, besonders auch die Furcht, sie könne Schuld daran sein, daß wir alle nicht mehr wegkommen würden, dann auch die Reise hatten sie völlig erschöpft. Von ihren 6 Lungenflügeln arbeiteten noch 5. Sie kam in eine Klinik.
›Arbeitsjournal‹, 13. Juli 1941 bis 21. Juli 1941

Vormittags packe ich für sie, auch Helli hilft. Sie sucht ihren kleinen Ring, findet ihn nicht, sie ist aber zuversichtlich. Ich weiß daß ihre Überführung lebensgefährlich ist. Mittags fahre ich mit ihr in einem alten Krankenauto in das Sanatorium Hohe Berge in Moskau. Sie muß mehrmals Sauerstoff nehmen, sieht sehr müd und verändert aus und sagt oft: »Schreib mir.« Es ist aber noch nicht sicher, ob wir Fahrkarten bekommen. Ich kaufe einen Ring und besuche sie um 5 Uhr. Sie ist sehr ruhig, und wie gewöhnlich gehe ich fast heiter weg. Ich habe ihr gesagt, daß ich fahren werde, Billetts bekommen habe. Sie lächelt und sagt mit tiefer Stimme: »Das ist gut.«
›Arbeitsjournal‹, 29. Mai 1941

Mittags um 12 bin ich im Sanatorium mit einem kleinen Elefanten, der sie sehr freut. Ich habe ihr ein Kopfkissen mitgebracht, sie sagt: »Ich komme nach, nur zwei Dinge können mich abhalten: Lebensgefahr und der Krieg.« Sie wird wieder ruhig und lächelt, als ich gehe, ohne Anstrengung. Sie sagt: »Du hast mir solche Dinge gesagt, daß ich ganz ruhig bin.« 5 Uhr fahre ich ab nach Wladiwostok.
Den ganzen Juni geht kein andres Schiff mehr. Der Eintritt Amerikas in den Krieg steht bevor. Auch Flugverkehr nach Wladiwostok gibt es nicht.
›Arbeitsjournal‹, 30. Mai 1941

Die nächsten Tage kein Telegramm. Am 4. 6. 41 früh 9 Uhr stirbt sie, sie hat um 8 Uhr ein Telegramm erhalten und war sehr ruhig. Ich erfahre es um 10 Uhr, jenseits des Baikalsees (4 Uhr Moskauer Zeit).
›Arbeitsjournal‹

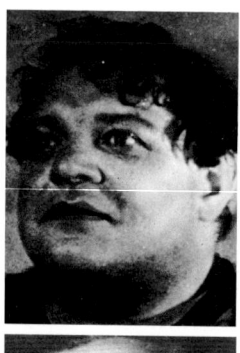   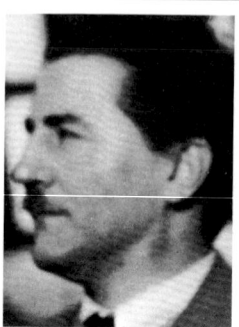

249 Heinrich George
Wir hören nämlich, daß Sie unter keinerlei Verdacht stehen, etwas gegen das gegenwärtige Regime zu haben. Sehr frühzeitig sollen Sie es als einen Fehler eingesehen haben, daß Sie so lange mit uns Kommunisten arbeiteten. Durch völlige Unterwerfung sollen Sie sich das höchste Lob unserer und früher auch Ihrer Feinde zugezogen haben.
Offener Brief an den Schauspieler Heinrich George, 1933

253 Konstantin Stanislawski
Sein Orden ist ein Sammelbecken für alles Pfäffische in der Theaterkunst. Der Verstand wird in seiner »Methode« nicht etwa unterdrückt, er ist der »Kontrolleur«. Zunächst »fühlt« man, bringt sich durch Waschungen seelischer Art in einen Zustand, wo man fühlen kann (hauptsächlich indem man vergißt, daß Kunst ein Geschäft ist), und dann läßt man »es« durch den Verstand korrigieren. Der Ausdruck heißt rechtfertigen.
›Arbeitsjournal‹, 12. September 1938

250 Paul Hindemith
Die braunen Herren haben durchaus recht, wenn sie finden, daß Ihre Musik nicht ihrer Sache dienen kann, die die Sache des Rückschritts ist, und daß Talent zum Musizieren nicht für sie tragbar ist, wenn es nicht ein Talent zum Rückschritt ist! Räumen Sie das Feld!
Kein Platz für fortschrittliche Musik, 1934

254 Henry Peter Matthis
Ich bekam heute mittag die Visa, und es ist dadurch eine große Last weggenommen. Glauben Sie mir, daß ich Ihre Arbeit dafür sehr hoch anschlage und genau weiß, wieviel Mühe so etwas kostet und wie sehr so eine Bemühung mit Ämtern einem die produktive Arbeit unterbricht. Herzlichen Dank.
Brief an Henry Peter Matthis vom April 1939

251 Walter Benjamin
Also, wie ist es mit dem Sommer? Im Juni bin ich zurück. Werden wir uns sehen? Allzu viel Sommer werden wir kaum noch unter den Apfelbäumen Schach spielen können.
Brief an Walter Benjamin vom Mai 1936

255 Hans Tombrock
In sogenannten historischen Zeitläuften, d. h. solchen, wo Geschichte gemacht wird (Wurst gemacht wird), gibt es nur ein Gegenmittel: man muß sich selber in eine historische Persönlichkeit verwandeln. Ich meine, wenn in den Zeitungen eines bestimmten Tages steht, daß die Chinesen Sezuan gestürmt haben, mußt Du Dich eben fragen: was machte an diesem Tag Tombrock?
Brief an Hans Tombrock vom 4. Mai 1940

252 Karl Korsch
Mein Lehrer ist ein enttäuschter Mann. Die Dinge, an denen er Anteil nahm, sind nicht so gegangen, wie er es sich vorgestellt hatte. Jetzt beschuldigt er nicht seine Vorstellungen, sondern die Dinge, die anders gegangen sind. Allerdings ist er sehr mißtrauisch geworden. Mit scharfem Auge sieht er überall die Keime zukünftiger enttäuschender Entwicklungen.
Über meinen Lehrer

256 Max Horkheimer
Auf einer Gartenparty den Doppelclown Horkheimer und Pollock getroffen, die zwei Tuis vom Frankfurter Soziologischen Institut. Horkheimer ist Millionär, Pollock nur aus gutem Hause, so kann nur H[orkheimer] sich an seinem jeweiligen Aufenthaltsort eine Professur kaufen »zur Deckung der revolutionären Tätigkeit des Instituts nach außenhin«.
›Arbeitsjournal‹, August 1941

257 Sergej Tretjakow
Ich sitze jetzt in Dänemark und kann hier ganz gut arbeiten. Nach wie vor würde ich ganz gern irgendwann im Herbst in Rußland etwas arbeiten. Vielleicht können wir da die mit Eisler geplante Sache organisieren?
Brief an Sergej Tretjakow vom 11. Juli 1933

261 Wysten Hugh Auden
I am very pleased to have your coloboration of the »cicel of chalk« (by the way, do you think, the title reads wll in english?) and I am eager to read your adaption.
Brief an W. Auden vom Januar 1945

258 Mei Lan-fang
Was er zeigt, ist sehenswert auch für den, der nicht von Sinnen ist. Welcher westliche Schauspieler der alten Art (der eine oder andere Komiker ausgenommen) könnte wie der chinesische Schauspieler Mei Lan-fang, mit einem Smoking angetan, in einem Zimmer ohne besonderes Licht, umgeben von Sachverständigen, die Elemente seiner Schauspielkunst zeigen?
Verwandlungseffekt in der chinesischen Schauspielkunst, etwa 1938

262 Thomas Mann
Ich stelle denn auch eine echte Furcht bei allen unseren Freunden fest, daß Sie, sehr geehrter Herr Mann, der Sie mehr als irgendein anderer von uns das Ohr Amerikas haben, die Zweifel an der Existenz bedeutender demokratischer Kräfte in Deutschland vermehren könnten, denn die Zukunft nicht nur Deutschlands, sondern auch Europas hängt wohl davon ab, daß diesen Kräften zum Sieg verholfen wird.
Brief an Thomas Mann vom 1. Dezember 1943

259 Julius Hay
Es muß nur verhindert werden, daß jetzt in der Emigration ein öffentlicher literarischer Formenstreit entsteht, der unbedingt größte Schärfe annehmen würde, wie Hays Artikel zeigt, und daß literarische Versuche, die Wahrheit über den Feind in getarnter Form durchzuschmuggeln, diesem denunziert und dadurch sabotiert werden. (Kurz, wir können keinen Hayschnupfen brauchen).
Brief an Johannes R. Becher vom 11. März 1937

263 Arnold Schönberg
Treffe Schönberg vor einem Drugstore. Er beklagt sich über seine Krankheiten und das Autorenrecht, nach dem sein Sohn womöglich schon im Alter von 28 Jahren keine Tantiemen mehr bekommen wird. Der alte Mann erzählt mir das schon das dritte Mal. Ich spreche die Vermutung aus, daß in 25 Jahren der Kapitalismus anders aussehen wird, wenn er noch aussieht.
›Arbeitsjournal‹, 2. August 1945

260 Georg Lukács
Mir scheinen die Arbeiten Lukács' geschichtsphilosophisch sehr interessant, besonders wenn sie Literatur betreffen, die vor 1900 geschrieben ist. Es müßte aber hinzugesetzt werden, daß sie kaum einen Wink für das Schreiben enthalten und gelegentlich sogar zu Schädigungen geführt haben, wenn seine Ausführungen über Technik praktisch verwertet wurden.
Brief an Wolfgang Harich vom 5. Januar 1955

Formalist ist, wer sich an Formen klammert, alte oder neue. Wer sich an Formen klammert, ist Formalist, ob er Dichtungen schreibt oder Dichtungen kritisiert.
Notiz, etwa 1938

264 Charlie Chaplin
Roosevelt wird wieder gewählt. Abends bei Pascal mit Laughton (auch Barbara dabei, in schwarzem Abendkleid). Dort Groucho Marx und Chaplin. Helli, ich und Chaplin die einzigen am Radio.
›Arbeitsjournal‹, 7. November 1944

ERASTUS FIELD'S AMERICAN MONUMENT
He admitted that it might be faulty.

265 Erastus Fields Amerikanisches Denkmal
Brecht klebte eine Abbildung des Denkmals auf die Titelseite des ersten Amerika-Abschnitts vom ›Arbeitsjournal‹ (siehe Notierung vom 21. Juli 1941).

Nach einer Fahrt von fast einem viertel Jahr sind wir nun doch in den Staaten gelandet, ganz zufällig in San Pedro. Da es wenig Sinn zu haben scheint, jetzt nach New York zu gehen, bleibe ich zunächst hier, wo es billiger zu sein scheint, auch habe ich einige Freunde hier. Meine Hauptsorge ist allerdings, wie ich Übersetzungen von meinen Stücken kriegen kann. Ich habe einiges mitgebracht, und vielleicht bestehen für irgendwas doch Chancen hier. Freilich habe ich wenige Illusionen, ich kenne New York vom Jahre 35 her, und es wird kaum besser geworden sein. [...]
Ich sitze hier wie auf Tahiti, unter Palmen und Künstlern, it makes me nervous, aber there you are. (Das schlimmste: Hier versuchen alle Leute, sich und Leute in Rekordzeit in Vollblutamerikaner zu verwandeln, was bei mir nur eine Art Seekrankheit erzeugt.)
Brief an H. R. Hays vom Juli/August 1941

266/267 Brecht, New York 1946
Ruth Berlau fotografierte Brecht mehrfach auf dem Balkon ihrer New Yorker Wohnung in der 57. Straße. Auf die Rückseite eines dieser Fotos, das er seiner Tochter Hanne nach Deutschland schickte, schrieb Brecht den danebenstehenden Text.

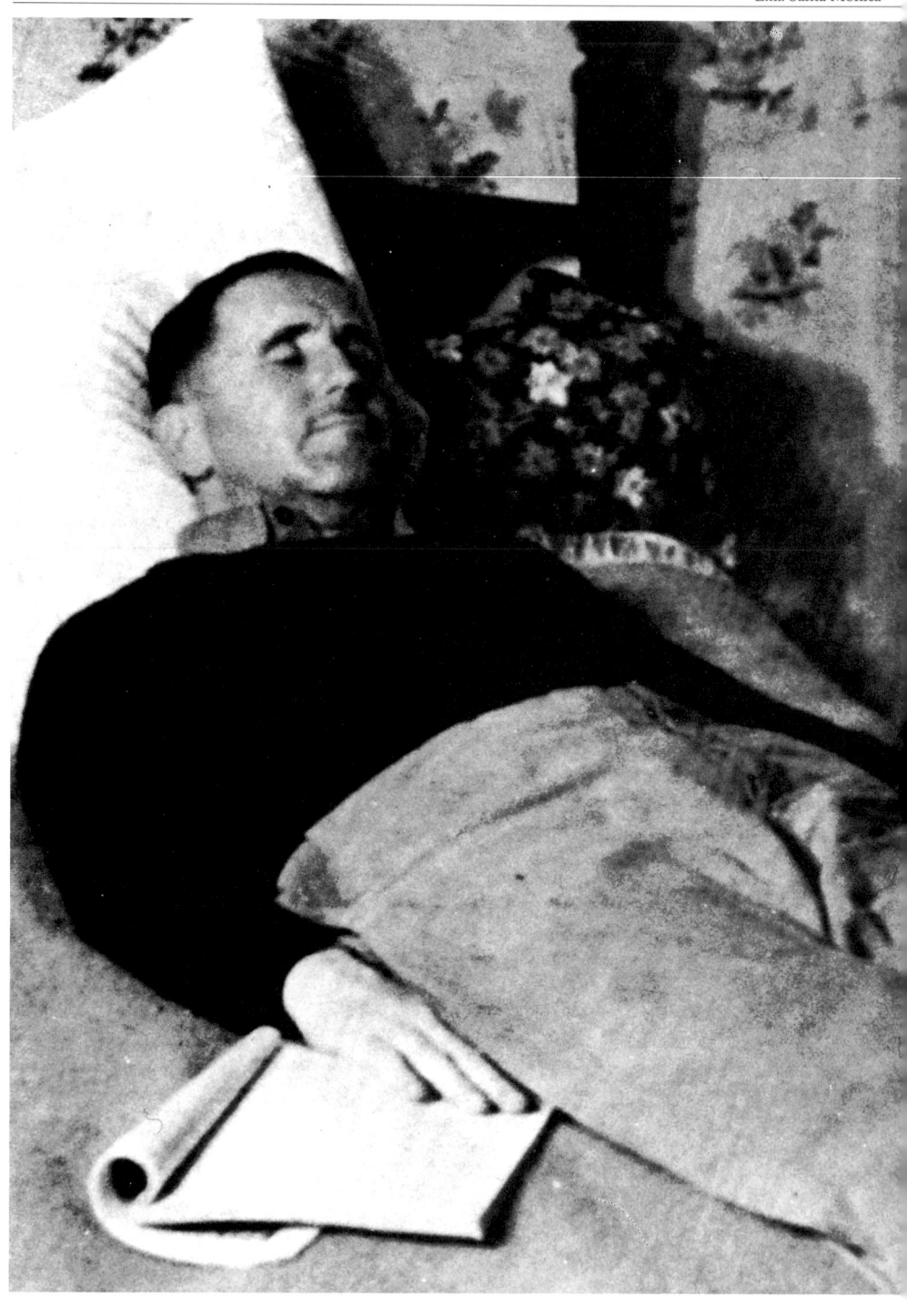

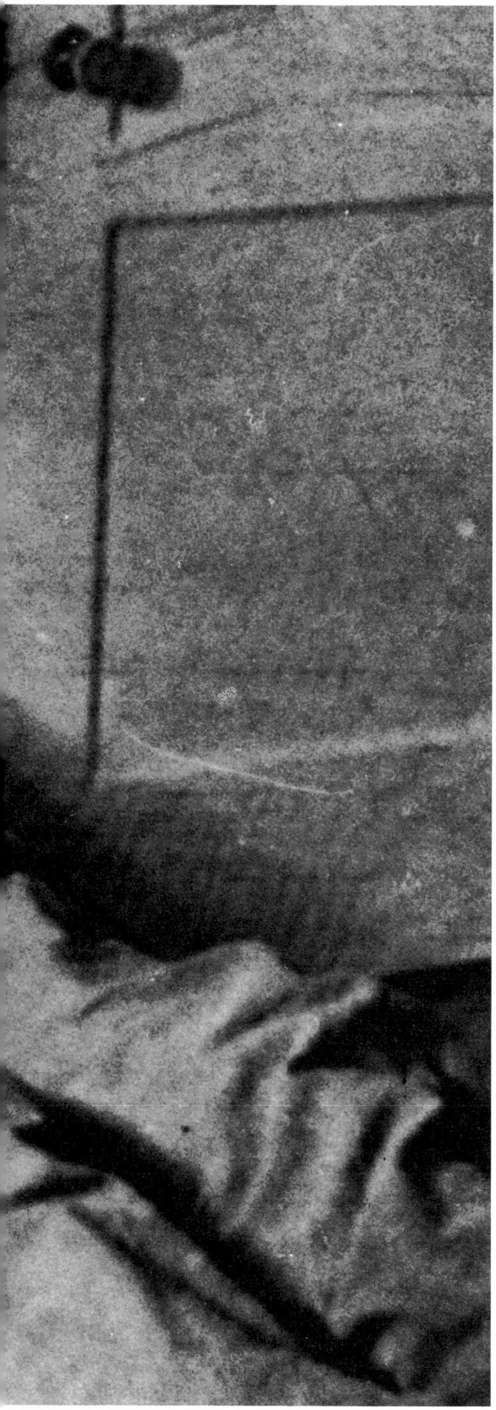

268 Brecht, Hollywood 1941

269 Hollywood, Argyle Avenue Nr. 1954
Freunde Brechts hatten in diesem Haus eine Wohnung für ihn und seine Familie gemietet. Er zog bereits nach einem Monat wieder aus.

Fast an keinem Ort war mir das Leben schwerer als hier in diesem Schauhaus des easy going. Das Haus ist zu hübsch, mein Beruf ist hier Goldgräbertum, die Glückspilze waschen sich aus dem Schlamm faustgroße Goldklumpen, von denen dann lange die Rede ist, wenn ich gehe, gehe ich auf Wolken wie ein Rückenmärkler.
›Arbeitsjournal‹, 1. August 1941

Ich komme mir vor wie aus dem Zeitalter herausgenommen, das ist ein Tahiti in Großstadtform; jetzt eben schaue ich auf ein Gärtchen hinaus mit Rasen, rotblühenden Büschen, einer Palme und weißen Gartenstühlen, und eine Männerstimme singt etwas Sentimentales zum Klavier – nicht im Radio. Sie haben Natur hier, da alles so künstlich ist, haben sie sogar ein verstärktes Gefühl für Natur, sie wird verfremdet. Von Dieterles Haus aus sieht man das Fernandovalley; ein strahlend beleuchteter unaufhörlicher Strom von Autos bricht durch Natur; aber man erfährt, daß alles Grüne nur durch Bewässerungsanlagen der Wüste abgerungen ist. Kratz ein bißchen, und die Wüste kommt durch: Zahl die Wasserrechnung nicht, und nichts blüht mehr. 15 000 Kilometer Weg quer durch ganz Europa, wo es am längsten ist, Tag und Nacht ein blutiges Gemetzel, unser Schicksal entscheidend, erzeugt einen schwachen Widerhall im Treiben des Kunstmarktes.
›Arbeitsjournal‹, 9. August 1941

Die geistige Isolierung hier ist ungeheuer, im Vergleich zu Hollywood war Svendborg ein Weltzentrum. Sie kennen sicher die Situation, wo man den wichtigsten Besuch immer wieder aufschiebt, weil man erst die Hose geflickt kriegen muß.
Brief an Karl Korsch vom Oktober 1942

270 Santa Monica, 25. Straße Nr. 817
Mein Zimmer mißt 11 Fuß zu 12 Fuß, ist stickig und hat rosa Türen. Da an drei Wänden Tische und an der vierten das Schlafsofa stehen, kann ich beim Arbeiten nur drei sehr kleine Schritte machen. Etwas unbeschreiblich Niedliches, Unedles haftet dem Raum an, der nicht einmal aus seiner Kleinheit etwas machen kann. Mein schwarzer Soldatenkoffer, ein episches Stück, dominierend in dem Lidingöer Waldhaus und der Helsingforser Hafenkaserne, unterliegt hier schmählich und ist lediglich »not a nice thing«.
›Arbeitsjournal‹, 16. Juli 1942

Auf Empfehlung von Lion Feuchtwanger mietete sich Brecht in Santa Monica ein.

271 Chinesischer Glücksgott aus Brechts Nachlaß
In Chinatown für 40 cts. einen kleinen chinesischen Glücksgott gekauft.
›Arbeitsjournal‹, 16. November 1941

273 Fritz Lang
Gab Fritz Lang einen Glücksgott mit Epigramm: Ich bin der Glücksgott, sammelnd um mich Ketzer / Auf Glück bedacht in diesem Jammertal. / Bin Agitator, Schmutzaufwirbler, Hetzer / Und hiemit – macht die Tür zu – illegal.
›Arbeitsjournal‹, 4. Dezember 1941

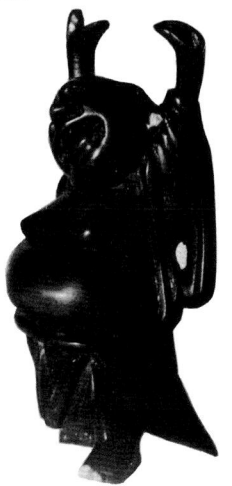

272 Film ›Hangmen Also Die‹, 1943
Am Meer stehen die Öltürme. / In den Schluchten / Bleichen die Gebeine der Goldwäscher. / Ihre Söhne / Haben die Traumfabriken von Hollywood gebaut. / Die vier Städte / Sind erfüllt von dem Ölgeruch / Der Filme.
›Hollywood-Elegien‹, 1942

Ich arbeite mit Lang für gewöhnlich von früh neun Uhr bis abends sieben Uhr an der Geiselstory. Bemerkenswert ein term, der immer wieder auftaucht, wenn die Logik eines Vorgangs oder Fortgangs zu diskutieren wäre: »Das akzeptiert das Publikum.« Den mastermind der Untergrundbewegung, der sich hinter einem Fenstervorhang versteckt, wenn die Gestapo Haussuchung hält, akzeptiert das Publikum. Auch aus Kleiderschränken fallende Kommissarleichen.
Auch »geheime« Volksversammlungen, zur Zeit des Naziterrors. Derlei »kauft« Lang. Interessant auch, daß er weit mehr an Überraschungen interessiert ist als an Spannungen.
›Arbeitsjournal‹, 29. Juni 1942

Das von Brecht entworfene Szenarium eines Filmes über das Attentat auf den nationalsozialistischen Reichsprotektor Reinhard Heydrich und den tschechischen Widerstandskampf wurde in Hollywood zu einer reißerischen Kriminalstory gemacht.

Ich merke jetzt, daß diese Arbeit am Film mich fast krank gemacht hat. Diese »Überraschungen«, die darin bestehen, daß das Unmögliche passiert, diese »Spannungen«, die darin bestehen, daß dem Publikum etwas verheimlicht wird, diese Leiter der Untergrundbewegung, die verwundet hinter Fenstervorhängen stehen, wenn die Gestapo Haussuchung hält, diese empörten Ausrufe: »Warum soll ich den Satz dem Arbeiter geben, dem ich 150 $ bezahle, wenn der Professor daneben steht, dem ich 5000 $ bezahle!«, diese Effekte aus dem Rose-Theater anno 1880, diese Ausbrüche verschmutzter Phantasie, nach Geld stinkender Sentimentalität, tiefsitzender triumphierender Reaktion, wilden verbissenen Ressentiments über die Zumutungen, hier einen großen Film zu machen, wo man auf Teilung inszeniert.
›Arbeitsjournal‹, 22. Oktober 1942

Rezept für Erfolg im Filmschreiben: Man muß so gut schreiben, als man kann, und das muß eben schlecht genug sein.
›Arbeitsjournal‹, 12. Oktober 1943

8.12.41
ich stecke mit kortner in einer filmstory
für boyer, wenn kortners junge hereinkommt
mit der nachricht, japan habe den angriff
auf hawai eröffnet. als wir das radio an-
drehten, wurde es uns klar, dass wir wieder "auf der welt" waren. eine riesige na-
tion erhob sich, halb schlaftrunken, um in
den krieg zu gehen. auf der strasse horch-
en die autofahrer auf ihre radios mit son-
derbar kauernder haltung. kortner sah im
drugstore einen jungen soldaten aus der tasche etwas (was er für ein amulett hielt,
es wird eine erkennungsmarke gewesen sein)
ziehen und es sich um den hals hängen, im
gespräch, ein wenig lächelnd.

274/275 Aus dem ›Arbeitsjournal‹ 8. Dezember 1941
Brecht klebte die Schlagzeile unter diesem Datum ins Arbeitsjournal.

Am 7. Dezember 1941 griffen die Japaner Pearl Harbor an, den Hauptstützpunkt der USA-Flotte im pazifischen Raum. Daraufhin erklärten einen Tag später die USA und Großbritannien Japan den Krieg. Am 11. Dezember 1941 folgten die Kriegserklärungen Deutschlands und Italiens an die USA.

Sah verjagt aus sieben Ländern / Sie die alte Narrheit treiben: / Jene lob ich, die sich ändern / Und dadurch sie selber bleiben.
1942

Merkwürdig, ich kann in diesem Klima nicht atmen. Die Luft ist völlig geruchlos, morgens und abends gleich, im Haus wie im Garten. Und es gibt keine Jahreszeiten. Überall gehörte es zu meinen Morgenverrichtungen, mich aus dem Fenster zu beugen und Luft zu schnappen; hier habe ich diese Verrichtung gestrichen. Da ist weder Rauch noch Grasgeruch zu haben. Die Pflanzen kommen mir vor wie die Zweige, die wir als Kinder in den Sand steckten; zehn Minuten später hingen die Blätter welk herab. Immerfort wartet man, auch hier könne die Bewässerung plötzlich abgestellt werden, und was dann? Mitunter, besonders im Auto nach Beverley Hills fahrend, nehme ich so etwas wie Züge einer Landschaft wahr, die »eigentlich« anziehend wirken: Sanfte Hügellinien, Zitronengebüsch, eine kalifornische Eiche und auch die eine oder andre Tankstation ist eigentlich lustig; aber all das steht wie hinter einer Glasscheibe, und ich suche unwillkürlich an jeder Hügelkette oder an jedem Zitronenbaum ein kleines Preisschildchen. Diese Preisschildchen sucht man auch an Menschen.
›Arbeitsjournal‹, *21. Januar 1942*

276 Mit Oskar Homolka, etwa 1942
Tag für Tag / Sehe ich die Feigenbäume im Garten / Die rosigen Gesichter der Händler, die Lügen kaufen / Die Schachfiguren auf dem Tisch in der Ecke / Und die Zeitungen mit den Nachrichten / Von den Blutbädern in der Union.
Sommer 1942

Ich kam mit Homolka und Karin von ›Memphis Belle‹ (Flug einer Flying Fortress nach Wilhelmshaven) und saß schon wieder beim Schach, als Eisler telefonierte, die Invasion in Frankreich habe eingesetzt. Das Radio spie Nachrichten; ein Augenzeuge sprach schon von der Normandie aus.
›Arbeitsjournal‹, 6. Juni 1944

Kortner und *Homolka*, weit weniger *Lorre*, beurteilen das Land nach seinem Theater, in dem von Spekulanten konventionelle Abendunterhaltung verkauft wird. Kortner war seinerzeit »politisch denkend« nur in sehr begrenztem Umfang, Homolka war absolut unpolitisch. Beide kritisieren jetzt z. B. die Amerikaner, weil sie nicht politisch sind. Beide nähren einen Mythos vom deutschen Theater der Weimarer Republik. Als welches schlecht war.
›Arbeitsjournal‹, 10. 8. 1944

277 Peter Lorre, 1947
Sitze in *Arrowhead*, einem Rekreationsort der Reichen; es ist ein künstlicher Bergsee mit Fichten und Eichen, das Ganze abgesperrt, da es einer Privatgesellschaft gehört. Es ist so still wie im Wald neben zwei Dampfholzsägefabriken, da immerfort Speedboats über den See donnern. Lorre wohnt bei einer Millionärin, der Vater war Fleischkönig in Chicago, die Kinder beißen die Perlen Mammys an, um herauszufinden, ob sie echt sind, oder um es den Gästen zu beweisen. Ein kleines Mädchen fragte mich sogleich, ob ich der Schofför bin, dann, ob ein Actor, dann, ob ein Writer. Ihr Instinkt ist schon unfehlbar. Ich mußte zu der dienenden Klasse gehören.
Brief an Ruth Berlau vom 5. Juli 1948

Mit Lorre abends über V-Effekte geredet. Er findet, daß ich oft bei Aufführungen (er erwähnt die ›Mutter‹-Aufführung in Berlin) das eigentlich Handwerkliche bei den Schauspielern vernachlässigt habe, außer wenn sie sowieso beherrschten, und er rät, ich solle diese Vorbedingung handwerklicher Reife wenigstens erwähnen. Es ist richtig, daß ich, Dilettanten neben Artisten verwendend, zufrieden war, die allgemeine Anwendbarkeit der neuen Prinzipien nachzuweisen. In der Tat ist auch das *Da*sein auf der Bühne, das Über-die-Rampe-Bringen von Text und Übrigem in den niederen und mittleren Graden lehrbar. Jedoch möchte ich die Interessantheit des Schauspielers auf sein Interesse an dem gesellschaftlichen Phänomen, mit dem er sich darstellend beschäftigt, gründen.
›Arbeitsjournal‹, 11. Juli 1943

278 Mit Ferdinand Reyher, 1946
Er ist ein guter Cicerone für die Staaten, wenn er, auf seinem linken Schienbein kauernd, mit der rechten Hand sich unterm Hemd in der Achselhöhle kratzend, die jettschwarzen Äuglein in seinem gelblichen Fuchsgesicht funkelnd, die komischen Besonderheiten dieses Riesenbabys Amerika erläutert.
›Arbeitsjournal‹, 13. Februar 1942

279 Mit Mordecai Gorelik und Peter Lorre, 1942
Sagte Gorelik, daß er sich verändert habe, und gab ihm ein paar Thesen. Wieder kam er mit ›Ein Drama braucht Spannung, Klimax und Identification‹, er könne nicht verstehen, wenn er sich nicht einfühle. Ich sprach gegen eine Wand, als ich auseinandersetzte, wie wenig durch Einfühlung in einen Betroffenen zu verstehen ist. Er kann von dem Interesse am ›to sell the story‹ nicht weggebracht werden. Und am Verkauf von Schocks und Emotionen.
›Arbeitsjournal‹, 12. Juni 1944

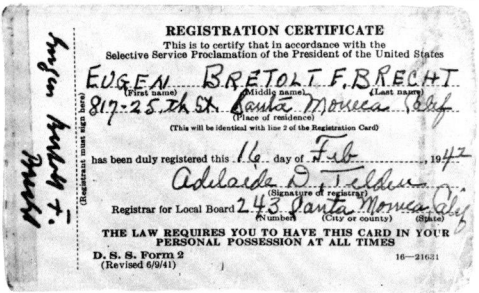

280 Brecht, etwa 1943

281 Brechts Personalkarte von 1942
Die Elemente der Lebensweise hier sind unedel. Es muß die Unwürdigkeit der Produktionsverhältnisse sein, die da alles banal macht. Hier, wenn irgendwo, wäre Distanz nötig, aber niemand respektiert sie. Das Essen, das Betrachten der Landschaft, das Gespräch, das Schreiben eines Buches, das Lesen eines Buches, die Geschäfte, all das hat hier noch einen andern Zweck, keinen ganz gut riechenden und ist so nicht würdig und nicht zulänglich in sich.
›Arbeitsjournal‹, 30. März 1942

Es liegt mir an sich nicht, mit einer Umgebung, unter diesen Umständen besonders, nicht zufrieden zu sein. Ich lege großes Gewicht auf meinen Stand, den distinguierten des Flüchtlings, und dem Flüchtling gegenüber schickt es sich eben gar nicht, so servil und gefallsüchtig zu sein, wie es diese Umgebung ist. Wahrscheinlich aber sind es die Arbeitsverhältnisse, die mich ungeduldig machen. Die Sitte hier verlangt, daß man alles, von einem Achselzucken bis zu einer Idee, zu »verkaufen« sucht, d. h., man hat sich ständig um einen Abnehmer zu bemühen, und so ist man unaufhörlich Käufer oder Verkäufer, man verkauft sozusagen dem Pissoir seinen Urin. Für die höchste Tugend gilt der Opportunismus, die Höflichkeit wird sogleich zur Feigheit.
›Arbeitsjournal‹, 21. Januar 1942

Hier erlebe ich, wie lächerlich und unverschämt es ist, dem Arbeiter zu sagen, er solle die große Literatur lesen! Ich selbst kann sie nicht mehr lesen, hier, in dieser Umgebung.
›Arbeitsjournal‹, 28. Juli 1942

282 Brecht, etwa 1943
Ich sehe häufig Grete mit ihren Sachen, die sie immer wieder in die Koffer packte. Das seidene Tuch mit dem Portrait, von Cas gemalt; die hölzernen und elfenbeinernen kleinen Elefanten aus den verschiedenen Städten, in denen sie war; den chinesischen Schlafmantel; die Manuskripte; das Leninfoto; die Wörterbücher. Sie verstand schöne Dinge, wie sie sprachliche Schönheiten verstand. Als ich sie in Moskau aus dem Hotel in die Klinik brachte, lag sie mit dem Sauerstoffkissen; aber sie regte sich auf, daß ich ihren braunen finnischen Kapuzenmantel mitnähme, und war erst ruhig, als ich ihn ihr zeigte. In diesem Mantel, erfuhr ich später, hatte sie 15 englische Pfund, seit Jahren gespart und versteckt, über die Grenzen geschmuggelt: Das sollte ihr Freiheit verleihen. Ich liebte sie sehr, als ich das erfuhr.
›Arbeitsjournal‹, 16. März 1942

283 Lion Feuchtwanger, etwa 1943

284 Mit Lion Feuchtwanger in Pacific Palisades, 1945
Brecht klebte dieses Foto in das ›Arbeitsjournal‹ unter der Notierung vom 10. März 1945 ein.
Arbeite jeden Vormittag mit Lion Feuchtwanger an den ›Visionen der Simone Machard‹. Die Zusammenarbeit geht gut und ist eine Erholung nach der Filmarbeit, obwohl Feuchtwanger von allem Technischen oder Sozialen (epischer Darstellung, V-Effekt, Aufbau der Figuren aus sozialem anstatt »biologischem« Material, Gestaltung des Klassenkampfs in der Fabel usw.) ganz absieht und das lediglich als meinen persönlichen Stil akzeptiert. Nachdem ich das Stück konstruiert hatte, wobei er auf naturalistische Wahrscheinlichkeit sah (es sollte eine Hostellerie sein, der Geldwert des Benzins war zu gering, als daß jemand ernstlich dafür kämpfte usw.), schrieb ich zuhause die Szenen und korrigierte sie mit ihm dann. Er hat Sinn für Konstruktion, versteht sprachliche Feinheiten zu schätzen, hat auch poetische und dramaturgische Einfälle. weiß viel von Literatur, respektiert Argumente und ist menschlich angenehm, ein guter Freund.
›Arbeitsjournal‹, 3. Januar 1943

1

das buch

EIN VERWUNDETER SOLDAT SITZT NEBEN DEM ALTEN PERE GUSTAVE, DER EINEN PNEU FLICKT.
SIMONE SITZT FÜR SICH NEBEN DEM BENZINTANK UND LIEST IN EINEM BUCH. IM HINTER-
GRUND STEHEN DIE BRÜDER PRIEUX, die Schaffner der Hotellerie, UND STARREN IN DEN HIMMEL. MAN HÖRT FLUGZEUGLÄRM.
ES IST DER ABEND DES 14. JUNI.

ROBERT: es müssen die unsern sein.

MAURICE: es sind nicht die unsern.

ROBERT: aber sie kommen aus dem süden.

MAURICE: dann stehen die deutschen schon im süden.

ROBERT: unmöglich, weil sie nicht über die loire kommen. (RUFT ZU DEM VERWUNDETEN SOLDATEN HINÜBER) george, was sind das für welche?

DER SOLDAT (VORSICHTIG SEINEN BANDAGIERTEN ARM BEWEGEND): jetzt ist auch im oberarm kein gefühl mehr.

PERE GUSTAVE: beweg ihn nicht immerfort. das ist schlecht.

SOLDAT: meinst du, es kann die bandage sein? er ist wirklich viel steifer geworden seit gestern.

PERE GUSTAVE: simone, bring george einen tropfen von dem apfelwein im schuppen!

SIMONE SCHEINT NICHT ZU HÖREN, LIEST WEITER.

285 Die ›Gesichte der Simone Machard‹, Typoskript der ersten Fassung 1942

Santa Monica 1063 - 26th Street (1942-1947) E.: R.B.

287 Santa Monica, 26. Straße Nr. 1063, Wohnung der Familie Brecht 1942–1947
Ziehen um in die 26. Straße in Santa Monica. Das Haus ist eines der ältesten, etwa 30 Jahre alt, ein kalifornisches Holzhaus, getüncht, mit oberem Stockwerk, in dem 4 Schlafzimmer sind. Ich habe einen langen (fast 7 Meter) Arbeitsraum, den wir sogleich weiß tünchten und mit 4 Tischen versahen. Im Garten sind alte Bäume (Pfeffer- und Feigenbaum). Miete 60 $ im Monat, 12 $ 50 mehr als in der 25. Straße.
›Arbeitsjournal‹, 12. August 1942

Eigentlich zum erstenmal fühle ich mich halbwegs wohl hier heute. Ich bin allein im unteren Stockwerk, es ist halb ein Uhr nachts. Auch in den Garten kann ich hinaus, ohne wo durch zu müssen. Vom Tisch aus sehe ich die Straße hinunter die Autos fahren. Ich arbeite noch am ›Messingkauf‹.
›Arbeitsjournal‹, 14. August 1942

288 Brechts Skizze seines Arbeitsraumes
Das Haus ist viel besser als das vorige, in der 25. Straße. Es ist alt, vierzig Jahre, aus der Zeit, wo es kein Hollywood gab, und auch der Garten ist angenehm, weder so klein noch so hübsch wie der andere; man kann sogar menschliche Arbeit erkennen an ihm, fortgesetzt durch Jahrzehnte. Aber die unbeschreibliche Häßlichkeit des Lügenmarkts durchdringt alles hier. Selbst die Feigenbäume sehen zuweilen aus, als hätten sie eben sehr niedrige Lügen erzählt und verkauft. – Ich kann fast nur in den frühen Morgenstunden bessere Dinge schreiben. Da gibt es Morgennebel, da das Meer ja nicht weit ist, nur 27 Straßen. Es handelt sich nicht darum, daß der Nebel dann die Umgebung verhüllt, die ja gar nicht unangenehm ist, noch zu angenehm, sondern nur um den Nebel selber, der einen erinnert an andere Orte.
Brief an Ruth Berlau vom 31. August 1943

289 Brecht, 1942

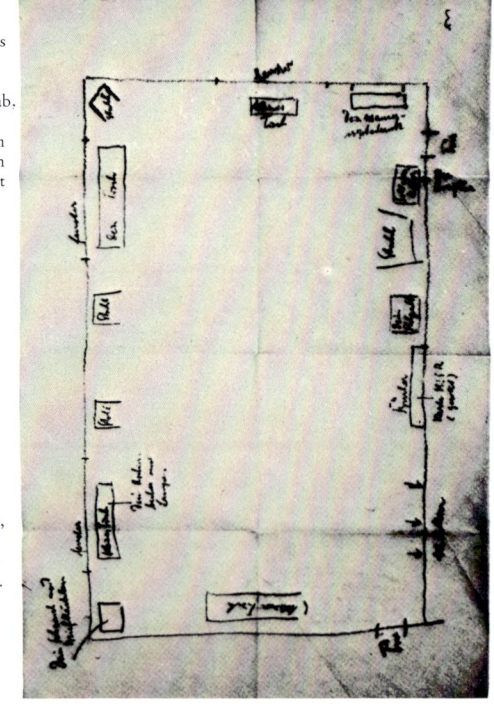

290 Mit Oskar Maria Graf, New York 1943

291 Kurt Weill

Treffe viele Leute. Hauptmann lebt mit dem sozialdemokratischen früheren Polizeipräsidenten Bärensprung und hat nicht sehr viel Zeit übrig, jedoch würde sie gern wieder arbeiten. Grosz ist der alte, etwa enttäuscht von Amerika; seine Ausstellung sehe ich, und die Stilleben machen mir Eindruck, weil da in die deutsche Malerei ein großartiges materialistisches sensuelles Moment hinein kommt. Er verkauft aber beinahe nichts. Wieland Herzfelde führt einen winzigen Markenladen, klagt nicht, plant neuen Verlag und entwirft Briefköpfe, sein Junge trägt als Eiskunstläufer zum Unterhalt bei.
Graf, der kein Wort englisch gelernt hat, ist etwas vereinsmeierisch, dick, hinterfotzig und glaubt an jahrzehntelange Reaktionsperiode. Sternberg kommt vor Artikeln nicht zum Bücherschreiben. [. . .] Weill hat großen Broadwayerfolg, ist aber nicht mehr so sicher an seiner Zukunft hier. Aufricht bringt uns zusammen. Weill will das Sezuanstück produzieren, und wir planen einen Schweyk.
›Arbeitsjournal‹, Mai 1943

Hand ins Feuer gelegt. Und es warn allerhand Typen drunter, ein Richter beim Landesgericht in Pilsen, im Privatlebn ein Bluthund für die Diebe und Arbeiter. Essen macht unschädlich.

Frau Kopecka: Zu Ehren des Herrn Baloun sing ich jetzt das Lied vom KELCH.

(Sie singt)

Komm und setz dich, lieber Gast

Setz dich uns zu Tische

Dass du Supp und Krautfleisch hast

Oder Moldaufische.

 Brauchst ein bissel was im Topf

 Musst ein Dach habn überm Kopf

 Das bist du als Mensch uns wert

 Sei geduldet und geehrt

 Für nur 80 Kreuzer.

Referenzen brauchst du nicht

Ehre bringt nur Schaden

Hat ein' Nase im Gesicht

Und wirst schon geladen.

 Sollst ein bissel freundlich sein

 Witz und Auftrumpf brauchst du kein'

292 ›Schweyk im zweiten Weltkrieg‹, Typoskript mit Notenschrift Brechts, 1943

Im großen den ›Schweyk‹ beendet. Ein Gegenstück zur ›Mutter Courage‹. Im Vergleich zu dem Schwejk, den ich für Piscator um 27 herum schrieb – eine reine Montage aus dem Roman – ist der jetzige (des zweiten Weltkriegs) erheblich schärfer, entsprechend dem Wechsel von der eingesessenen Gewaltherrschaft der Habsburger zur Invasion der Nazis.
›Arbeitsjournal‹, 24. Juni 1943

293 Wehrpaß von Frank Banholzer
Brechts Sohn Frank, der in Augsburg als kaufmännischer Angestellter gearbeitet hatte, wurde am 6. Oktober 1939 zu einem Fliegerausbildungsregiment eingezogen. Nach Abschluß seiner Ausbildung wurde er von 1940 bis 1942 im Luftkrieg gegen England eingesetzt. Am 2. September 1943 kam er nach einer Verletzung in ein Landjägerregiment an die Ostfront. Er wurde bei einem Bombardement am 13. November 1943 getötet und auf dem Friedhof von Porchow begraben.

294/295 Frank, Sohn Brechts und Paula Banholzers, 1942
Mein Sohn, und ich sah dich marschieren / Hinter dem Hitler her / Wußte nicht, daß, wer mit ihm auszieht / Zurück kehrt er nimmermehr. Lied einer deutschen Mutter, 1942

An die deutschen Soldaten
im Osten, 1942
1
Brüder, wenn ich bei euch
wäre / Auf den östlichen
Schneefeldern einer von euch
wäre / Einer von euch
Tausenden zwischen den
Eisenkärren / Würde ich
sagen, wie ihr sagt: Sicher /
Muß da ein Weg nach Haus
sein.
Aber, Brüder, liebe Brüder /
Unter dem Stahlhelm, unter
der Hirnschale / Würde
ich wissen, was ihr wißt:
Da / Ist kein Weg nach
Haus mehr.
Auf der Landkarte im
Schulatlas / Ist der Weg
nach Smolensk nicht größer /
Als der kleine Finger des
Führers, aber / Auf den
Schneefeldern ist er weiter /
Sehr weit, zu weit.
Der Schnee hält nicht ewig,
nur bis zum Frühjahr. / Aber
auch der Mensch hält nicht
ewig. Bis zum Frühjahr /
Hält er nicht.
Also muß ich sterben,
das weiß ich. / Im Rock
des Räubers muß ich sterben /
Sterbend im Hemd des Mord-
brenners. / Als einer der vielen,
als einer der Tausende / Gejagt
als Räuber, erschlagen als
Mordbrenner.
8
Brüder, wenn ich jetzt bei
euch wäre / Auf dem Weg
zurück nach Smolensk /
Von Smolensk zurück nach
nirgendwohin
Würde ich fühlen, was ihr fühlt:
immer schon / Habe ich es
gewußt unter dem Stahlhelm,
unter der Hirnschale /
Daß schlecht nicht gut ist /
Daß zwei mal zwei vier ist /
Und daß sterben wird, wer mit
ihm ging / Dem blutigen
Brüllenden / Dem blutigen
Dummkopf.
Der nicht wußte, daß der Weg
nach Moskau lang ist /
Sehr lang, zu lang / Daß der
Winter in den östlichen
Ländern kalt ist / Sehr kalt,
zu kalt / Daß die Bauern und
Arbeiter des neuen Staates /
Ihre Erde und ihre Städte
verteidigen würden / So daß
wir alle vertilgt werden.
1942

Der nicht wusste, dass der Weg nach Moskau zu lang ist
und zu kalt der Winter hier in den östlichen Ländern den neuen
und ungestüm der Wunsch der Bauern und Arbeiter
ihren Staat zu verteidigen, ersten der Zeiten
wo da der Mensch dem Menschen kein Wolf mehr ist.

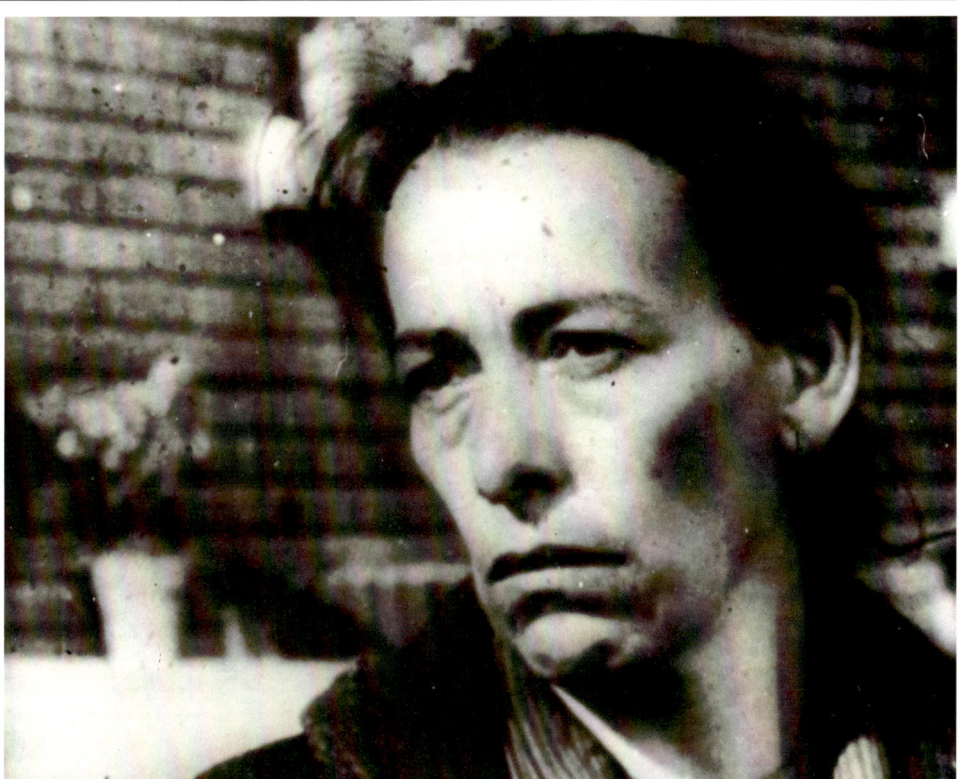

296 Helene Weigel, 1947
Es gibt viele Leute, die plötzlich in ein Jammergeschrei ausbrechen: Mein Gott, sie hat fünfzehn Jahre nicht Theater spielen können! Der Gedanke ist mir in der ganzen Zeit nicht gekommen, weil es wirklich eine vernünftige, praktische und wichtige Sache gab: daß Brecht arbeiten konnte und daß die Kinder aufwuchsen. Das Mitgefühl mit mir, das möchte ich so gern vermeiden. Das halte ich für überflüssig, unrichtig und schädlich.
Helene Weigel, 1969

Die besonders rüde Art, in der Lang die strikte Abmachung, die Rolle einer Gemüsefrau in unserer Story der Weigel zu geben, brach – er versteifte sich auf Akzentfreiheit, erklärte einige überflüssige Sätze, die Wexley in meine nahezu stumme Führung der Figur hineingeschmiert hatte, für nötig, machte einen flüchtigen Tontest, versprach einen Totaltest, ließ sie darauf warten und arbeiten und drehte dann einfach die erste Szene mit jemand anderm, ohne es auch nur mitzuteilen –, wirft noch einmal die Frage auf, wie derlei aufzunehmen ist. Die alte Verpflichtung, gegen private Unmoralität heftig zu reagieren, muß angesichts der allgemeinen Zustände als verfallen angesehen werden, dieser gegenseitige Lehrgang ist eingestellt, da aussichtslos geworden. Selbst der Freund hat schnell die Grenze erreicht, jenseits welcher er keinen Anspruch mehr auf Empörung erheben kann. Was den Künstler betrifft, sind die Verhältnisse derart, daß jede Unzulänglichkeit im Talent sofort ihr Gewicht in Unmoral erfordert und erzeugt. Andrerseits kann man die Empörung, diesen sozial so produktiven Affekt, nicht nur gegen die Verhältnisse lenken, weil man sonst die Verhältnisse völlig entpersonifizierte, überhaupt nicht mehr mit Menschen besetzte, also auch nicht mehr als belangbar und änderbar behandelte.
›Arbeitsjournal‹, 24. November 1942

297 ›The Seventh Cross‹, Helene Weigel in einer stummen Rolle, 1944
Ich lobe den Schauspieler Spencer Tracy im ›Siebten Kreuz‹ wegen einiger beinahe sublimer Ausdrücke, hier sonst unüblich. Odets hatte nichts davon bemerkt und nahm meinen Rat, den Film noch einmal zu sehen, ärgerlich auf. Er griff immerfort mit der Hand an die Brust und beteuerte, er habe nichts gefühlt. Für ihn ist das Kino eine Art Elektrisiermaschine, und er registriert Stöße.
›Arbeitsjournal‹, Oktober 1944

```
S160 10=NEWORLEANS LA 12 1204P        1944 SEP 12 AM 10 50

   BERT BRECHT=
     1063 20TH ST SM=


ROBBED NEED THIRTY FIVE TODAY ANKLE WRENCHED OTHERWISE ALL
RIGHT=
    STEFAN.
```

298 Telegramm Stefans vom 12. September 1944
Bestohlen brauche fünfunddreißig heute Knöchel verrenkt sonst alles in Ordnung = Stefan
Fotos und Telegramm klebte Brecht in das ›Arbeitsjournal‹ ein unter den Notierungen vom 18. 9. und 26. 9. 1944.

Steff wird am 26. zur Armee eingezogen. Er beschließt, sich das Land anzusehen, bereist San Francisco, Saint Louis, New Orleans.
›Arbeitsjournal‹,
18. September 1944

Steff, nach seinem basic training in Camp Roberts, kommt, japanisch zu lernen, auf die Universität von Chicago. Wir sind sehr froh.
›Arbeitsjournal‹,
21. Januar 1945

299/300 Stefan Brecht, 1944

Steff, auf dreitägigem Urlaub, gibt eine Party. Ein Mädchen abholend, fährt er einen alten Mann an, der über die Straße geht. MP, Ambulanzwagen usw. Er erzählt nicht alles am Abend, bringt Eisler und Brainer zu seiner Party. Eisler sagt am andern Morgen, er war sehr vergnügt, aber dann kommt er, doch ziemlich angeknockt. Es ist möglich, daß ihm das Unglück die Chicagoer Zeit kostet.
›Arbeitsjournal‹,
24. Januar 1945

301 Barbara Brecht mit Charles Laughton, Ella Rains und ihre Freundin Doris, etwa 1945

Von Laughtons Garten, über den ich ein Gedicht begonnen hatte (›Garden in Progress‹), bröckelte ein großes Stück bei einem Erdrutsch ab heute nacht. Er fragte gegen Mittag an, ob er abends kommen könne, und entschuldigte sich, als er kam, daß er mit seinem Kummer zu Leuten komme, die seit einem Jahrzehnt kein eigentliches Dach überm Kopf gehabt hätten. [. . .] Seine Frau, vom Kabarett kommend, holte ihn ab, und die beiden saßen eine Zeitlang, über das Unglück ihres Gartens sprechend. »Seit die große Fichte gegangen ist«, sagte sie, »ist das Licht im ganzen Haus geändert, es ist ein andres Haus, man sieht jetzt das Meer!« Und im Ton großer Mißbilligung fügte sie hinzu: »Es hat einen Seeblick!« Laughton selbst hat, wie es scheint, den Schaden noch nicht zu betrachten gewagt, um zu uns zu kommen, verläßt er das Haus nach der andern Seite. »Es ist nur der Anfang«, sagt er, »es geht noch mehr, man hat mir gesagt, es gibt da einen Unterstrom. Offen gestanden, ich möchte jetzt keine Leute sehen, ich bin so beschämt. Es steht in den Zeitungen.«
›Arbeitsjournal‹, 28. August 1944

Die deutsche Kunst ist zu schwer. Gerade in dieser Zeit, einer der furchtbarsten der Geschichte, sollte sie lernen, leicht zu werden, natürlich nicht auf der Flucht, sondern bei der Darstellung dieser Zeit und ihrer Furchtbarkeit. So muß das Gewöhnliche den Charakter des Niedagewesenen, das Niedagewesene den des Gewöhnlichen bekommen. Der Darsteller des Angst- und Blutschweißes darf nicht schwitzen.
Ich komme darauf, als ich Barbara, die nebenan steppt, auf ihre Schweißtropfen aufmerksam mache und ihr rate, lieber mehr zu können, als sie macht, als mehr zu machen, als sie kann, bis sie so viel macht, als sie kann.
›Arbeitsjournal‹, 17. September 1944

»Helli, do you think somehow in the management of this hectic day you could do my hair?« sagt Barbara am Geburtstagstisch.
›Arbeitsjournal‹, 28. Oktober 1943

er hatte einen schnellen sieg

das wetter war ihm gut genug

und sein soldat sich gut genug schlug.

sosso robakidse

ist unser mann.

EIN BAUERNHÜTTE TAUCHT AUF.

KATJA (ZUM KIND): mittagszeit, essenszeit. da bleiben wir also ruhig im gras sitzen, bis katja ein kännchen milch gekauft hat. (SETZT DAS KIND ZU BODEN UND KLOPFT AN DER TÜR DER HÜTTE. EIN ALTER BAUER ÖFFNET.) kann ich ein kännchen milch haben und vielleicht einen maisfladen, grossvater?

DER ALTE: milch? wir haben keine milch. die herrn soldaten haben unsere ziegen. geh zu den herrn soldaten aus der stadt, wenn du milch haben willst.

KATJA: aber ein kännchen milch werdet ihr doch noch haben, grossvater.

DER ALTE: und für ein vielgeld, wie?

KATJA: wer redet von vielgeld? (SIE ZIEHT IHR PORTMONNAIS) hier wird aus den Kopf in den wolken, den boden in wasser! bezahlt. (DER BAUER BRUMMT UND HOLT MILCH)

und was kostet das kännchen?

DER ALTE: drei piaster. milch hat aufgehören.

KATJA: drei piaster? für das bischen? (DER ALTE SCHLIESST WORTLOS DIE TÜR

302 ›Der kaukasische Kreidekreis‹, Typoskript der ersten Fassung, 1944

303 Ruth Berlau mit Charles Laughton, 1945
Ruth Berlau arbeitete, die auch Hans Winge, am ›Kaukasischen Kreidekreis‹ mit

Plötzlich bin ich nicht mehr zufrieden mit der Grusche im ›Kaukasischen Kreidekreis‹. Sie sollte einfältig sein, aussehen wie die *Tolle Grete* beim Breughel, ein Tragtier. Sie sollte störrisch sein statt aufsässig, willig statt gut, ausdauernd statt unbestechlich usw. usw. Diese Einfalt sollte keineswegs »Weisheit« bedeuten (das ist die bekannte Schablone), jedoch ist sie durchaus vereinbar mit praktischer Veranlagung, selbst mit List und Blick für menschliche Eigenschaften. – Die Grusche sollte, indem sie den Stempel der Zurückgebliebenheit ihrer Klasse trägt, weniger Identifikation ermöglichen und so als in gewissem Sinn tragische Figur (›Das Salz der Erde‹) objektiv dastehen.
›Arbeitsjournal‹, *15. Juni 1944*

Die Umarbeitung der *Gruschefigur* hat drei Wochen gekostet, eine Fleißarbeit, denn für hier (und jetzt) ist die nettere Katja der ersten Fassung ja viel wirkungsvoller. Die Unzulänglichkeit der Katja ergab sich für mich bei der Begegnung mit dem Azdak im fünften Akt. Ich hatte vor mir die *Tolle Grete* des Breughelbilds.
›Arbeitsjournal‹, *8. August 1944*

304 Paul Dessau
Dessau macht gute Fortschritte mit dem ›Deutschen Miserere‹. Für die Instrumentierung schlug ich ihm vor, den »einheitlichen Klangkörper« zu liquidieren und für die einzelnen Stücke eigene Instrumentgruppen zu bilden, auch die Chöre zu individualisieren (z. B. mehrere Bässe gegeneinander zu führen, da ja die Stimmen große Unterschiede aufweisen). Überhaupt dürfte das Orchester nicht nur den Text servieren, d. h. seinen emotionellen Gehalt dem Publikum »verkaufen«.
›Arbeitsjournal‹, *30. Juli 1944*

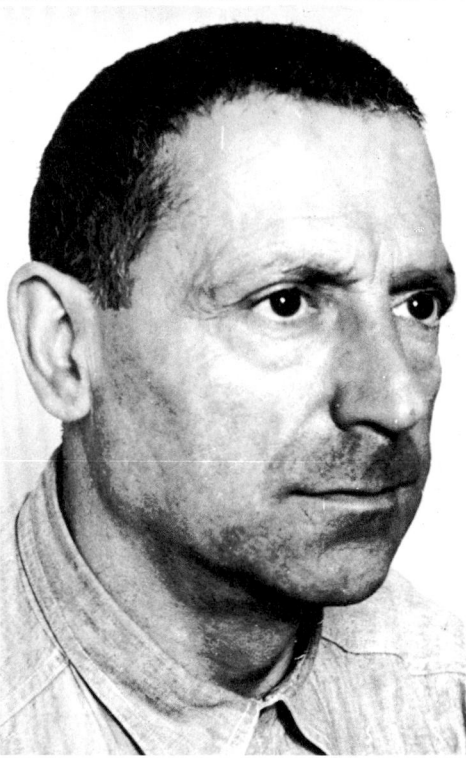

Exil. Santa Monica

A Danish actress, formerly of the Royal Theater, Copenhagen, broadcasting from the O. W. I. Overseas Branch studio in New York   Herald Tribune—Rice

Collect and Broadcast Facts for O. W. I.

305 Kopien des Film-Archivs
Daneben photographische Experimente mit Ruth, bestimmt, ein Archiv von Filmen meiner Arbeiten anzulegen. Unzählige Versuche, bei denen uns einmal sogar Reichenbach unterstützt. Amüsant, die Fehlerquellen in den Papieren, Filmen, Lichtanlagen, Linsen usw. zu entdecken. Erstes Resultat ›Gedichte im Exil‹. Dann arbeite ich dafür die ›Studien‹ erneut durch.
›Arbeitsjournal‹, Dezember 1944

306 Ruth Berlau als Rundfunksprecherin, 1942
Ruth Berlau hatte sich in New York angesiedelt und sprach in Sendungen aus dem OWI (Amt für Kriegsinformation). Brecht fügte das Zeitungsfoto seiner Notierung vom 16. November 1942 im ›Arbeitsjournal‹ hinzu.

307 Ruth Berlau, etwa 1945
Die Filmmöglichkeiten sind scheußlich schwankend, oft in Greifweite, dann wieder ganz schlecht, nie völlig verschwindend. Glückt da irgendwas, ist freilich alles in Ordnung, ich komme sofort, und wir bringen eine Theaterproduktion auf die Beine. Geld habe ich fast keines mehr im Augenblick (jedoch ist die Miete bis Frühjahr bezahlt), ich muß mir Geld ausborgen, für eine sehr kleine Basis.
Brief an Ruth Berlau vom 6. Oktober 1943

Nacht auf der Nyborgschaluppe / Frührot im finnischen Ried / Zeitung und Zwiebelsuppe / New York, fifty-seventh Street / Im Paris der Kongress / Svendborg und Wallensbäk / Londoner Nebel und Nässe / Auf der ›Anni Johnson‹ Deck / Zelt auf der Birkenkuppe / In Marlebaks Morgengraun / O Fahne der Arbeitertruppe In der Altstadt von København!
›Gemeinsame Erinnerung‹, 1943

308/309 Hanns Eisler in Santa Monica, etwa 1943

Ein wenig ist es, als würde ich, in irgendeiner Menge stolpernd mit unklarem Kopf, plötzlich angerufen mit meinem alten Namen, wenn ich Eisler sehe. Tatsächlich habe ich allerlei seit Juni 41 nicht gut verwunden, nicht Gretes Ausscheiden, nicht das neue Milieu, nicht einmal das weiche Klima hier. Und das Roulettespiel mit den Stories, die Konfrontierung mit den Erfolglosen und den Erfolgreichen, die Geldlosigkeit. Zum erstenmal seit 10 Jahren arbeite ich nichts Ordentliches, als Resultat von alldem und mit den zu erwartenden Folgen.
Ich erinnere mich nicht eines frischen Atemzugs in allen diesen Monaten. Als säße ich einen Kilometer tief unter dem Boden, ungewaschen, unrasiert, wartend auf den Ausgang der Schlacht um Smolensk.
›Arbeitsjournal‹, 21. April 1942

Winge, der wöchentlich wenigstens einmal von Downtown, wo er in einer Wäschefabrik arbeitet, zu Besuch kommt, liest einige ›Hollywooder Elegien‹, die ich für Eisler geschrieben habe, und sagt: »Sie sind wie vom Mars aus geschrieben.« Wir kommen darauf, daß diese »Distanz« nichts dem Schreiber Eigentümliches ist, sondern von dieser Stadt geliefert wird: Ihre Bewohner haben sie fast alle. Diese Häuser werden nicht Eigentum durch Bewohnen, nur durch Schecks, der Eigentümer bewohnt sie nicht so sehr, als er über sie disponiert. Die Häuser sind Anbauten von Garagen.
›Arbeitsjournal‹, 20. September 1942

Eisler mag das Lied ›Und was bekam des Soldaten Weib‹ nicht. Das »etsch« darin mißfiel ihm. Er sagt: »Und was, wenn ich meiner Mutter 1917 aus Italien ein Stück Salami heimgeschickt hab? Die Generäl' nehmen sich die Klaviere und Teppiche, und der gemeine Mann hält sich ein bissel schadlos, indem er seiner Frau Schuh kauft. Das ist, was er vom Krieg hat, wenig.« – Es ist eine schwierige Frage. Ich könnte sagen, daß ich dem Weib nicht Essen, sondern nur Kleidungsstücke habe schikken lassen, geplünderten Plunder. Aber das macht keinen wirklichen Unterschied, sie braucht auch das. Ich könnte sagen: Ich hätte das Gedicht nicht geschrieben, wenn der Witwenschleier aus Paris gekommen wäre. Die Frage bleibt immer: Wie dem Proletariat den Führungsanspruch lassen und die Unverantwortlichkeit zubilligen? Im Kopf hatte ich beim Schreiben wohl: Und was bekam des SA-Manns Weib? So wird es heißen müssen.
›Arbeitsjournal‹, 9. Mai 1942

FEDERAL BUREAU OF INVESTIGATION

2229/40

Form No. 1
THIS CASE ORIGINATED AT **LOS ANGELES**

REPORT MADE AT	DATE WHEN MADE	PERIOD FOR WHICH MADE	REPORT MADE BY	
LOS ANGELES	5/22/43	4/19/43 5/15/43	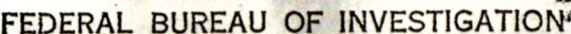	CVB

TITLE	CHARACTER OF CASE
BERTOLT EUGEN FRIEDRICH BRECHT, with aliases, Eugen Berthold Friedrich Brecht, Bert Brecht, Berdat.	ALIEN ENEMY CONTROL – G

SYNOPSIS OF FACTS: advises Subject made moving picture with Communist tendencies, which he showed in Moscow in 1932. advises Subject is friend of numerous persons in SALKA VIERTEL's circle, who are known to have Communist tendencies. BRECHT's radical poetry is known to have been used recently by foreign group on program in New York. Advertisements in refugee weekly "AUFBAU" indicate BRECHT still active in New York, although advises he is expected to return to Los Angeles soon.

CHECK

Forum

On April 19, 1943, advised that to his knowledge Subject was in Moscow in 1932 to show a picture with Communist tendencies, entitled "KUHLEWALPE". Informant stated that this picture had as its subject the unemployed who lived in a tent colony near Berlin. HANNS EISLER wrote the music accompanying this picture. saw Subject in Moscow at that time, although he was not positive that he had seen EISLER as well.

On April 19, 1943, advised that Subject's wife was frequently invited to social affairs put on by

310 FBI-Akte über Brecht, 1943

[. . .] berichtet, die Person drehte Filme mit kommunistischer Tendenz, die er 1932 in Moskau vorführte. [. . .] berichtet, die Person ist befreundet mit zahlreichen Leuten im Kreis von Salka Viertel, von denen bekannt ist, daß sie kommunistische Tendenzen haben. Von Brechts radikaler Dichtung ist bekannt, daß sie kürzlich von ausländischen Gruppen in New York im Programm verwendet wurde. (Randnotiz: *links:* CHECK = prüfen! / rechts: Forum = wohl Clubname) Ankündigungen in der Flüchtlingswochenschrift ›Aufbau‹ zeigen an, daß Brecht in New York noch aktiv ist, obwohl [. . .] berichtet, daß man erwartet, er werde bald nach Los Angeles zurückkehren.
Am 19. April 1943 hat [. . .] berichtet, daß seines Wissens die Person 1932 in Moskau war, um einen Film mit kommunistischer Tendenz mit dem Titel ›Kuhle Wampe‹ zu zeigen. Der Informant berichtet, daß dieser Film Arbeitslose zum Gegenstand hat, die in der Nähe von Berlin in einer Zeltkolonie leben. *Hanns Eisler* schrieb die Filmmusik. [. . .] sah die Person zu dieser Zeit in Moskau, wenn er auch nicht mit Sicherheit sagen konnte, auch Eisler gesehen zu haben.
Am 19. April 1943 hat [. . .] berichtet, daß die Ehefrau der Person häufig zu gesellschaftlichen Veranstaltungen eingeladen wurde, die ausgingen von [. . .]
Tilgung der Personennamen und Abdeckungen wurden vom FBI vorgenommen.

311 Brecht, 1947

Sag in der Rede, daß Demokratie nicht etwas ist, was man hat oder nicht hat, sondern etwas, um das man ständig kämpfen muß, wenn man es hat. Der Kampf gegen den Faschismus wird gewonnen durch Demokratie, viel Demokratie, mehr Demokratie, breiteste Demokratie. Erzähl, wie sehr geschwächt der Kampf Frankreichs gegen die Invaders wurde durch die Aufgabe der Demokratie.
Brief an Ruth Berlau von April/Mai 1942

Hin und wieder vergesse ich jetzt ein deutsches Wort, ich, der sich nur hin und wieder eines englischen erinnert. Suche ich dann, kommen mir nicht die hochdeutschen, sondern die Dialektwörter in den Sinn, wie dohdle für godfather.
›*Arbeitsjournal*‹, *17. November 1944*

Ich versuche alles, um im Sommer Deutschland »wiederzusehen«. Oder was davon noch da ist. Diesmal haben sie einen zu tiefen Schluck aus der Pulle genommen, scheint es. Es darf eben nichts übertrieben werden, wie schon Fräulein Roecker über unsere Zinnschlachten sagte. Deine Pfanzelte, die Früchte Deines Leibes, würde ich gern sehen. Steff ist auf der Universität in Harvard (Boston) und studiert Chemie und Hegel bzw. Marx. Barbara ist hier und hat eben den Blinddarm verloren. Hanne ist in Wien und schauspielert. Von Otto habe ich einen kurzen Brief, ich schickte Pakete (erwähne das für den Fall, Du stehst in Korrespondenz mit ihm). Hast Du ihn kürzlich gesehen? Ist er gesund? Ich ginge gerne wieder am Lech spazieren.
Brief an George Pfanzelt vom Dezember 1946

1947 (Santa Monica)

312 Mit Laughton, 1945
Arbeite systematisch mit Laughton an der Galileiversion. Er überträgt Satz für Satz, zunächst mit der Hand meine schwerfällige Übersetzung niederschreibend, dann die seine, vielmehr die seinen. Zugleich nehmen wir Änderungen vor. Die größte Schwierigkeit macht Galileis Rede über die Epoche in der 1. Szene, besonders der Satz »Da es so ist, bleibt es nicht so«. Das englische Assoziieren ist so sehr anders, ebenso das Argumentieren und der Humor. Die biblische Qualität von »Denn wo der Glaube 1000 Jahre gesessen hat, ebenda sitzt jetzt der Zweifel« versuchen wir durch einen Blankvers zu ersetzen »blind placed faith deposed by healthy doubt!«
– Was zumindest eine scholastische Qualität gibt. Natürlich, das Blasphemische fällt doch aus.
›Arbeitsjournal‹, Dezember 1944

Nazideutschland kapituliert bedingungslos. Früh sechs Uhr im Radio hält der Präsident eine Ansprache. Zuhörend betrachte ich den blühenden kalifornischen Garten.
›Arbeitsjournal‹, 8. Mai 1945

Und als dann kam der Monat Mai / War ein tausendjähriges Reich vorbei.
Und herunter kamen die Hindenburggass' / Jungens aus Missouri mit Bazookas und Kameras
Und fragten nach der Richtung und kleinerer Beute / Und einem Deutschen, der den zweiten Weltkrieg bereute.
Der Irreführer lag unter der Reichskanzlei / Niederstirnige Leichen mit Bärtchen gab es zwei, drei.
In Straßengräben faulten Feldmarschälle. / Schlächter bat Schlächter, daß er's Urteil fälle.
Die Wicken blühten. Die Hähne schwiegen betroffen. / Die Türen waren geschlossen. Die Dächer standen offen.
›Epistel an die Augsburger‹, 1945

313 Charles Laughton, 1945
Wir arbeiten die meiste Zeit immer noch am ›Galilei‹, der bei Laughtons Hörern im Lazarett völlig ungewöhnliches Interesse findet. Die Atombombe hat tatsächlich die Beziehungen zwischen Gesellschaft und Wissenschaft zu einem Leben-und-Tod-Problem gemacht.
›Arbeitsjournal‹, 20. September 1945

Die Zusammenarbeit mit *Laughton* war die klassische in der Profession, Stückschreiber und Schauspieler. An gewissen Stellen sah er das Stück abfallen, und dann baute er sich auf wie ein nicht aus dem Weg zu schaufelnder Fleischberg, bis die Änderung gefunden und gemacht war. Diese hartnäckige Feinfühligkeit erwies sich als noch produktiver als die faktischen Vorschläge (die immer mit äußerster Vorsicht vorgebracht wurden), etwa die Ersetzung Doppones, des Schülers in der ersten Szene, durch Ludovico, oder der Hexenschatten in der letzten Szene. Er erzwang die Umstellungen in der ersten Szene, die Unterbrechung in der dritten, das Schwanken Galileis in der Szene mit dem kleinen Mönch, die Kontroverse Galilei – Ludovico in der Sonnenfleckszene, das positive Auftreten Mattis in der Szene am Hof, die große Umstellung in der letzten Galilei-Szene. Häufig führte die aus ästhetischen Gründen vorgenommene Änderung zu einer politischen Verschärfung, und Laughton war jedesmal sehr zufrieden hiermit. Oft stritt sich Laughtons Befürchtung, das Publikum zu verletzen (meist auf religiösem Gebiet) mit seinem Wunsch, falsche Vorstellung des Publikums zu korrigieren – für gewöhnlich siegte der letztere Wunsch. Laughton hatte das Stück kennengelernt aus sehr unzulänglichen Übersetzungen, die wir weglegten. Nun übersetzte ich selbst Satz für Satz ins Englische (Laughton kennt kein einziges deutsches Wort), und er schrieb das wörtlich nieder. Dann machte er Vorschläge und spielte alles vor, bis es stimmte, d. h. bis der Gestus da war.

›Arbeitsjournal‹, 10. Dezember 1945

314 Laughton als Galilei, 1947

315 ›Leben des Galilei‹, New York 1947

Am 30. Juli 1947 wurde ›Galileo Galilei‹ am Coronet Theatre in Beverly Hills und am 7. Dezember 1947 in New York mit Charles Laughton in der Titelrolle aufgeführt (Regie: Joseph Losey).

[Galilei ist] nicht »für die Bauern«, wenn er dem Mönchphysiker und dem Gutsbesitzer widerspricht, er ist nur gegen den untermenschlichen Zustand, in dem sie gehalten werden. (Den Schluß der achten Szene habe ich in der letzten Fassung – hoffentlich – gegen Irrtümer gesichert.) Eigentlich ist G. einfach nur für die ungehinderte Ausübung seiner Wissenschaft (welche er als ein Glied in der ideologischen Kette vorfindet, die Bürgertum und Bauerntum niederhält, welches Glied er anzusägen hat). Er sägt recht vorsichtig. Zunächst, in Padua, schweigt er sich aus über den Kopernikus, dann findet er Beweise und beschließt, damit Karriere zu machen, geht nach Florenz, buckelt vor dem Fürsten, unterwirft die Beweise den päpstlichen Astronomen. Man erkennt sie an und verbietet ihm, aus den Beweisen Schlüsse zu ziehen. Beinahe ein Jahrzehnt lang fügt er sich und schweigt wieder. Dann verläßt er sich auf den liberalen Papst (nicht etwa auf das Volk oder das Bürgertum) und, von diesem im Stich gelassen, unterwirft er sich völlig und öffentlich. In der Gefangenschaft kollaboriert er schamlos (im Stück) und läßt sich sein Hauptwerk stehlen – unter heftigsten Bauchschmerzen. Ich glaube wirklich, das »Sympathische«, das Dich ärgert, ist seine Vitalität.
Brief an Stefan S. Brecht, September/Oktober 1946

Man muß wissen, unsere Aufführung fiel in die Zeit und das Land, wo eben die Atombombe hergestellt und militärisch verwertet worden war und nun die Atomphysik in ein dichtes Geheimnis gehüllt wurde. Der Tag des Abwurfs wird jedem, der ihn in den Staaten erlebt hat, schwer vergeßlich sein. Der japanische Krieg war es, der die Staaten wirklich Opfer gekostet hatte. Die Transporte der Truppen gingen von der Westküste aus, und dorthin kehrten die Verwundeten und die Opfer der asiatischen Krankheiten zurück. Als die ersten Blättermeldungen Los Angeles erreichten, wußte man, daß dies das Ende des gefürchteten Krieges, die Rückkehr der Söhne und Brüder bedeutete. Aber die große Stadt erhob sich zu einer erstaunlichen Trauer. Der Stückschreiber hörte Autobusschaffner und Verkäuferinnen in den Obstmärkten nur Schrecken äußern. Es war der Sieg, aber es war die Schmach einer Niederlage. Dann kam die Geheimhaltung der gigantischen Energiequelle durch die Militärs und Politiker, welche die Intellektuellen aufregte. Die Freiheit der Forschung, das Austauschen der Entdeckungen, die internationale Gemeinschaft der Forscher war stillgelegt von Behörden, denen stärkstens mißtraut wurde. Große Physiker verließen fluchtartig den Dienst ihrer kriegerischen Regierung; einer der namhaftesten nahm eine Lehrstelle an, die ihn zwang, seine Arbeitszeit auf das Lehren der elementarsten Anfangsgründe zu verschwenden, nur um nicht unter dieser Behörde arbeiten zu müssen. Es war schimpflich geworden, etwas zu entdecken.
›Hintergrund der amerikanischen Aufführung‹, 1947

316 Brecht, 1947

Oktober 1943 die Koffer sind gepackt

SMOKE SCREEN is thrown up by cigar of German-born Writer Berthold Brecht, an acquaintance of Communist Gerhard Eisler. His thick accent mystified the committee, which excused him after he denied being a party member.

317 Brecht vor dem Kongreßausschuß, 1947
Übersetzung der Bildunterschrift:
Eine Nebelwand steigt aus der Zigarre des aus Deutschland gebürtigen Schriftstellers Berthold [!] Brecht, eines Bekannten des Kommunisten Gerhard [!] Eisler.
Sein breiter Akzent verwirrte das Komitee, das ihn entließ, nach dem er verneint hatte, Mitglied der Partei zu sein.
In das ›Arbeitsjournal‹ nach der Notierung vom 15. September 1947 eingeklebtes Foto.

Vormittags in *Washington* vor dem Un-American Activities Committee.
Nachdem zwei Hollywoodwriters (*Lester Cole* und *Ring Lardner jr.*) die Frage, ob sie der kommunistischen Partei angehörten, nur insofern beantwortet hatten, als sie sagten, die Frage sei unkonstitutionell, wurde ich zum Zeugenstand gerufen, gefolgt von den Anwälten der 19, Bob Kenny und Bartley C. Crum, denen irgendwie einzugreifen nicht erlaubt war. Etwa 80 Pressevertreter, zwei Radiostationen, Filmdreher, Fotografen, im Publikum Theaterleute vom Broadway als uns freundliche Beobachter. Im Einverständnis mit den 18 und den Anwälten beantworte ich, als Ausländer, die Frage, und zwar wahrheitsgemäß mit »nein«. Der Ankläger Stripling verliest viel aus der ›Maßnahme‹ und läßt sich von mir die Fabel erzählen. Ich verweise auf das japanische Vorbild, gebe als Inhalt an die Hingabe an eine Idee und verneine die Ausdeutung, es handle sich um einen disziplinarischen Mord mit der Richtigstellung, es handelt sich um eine Selbstauslöschung. Ich gebe zu, daß die Grundlage meiner Stücke marxistisch ist, und stelle fest, daß Stücke, besonders historischen Inhalts, anderswie nicht intelligent geschrieben werden können. Das Verhör ist unverhältnismäßig höflich und endet ohne Anklage; es kommt mir zugute, daß ich mit *Hollywood* beinahe nichts zu tun hatte, in amerikanische Politik nie eingriff und meine Vorgänger auf dem Zeugenstand den Kongreßleuten die Antwort verwehrt hatten. – Die 18 sind sehr zufrieden mit meiner Aussage, auch die Anwälte. Ich verlasse Washington sofort, zusammen mit Losey und Hambleton, die hingekommen waren.
– Abends höre ich mit Helli und Budzislawskis im Radio Teile meines Verhörs.
›Arbeitsjournal‹, 30. Oktober 1947

Mr. Stripling: Yes. Have many of your writings been based upon the philosophy of Lenin and Marx?

Mr. Brecht: No, I don't think that is quite correct, but of course I studied, had to study as a playwright who wrote historical plays, I of course had to study Marx' ideas about history. I do not think intelligent plays today can be written without such study. Also, history now written now is vitally influenced by the studies of Marx about history.

Mr. Stripling: Mr. Brecht, since you have been in the United States, have you attended any Communist Party meetings?

Mr. Brecht: No, I don't think so.

Mr. Stripling: You don't think so?

Mr. Brecht: No.

The Chairman: Well, aren't you certain?

Mr. Brecht: No -- I am certain, yes.

The Chairman: You are certain you have never been to Communist Party meetings?

Mr. Brecht: Yes. I think so. I am here six years -- I am here those -- I do not think so. I do not think that I attended political meetings.

The Chairman: No, never mind the political meetings, but have you attended any Communist meetings in the United States?

318 Auszug aus dem Protokoll des Verhörs, 1947
Stripling: Ja, beruhen viele Ihrer Werke auf der Philosophie von Lenin und Marx?
Brecht: Nein, ich glaube nicht, daß das ganz richtig ist, aber selbstverständlich studierte ich, mußte ich studieren als Stückeschreiber, der historische Stücke schrieb, selbstverständlich mußte ich Marxens Ansichten über Geschichte studieren. Ich glaube nicht, daß man heutzutage intelligente Stücke ohne solch ein Studium schreiben kann. Zudem ist Geschichte, die heutzutage geschrieben wird, wesentlich durch das Studium der marxistischen Geschichtswissenschaft beeinflußt.
Stripling: Mr. Brecht, haben Sie, seitdem Sie in den Vereinigten Staaten sind, an irgendwelchen Versammlungen der Kommunistischen Partei teilgenommen?
Brecht: Nein, ich glaube nicht.
Stripling: Sie glauben es nicht?
Brecht: Nein.
Vorsitzender: Gut, Sie sind sich nicht sicher?
Brecht: Nein. Ich bin sicher, ja.
Vorsitzender: Sie sind sicher, daß Sie nie an Versammlungen der Kommunistischen Partei teilgenommen haben?
Brecht: Ja. Ich glaube es. Ich bin seit sechs Jahren hier . . . Ich bin hier diese . . . Ich glaube es nicht. Ich glaube nicht, daß ich an politischen Versammlungen teilgenommen habe.
Hearing Regard, Washington 1947

319 Antigone, Zeichnung von Caspar Neher, auf Seide, 1947

Habe zwischen 30. November und 12. Dezember eine ›Antigonebearbeitung‹ fertiggestellt, da ich mit Weigel und Cas die ›Courage‹ für Berlin vorstudieren möchte, dies in Chur, wo Curjel sitzt, tun kann, dafür aber eine zweite Rolle für die Weigel brauche. Auf Rat von Cas nehme ich die *Hölderlinische* Übertragung, die wenig oder nicht gespielt wird, da sie für zu dunkel gilt. Ich finde schwäbische Tonfälle und gymnasiale Lateinkonstruktionen und fühle mich daheim. Auch Hegelisches ist da herum. Vermutlich ist es die Rückkehr in den deutschen Sprachbereich, was mich in das Unternehmen treibt. Was das dramaturgische angeht, eliminiert sich das »Schicksal« sozusagen von selbst, laufend. Von den Göttern bleibt der lokale Volksheilige, der Freudengott. Nach und nach, bei der fortschreitenden Bearbeitung der Szenen, taucht aus dem ideologischen Nebel die höchst realistische Volkslegende auf.
›Arbeitsjournal‹, 16. Dezember 1947

Mit der Weigel geht es wie mit Laughton; die epische Spielweise kann sich gegen eine umgebende dramatische nur verteidigen, nicht zum Angriff übergehen; auch existiert da nichts Mittleres, auf das solch ein Schauspieler zurückgreifen könnte – eine Gedankenlosigkeit, und die Kurve verbiegt sich, unreparierbar für den Abend und ohne neue Probe. Gaugler ist eine Entdeckung, zunächst hauptsächlich im Pantomimischen.
Brief an Hans Curjel vom 7. Februar 1948

Unmittelbar nach seiner Ankunft in der Schweiz begann Brecht mit der Bearbeitung der ›Antigone‹, die in Chur von ihm und Caspar Neher inszeniert wird. Der Aufführungsort wurde gewählt, um die schauspielerischen Möglichkeiten von Helene Weigel auszuprobieren und für den Fall eines Mißerfolgs wenig Aufsehen zu erregen. Die Premiere fand am 15. Februar 1948 statt; sie zeigte unter anderem, daß die Weigel noch über alle ihre schauspielerischen Mittel verfügte.

321 Mit Caspar Neher, 1948
Mich, den Stückschreiber / Hat
der Krieg getrennt von meinem
Freund, dem Bühnen-
bauer. / Die Städte, in denen wir
arbeiteten, sind nicht mehr. /
Wenn ich durch die Städte gehe,
die noch sind / Sage ich
mitunter: dieses blaue Stück
Wäsche dort / Hätte mein
Freund besser plaziert.
Die Freunde, 1947

**320 Mit Helene Weigel als
Antigone und Hans Gaugler
als Kreon, 1948**
Bei der Konstruktion des
Bühnenbildes stießen *Cas*
und ich auf ein ideologisches
Moment ersten Ranges.
Sollten wir die barbarischen
Götzenpfähle mit den Pferde-
kopfskeletten zwischen
die Bänke der Schauspieler
hinten stellen, damit den
barbarischen Ort des alten
Gedichts angeben, den
die Schauspieler dann verlassen,
um zu spielen (die entgötzte
Fassung)? Wir entschieden
uns, das Spiel zwischen den
Pfählen zu arrangieren, haben
wir doch immer noch den
vergötzten Staat der
Klassenkämpfe!
›*Arbeitsjournal*‹, *4. Januar 1948*

322 Mit Therese Giehse und Schweizer Bekannten, Feldmeilen 1948
Es scheint dieses Jahr genau so zu gehen wie letztes: da warteten wir auf die Abreisemöglichkeit nach Europa, jetzt warten wir auf die Möglichkeit, nach Berlin zu kommen. Und inzwischen reißen überall die Fäden. [. . .] Ich komme hier einstweilen zu nichts Rechtem. Mit Helli machte ich eine Neubearbeitung der ›Antigone‹ in Chur, ein Versuch in der Richtung, von der wir sprachen: zu untersuchen, was wir tun können für die alten Stücke und: was sie für uns tun können. Helli war außerordentlich, und ich hatte wieder Caspar Neher für das Bühnenbild. Im übrigen betreiben wir das anstrengende Geschäft der Exilierten: das Warten.
Brief an Ferdinand Reyher vom April 1948

323 Mit Max Frisch, 1948
Frisch führt mich durch städtische Siedlungen mit Drei- oder Vierzimmerwohnungen in riesigen Häuserblöcken. Häuserfronten zur Sonne gewendet, zwischen den Häusern ein bißchen Grün, im innern »Komfort« (Badewanne, elektrische Kochöfen), aber alles winzig, es sind Gefängniszellen, Räumchen zur Wiederherstellung der Ware Arbeitskraft, verbesserte Slums. Frisch zeigt uns dann die Baustätte eines großen städtischen Schwimmbads, das er für die Stadt baut. Man sieht noch mit Vergnügen den Plan, den der Bau dann austilgt. Diese Riesenbassins für Tausende machen übrigens das Hauspostillengedicht ›Vom Schwimmen in Flüssen und Teichen‹ schon zur historischen Reminiszenz.
›Arbeitsjournal‹, 11. Juni 1948

Ihr neues Stück, das ich für mich selbst immer noch ›Berliner Thema‹ betitle, hat mich weiter beschäftigt, abgesehen von den Siedlungen, durch die es führt und die so sehr anders sind als die Züricher. Ich schreibe im Augenblick an einem ›Kleinen Organon für das Theater‹ und unterbreche die Gedankengänge nicht eigentlich, wenn ich eine Wahrnehmung anläßlich Ihres Stückes zu Papier bringe. Es handelt sich dabei um einen Einwand, und er betrifft nicht den Stoff, noch die dichterische Absicht und an der Aufführung nur eines, nämlich daß dem Theater als einer Institution erheblich weniger zugemutet wird, als es von früheren Stückschreibern Ihrer Begabung geschah. Ich würde diesen Einwand kaum erheben, wenn ich nicht dächte, daß er auch gegen Stücke, die ich selber geschrieben habe, erhoben werden sollte. Und es sind »äußere« Umstände, die uns veranlassen, mitunter über einen Gegenstand das erstbeste, anstatt eines der letztbesten Stücke zu schreiben. Plump gesprochen: Ich habe den Eindruck, daß Sie es einfach ablehnten, zu analysieren, warum Ihnen der Stoff (in der Behandlung, die Sie ihm gleich zu Anfang zuerdachten) so fruchtbar erschien. Er enthält, und zwar so, wie Sie ihn behandelten, sehr bedeutende Aspekte, und es kommt mir so vor, als hätten Sie dafür nicht die adäquate Form gewählt, nämlich die sogenannte Große Form. Damit sind natürlich nicht Verse usw. gemeint, sondern eben eine Form, die die großen Aspekte herausarbeitet. Bei der Form, die Sie wählten und die zweifellos gewisse Schönheiten produzierte, werden diese Aspekte lediglich leicht angedeutet, als hofften Sie, dieselben gerade dadurch zu eröffnen, aber für mich ist dies eine Hoffnung, welche von einer Gesellschaft ermutigt wird, die ein tieferes und vor allem allgemeineres Verständnis der gesellschaftlichen Vorgänge nicht wünscht und die gesellschaftliche Maschinerie nur »berührt« und nicht etwa kräftig angegriffen haben will. Sie wollen nicht, daß mit dem Zaunpfahl gewinkt wird – so wenig, wie das die Diebe wollen. Aber die Geschichte des großen Dramas zeigt, daß der Zaunpfahl ein legitimes Instrument ästhetischer Veranstaltungen ist.
Brief an Max Frisch, Juli 1948

324 Hanne Hiob mit ihrer Mutter, Marianne Lingen, geb. Zoff, 1948

Die Wirkung der bürgerlichen Propaganda hier ist überwältigend. Viele wissen, daß sie lügenhaft ist, aber schließlich sind Lügen nur verdrehte Wahrheiten, und, da man die Wahrheiten braucht und sie nirgends bekommen kann, dreht man an Lügen herum, aber wieviel muß man drehen? Selbst jene, welche die USSR als sozialistischen Staat ansehen und für Sozialismus sind, scheinen ihre führenden Männer mit einem jener Gangs von Verbrechern zu vergleichen, deren sich gewisse amerikanische Gewerkschaften im Kampf gegen die Unternehmer bedienen – nicht ohne selber von ihnen geschröpft und tyrannisiert zu werden. Ein Journalist sagte mir: »Sie können nicht anders, als ihre privaten Fehden als Staatsangelegenheiten und ihre politischen Fehden als Privatangelegenheiten auszufechten. Die Macht ist da und weiß nicht wie verschwinden; läßt einer sie fallen, hebt ein andrer sie auf.« Das Bürgertum schäumt über die Lage der Erniedrigten und Beleidigten – in der Sowjetunion. Es ist absolut verboten, zu schreiben, dort herrsche Freiheit. Usw.
Ein Appell zu Objektivität zieht einem den Verdacht zu, man sei ein Stalinagent.
Die Vorschläge der Russen, Deutschland zu entimperialisieren und dann die Besatzungstruppen abzuziehen, sind hier nicht populär. Wo, fragt man, ist dann garantiert, daß man Geschäfte machen kann?
›Arbeitsjournal‹, 19. August 1948

325 Aufschrift auf der Rückseite des Bildes
Marianne Lingen schickte die Fotografie an Brecht nach Feldmeilen.

326 Mit Hanne in Feldmeilen, 1948
Sie fragten mich 1932 um die Erlaubnis, ›Die heilige Johanna der Schlachthöfe‹ aufführen zu dürfen. Meine Antwort ist ja.
Brief an Gustaf Gründgens vom 18. Januar 1949

Brecht schlug Gründgens als Besetzung der Johanna seine Tochter Hanne vor. Die Uraufführung der ›Heiligen Johanna der Schlachthöfe‹ am Hamburger Schauspielhaus mit Hanne Hiob kam 1959 zustande.

Ihr, die ihr auftauchen werdet aus der Flut / In der wir untergegangen sind / Gedenkt / Wenn ihr von unseren Schwächen sprecht / Auch der finsteren Zeit / Der ihr entronnen seid.
Gingen wir doch, öfter als die Schuhe die Länder wechselnd / Durch die Kriege der Klassen, verzweifelt / Wenn da nur Unrecht war und keine Empörung.
Dabei wissen wir doch: / Auch der Haß gegen die Niedrigkeit / Verzerrt die Züge. / Auch der Zorn über das Unrecht / Macht die Stimme heiser. Ach, wir / Die wir den Boden bereiten wollten für Freundlichkeit / Konnten selber nicht freundlich sein.

Ihr aber, wenn es so weit sein wird / Daß der Mensch dem Menschen ein Helfer ist / Gedenkt unsrer / Mit Nachsicht.
›An die Nachgeborenen‹, III, 1938

**327 Ankunft in Dresden,
Oktober 1948**
Russen haben Sojabohnenöl
importiert, das macht was
aus. Herbstliche Wälder,
hier und da gesprengte
Brücken, verrostete Panzer-
wägen im Graben. An der
Zonengrenze fehlen Wagen-
papiere, ich gehe in die
deutsche Polizeistation,
telefoniere mit dem
Deutschen Theater in Berlin.
Ein paar Wägen holen uns
ab, Abusch vom Kulturbund.
Im Klub des Kulturbunds
ist Becher, Jhering, Dudow.
Die Presse war am Bahnhof
gewesen, die sind wir
zunächst los. Wir wohnen
im Adlon.
›Arbeitsjournal‹, 22. Oktober
1948 (Freitag)

Gestern abend sahen wir nur
bei Einfahrt im Dunkeln
die Ruinen der Friedrichstraße,
undeutlich. Früh sechs Uhr
dreißig gehe ich die zerstörte
Wilhelmstraße hinunter zur
Reichskanzlei.
Sozusagen meine Zigarre
dort zu rauchen. Ein paar
Arbeiter und Trümmerweiber.
Die Trümmer machen
mir weniger Eindruck als
der Gedanke daran, was die
Leute bei der Zertrümmerung
der Stadt mitgemacht
haben müssen. Ein Arbeiter
zeigt mir die Richtung.
»Wie lang wird das gehen, bis
das wieder nach was
aussieht?« – »Da werden noch
ein paar graue Haare
vergehen bis dahin. Wenn
wir Geldleute hätten, ging's
schneller, aber wir haben
doch gar keine Geldleute
mehr. Na, guten Morgen.«
Mir schienen die Ruinen
zumindest auf die frühere
Anwesenheit von Geldleuten
hinzuweisen.
›Arbeitsjournal‹, 23. Oktober
1948

**328 Mit Helene Weigel und
Julius Hay, Friedenskund-
gebung des Kulturbundes,
Berlin 1948**
Friedenskundgebung des
Kulturbunds. Zweig ist da
und spricht. Ich selber spreche
nicht, entschlossen, mich zu
orientieren und nicht
aufzutreten. Nachmittags bei
Jakob Walcher, der über die
schwierige Lage spricht,
nüchtern und positiv wie
gewöhnlich. Abends bei
Otto, der mitgenommen aussieht von den apokalyptischen
Jahren.
›Arbeitsjournal‹, 24. Oktober
1948 (Sonntag)

Ich war erfreut, schon einen
Tag nach meiner Rückkehr
in Berlin, der Stadt, von der
einer der furchtbarsten
Kriege ausgegangen ist, einer
Kundgebung der Intellek-
tuellen für den Frieden
beiwohnen zu können. Der
Anblick der ungeheuerlichen
Verwüstungen erfüllt mich
nur mit einem Wunsch: auf
meine Weise dazu bei-
zutragen, daß die Welt
endlich Frieden bekommt.
Sie wird unbewohnbar ohne
Frieden.
Brief vom 25. Oktober 1948

Berlin, eine Radierung
Churchills nach einer Idee
Hitlers.
Berlin, der Schutthaufen bei
Potsdam.
Über den völlig verstummten
Ruinenstraßen dröhnen in
den Nächten die Lastaeroplane
der Luftbrücke.
Das Licht ist so schwach, daß
der Gestirnhimmel wieder von
der Straße aus sichtbar
geworden ist.
›Arbeitsjournal‹, 27. Oktober
1948

329 ›Mutter Courage und ihre Kinder‹, Berlin, Deutsches Theater 1949
Die Couragefigur Hellis jetzt herrlich, von großer Kühnheit.
›Arbeitsjournal‹, 11. Januar 1949

Was eine Aufführung von ›Mutter Courage und ihre Kinder‹ hauptsächlich zeigen soll: Daß die großen Geschäfte in den Kriegen nicht von den kleinen Leuten gemacht werden. Daß der Krieg, der eine Fortführung der Geschäfte mit andern Mitteln ist, die menschlichen Tugenden tödlich macht, auch für ihre Besitzer. Daß für die Bekämpfung des Krieges kein Opfer zu groß ist.
Couragemodell 1949

Das Unglück allein ist ein schlechter Lehrer. Seine Schüler lernen Hunger und Durst, aber nicht eben häufig Wahrheitshunger und Wissensdurst. Die Leiden machen den Kranken nicht zum Heilkundigen. Weder der Blick aus der Ferne noch der aus der Nähe machen den Augenzeugen schon zum Experten. Die Zuschauer des Jahres 1949 und der folgenden Jahre sahen nicht die Verbrechen der Courage, ihr Mitmachen, ihr Am-Kriegsgeschäft-mitverdienen-Wollen; sie sahen nur ihren Mißerfolg, ihre Leiden. Und so sahen sie den Hitlerkrieg an, an dem sie mitgemacht hatten: Es war ein schlechter Krieg gewesen, und jetzt litten sie. Kurz, es war so, wie der Stückschreiber ihnen prophezeit hatte. Der Krieg würde ihnen nicht nur Leiden bringen, sondern auch die Unfähigkeit, daraus zu lernen.
Das Unglück ist ein schlechter Lehrer, 1954

330 Zur Basler Fastnacht, März 1949
Nehme heut, Sonntag, Barbara mit nach Basel zum Fastnachttrommeln. Sie hat eine große Zeit, mit Empirekostüm auf unzähligen Bällen. Die unerträgliche Langeweile, verursacht durch Faulheit, scheint so herabgemindert.
Brief an Helene Weigel vom 6. März 1949

331 Brecht, Zürich 1949
Ich möchte dem Kulturbund für seine außerordentliche Gastfreundschaft danken, bevor ich abfahre. Es wäre ja nahezu unmöglich, in dieser zerstörten Stadt ohne Freunde wieder Fuß zu fassen; ganz allein könnte man sich seine Arbeit kaum organisieren. Aber darüber hinaus schulde ich dem Kulturbund Dank für eine Reihe persönlicher Freundlichkeiten und kameradschaftliche Hilfe. Besonders eines: Das Arbeitsfeld auf dem Theater, das eben geschaffen wird, hätte ohne die energische Unterstützung durch den Kulturbund nicht geschaffen werden können. Also noch einmal: herzlichen Dank und auf Wiedersehen.
Brief an Johannes R. Becher vom 20. Februar 1949

Nach der Inszenierung von
›Mutter Courage und ihre
Kinder‹ fuhr Brecht nochmals in
die Schweiz. Er wohnte
in Zürich, Hottingerstraße 25.
Brecht bemüht sich um
Reisepapiere für seine Tochter
Barbara, er verhandelt mit
Schauspielern über ihre
Mitarbeit an einem von Brecht
und Weigel geleiteten Theater
und schreibt das Stück
›Die Tage der Commune‹.

332 Barbara mit Fritz Kortner, 1949
Die ›Courage‹-Aufführung hat Wellen bis hierher geschlagen, wo man eigentlich nur die Westzonenzeitungen gelesen hat. Dein Erfolg gilt als enorm. Dem neuen Unternehmen schaut man mit wirklichem Interesse entgegen, besonders da hier sich alles auflöst. Die Bindungen Giehses und Steckels werden immer dünner, Knuth ist längstenteils in München, Seyferth geht ganz weg. Kein Regisseur. Hauptschauspieler Quadflieg. Hoffentlich kriegt ihr gute. Und gib acht auf Dich. Bitte, keine Unterredungen an den Spieltagen! Und sieh zu, daß Du schnellstens ein Auto kriegst. Die Arbeit ist zu anstrengend. Ich komme so schnell zurück als möglich.
Brief an Helene Weigel vom 25./26. Februar 1949

Das ›Kommune‹-Stück ist in Ordnung, ich habe noch daran herumgefeilt und es darum noch nicht abgeschickt. Aber ich halte es jetzt doch für möglich, daß wir besser mit dem ›Puntila‹ anfangen, da der viel weniger controversial ist; auch ist das ›Kommune‹-Stück eine riesige Produktion, und man könnte sie, wenn es an dritter Stelle kommt, die Saison durch vorbereiten. [. . .] Möglicherweise kann das große Gepäck nur bis zur tschechisch-deutschen Grenze gebracht werden.

Können wir es von dort abgeholt kriegen? – Wenn wir von München aus direkt nach Hof kämen. Könnte uns ein Auto an der Ostgrenze abholen? – Ich werde für das Haus auch in München Geld frei machen. – Barbara ist jetzt auch recht gierig, nach Berlin zu kommen, und war recht in Sorge, sie könnte lange hier warten müssen [. . .] Natürlich könnt ihr, das Eröffnungsstück betreffend, nichts Richtiges sagen, solang ihr das ›Kommune‹-Stück nicht kennt. Ihr wißt aber das Thema, und ich bin natürlich streng der Wahrheit gefolgt, die manchem wie bekannt, nicht gefällt. Hirschfeld las es; er sprach sehr begeistert davon, riet jedoch, es als drittes zu geben, ev. dann mit einem durch das Deutsche-Theater-Ensemble verstärkten Ensemble.
Ich küsse Dich.
Brief an Helene Weigel vom 21. April 1949

333 In Augsburg, vor dem Haus Bleichstraße 2, 1949
Die 15 Jahre des Exils über verspürte ich keinerlei Bedauern, nicht mehr in meiner Heimatstadt oder in Berlin sein zu können. Orte von Kindheitserinnerungen, Höfe, in denen die Knaben Hütten aus Laub bauten, die Zementschrägung an einem Flußwehr, gut für Sonnenbäder, in den Händen der Nazis waren aus ihnen für mich Lokalitäten geworden, die man in Zeitungen schmierig abgebildet sieht, weil dort Verbrechen begangen wurden. Dazu kommt, daß in meiner Vorstellung diese Städte immer das Mal der Zerstörbarkeit auf der Stirn getragen hatten, als hätte man geplant, auf dem freilich etwas kostspieligen Umweg über die Zerbombung eigens aufgestellter Städte zu den riesigen Schutthaufen zu kommen, die einem vorschwebten. Ich sehe große Städte, die heute noch stehen, mit demselben Kainsmal behaftet.
Gespräche mit jungen Intellektuellen

334 Augsburg 1949
Aufnahme von Ruth Berlau, die ihn auf der Reise begleitete.

335 Mit George Pfanzelt, 1949
Donnerstag früh nach München. Geis, Kammerspiele. Bespreche mit Giehse Gastspiel und Reisemöglichkeit. Mit Wimmer Rolle im Gorkistück. Mit Kortner Galilei in Berlin. Freitag mit Geis zu Albers an Starnberger See hinaus, besprechen Dreigroschenoper-Tournee. Samstag Kammerspiele, bespreche Frühjahr (›Courage‹). Nachmittags ab nach Augsburg. Treffe George Pfanzelt, ist der alte. Augsburg etwas zertrümmert, fremd, läßt mich ziemlich kalt. Sonntag zurück Berlin.
›*Arbeitsjournal*‹, *28. August bis 4. September 1949*

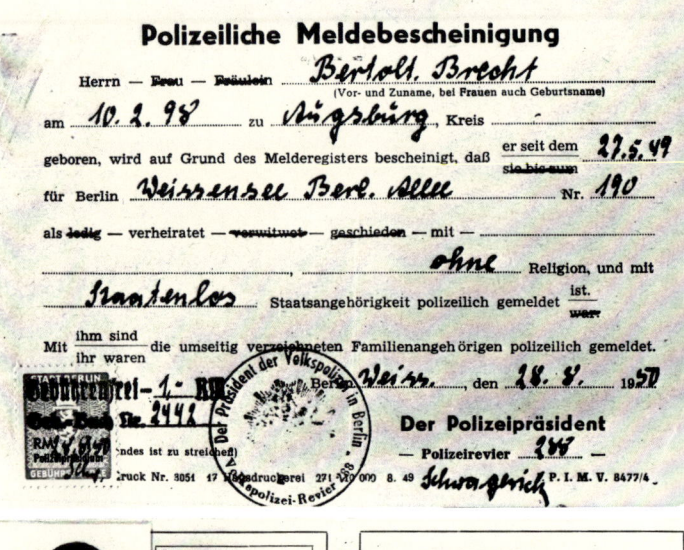

336 Polizeiliche Meldebescheinigung Brechts, 1949

337 Brechts Dienstausweis des Deutschen Theaters, 1949
Unter den Linden wird das Wasser aus dem Untergrundbahnstollen gepumpt. Zerlumpte Arbeiter trotten im Kreis hinter einem Hebelbalken, wie Samson trottete in der Mühle zu Gaza. Ein andermal sehe ich einen Haufen junger und alter Frauen einen schweren Handwagen die Linden herunterziehen und schieben, einige sitzen darauf, und der Polizeiwachtmeister wechselt Witze mit ihnen. Eine junge Studentin (Vater kranker Monteur) sagt mir, was sie ißt: Morgens drei trockene Schnitten Brot, übern Tag 5, am Abend eine Suppe (Gemüse und Kartoffel). Überall chinesischer Hunger.
›Arbeitsjournal‹, 3. Februar 1949

338 Berlin-Weißensee, Berliner Allee 190
Ich wohne in Weißensee, teilweise im Grünen, grüne Flecken gibt es immer noch in dem großen Trümmerhaufen, die Bäume zumindest sind unverändert. Aber ich würde gern wieder einen Spaziergang am Lech machen, den es ja wohl auch noch gibt, die modernen Waffen sind vorzüglich, aber eben auch nicht vollkommen.
Brief an George Pfanzelt von etwa Mitte 1949

Ich bin jetzt drei Monate in Berlin, habe (zusammen mit Engel) die ›Courage‹ inszeniert und das Ergebnis meines Umschauens ist folgendes: Es ist sehr nötig und ganz möglich, das Theater hier wieder in Schwung zu bringen. Das Publikum, d. h. das Arbeiterpublikum, ist ausgezeichnet. Schauspieler gibt es nicht mehr viele, Regie fast gar keine. Wir wollen also im Herbst im Schiffbauerdammtheater ein Ensemble zusammenstellen und etwa vier moderne Stücke dort zur Aufführung bringen. Dazu hoffe ich, aus der Schweiz ein paar gute Leute (Steckel, Giehse, Kalser usw.) zu Gastspielen hierher zu bringen. Dazu nehmen wir das Beste, was es hier gibt, und das ist gar nicht schlecht (alles natürlich turmhoch über dem New Yorker Niveau).
Brief an Erwin Piscator vom 9. Februar 1949

Zurückgekehrt nach fünfzehnjährigem Exil / Bin ich eingezogen in ein schönes Haus. / Meine Nô-Masken und mein Rollbild, den Zweifler zeigend / Habe ich aufgehängt hier. Fahrend durch die Trümmer / Werde ich tagtäglich an die Privilegien erinnert / Die mir dies Haus verschafften. Ich hoffe / Es macht mich nicht geduldig mit den Löchern / In denen so viele Tausende sitzen. Immer noch / Liegt auf dem Schrank mit den Manuskripten / Mein Koffer.
›Ein neues Haus‹, 1949

339 Berliner Ensemble am Schiffbauerdamm mit Picasso-Vorhang

Das Berliner Ensemble hat die streitbare Friedenstaube des Picasso zu seinem Wahrzeichen genommen: Stätte des Wissens um die menschliche Natur, der gesellschaftlichen Impulse und der Unterhaltung.
1951

Auf Veranlassung der Sowjetischen Militäradministration und des Zentralkomitees der Sozialistischen Einheitspartei Deutschlands wurde im Frühjahr die Gründung eines neuen Ensembles in Berlin beschlossen. Das neue Theater mit Helene Weigel als Intendantin

und Brecht als Erstem Spielleiter wurde ›Berliner Ensemble‹ genannt. Von 1949–1954 spielte es gastweise auf der Bühne des Deutschen Theaters, bis es – nach dem Wiederaufbau der ›Volksbühne‹ – von diesem Zeitpunkt ab im Theater am Schiffbauerdamm sein endgültiges Domizil bekam. Die Fotografie zeigt das Interieur des Schiffbauerdamm-Theaters.

340 ›Herr Puntila und sein Knecht Matti‹, Berliner Ensemble 1949
Szene mit Leonard Steckel (Puntila) und Erwin Geschonneck (Matti)

Die Puntilapremiere gestern abend ging mit Gelächter und vielen Vorhängen vor sich. Die Mittelloge haben die Russen der neuen Regierung überlassen, die sich an Gelächter und Beifall beteiligte. Das *Berliner Ensemble* – wir ließen als ständiges Theaterzeichen die Friedenstaube des Picasso auf den Vorhang des Deutschen Theaters nähen – stellt eine riesige Leistung der Weigel dar, die die Mittel beschaffte, ein Bürogebäude mit Probebühne ausbaute, Pässe, Wohnungen und (in der Zone) Möbel für die Wohnungen der Schauspieler besorgte, dazu Sonderessen für das ganze Personal – unbeschreibliche Anstrengungen in der Ruinenstadt.

Die Spielweise wird in den Zeitungen durchaus akzeptiert (»Wenn das episches Theater ist, schön«). Aber es ist natürlich nur so viel episches Theater, als heute akzeptiert (und geboten) werden kann. Gewisse Verfremdungen stammen aus dem Zeughaus der Komödie, das 2000 Jahre alt ist. Steckels Puntila ist großartig, aufgebaut auf 1000 Beobachtungen und mit der großen Gestik der amerikanischen Filmburleske.

Die Nichtausgleichung der Widersprüche (des komischen Tragischen, Sympathischen, Unsympathischen usw.), die Bedenkbarkeit der Szene usw. war bis zu einem gewissen Grade vorhanden, aber eben nur bis zu dem gewissen Grade. Vermutlich wird man die Vorschläge des ›Kleinen Organon‹ eine Zeitlang als Korrektur akzeptieren. Säkularisierung des Theaters. Mit dem Besitz bekommt die Besessenheit einen Stoß. Aber wann wird es das echte, radikale epische Theater geben?
›Arbeitsjournal‹, 13. November 1949

341 Mit Hella Wuolijoki, Berlin 1949
Ich bin im besten Einvernehmen mit Hella Wuolijoki. Sie war in Berlin, besuchte die ›Puntila‹-Aufführung, sah Plakat und Programmheft und äußerte sich sehr erfreut über die Aufführung.
Brief an das ›Neue Deutschland‹, vom 14. März 1952

342 Mit Erich Engel, Leonard Steckel und Erwin Geschonneck nach der Premiere
Mit ›Puntila‹ stellte sich das Berliner Ensemble erstmals der Öffentlichkeit vor, Premiere am 12. November 1949 im Deutschen Theater, Regie: Erich Engel und Bertolt Brecht, Bühnenbild: Caspar Neher.

343 Brecht, 1953
Wenn ich in einem Buch lese
»ein Mann von siebenund-
vierzig«, denke ich: Was, und
er will noch mitreden?
Und ich selbst bin
dreiundfünfzig.
›Arbeitsjournal‹, 3. November
1952

**344 Kinderhymne,
Typoskript 1950**
Der Prozeß des Lernens bei uns
ist ein allseitiger, verwickelter,
widerspruchsvoller Prozeß.
Wir können häufig nicht
mit dem Elementarsten beginnen, wenn wir auch
nicht versäumen dürfen, es
jeweils nachzuholen. Außerordentlich fortgeschrittene
Ideen, welche uns ermöglichen,
verwickelte gesellschaftliche
Umwälzungen zu dirigieren,
treffen wir oft in ganz
primitiver Form an. Wir
müssen alle alles gleichzeitig
lernen, das Schwierige
und das Leichte, das Alte, das
Neue. Die Bücher sind
unvollständig, oft irreführend,
und wir können ihrer doch
nicht entraten. Die Weisheit
des Volks muß in allem das
letzte Wort sprechen
und doch ist sie vermengt mit
Aberglaube. Irgendwo müssen
wir anfangen, nirgends dürfen
wir aufhören.
Notiz, etwa 1954

Hymne

Anmut
~~Arbeit~~ sparet nicht noch mühe

Leidenschaft nicht, noch verstand

Auf dass ~~unser~~ deutschland blühe

Wie ein andres gutes land.

Dass die völker nicht erbleichen

Wie vor einer räuberin

So wie andern völkern
Sondern uns die hände reichen

Wie den andern völkern hin.

Und ~~wenn~~ weil wir dies land verbessern

Lieben und beschirmen wirs

Und das liebste mags uns scheinen

So wie andern Völkern ihrs.

345 Verleihung des Nationalpreises an Helene Weigel, Oktober 1949
Es werden Nationalpreise verteilt, unglücklicherweise erste, zweite und ich glaube auch dritte. Man hat offiziell Kandidaten dafür ernannt und keinen von ihnen gefragt, ob sie kandidieren wollen. Ich höre, man hat nur zwei erste Preise für Literatur und beabsichtigt, Heinrich Mann und Johannes R. Becher diese zu geben und, unglücklicherweise, mir einen zweiten für die ›Courage‹. So richtet Helli dort aus, man möge doch von mir absehen, da ich eine solche Klassizierung als schädigend betrachten würde und den Preis wohl zurückweisen müßte. Derlei Dinge muß man ganz unpersönlich betrachten und scharf auf Nutzen und Schaden achten und den geringeren dem geringen vorziehen. Warum sollen Leute entwerten, was sie haben, indem sie der Sache einen geringen Wert zumessen, nur weil sie den höheren Preis nicht bezahlen können?
›Arbeitsjournal‹, 18. Juni 1949

Brecht erhielt den Nationalpreis 1. Klasse im Oktober 1951.

346 Handschrift Brechts für Helene Weigel, 1949
liebe helli, dank für ein gutes jahr, von dem du das größte warst. b
Dezember 1949

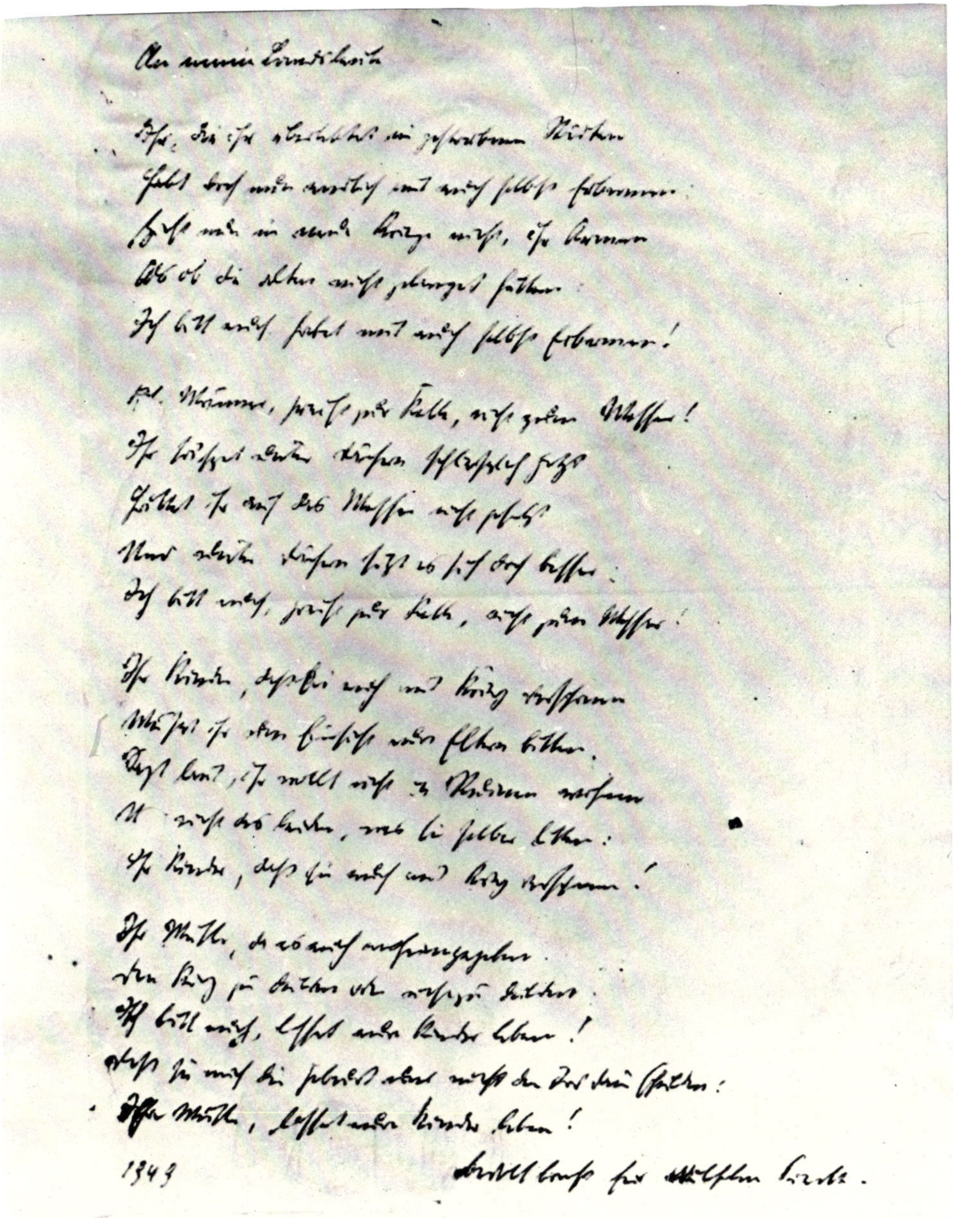

An meine Landsleute

Ihr, die ihr überlebtet in gestorbenen Städten
Habt doch nun endlich mit euch selbst Erbarmen!
Zieht nun in neue Kriege nicht, ihr Armen
Als ob die alten nicht gelanget hätten:
Ich bitt euch, habet mit euch selbst Erbarmen!

Ihr Männer, greift zur Kelle, nicht zum Messer!
Ihr säßet unter Dächern schließlich jetzt
Hättet ihr auf das Messer nicht gesetzt
Und unter Dächern sitzt es sich doch besser.
Ich bitt euch, greift zur Kelle, nicht zum Messer!

Ihr Kinder, daß sie euch mit Krieg verschonen
Müßt ihr um Einsicht eure Eltern bitten.
Sagt laut, ihr wollt nicht in Ruinen wohnen
Und nicht das leiden, was sie selber litten:
Ihr Kinder, daß sie euch mit Krieg verschonen!

Ihr Mütter, da es euch anheimgegeben
Den Krieg zu dulden oder nicht zu dulden
Ich bitt euch, lasset eure Kinder leben!
daß sie euch die Geburt und nicht den Tod dann schulden:
Ihr Mütter, lasset eure Kinder leben!

1949 bertolt brecht für wilhelm pieck.

347 An meine Landsleute, 1949
Darf ich Dir, um meine Freude über Deinen Amtsantritt auszudrücken, ein kleines Gedicht schicken, dessen Sprecher Du noch viel besser sein könntest als der Dichter?
Brief an Wilhelm Pieck vom 2. November 1949

Am 7. Oktober 1949 wurde die Deutsche Demokratische Republik gegründet mit Wilhelm Pieck als Präsidenten.

348 Mit Helene Weigel und Mitarbeitern des Berliner Ensembles zum 1. Mai 1954
Strahlender Tag. Von der Tribüne im Lustgarten aus sehe ich die Demonstration. Voraus die *Freie Deutsche Jugend* mit blauen Hemden und Fahnen und die Volkspolizei in Kompanien. Dann ein stundenlanger Zug mit Maschinen, Waggons, Kleiderausstellungen usw. auf Lastwägen, Bildern und Transparenten. Die Demonstranten gehen schlendernd, wie spazierend, und halten ein wenig vor der Tribüne. Während der Rede des chinesischen Teilnehmers werden Tauben losgelassen. (Nebenan kreist in der Luft über der Gegendemonstration hinter dem Brandenburger Tor ein amerikanischer Schraubenflieger.) Erstaunlich viele Bezirke aus Westberlin sind dabei, trotzend dem Druck dort. Das Berliner Ensemble fährt auf seinem Lastwagen, Barbara sitzt auf dem Couragewagen und schwenkt eine rote Fahne. Helli wird durch alle Straßen hindurch begrüßt, Frauen halten tatsächlich die Kinder hoch: »Die Mutter Courage!«
›Arbeitsjournal‹, 1. Mai 1950

Inzwischen haben wir uns halbwegs eingewöhnt, zumindest in den Wechsel, in dem hier alles begriffen ist. Helli, seit sie auf dem Planwagen der Courage auf die deutsche Bühne rollte, hat enorm gearbeitet, aber nicht unbemerkt. Ich wollte, Du könntest wenigstens zu Besuch kommen im Frühjahr – hätte ich nur die $! (Aber da weise ich an Dich, was eingeht, und es ist jämmerlich wenig, wie Du ja siehst.)
Brief an Stefan S. Brecht von Mitte Februar 1950

Als ich wiederkehrte / War mein Haar noch nicht grau / Da war ich froh.
Die Mühen der Gebirge liegen hinter uns / Vor uns liegen die Mühen der Ebenen.
›Wahrnehmung‹, 1949

349 Das Theater des neuen Zeitalters, Handschrift 1950

350 ›Mutter Courage und ihre Kinder‹, Zeichnung von Karl von Appen, 1954

des theaters der mutter courage
wurde wissend als auf die bühnen
des zerstörten berlin
der segenswagen der courage rollte.
wir sind uns selbst sehr später
ein demonstrationszug des 1. mai
zeigten die mütter, ihre kinder
die engel waren
loblieder den frieden.

351/352 Mutter Courage
und ihre Kinder, Probe mit
Erwin Geschonneck und
Helene Weigel, 1951
*Das nach der Gründung des
Berliner Ensembles noch mit den
Schauspielern des Deutschen
Theaters laufende Stück
nahm Brecht mit neuer
Besetzung 1951 in das
Repertoire seines Theaters
auf. Die erste Aufführung
der ›Courage‹ mit dem
Berliner Ensemble war
zugleich die 100. Aufführung
des Stückes in Berlin.*

353 Aushang Brechts im
Berliner Ensemble
Von Natur bin ich ein schwer
beherrschbarer Mensch.
Autorität, die nicht durch
meinen Respekt entsteht, ver-
werfe ich mit Ärger, und
Gesetze kann ich nur als vorläufige und fortwährend zu
ändernde Vorschläge, das
menschliche Zusammenleben
regulierend, betrachten.
Notiz um 1952

Bitte mich daran zu erinnern, wenn ich wieder einmal zu sehr schimpfen sollte.

Bertolt Brecht

Der Suhrkamp Verlag begann mit der Herausgabe der ›Versuche‹ (Heft 9) 1949, der Aufbau-Verlag Berlin übernahm die Reihe ab 1952 und brachte die späteren Hefte in Zusammenarbeit mit dem Suhrkamp Verlag heraus.
Brechts ständige Änderungen seiner Texte machten die Editionsarbeit von Elisabeth Hauptmann nicht leicht. In seinem Brief vom Oktober 1945 hatte Brecht bereits Suhrkamp mitgeteilt: »Alles braucht Änderungen.« Am 4. August 1953 beklagte sich Suhrkamp bei Elisabeth Hauptmann über Brechts umfangreiche Korrekturen auf den Druckfahnen: die Kosten dafür würden wahrscheinlich höher liegen als die gesamten Satzkosten.

355 Ruth Berlau, etwa 1954
Ich bin immer froh, wenn ich Deine Stimme höre: sie ist ganz wie früher, frisch und nüchtern und voll einer dritten Sache. Ich glaube, daß Du es gut machst.
Brief an Ruth Berlau vom September 1953

Ruth Berlau sollte 1953 in Brechts Auftrag eine ›Courage‹-Inszenierung am Königlichen Theater Kopenhagen (Regie: Torben Anton Svendsen) betreuen.

354 Elisabeth Hauptmann
Lassen Sie bitte den Vertrag, wie er ist, wenn Sie auch das Geld nicht wollen, obwohl ich das nicht einsehe. Ich werde es also einstweilen nehmen. Auf dem Vertrag bestehe ich: die Spaltung hört eines Tages auf, dann brauchen wir ihn also, wie er ist. Ich habe ihn damals gründlich mit Suhrkamp besprochen, Ihre Verankerung im Vertrag nützt dem Verlag und mir mehr als Ihnen; für Sie ist es viel Arbeit. [. . .]
Wollen Sie nicht herauskommen, wenn Sie fertig sind mit den Korrekturen?
Brief an Elisabeth Hauptmann vom Juli 1952

Brecht beauftragte Elisabeth Hauptmann, die er nach ihrer Rückkehr aus der Emigration als Dramaturgin an das Berliner Ensemble holte, mit der Betreuung aller seiner Buchausgaben. Der Brief bezog sich auf eine Weigerung von Elisabeth Hauptmann, dafür in einem Vertrag mit dem Verlag festgelegtes Honorar zu nehmen.

Ihr Brief ist der erste, der mich aus Deutschland erreicht, und Sie waren einer der Letzten, die ich in Deutschland sah – ging ich doch von Ihrer Wohnung an die Bahn am Tag nach dem Reichstagsbrand; ich habe Ihnen Ihre Hilfe bei meiner Flucht nicht vergessen.
Brief an Peter Suhrkamp vom Oktober 1945

Ich habe mir jetzt vorgenommen, die Reihe der ›Versuche‹ einfach fortzusetzen, möglichst ähnlich in der Form der ersten Hefte. Das gibt die Kontinuität, die ja faktisch ist in meinem Fall, und zugleich gewährt es mir eine gewisse Freiheit im Veröffentlichen auch des Vorläufigen. [. . .]
Am liebsten wäre es mir, wenn ich die Ausgabe mit Ihnen machen könnte, es ist mein Hauptwerk. Als Geschäft ist es ein langfristiges Unternehmen, Verluste wird es kaum bringen, d. h. auf die Dauer.
Brief an Peter Suhrkamp vom September 1948

356 ›Die Mutter‹, Leipzig 1950, mit Ruth Berlau auf der Probe
Brecht nahm im Januar 1950 an einigen Proben der Aufführung des Stückes in den Leipziger Kammerspielen teil, das Ruth Berlau inszenierte (Wlassowa: Charlotte Küter, Pawel: Ernst Kahler als Gast des Berliner Ensembles). – Ruth Berlau war als Brechts Mitarbeiterin in der Dramaturgie des Berliner Ensembles tätig, sie leitete die Fotoabteilung, fertigte Modellbücher an und gab einige davon heraus (›Antigone‹, ›Courage‹).

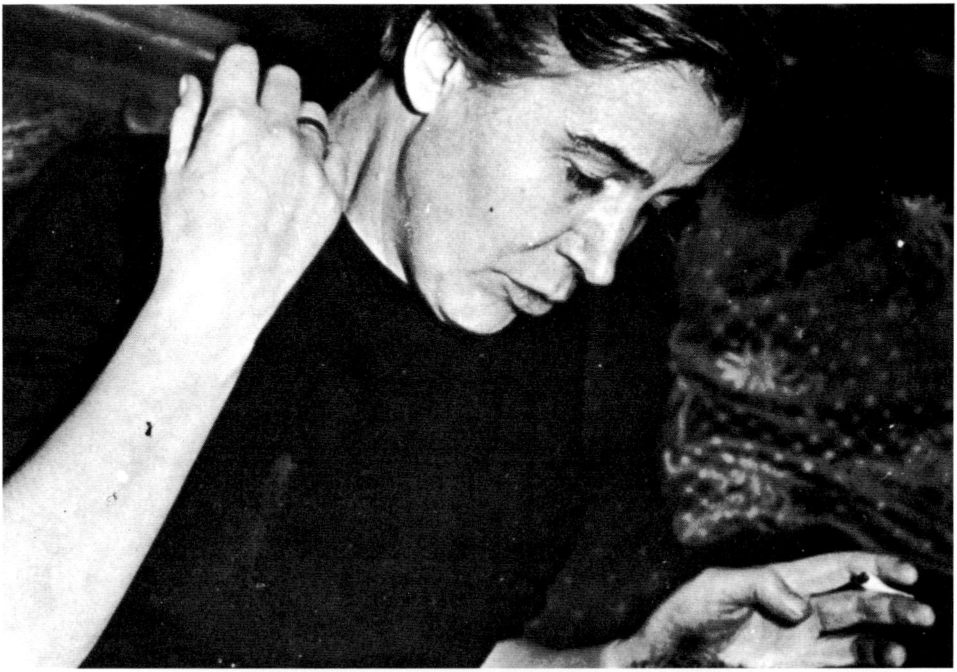

1950 wurde die Mutter in Leipzig aufgeführt. Wieder wurde das Modell von 1932 benutzt, aber diesmal mit Berufsschauspielern. Es zeigte sich, wieviel schwieriger es für sie ist, die Gruppierungen und Abstände des Modells einzuhalten. Eine Gruppe von Arbeiterschauspielern bleibt zusammen. Berufsschauspieler streben auseinander; schon bei seinem ersten Satz will ein Schauspieler aus der Gruppe treten. Eine weitere Schwierigkeit ist für Schauspieler, sich Vorgänge auf einem Fabrikhof vorzustellen. Nehmen wir als Beispiel die Verteilung der Flugblätter (3. Szene). In der zweiten Szene hat das Publikum gesehen, mit wieviel Mühe und in welcher Gefahr das Flugblatt hergestellt wurde – nun, wenn das Flugblatt zu denen gelangt, für die es gemacht ist, gibt das Stück ihnen nur ein paar Sätze. In unseren Notaten hat jede Szene einen Titel, sie helfen, den Inhalt der Szene zu finden. Der Titel dieser Szene heißt: Das Flugblatt. Wir mußten also mit den auf den Bildern gezeigten Gruppierungen und Pantomimen arbeiten, zum Beispiel wenn die Hersteller beobachten, wie es aufgenommen wird: wie sie sich anschauen, mit den Ellbogen anstoßen, und wie sie sich freuen, wenn die Arbeiter das Flugblatt verstehen.
Theaterarbeit, 1951

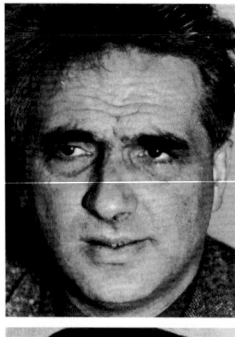   

357 Teo Otto
Salut, Teo Otto! Die zeichnerischen Dokumente, die du über den Krieg angefertigt hast, gehören zu jenen Ausweisen, mit denen das deutsche Volk heute versuchen muß, sich auszuweisen.
Salut, Teo Otto! 1949

361 Karl von Appen
Er hat die sehr verschiedenen Aufgaben, welche die sehr verschiedenen Stücke ihm stellten, in immer neuer, erfinderischer Weise gelöst und dabei immer seine höchst persönliche Handschrift beibehalten. Sie ist phantasievoll realistisch und poetisch kritisch. Seine Szenenskizzen, die der Regie köstliche Anregungen gewähren, gehören in ein Theatermuseum.
Der Bühnenbildner Karl von Appen, 1956

358 Alexander Dymschitz
Der mit solcher Mühe niedergerungene Feind wurde in die Theater eingeladen. Die ersten Maßnahmen des Siegers sind Brotversorgung, Wasserinstallation und Öffnung der Theater!
Die Künstler in der Umwälzung, 1948

362 Herbert Jhering
Soll man denn nicht die Wahrheit sagen? Das klingt ein wenig, als ob nur Mut dazu nötig sei und keiner dazu nötig sein sollte. [. . .] Ich würde also gern antworten: Ja, die Dialektiker sollen die Wahrheit sagen, und die anderen sollen die Wahrheit studieren, bis sie sie finden.
Soll man die Wahrheit sagen? Februar 1955

359 Wolfgang Langhoff
Arbeite mit Langhoff das Projekt eines *Studiotheaters* aus, angeschlossen an das ›Deutsche Theater‹. Erstes Jahr: Heranziehung erster Schauspieler aus der Emigration durch kurze Gastspiele (Giehse, Steckel, Lorre, Homolka, Bois, Gold). Aufbau eines eigenen Ensembles in Verbindung damit.
›Arbeitsjournal‹, 12. Dezember 1948

363 Paul Rilla
Arbeitend unter den ebenso schwierigen wie beglückenden Bedingungen des sozialistischen Aufbaus in einem durch Krieg zerstörten Land, maß er die Literatur und das Theater an ihren Werten für diesen Aufbau, und mit den Resultaten seiner Meßmethoden gab er den neuen Lesern und Zuschauern diese Meßmethoden selbst in die Hände. Stimmgabel und Seziermesser mit gleicher Meisterschaft hantierend, erklärte, sichtete und lehrte er lieben die klassische *und* die zeitgenössische Literatur.
Zum Tode Paul Rillas, 5. November 1954

360 Berthold Viertel
Noch einmal: Ich glaube ehrlich, daß wir unsere künstlerische Zusammenarbeit auf keinen Fall unterbrechen dürfen.
Brief an Berthold Viertel vom November 1950

364 Kurt Palm
Zu den Kunstwerken, für die ich mir ein Theatermuseum wünschte, gehören Kostüme Kurt Palms. Keine Fotografie kann ihre Schönheit ganz wiedergeben; sie teilt dieses Schicksal mit den Plastiken.
Palm 1952

365 Friedrich Wolf
Es ist wirklich skandalös, daß Du meinen Vornamen falsch schreibst. (Bertolt wird mit t und nicht mit d am Schluß geschrieben!) Derlei sollte unter Kollegen nicht vorkommen! [. . .]
Ich muß mich bei Dir entschuldigen wegen der Falschschreibung Deines Namens in dem Buch ›Theaterarbeit‹. Die Druckerei muß sich da im letzten Augenblick selbständig gemacht haben.
Briefe an Friedrich Wolf vom 1. August 1952 und Herbst 1952

369 Fritz Cremer
Hier der Bildhauer Cremer und ein Gartenbauarchitekt. Für das Nazilager Buchenwald bei Weimar soll ein Denkmal gebaut werden. Cremer fragt an, ob man nicht eine Stätte für Festspiele bauen könne. Ich schlage vor, eine Steinbühne mit Steinarena zu errichten – am Hang jenseits des alten Lagers und oben eine ungerade Anzahl riesiger Männer, befreiter Gefangener, in Stein aufzustellen, die nach Südwesten blicken, wo noch unbefreite Gebiete liegen.
›*Arbeitsjournal*‹, *3. Februar 1952*

366 Wieland Herzfelde
Erlaub mir, daß ich Dir zur Herausgabe der Gedichtauswahl einige Gedanken schreibe. Jedes Gedicht ist der Feind jedes andern Gedichts und sollte also allein herausgegeben und gelesen werden. Gleichzeitig benötigen sie einander, ziehen Kraft auseinander und können also vereint werden.
Brief an Wieland Herzfelde vom Mai 1950

370 Erwin Strittmatter
Strittmatter bringt die neue Fassung seines zweiten Akts von ›Katzgraben‹. Die letzten paar Seiten sind in Jamben geschrieben. Er kam anscheinend in diesen Rhythmus hinein, wie eine Kuh in ein Loch tritt. Nur mit mehr Genuß. Ich bin mir nicht sehr sicher, wie sich die Jambisierung auf die Komödie auswirken wird, habe aber nicht das Herz, ihm den Spaß zu verderben.
›*Arbeitsjournal*‹, *22. Juli 1952*

367 Fritz Erpenbeck
[Erpenbeck] spricht von der Notwendigkeit einer Diskussion meiner Arbeiten am Theater [. . .] Jedoch darf sie nicht so rein formal geführt werden, wie es E. anscheinend vorschwebt.
Diskussion meiner Arbeiten am Theater, etwa 1955

371 Arnold Zweig
Es schien mir immer, daß aus Zweigs Romanen viel zu lernen sei, da er selbst viel gelernt hat. Da ist die Erfindung oder Herausschälung einer Fabel, die langsame und bedachte Enthüllung ihrer Bedeutung, da ist das graziöse Spiel mit den Ängsten und Hoffnungen des Lesers, da sind die eingestreuten Meinungen allgemeiner Art des Erzählers, bei Zweig fast immer in heiterer Haltung geäußert. Es ist ein ganzer Lehrgang, und ein amüsanter, bis herunter zu einigen Fingerzeigen, was zuerst erzählt werden muß und was nachher, was kurz, was ausführlich, was nebenbei, was mit Gewicht.
Arnold Zweig zum 65. Geburtstag, 10. November 1952

368 Hermann Budzislawski
Der Satz, an die Politiker gerichtet, »Hände weg von der Literatur« ist lächerlich, aber der Satz an die Literatur gerichtet: »Hände weg von der Politik!« ist undenkbar.
Literatur und Leben, Mitte der 50er Jahre

372 Johannes R. Becher
Es ist so üblich, daß wir uns an Geburtstagen unserer Freunde und einiger Genossen etwas wünschen, und so wünsche ich mir an dem Deinen den Fortbestand Deiner Gesundheit und Deines revolutionären Humors. Die Zeit des Kollektivismus ist zunächst eine Zeit der Monologie geworden; ich wünsche mir auch noch die Fortsetzung unserer Gespräche. NB: Dir wünsche ich gutes Wetter und frisches Gemüse für die laufende Woche.
Brief an Johannes R. Becher zum 22. Mai 1956

373 ›Die Mutter‹, Berliner Ensemble 1951
Brecht inszenierte sein Stück mit Helene Weigel in der Titelrolle, Bühnenbild: Caspar Neher (Premiere: 12. Januar 1951).

Erste (geschlossene) Aufführung der ›Mutter‹ durch das BE im *Deutschen Theater*. Nehers Dekorationen gefallen nun allgemein, zum Teil weil sich die Prinzipien schon eingebürgert haben – indem sie z. B. miserabel nachgeahmt werden. Die Figur der Wlassowa wird durch die Weigel unübertrefflich gegeben. Aber auch Buschs Arbeiter ist herrlich. Das durchschnittliche Volksbühnenpublikum geht gut mit. 40 Vorhänge ungefähr, einige eiserne. Die Auflockerung des alten Modells, das Berlau noch im vorigen Jahr in Leipzig ausgezeichnet (und streng) nachgezeichnet hatte, scheint gelungen.
›Arbeitsjournal‹, 10. Januar 1951

Das Berliner Ensemble hat mein Stück ›Die Mutter‹ (das übrigens zwar frei nach Motiven aus Gorkis Roman geschrieben ist, also keine Bearbeitung des klassischen Romans darstellt, dennoch aber von Gorki autorisiert wurde) neu einstudiert, weil wir unsern Werktätigen, unserm Kleinbürgertum und unsern Intellektuellen die Sowjetunion liebenswert machen wollten. Dieser Wirkung können sich auch, wie viele Äußerungen bezeugen, sehr wenige Zuschauer entziehen. Das Werk wurde 1932 mehr oder weniger im Stil der Agitprop aufgeführt, obwohl es eigentlich einfach ein historisches Stück ist. Als letzteres wurde es jetzt aufgeführt, als dichterische Darstellung einer schon klassisch gewordenen Epoche.
›Die Mutter‹, 1951

374 Wilhelm Pieck überreicht Brecht den Nationalpreis, 1951
Der Versuch, neues Theater aufzubauen, nimmt mir die Zeit, dafür zu schreiben.
Brief an Gottfried von Einem vom 7. Januar 1951

375 Brecht in der Deutschen Staatsoper Berlin, 1951
Die Uraufführung der Oper (unter dem Titel des Hörspiels) ›Das Verhör des Lukullus‹ fand in einer Probeaufführung am 17. März 1951 in der Deutschen Staatsoper Berlin unter dem Dirigenten Hermann Scherchen statt, Regie: Wolfgang Völker, Bühnenbild: Caspar Neher, mit Alfred Hülgert in der Titelrolle. Nach der Überarbeitung, über die mit Brecht und Dessau beraten worden war, wurde die Oper mit dem neuen Titel ›Die Verurteilung des Lukullus‹ am 12. Oktober 1951 in den Spielplan der Deutschen Staatsoper aufgenommen.

Was die Absetzung des ›Lukullus‹ angeht: Es ist vorauszusehen, daß bei Umwälzungen von solchem Ausmaß die Künste selbst da in Schwierigkeiten kommen, wo sie führend mitwirken. Zusammenstoßen die Zurückgebliebenheit der Künste und die Zurückgebliebenheit des neuen Massenpublikums. Einige Künstler haben, in Protest gegen die bürgerliche Ästhetik (und den bürgerlichen Kunstbetrieb) gewisse neue Formen entwickelt; nunmehr werden sie von proletarischer Seite darauf aufmerksam gemacht, daß es nicht die Formen für die neuen Inhalte seien. Dies stimmt manchmal, und manchmal stimmt es nicht. Manchmal nämlich werden die gewohnten Formen verlangt, weil die neuen Inhalte noch keineswegs allgemein bei der zur Herrschaft gelangten Klasse durchgesetzt sind und man die irrige Meinung hat, neuer Inhalt *und* neue Form sei schwerer durchzusetzen als nur eines von beiden.
›Arbeitsjournal‹, 25. März 1951

Ich möchte Ihnen und den Genossen dafür danken, daß die Aufführung der Dessau'schen Oper ermöglicht wurde. Dies zeigt großes, kameradschaftliches Verständnis der Republik für die Schwierigkeiten der Künstler in dieser Phase des Umbaues. Für die Künstler wie für den fortschrittlichsten Teil des Publikums klärt so eine Veranstaltung den Weg, den Kunst und Publikum einzuschlagen haben. Wir schreiben den Beifall einerseits der mustergültigen Aufführung zu, andererseits der Friedenstendenz des Werkes. Glauben Sie mir, daß Dessau die Bedenken, die gegen die Musiksprache laut wurden, sehr ernst nimmt. Ich selbst bin tief überzeugt, daß es letzten Endes doch Äußerlichkeiten sind, die die Musik für das neue Publikum schwierig machen mögen, Schwierigkeiten, die der Komponist bei seiner großen Begabung und seiner Stellung zu diesem Publikum unzweifelhaft wird abstreifen können.
Sein Ziel ist eine verständliche, realistische Volksoper, von der sozialistische Impulse ausgehen.
Brief an Walter Ulbricht vom 19. März 1951

376 ›Die Verurteilung des Lukullus‹, Berlin 1951

377 Mit Paul Dessau, 1951
1) Die Musik ist unvergleichlich einfacher als die etwa Richard Straußens. Ein unvoreingenommenes Publikum kann sie genießen, besonders aber eines, das gekommen ist, zu genießen. – 2) Die Musik hat überhaupt nichts mit Formalismus zu tun. Sie dient vorbildlich dem Inhalt, ist klar, melodienreich, frisch. Wir sehen Gespenster, wenn wir *überall* Formalismus sehen. – 3) Dessau hat ganz neue Ausdrucksformen gefunden, die unsere Komponisten studieren sollten. Er versteht es, Arien aus einem Text zu formen, der bisher nur Rezitative hergab. Seine Musik vermag die Gefühle der Menschen auszudrücken.
Dessaus Lukullus-Musik, 1951

378 Mit Johannes R. Becher, 1953
In dem einzigen Antiquariat einer thüringischen Stadt fand ich kürzlich ein schmales Büchlein, schwarz gebunden, Gedichte. Es hieß ›Verbrüderung‹, es waren Gedichte von Dir, und das Erscheinungsjahr war 1916.
Das Büchlein hatte also die letzten beiden Jahre des Weltkriegs und die ganze Nazizeit, einschließlich eines zweiten Weltkriegs, überlebt – einen so zählebigen Veteranen entdeckt unsereiner immer mit einem kleinen Triumphgefühl.
Brief an Johannes R. Becher zu dessen 60. Geburtstag, März 1951

379 Bei einem Jugendtreffen, 1953
Bei mir war das bei der Berufswahl so: Zuerst habe ich Lieder geschrieben, die ich auf der Gitarre meinen Bekannten vorsang, um ihnen und mir Spaß zu machen. Mit Theaterspielen habe ich angefangen, als ich andere Theaterstücke falsch fand. Ich weiß natürlich nicht mehr, ob ich damit recht hatte. Ich dachte mir: Nein, die Leute benehmen sich zueinander nicht so, wie es in diesem Stück heißt, sondern ganz anders, und das versuchte ich zu zeigen. Ich habe damit auch Geld verdient, und das hat mir natürlich auch gefallen, und so kam eins zum andern. Eines Tages war ich eben nichts geworden als ein Schriftsteller. So ist es ein wenig spaßhaft geschrieben, und warum eigentlich nicht? Für den Frieden muß man in jedem Beruf kämpfen.
Brief an Gerhild, Utta und Margitta, Junge Pioniere der Grundschule Gottleuba, vom 15. Januar 1952

BERTOLT BRECHT
BERLIN-WEISSENSEE, BERLINER ALLEE 190

O f f e n e r   B r i e f   a n   d i e   d e u t s c h e n
K ü n s t l e r   u n d   S c h r i f t s t e l l e r

Mit Entsetzen habe ich, wie viele andere, der Rede Otto Grotewohls, in der er eine gesamtdeutsche Beratung zur Vorbereitung allgemeiner freier Wahlen fordert, entnommen, wie ernst die Regierung der Deutschen Demokratischen Republik die Lage in Deutschland beurteilt.
Werden wir Krieg haben? Die Antwort: Wenn wir zum Krieg rüsten, werden wir Krieg haben. Werden Deutsche auf Deutsche schießen? Die Antwort: Wenn sie nicht miteinander sprechen, werden sie aufeinander schießen.
In einem Land, das lange Zeit seine Geschäfte einheitlich geführt hat, und das plötzlich gewaltsam zerrissen wird, gibt es allerorten und allezeit viele Konflikte, die geschlichtet werden müssen. Dies kann auf viele Weisen geschehen. Wenn es Heere gibt, wird es auf kriegerische Weise geschehen. Spätestens wenn die Gefahr auftaucht, daß solche Heere entstehen, muß unter allen Umständen eine neue Anstrengung gemacht werden, die Wiedervereinigung auf friedlichem Wege herbeizuführen, welche, abgesehen von den ungeheuren Vorteilen solcher Einheit, die Konflikte beseitigt. Die Menschen aller Berufe, alle gleich bedroht, müssen dazu beitragen, die Spannungen zu beseitigen, die entstanden sind. Als Schriftsteller wende ich mich an die deutschen Schriftsteller und Künstler, ihre Volksvertretungen zu ersuchen, in einem frühen Stadium der erhofften Verhandlungen folgende Vorschläge zu besprechen:

1. Völlige Freiheit des Buches, mit einer Einschränkung.
2. Völlige Freiheit des Theaters, mit einer Einschränkung.
3. Völlige Freiheit der bildenden Kunst, mit einer Einschränkung.
4. Völlige Freiheit der Musik, mit einer Einschränkung.
5. Völlige Freiheit des Films, mit einer Einschränkung.

Die Einschränkung: Keine Freiheit für Schriften und Kunstwerke, welche den Krieg verherrlichen oder als unvermeidbar hinstellen und für solche, welche den Völkerhaß fördern.
Das große Carthago führte drei Kriege. Es war noch mächtig nach dem ersten, noch bewohnbar nach dem zweiten. Es war nicht mehr auffindbar nach dem dritten.

Berlin, 26. September 1951

---

380 Offener Brief an die deutschen Künstler und Schriftsteller, 1951
Brecht schickte den Brief an Künstler und an Zeitungen in der DDR und in der BRD. Auf die Frage von Wolfgang Weyrauch, ob er mit dem Brief die Schriftsteller der BRD zum Narren halten wolle, antwortete Brecht:
Alle diese Fragen sind im Grunde eine einzige: ob ich bestochen bin. Ich glaube, diese Frage würde auch erhoben, wenn ich etwa vorschlüge, den Blinden das Augenlicht und den Tauben das Gehör wiederzugeben. Ich habe meine Meinungen nicht, weil ich hier bin, sondern ich bin hier, weil ich meine Meinungen habe. Viel wichtiger ist die Vermeidung des Krieges, den eine dauernde Spaltung Deutschlands in so fürchterliche Nähe rücken würde. Was werden die Schriftsteller der Bundesrepublik für die Aufnahme von Verhandlungen tun? Wenn man ihnen schon nicht befiehlt, gegen den Krieg zu arbeiten – wie könnte man sie dazu bestechen? Die Zeit rinnt ab. Wird Deutschland überfallen werden, dann wird es verteidigt werden – gegen seine Schriftsteller und Künstler oder für sie.
Appell an die Vernunft, 1952

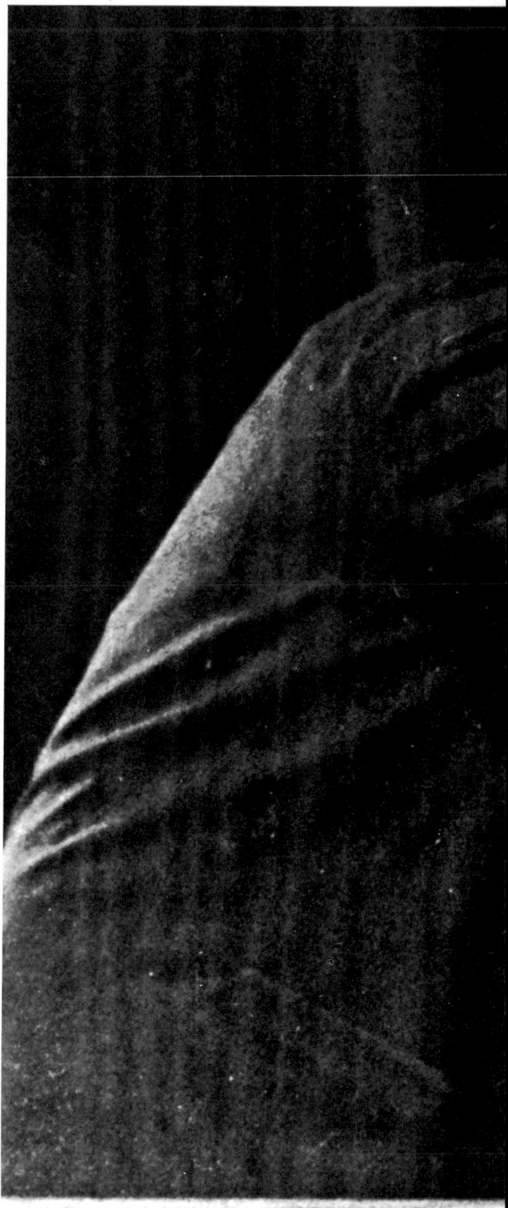

381/382 ›Der zerbrochne Krug‹, Probe mit Regine Lutz als Eve, 1952

Das Stück wurde unter der Regie von Therese Giehse in Szene gesetzt (Premiere: 23. Januar 1952).

383 Mit Regine Lutz, 1953
Das Pfingsttreffen der FDJ verändert die Stadt ganz und gar. Wie eine enthaltsame alte Krämerin, die sich betrinkt, wird sie lustig und versteht sich nicht. Abends, auf den Plätzen, bricht eine Art Neapel aus. Man hört überall ihre kleinen Kapellen. Sie hocken auf dem Rasen und sehen im Freien Filme. In die riesigen Ruinenlöcher hat man Losungen für sie gestellt.
›Arbeitsjournal‹,
26. Mai 1950

384 Buckow, Märkische Schweiz, ›Eiserne Villa‹

385 Buckow, Gärtnerhaus
Mit Helli in Buckow in der Märkischen Schweiz Landhäuser angesehn. Finden auf schönem Grundstück am Wasser des Schermützelsees unter alten großen Bäumen ein altes, nicht unedel gebautes Häuschen mit einem andern, geräumigeren aber ebenfalls einfachen Haus daneben, etwa 50 Schritt entfernt. Etwas der Art wäre erschwinglich, auch im Unterhalt. In das größere Haus könnte man Leute einladen.
›Arbeitsjournal‹, 14. Februar 1952

Haus und Umgebung in Buckow ist ordentlich genug, daß ich wieder etwas *Horaz* lesen kann. Daß er in den Satiren, die zu sorgfältig geschrieben sind, um nur für den Tag gemeint zu sein, offenbar recht schwache Dichter ganz schamlos lobt, zeigt, wie er sich auf die Nachwelt verlassen zu können glaubt. Oder denkt er, daß die Güte seiner lobenden Verse das Lob auslöscht?
›Arbeitsjournal‹, 15. Juli 1952

386 Arbeitszimmer Brechts im Gärtnerhaus
›Coriolan‹ und ›Katzgraben‹. Vor meiner Tür ist eine Ecke, gebildet von einem demolierten Gewächshaus und einer andern Mauer. Es gibt Gras und Tannen, wilde Rosenstöcke an den Mauern. Ich habe einen dünnen Wirtsgartentisch und die Bank dazu aufgetrieben, mit eisernen Beinen und den Resten eines weißen Anstrichs, sehr elegant. Aber die Zufriedenheit des Horaz mißfällt mir mehr und mehr.
›Arbeitsjournal‹, 30. August 1952

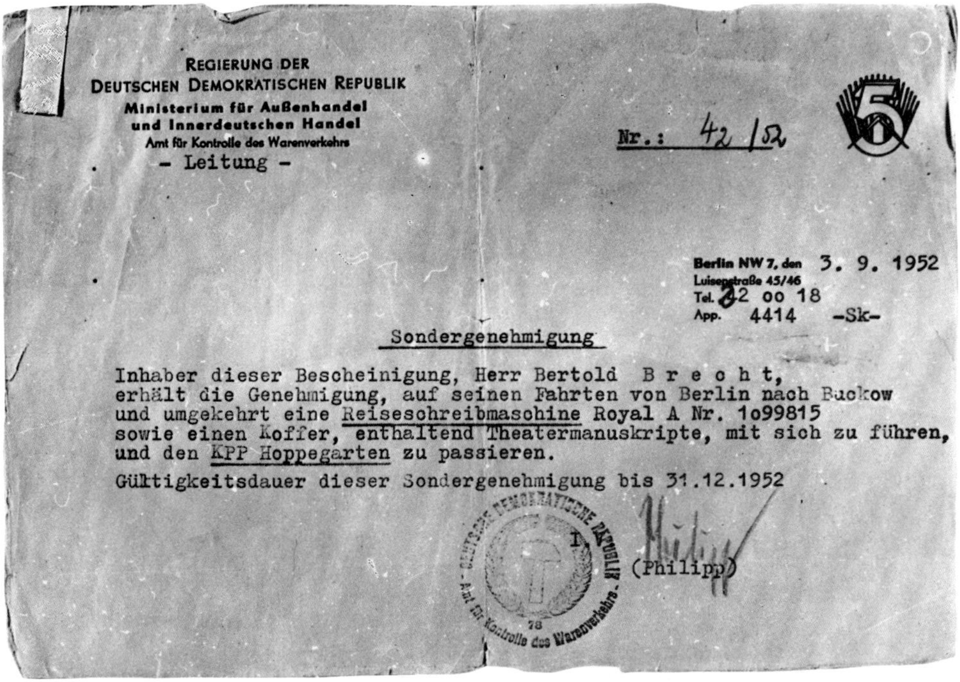

> **REGIERUNG DER**
> **DEUTSCHEN DEMOKRATISCHEN REPUBLIK**
> Ministerium für Außenhandel
> und Innerdeutschen Handel
> Amt für Kontrolle des Warenverkehrs
> – Leitung –
>
> Nr.: 42/52
>
> Berlin NW 7, den 3. 9. 1952
> Luisenstraße 45/46
> Tel. 42 00 18
> App. 4414 -Sk-
>
> Sondergenehmigung
>
> Inhaber dieser Bescheinigung, Herr Bertold B r e c h t, erhält die Genehmigung, auf seinen Fahrten von Berlin nach Buckow und umgekehrt eine Reiseschreibmaschine Royal A Nr. 1o99815 sowie einen Koffer, enthaltend Theatermanuskripte, mit sich zu führen, und den KPP Hoppegarten zu passieren.
> Gültigkeitsdauer dieser Sondergenehmigung bis 31.12.1952
>
> (Philipp)

387 Buckow, Gärtnerhaus, Schlafzimmer Brechts

388 Sondergenehmigung für Brecht, 1952
Ich habe meiner Erinnerung nach niemals eine Zeile geschrieben, wenn ich mich nicht wohl befand, körperlich. Allein dieses Wohlbefinden verleiht die Souveränität, die zum Schreiben nötig ist. Es muß ein von oben nach unten Schreiben sein, über dem Thema muß man sitzen. Allerdings entsteht umgekehrt ein solches Wohlbefinden mehr oder weniger, wenn ich mich an den Tisch mit der Maschine setze.
›Arbeitsjournal‹,
25. Dezember 1952

Heißer Tag. Auf den Knien die Schreibmappe / Sitze ich im Pavillon. Ein grüner Kahn / Kommt durch die Weide in Sicht.
Im Heck / Eine dicke Nonne, dick gekleidet. Vor ihr / Ein ältlicher Mensch im Schwimmanzug, wahrscheinlich ein Priester. / An der Ruderbank, aus vollen Kräften rudernd / Ein Kind. Wie in alten Zeiten! denke ich / Wie in alten Zeiten!
›Buckower Elegien: Heißer Tag‹, 1953

389 Helene Weigel mit Stefan, 1952
Steff mit Alma zurück nach Paris. Sie waren den Sommer hier; er wollte seine These für Harvard fertigschreiben (Hegel und die Naturwissenschaften); sie war nicht fertig, aber er fuhr doch weg, als sei sie fertig, in allem dem Plan folgend, der für andere Bedingungen gemacht war. (So werden, im Subjektiven, Kriege beschlossen und dann, bei inzwischen völlig veränderten Bedingungen, geführt, da es nun schon leichter ist, sie zu führen, als sie nicht zu führen.)
›Arbeitsjournal‹, 13. November 1952

In Erwägung, dass ich nur ein par Wochen im Jahr für mich arbeiten kann

In Erwägung, dass ich, arbeitend, auf meine Gesundheit achten muss

In Erwägung, dass bei dem Schreiben von Stücken und dem Lesen von Kriminalromanen jede menschliche Stimme im Haus oder vor dem Haus eine willkomene Ausrede für eine Unterbrechung bildet

habe ich beschlossen, mir eine Sphäre der Isolierung zu schaffen und benutze dazu das Stockwerk mit meinem Arbeitszimmer und den kleinen Platz vor dem Haus, begrenzt durch Gewächshaus und Laube.

Ich bitte, diese Regelung nicht als allzu bindend aufzufassen. Prinzipien halten sich am Leben durch ihre Verletzung.

B. B.

390 Zettel an Brechts
Arbeitszimmer in Buckow

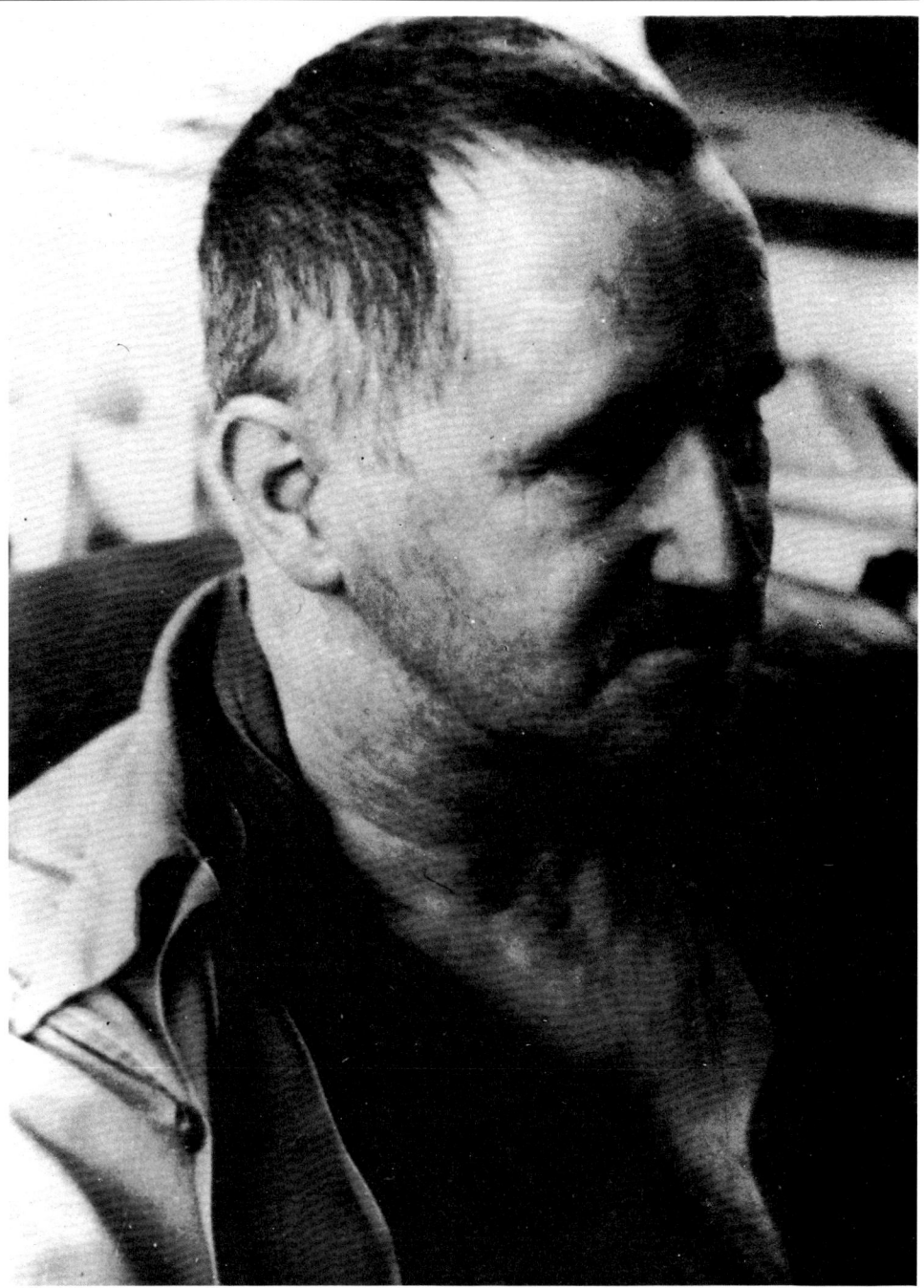

391 Brecht, 1954

392 Brecht, 1954

393 ›Turandot oder Der Kongreß der Weißwäscher‹, Plan Brechts, 1952

Buckow. ›Turandot‹. Daneben die ›Buckower Elegien‹. Der 17. Juni hat die ganze Existenz verfremdet. In aller ihrer Richtungslosigkeit und jämmerlichen Hilflosigkeit zeigen die Demonstrationen der Arbeiterschaft immer noch, daß hier die aufsteigende Klasse ist. Nicht die Kleinbürger handeln, sondern die Arbeiter. Ihre Losungen sind verworren und kraftlos, eingeschleust durch den Klassenfeind, und es zeigt sich keinerlei Kraft der Organisation, es entstehen keine Räte, es formt sich kein Plan. Und doch hatten wir hier die Klasse vor uns, in ihrem depraviertesten Zustand, aber die Klasse. Alles kam darauf an, diese erste Begegnung voll auszuwerten. Das war der Kontakt. Er kam nicht in der Form der Umarmung, sondern in der Form des Faustschlags, aber es war doch der Kontakt. – Die Partei hatte zu erschrecken, aber sie brauchte nicht zu verzweifeln. Nach der ganzen geschichtlichen Entwicklung konnte sie sowieso nicht auf die spontane Zustimmung der Arbeiterklasse hoffen. Es gab Aufgaben, die sie unter Umständen, unter den gegebenen Umständen, ohne Zustimmung, ja gegen den Widerstand der Arbeiter durchführen mußte. Aber nun, als große Ungelegenheit, kam die große Gelegenheit, die Arbeiter zu gewinnen. Deshalb empfand ich den schrecklichen 17. Juni als nicht einfach negativ. In dem Augenblick, wo ich das Proletariat – nichts kann mich bewegen, da schlaue, beruhigende Abstriche zu machen – wiederum ausgeliefert dem Klassenfeind sah, dem wieder erstarkenden Kapitalismus der faschistischen Ära, sah ich die einzige Kraft, die mit ihr fertig werden konnte.
›Arbeitsjournal‹, 20. August 1953

1 Der Kaiser braucht Taschengeld und fasst einen Plan (5)

der kaiser hat ein aktienpacket in der firma seines bruders jau-jel, die
das baumwollmonopol hat.

2 Auch die Tuis im Teehaus spüren die Teuerung (11)

3 Nötig: eine Tuikonkurrenz (8)

Der Kaiser will immer nur das Beste von allem. Nein, er will immer nur das Beste.

Gut ist immer nur, wenn ein mann regiert; zweien macht es keinen spass.

394 ›Katzgraben‹, Helene Weigel als Großbäuerin, Berliner Ensemble 1953

B. Warum eigentlich der Kropf und die schiefe Schulter?
HW. Das zeigt, er hat sie ihres Geldes wegen geheiratet. Und hätte ich nicht Geld im Hof stecken, würde er sich mein Herumregieren nicht gefallen lassen. Ich selbst käme nicht darauf, herumzuregieren ohne dieses Geld, da ich religiös erzogen bin und »dem Manne untertan«. Diese Vorgeschichte hilft auch der Kleinschmidtin, ja sogar der Mittelländerin: Ihre Männer stehen anders zu ihnen.

B. Eine geniale Schauspielerin ist die Weigel.
X. Was ist Genie?
B. Genie ist Interesse.

›Katzgraben‹-Notate, 1953

395 Brecht, mit Nationalpreis-Medaille, 1952
Mit dem Ensemble in einem Dorf der Lausitz, das Strittmatter uns zeigt.
›Arbeitsjournal‹, November 1952

Brecht klebte das Foto unter die Notierung ins Arbeitsjournal.

396 ›Katzgraben‹, Brecht auf der Probe mit Bella Waldritter und Gerhard Bienert, 1953
Kleinschmidt zahlt Mittelländer in Anwesenheit Großmanns seine Schulden zurück. Er setzt sich an den Tisch und will auszahlen. Großmann hat ihn eben verhöhnt, weil er seinen neuen Ochsen nicht ernähren kann. [. . .]
ST. Mittelländer sollte noch über Großmanns Witze mitlachen, wenn er das Geld sieht. Sein Lachen bricht jäh ab.
B. Aus dem Schuldenzahlen muß ein großer historischer Vorgang werden. Kleinschmidt hat seine verbeulte Brieftasche umsichtig und umständlich aus der inneren Joppentasche gezogen, und er setzt sich an den Tisch, um die Aktion bequemer ausführen zu können.
›Katzgraben‹-Notate, 1953

B.s Spielleitung war viel unauffälliger als die der bekannten großen Regisseure. Er vermittelte denjenigen, die ihm zusahen, nicht den Eindruck, als wolle er mit den Schauspielern »etwas gestalten, was ihm vorschwebte«; sie waren nicht »seine Instrumente«. Vielmehr suchte er mit ihnen zusammen die Geschichte, welche das Stück erzählte, und verhalf jedem zu seinen Stärken. Sein Eingreifen erfolgte »in der Windrichtung« und war so meist fast unmerklich, er gehörte nicht zu den Leuten, die es fertigbringen, die Arbeit sogar mit Verbesserungsvorschlägen zu stören. Seine Arbeit mit dem Schauspieler glich dem Bestreben eines Kindes, Zweiglein mit einer Gerte aus einem Tümpel am Ufer in den Fluß zu dirigieren, so daß sie ins schöne Schwimmen kamen. B. machte viel vor, jedoch nur ganz kleine Stückchen, und er brach mitten drin ab, um nur ja nichts Fertiges zu geben. Und er ahmte dabei immer den Schauspieler nach, dem er vormachte, freilich ohne sich zu verstellen. Seine Haltung dabei war: Leute dieser Art tun derlei oft in solcher Weise.
Die Spielleitung Brechts, etwa 1952

lieber suhrkamp,

– 8. März 1954

ich wohne jetzt in der chausseestrasse, neben dem 'französischen' friedhof, auf dem hugenottengeneräle und hegel und fichte liegen. meine fenster gehen alle auf den friedhofpark hinaus. er ist nicht ohne heiterkeit. ich wohne in drei zimmern der ersten etage im hinterhaus, das wie das vorderhaus etwa 150 jahre alt sein soll. die zimmer sind hoch und so die fenster, die angenehme proportionen haben. das grösste zimmer hat etwa 9 meter im geviert, sodass ich für verschiedene arbeiten mehrere tische aufstellen kann. eigentlich alle masse sind anständig, es ist wirklich ratsam, in häusern und mit möbeln zu wohnen, die zumindest 120 jahre alt sind, xxxxxxx also in früherer kapitalistischer umgebung bis man eine spätere sozialistische haben wird. seit ich dem theater soviel näher wohne, habe ich meine jungen leute natürlich noch öfter auf dem hals, sie kommen in rabenschwärmen, aber Sie wissen, ich bin dafür.

und damit schliesse ich, der brief ist zur unterhaltung. (?)

397 Brief an Peter Suhrkamp, 1954

398 Berlin, Chausseestraße 125

399 Berlin, Chaussee-straße 125, Bibliothekzimmer
Die Schlechten fürchten deine Klaue. / Die Guten freuen sich deiner Grazie. / Derlei / Hörte ich gern / Von meinem Vers.
Auf einen chinesischen Theewurzellöwen 1951

400 Brechts Handzeichnung der Wohnung
boden lassen
alarmglocke weit weg
(küche!)
Westen Süden

401 Brecht, etwa 1952

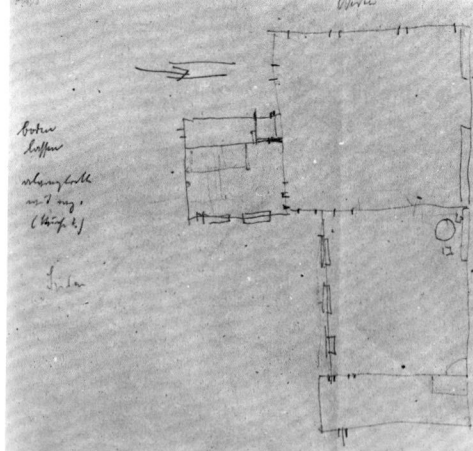

402 Chausseestraße, Arbeitszimmer

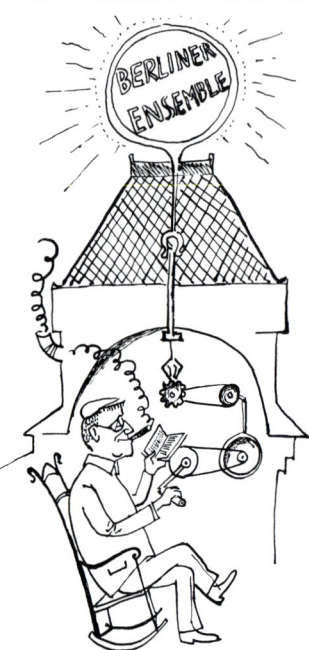

403 Brecht im Turm des Theaters am Schiffbauerdamm, Zeichnung von Herbert Sandberg

Ins Licht treten / Die Treffbaren, die Erfreubaren / Die Änderbaren.
Theater, 1954

§ 2
Der Vertrag beginnt am 1. November 1953
und endet am 31. August 1956

§ 3
Das Mitglied erhält ein Gehalt von monatlich:
DM 4.000,-- (in Worten: Viertausend DM)

§ 4
Besondere Vereinbarungen über die Art und den Umfang der Leistungen und der Sondervergütungen:
Herr Brecht hat das Recht, diesen Vertrag jederzeit zu lösen.

Im übrigen richtet sich das Vertragsverhältnis nach den Bestimmungen des Lohn- und Gehaltsabkommens für die staatlichen und städtischen Theater, für die Kulturorchester, sowie die Orchester und Chöre in Groß-Berlin

Berlin am 23. Februar 1954

(Unterschrift des Bühnenleiters) (Unterschrift des Mitgliedes, bürgerlicher Name)

(Bühnenname des Mitgliedes)

404 Berliner Ensemble am Schiffbauerdamm

Theater spieltet ihr in Trümmern hier / Nun spielt in schönem Haus, nicht nur zum Zeitvertreibe. / Aus euch und uns ersteh ein friedlich WIR / Damit dies Haus und manches andre stehen bleibe!
Zum Einzug des ›Berliner Ensemble‹ in das Theater am Schiffbauerdamm, 1954

Mit Benno Bessons Inszenierung ›Don Juan‹ eröffnete das Berliner Ensemble am 19. März 1954 seine Arbeit im eigenen Haus.

405 Arbeitsvertrag Helene Weigels mit Bertolt Brecht, 1954

Durch die Fertigstellung der Volksbühne wird das Schiffbauerdammtheater frei werden. Dies ist das Theater, an dem ich vor meiner Emigration arbeitete und z. B. die ›Dreigroschenoper‹ aufführte. Seit der Gründung des Berliner Ensemble wurde uns dieses Haus für den Fall in Aussicht gestellt, daß die Volksbühne fertig würde. Wir haben bisher die Gastfreundschaft des Deutschen Theaters genossen, und es war oft schwer für beide Teile, produktiv zusammenzuarbeiten. Jetzt, bei den so nötigen allgemeinen Sparmaßnahmen, wird es für Helene Weigel und mich immer drückender, daß das Ensemble, wirtschaftlich betrachtet, ein Luxusunternehmen ist, obwohl es sehr gut ein eigenes Haus bespielen könnte [. . .]
Sie haben vielleicht gehört, daß in Westdeutschland die unsinnigen Gerüchte über Zwistigkeiten zwischen mir und der Regierung der Deutschen Demokratischen Republik wieder sehr verstärkt aufgemacht werden. Die Übernahme des Theaters am Schiffbauerdamm durch das Berliner Ensemble, das weit über Deutschland hinaus bekannt ist, würde meine Verbundenheit mit unserer Republik deutlichst dokumentieren.
Brief an Otto Grotewohl vom 15. Juni 1953

Ich leite ein Theater in Ost-Berlin, das ›Berliner Ensemble‹, und bitte Sie um ihre Bewilligung dafür, daß wir Ihren herrlichen Plakatentwurf [. . .] zur Werbung, besonders auch an der Universität West-Berlin, verwenden dürfen. Lassen Sie mich Ihnen auch gleich gestehen, daß wir Ihre Taube seit Gründung des Theaters als Vorhangzeichen benutzen. Mit herzlichem Respekt für alle Ihre schönen und nützlichen Arbeiten.
Brief an Pablo Picasso vom 13. November 1953

406–413 Junge Mitarbeiter Brechts im Berliner Ensemble, 1954
Oben, von links: Benno Besson, Käthe Rülicke, Peter Palitzsch, Manfred Wekwerth; unten: Lothar Bellag, Joachim Bunge, Claus Küchenmeister, Heinz Kahlau

Die Arbeit beim Berliner Ensemble ist aufgebaut auf dem Interesse, das die Mitarbeiter am Theater nehmen, dem eigentlichen Gradmesser des Talents.
Brief an die Mitarbeiter des Berliner Ensembles.

Nicht zum ersten Mal habe ich den Eindruck, daß die Arbeit unserer jungen Regisseure vom Ensemble falsch eingeschätzt wird. Meinen Anteil an ihren Inszenierungen braucht man nicht zu schmälern, aber man braucht ihn auch nicht zu überschätzen. Die jungen Regisseure haben bei uns nicht nur das sogenannte Handwerk gelernt, sie lernen darüber hinaus eine ganz besondere Art Theater, die sich noch in der Entwicklung befindet und mir selbst genug Schwierigkeiten bereitet. So ist immer noch, und hoffentlich noch geraume Zeit, jede Aufführung ein Experiment. Ich werde mich durch ein rückständiges Verhalten der Schauspieler *nicht* davon abhalten lassen, mich an Experimenten des Berliner Ensembles, von wem immer sie vorgenommen werden, zu beteiligen. Das kann man nicht den jeweiligen leitenden Regisseur entgelten lassen.
An die Mitglieder des Berliner Ensembles (Aushang) vom 27. September 1955

414 Mit Isot Kilian, Manfred Wekwerth und Ernst Busch, Probe ›Der kaukasische Kreidekreis‹, 1954

Er liebte es, mit einem Stab von Schülern zu inszenieren. Dabei sprach er immer laut und rief seine Vorschläge zumeist von unten aus dem Zuschauerraum her den Schauspielern zu – das tat der Unmerklichkeit seines Eingreifens keinen Abbruch –, damit alle alles hören konnten. Und er bemühte sich »während des Sprechens zu hören«. Glückliche Vorschläge gab er sofort weiter und immer mit der Nennung des Vorschlagenden, »X sagte«, »Y meint«. Dadurch wurde die Arbeit eine Arbeit aller.
Die Spielleitung Brechts, 1954

Ohne schwere Krankheit, ohne schwere Feindschaft. / Genug Arbeit. / Und ich bekam meinen Teil von den neuen Kartoffeln / Den Gurken, den Spargeln, den Erdbeeren. / Ich sah den Flieder in Buckow, den Marktplatz von Brügge / Die Grachten in Amsterdam, die Hallen von Paris. / Ich genoß die Freundlichkeiten der lieblichen A. T. / Ich las die Briefe des Voltaire und Maos Aufsatz über den Widerspruch. / Ich machte den Kreidekreis am Schiffbauerdamm.
1954: Erste Hälfte, 1954

416 Helene Weigel als Gouverneursfrau
Zunächst gingen wir davon aus, daß das Stück 150 Personen hat, wir aber nur etwa 50 Schauspieler haben. Wir mußten etwas finden, wodurch unsere 50 diese 150 darstellen konnten. So kamen wir auf Masken.
Dann überlegten wir, was geschähe, wenn alle Personen Masken hätten. Wir stellten fest, daß das nicht geht. Wenn zum Beispiel die Grusche eine Maske trägt, geht vermutlich viel verloren von feinem Spiel. Uns schien, daß sie ihr Gesicht braucht für die Darstellung. [...] Wir gingen davon aus, daß die herrschenden Klassen starrere Gesichter haben als die arbeitenden. Diese Gesichter sind repräsentativ. Besonders Diener beziehungsweise Anwälte, die von den Herrschenden gekauft sind, tragen auch Masken. Da geht die Erstarrung auch herunter bis zu den einfachsten Menschen.
Gespräch mit Studenten, 1955

415 ›Der kaukasische Kreidekreis‹, Bühnenzeichnung Karl von Appen, 1954

417 ›Der kaukasische Kreidekreis‹, Szene ›Die Probe mit dem Kreidekreis‹, Berliner Ensemble 1954
Mit Angelika Hurwicz als Grusche, Ernst Busch als Azdak, Harry Gillmann als Schauwa, Raimund Schelcher als Simon (Regie: Brecht, Ausstattung: Karl von Appen, Premiere: 7. Oktober 1954).

Rollen wie der Azdak und die Grusche können in unserer Zeit nicht durch Regiearbeit gestaltet werden. Nicht weniger als 5 Jahre am BE waren nötig, der außerordentlichen Angelika Hurwicz die Voraussetzungen zu geben.

Und das ganze Leben Buschs, von der Kindheit im proletarischen Hamburg über die Kämpfe in der Weimarer Republik und im Spanischen Bürgerkrieg zu den bitteren Erfahrungen nach 45, war nötig, diesen Azdak hervorzubringen.
›Arbeitsjournal‹, 7. Februar 1954

Abendprobe im großen Probenhaus in der Max-Reinhardt-Straße. Wir probieren die Weinschenkenszene des ›Kreidekreis‹ mit Busch und Weigel. Die Türen sind auf, plötzlich hören wir eine Nachtigall. Ab und zu horchend, diskutieren wir die Meinung der Weigel, Mütterchen Grusinien könne naiv sein (man müßte nur nicht sagen, daß der heilige Banditus ihr Schwager ist). Wir finden aber doch, trotz der Nachtigall, daß Mütterchen Grusinien unschuldig nur in den Augen des Azdak ist.
›Arbeitsjournal‹, 4. Juni 1954

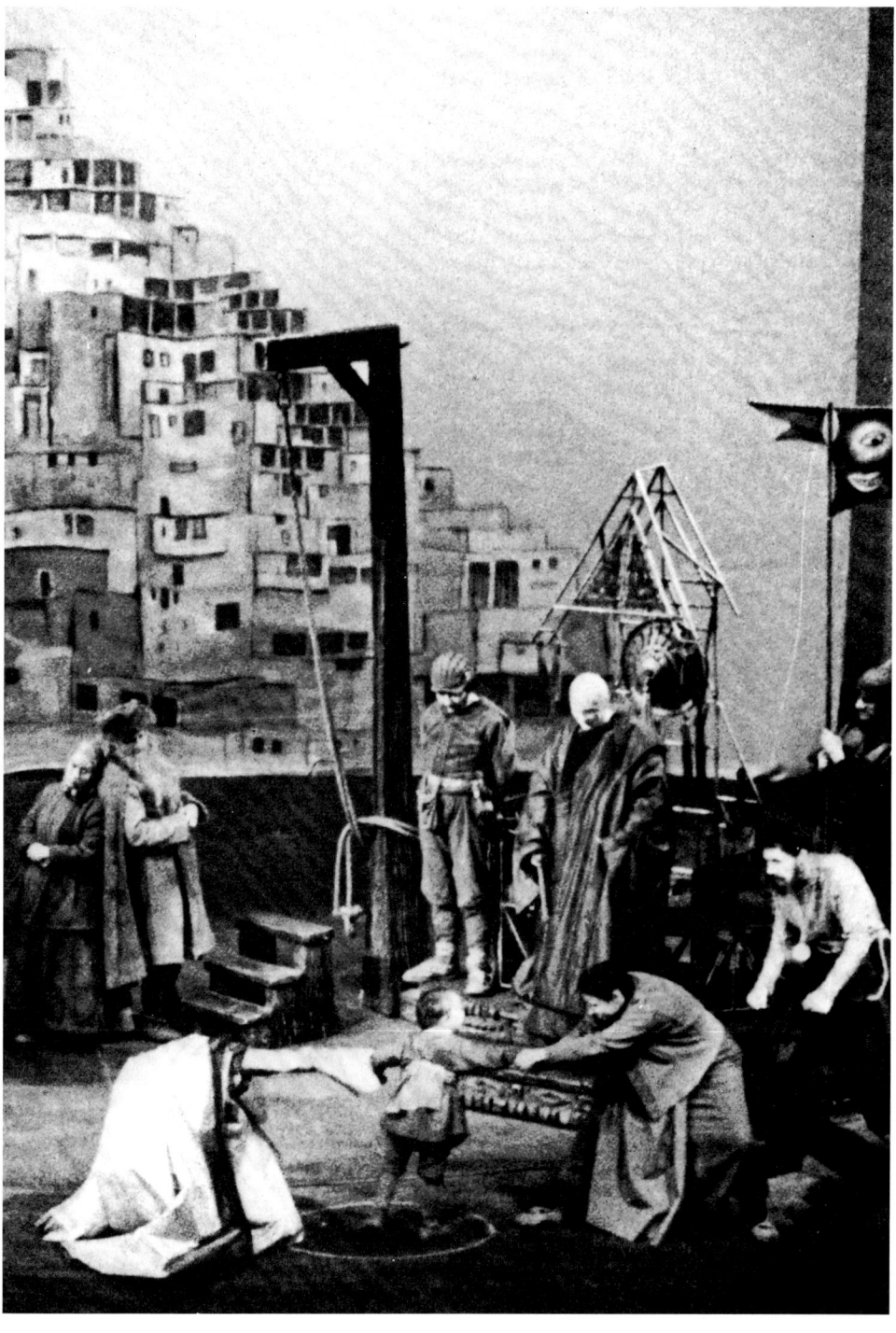

418 Mit Peter Suhrkamp und Harry Buckwitz, Frankfurt 1955
Die Aufführung scheint nicht übel. Reichel ist sehr interessant als Grusche, und Teo Ottos Bühnenbilder sind glänzend. Der Azdak ist etwas primitiv, aber ungeschlacht wirksam. Die Verwandlungen dauern aber viel zu lang, und so muß ich doch noch morgen bleiben und erst morgen abend nach München fahren. Donnerstag morgen bin ich dann in Berlin zurück.
Ich hoffe, daß Du schon ein bißchen zum Arbeiten gekommen bist und die Bedingungen nicht allzu schlecht sind. Hier ist schon viel Grün, und ich denke daran, ob Du auch schon Grünes siehst.
Brief an Ruth Berlau vom 24. April 1955

Brecht nahm in Frankfurt/ Main vom 13.–16. November 1952 an den Proben zu ›Der gute Mensch von Sezuan‹ und vom 22.–27. April 1955 an den Proben zu ›Der kaukasische Kreidekreis‹ teil, Regie beider Stücke: Harry Buckwitz, Bühnenbild: Teo Otto. Käthe Reichel spielte als Gast des Berliner Ensembles auf

Empfehlung und Vermittlung Brechts die Grusche.

419 Mit Dmitri Schostakowitsch auf der Tagung des Weltfriedensrates, Berlin 1954
Lassen Sie uns gegen die unkonventionellen Waffen, wie die amerikanische Regierung die Atombomben nennt, zu unkonventionellen Mitteln der Verbreitung des Wissens greifen!
Ein Vorschlag anläßlich der außerordentlichen Tagung des Weltfriedensrates in Berlin, 28. Mai 1954

Brecht schrieb für den Film ›Lied der Ströme‹ von Joris Ivens ein Lied gleichen Titels; Dmitri Schostakowitsch komponierte für den Film die Musik; Premiere: 17. September 1954.

420 Mit Pierre Abraham, Paris 1954
Im Juni 1954 gastierte das Berliner Ensemble mit den Aufführungen von ›Mutter Courage und ihre Kinder‹ und im Juni 1955 mit ›Der kaukasische Kreidekreis‹ in Paris. Dem Ensemble und Brecht wurden Ovationen entgegengebracht.

421 Mit Eisler, 1951
Natürlich erhebt sich jetzt doch die Frage, ob Du die Musik zur ›Winterschlacht‹ machst. Becher hätte es natürlich gern. Für das Ensemble wäre es eine große Sache. Die Musik könnte völlig konzessionslos sein, Du könntest eine kleine Ouvertüre ganz nach Deinem Geschmack schreiben usw. Du siehst, ich zähle Dir die Vorteile als guter Makler auf. Andrerseits will ich Dich nicht in eine Arbeit ziehen, die Dich von anderen Arbeiten abhält [. . .] Ich vermisse jetzt sehr das Schach und die Gespräche. Hoffentlich kommst Du bald.
Brief an Hanns Eisler vom Juli 1954

422 ›The Playboy of the Western World‹, Berliner Ensemble, 1956
Regie: Peter Palitzsch und Manfred Wekwerth, Szene mit Brechts Tochter Barbara als Pegeen Mike und Ekkehard Schall als ihr Verlobter

423 ›Winterschlacht‹ von Johannes R. Becher, Musik: Hanns Eisler, Berliner Ensemble 1955
Regie: Brecht und Manfred Wekwerth.
Szene mit Ekkehard Schall (Hörder) und Raimund Schelcher (Nohl).

Der Schlüssel liegt in Ihrer Haltung zu der Figur, die Sie darstellen. Nur Kenntnis des Stands der Geschichte und die Fähigkeit, widerspruchsvolle Haltungen zu gestalten, werden Ihnen da helfen können. Diese Kenntnis und diese Fähigkeit sind beide erwerbbar. Sie setzen voraus, daß in diesem Zeitalter der großen Kriege der Klassen und der Völker ein fester Standpunkt eingenommen wird.
Brief an den Darsteller des jungen Hörder, 1954

424 Verleihung des Internationalen Stalin-Friedenspreises für die Festigung des Friedens unter den Völkern, Moskau 1955
Ich war 19 Jahre alt, als ich von Ihrer großen Revolution hörte, 20, als ich den Widerschein des großen Feuers in meiner Heimat erblickte. Ich war Sanitätssoldat in einem Augsburger Lazarett. Die Kasernen und sogar die Lazarette leerten sich, die alte Stadt füllte sich plötzlich mit neuen Menschen, in großen Zügen aus den Vorstädten kommend, von einer Lebendigkeit, welche die Straßen der Reichen, der Ämter und Kaufleute nicht kannten. Einige Tage lang sprachen Arbeiterfrauen in den schnell improvisierten Räten und wuschen jungen Arbeitern in Soldatenkitteln die Köpfe, und die Fabriken hörten die Befehle der Arbeiter.
Einige Tage, aber was für Tage! Überall Kämpfer, aber zugleich friedliche Leute, aufbauende Leute! Die Kämpfe führten, wie Sie wissen, nicht zum Sieg, und Sie wissen, warum. In den folgenden Jahren der Weimarer Republik waren es die Schriften der Klassiker des Sozialismus, die durch den großen Oktober neu belebt worden waren, und die Berichte von Ihrem kühnen Aufbau einer neuen Gesellschaft, die mich diesen Idealen verpflichteten und mit Wissen versahen. [. . .]

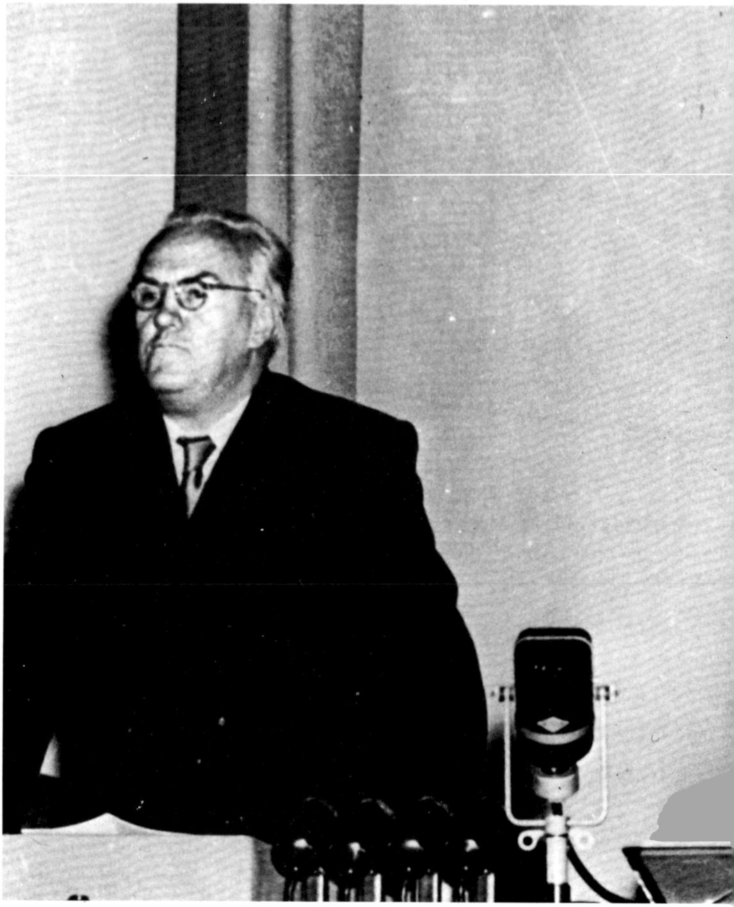

Постановлением Комитета по международным СТАЛИНСКИМ премиям от 18 декабря 1954 года за выдающиеся заслуги в деле борьбы за сохранение и укрепление мира присуждена международная СТАЛИНСКАЯ премия „За укрепление мира между народами"

Бертольту Брехту

поэту и драматургу (Германия)

Председатель Комитета по международным Сталинским премиям

Заместители Председателя Комитета

Laut Beschluß des Komitees für Internationale STALIN-Preise vom 18. Dezember 1954 wird für hervorragende Verdienste im Kampf für die Erhaltung und Festigung des Friedens

Bertolt Brecht

Dichter und Dramatiker (Deutschland)

ein Internationaler STALIN-Preis für die Festigung des Friedens unter den Völkern verliehen.

Der Vorsitzende des Komitees für die Internationalen Stalin-Preise

Die Stellvertreter des Vorsitzenden des Komitees

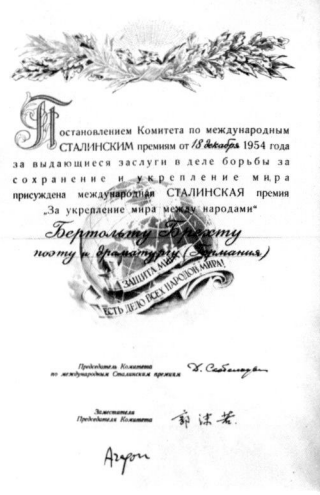

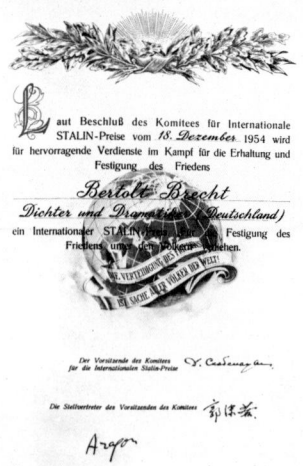

Die Völker, die sich eine sozialistische Wirtschaft erkämpft haben, haben eine wunderbare Position bezogen, was den Frieden betrifft. Die Impulse der Menschen werden friedlich. Der Kampf aller gegen alle verwandelt sich in den Kampf aller für alle. Wer der Gesellschaft nützt, nützt sich selbst. Wer sich selbst nützt, nützt der Gesellschaft. Gut haben es die Nützlichen, nicht mehr die Schädlichen. Der Fortschritt hört auf, ein Vorsprung zu sein, und die Erkenntnisse werden niemandem mehr verheimlicht, sondern allen zugänglich gemacht. Die neuen Erfindungen können mit Freude und Hoffnung empfangen werden, anstatt mit Entsetzen und Furcht.
Rede, Moskau 1955

425 Urkunde des Preises, 1954
Ich hoffe meine Moskauer Rede in Ihren Händen. Sie behandelt den Weltfrieden vom Standpunkt eines Sozialisten aus. Der Preis ist kein gewöhnlicher Stalin-Preis, der für bestimmte Werke, sondern ein internationaler Friedenspreis, etwa entsprechend dem Nobel-Preis, der für Bemühungen um den Weltfrieden verliehen wird. Im letzten Jahr wurde er u. a. an Charlie Chaplin verliehen. Es wäre meines Erachtens ein Skandal ohnegleichen, wenn Recklinghausen einen solchen Preis zum Vorwand nähme, einen abgeschlossenen Vertrag zu brechen. Recklinghausen müßte dann das Odium auf sich nehmen, alle westdeutschen Bemühungen der letzten Zeit, wieder der Stimme der Vernunft Gehör zu schaffen, schwer geschädigt zu haben. Ich glaube, der Anlaß rechtfertigt und heischt einen Kampf.
Brief an Harry Buckwitz vom 6. Juni 1955

426 Mit Paul Dessau, Buckow 1954

427 Helene Weigel mit dem Hund Rolf, 1955

428 Helene Weigel mit Ernst Busch, 1954

Ich bedaure sehr den Streit über die ›Kreidekreis‹-Einstudierung und möchte mich entschuldigen für meine Heftigkeit. Gereizt hast Du mich durch die Behauptung, wir hätten nicht genug getan für die Musik. In der Tat waren die Aufwendungen für die Musikproben so groß, daß die Verwaltung nicht wußte, wie sie vor der Finanzkontrolle verteidigen. Wir nahmen Sängerinnen, weil wir keine Sänger fanden, und wir haben keinen Dirigenten, weil keiner zu finden ist. Du hast uns darin nicht helfen können, es war Deine Aufgabe. Bei uns kann kein Künstler erwarten, daß er alles, was er zu seiner Kunst braucht, fertig in die Hand gedrückt bekommt. Wir waren alle böse, als Du nicht mehr auf die Proben kamst, weil Dich die Sache »nicht mehr interessierte«. Wir fühlten uns einfach im Stich gelassen.
Brief an Paul Dessau vom 2. März 1955

Der erste Blick aus dem Fenster am Morgen / Das wiedergefundene alte Buch / Begeisterte Gesichter / Schnee, der Wechsel der Jahreszeiten / Die Zeitung / Der Hund / Die Dialektik / Duschen, Schwimmen / Alte Musik / Bequeme Schuhe / Begreifen / Neue Musik / Schreiben, Pflanzen / Reisen / Singen / Freundlich sein.
Vergnügungen, etwa 1954

429 Buckow, Steg am Schermützelsee
Buckow in der Märkischen Schweiz ist friedlich und langweilig genug für die Arbeit.
Brief an Bernhard Reich vom 26. Juni 1956

430 Brecht, 1954

Am See, tief zwischen Tann und Silberpappel / Beschirmt von Mauer und Gesträuch ein Garten / So weise angelegt mit monatlichen Blumen / Daß er vom März bis zum Oktober blüht.
Hier, in der Früh, nicht allzu häufig, sitz ich / Und wünsche mir, auch ich mög allezeit / In den verschiedenen Wettern, guten, schlechten / Dies oder jenes Angenehme zeigen.
›*Buckower Elegien: Der Blumengarten*‹, 1953

431 Mit Giorgio Strehler, 1955

432 ›Die Dreigroschenoper‹, Piccolo Teatro, Milano 1956
Premiere: 10. Februar 1956, Regie: Giorgio Strehler, Bühnenbild: Teo Otto Szene mit Mario Carotenuto als Peachum.
Die Aufführung – glänzend in Anlage und Detail und sehr aggressiv – dauerte von halb zehn bis zwei Uhr nachts: die Oper ist ungekürzt. Man war, wegen Grippe, nicht ganz fertig und hatte das Stück niemals durchrollen lassen, so war man erstaunt über die Länge. Aber es war anscheinend ein großer Erfolg und, tatsächlich, das Stück wirkt sehr frisch. Strehler, vermutlich der beste Regisseur Europas, hatte das Stück auf 1914 verlegt, und Teo Otto hat herrliche Dekorationen gemacht (statt Pferdestall jetzt Autogarage usw.). Das ist sehr gut, und nach dem dritten Weltkrieg könnte man es auf 19. . verlegen.
Brief an Ruth Berlau vom 11. Februar 1956

433 Mit Paolo Grassi auf der Bühne des Piccolo Teatro, Milano 1956
Brecht besuchte die Premiere der ›Dreigroschenoper‹ in Mailand zusammen mit Elisabeth Hauptmann. Paolo Grassi machte Brecht dem italienischen Publikum von der Bühne her bekannt.

Lassen Sie mich noch einmal für die exzellente Aufführung meiner ›Dreigroschenoper‹ danken, die Sie unter Ihrem großen Regisseur gegeben haben. Feuer und Kühle, Lockerheit und Exaktheit zeichnen diese Aufführung vor vielen aus, die ich gesehen habe. Sie verschaffen dem Werk eine echte Wiedergeburt. [. . .] Es wäre mir eine Freude und eine Ehre, wenn Euer Theater die ›Dreigroschenoper‹ auch in Berlin im Theater des Berliner Ensembles am Schiffbauerdamm zeigen würde, das die Uraufführung gesehen hat.
Brief an alle Mitglieder des Piccolo-Theaters Mailand vom 27. Februar 1956

434 Mit Erich Engel bei Proben zu ›Leben des Galilei‹, 1956
Ich danke Ihnen sehr, für die Übernahme der Proben. Ohne Sie wäre die ganze Arbeit vermutlich jetzt einfach zusammengefallen. Es ist angenehm, wieder mit Ihnen zusammenzuarbeiten.
Brief an Erich Engel vom 31. März 1956

Die ›Galilei‹-Proben müssen also jetzt doch ausgesetzt werden, da meine Gesundung sich verzögert; ich werde dieses Frühjahr noch nicht wieder anfangen können, und Engel will nicht allein fertigmachen. Ich muß trotz aller Besorgnisse zugeben, daß ich *sehr* bedauert hätte, nicht bei der Endgestaltung Ihres Galilei hätte teilnehmen können. Besonders nach der letzten Probe der letzten Szene sah ich, wie ich glaube, deutlich, wie sich eine herrliche Gestalt bildete! Für Sie ist die Verschiebung natürlich am schlimmsten, besonders das Loch Mai-Juni, das bekümmert mich wirklich, ich fange an zu schwitzen, wenn ich daran denke. Aber die Pause mit der Erholungsmöglichkeit für mich *und für Sie* kann auch ein wenig nützen. Ich bin jetzt so sicher, daß wir eine gute Arbeit abliefern werden.
Brief an Ernst Busch vom 30. April 1956

435 ›Leben des Galilei‹, Schlußszene, Probe mit Ernst Busch (Galilei) und Regine Lutz (Virginia), 1956
Brecht leitete vom 14. Dezember 1955 bis 27. März 1956 insgesamt 59 Proben.
Brecht: Da gibt es doch diese Art, wissen Sie, wie manche Leute mit ihren Hunden sprechen, ganz blöd [. . .] Etwas weniger Stimme, es ist abends, spielen Sie das mit.
Lutz: Ich denke, wenn man mit so einem alten Mann zusammensitzt, gibt man unwillkürlich mehr Stimme. Er hört schlecht.
Brecht lacht: Nein, er sieht schlecht, er hört gut. [. . .] Noch zu frisch, das ist zu frisch. Sie müßte so – sie ist abgehärmt, abgenutzt, ausgetrocknet, todernst.
Lutz: Sie finden auch die Haltung zu streng?
Brecht: Nein, sie hält sich aufrecht, aber die Stimme ist zu frisch. Bedenken Sie, sie ist vierzig. Sie muß am Anfang ein Kind sein, dann vierzig Jahre, das ist wie heute sechzig. Das ist gar nicht so einfach, wie man so was macht.
Lutz: Wenn ich es mal mürrisch probieren könnte?
Brecht: Ja, versuchen Sie es. Die Sätze sind geschrieben auf diese blöde Nachahmung von Kindern: ›Nun, wie geht es denn dem Foxel heute?‹ Diese albernen Sachen, die Hunde so verachten. Das wird eingehängt wie eine Walze. [. . .] Wissen Sie, Regine, Sie haben ein furchtbares Leben. Die Sache ist die – er ist ein unverbesserlicher Völler. Er ist verfressen und irdisch und sündig und fleischlich. Sie müssen alles entschuldigen, verbieten, niederkämpfen. Bösartig ist er auch – und keinen Moment weiß man, wann er endgültig ausbricht. Dann wird er nach Rom geschafft, und vorbei ist es mit dem – immerhin – Komfort.
Nach einer Probenmitschrift vom 21. Januar 1956

BERTOLT BRECHT

An die Akademie der Künste, zu Händen R. Engels

Im Falle meines Todes möchte ich nirgens aufgebahrt und öffentlich ausgestellt werden. Am Grab soll nicht gesprochen werden. Beerdigt werden möchte ich auf dem Friedhof neben dem Haus, in dem ich wohne, in der Chausseestrasse.
Berlin, 15.Mai 1955

437 Chausseestraße 125, Schlafzimmer

436 Im Falle meines Todes, Brief an die Akademie der Künste, 1955
Von den Gewinnen der Behandlung ging nichts verloren, aber es setzte keine Erholung ein. Wir wandten uns noch an Ihren Vertreter, Prof. Hennemann, und auch er, wenn auch mit aller Zurückhaltung, hatte nichts dagegen, daß wir den Aufenthalt in Schmitts Sanatorium beeilten.
Schmitt wird Ihnen Bescheid geben, und ich hoffe, bald wieder bei Ihnen zu sein.
Brief an Theodor Brugsch vom 13. August 1956

Brecht begab sich im Mai 1956 in die Charité, um sich von den Folgen einer Virusgrippe heilen zu lassen. Da sich sein Zustand nicht entscheidend besserte, wollte er sich auf Drängen von Helene Weigel und auf Bitten von Peter Suhrkamp mit ihm zusammen in der Münchener Klinik von Dr. Schmitt auskurieren lassen. Er gab Prof. Dr. Brugsch von der Charité seinen Entschluß bekannt. Tage zuvor hatte er wegen eines Schwächeanfalls eine Neubesetzungsprobe für das Londoner Gastspiel des Berliner Ensembles abbrechen müssen. Kurz vor seiner Abreise nach München stellten die Ärzte einen Herzinfarkt fest, an dessen Folgen Brecht am 14. August 1956 in der Chausseestraße 125 verstarb.

438 Brecht, 1956

G 2

Sterbeurkunde

(Standesamt Mitte - - - von Groß-Berlin Nr. 1629/1956)

Der Schriftsteller Nationalpreisträger Eugen Berthold Friedrich - -
B r e c h t - - -

wohnhaft in Berlin, Chausseestraße 125 - - -

ist am 14. August 1956 - - - um -23- Uhr -45- Minuten

in Berlin in seiner Wohnung - - - verstorben.

Der Verstorbene war geboren am 10. Februar 1898 - - -

in Augsburg - - -

(Standesamt Augsburg - - - Nr. 325/1898)

Der Verstorbene war — ~~nicht~~ — verheiratet mit Nationalpreisträger Helene - -
Brecht geborenen Weigel. - - -

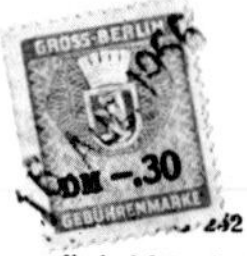

(Siegel)

Berlin - - -, den 16. August 1956

Der Beauftragte für Personenstandswesen

In Vertretung

Weiß

242 (B) Sterbeurkunde

Vordruck-Leitverlag Erfurt

Ag 308 56 DDR 207-34 6 56 1318 IV-21-4 34000

439 Sterbeurkunde, 1956

440 Ich benötige keinen Grabstein, Typoskript, etwa 1933

ich benötige keinen grabstein wenn
ihr keinen benötigt
sonst wünschte ich es stehe darauf:
ich habe recht gehabt, dennoch
habe ich gesiegt. zwei
unzertrennliche sätze.

ich benötige keinen grabstein aber
wenn ihr einen für mich benötigt
wünschte ich es stünde darauf: er
hat recht gehabt., wir
haben es bemerkt.

er hat vorschläge gemacht, wir
haben sie angenommen.
durch eine solche inschrift wären
wir alle geehrt.

was soll uns wenn
solange du in deinem kopf denkst   denke
in unserem.

**441 Totenmaske Brechts
von Fritz Cremer, 1956**
Dauerten wir unendlich
So wandelte sich alles
Da wir aber endlich sind
Bleibt vieles beim alten.

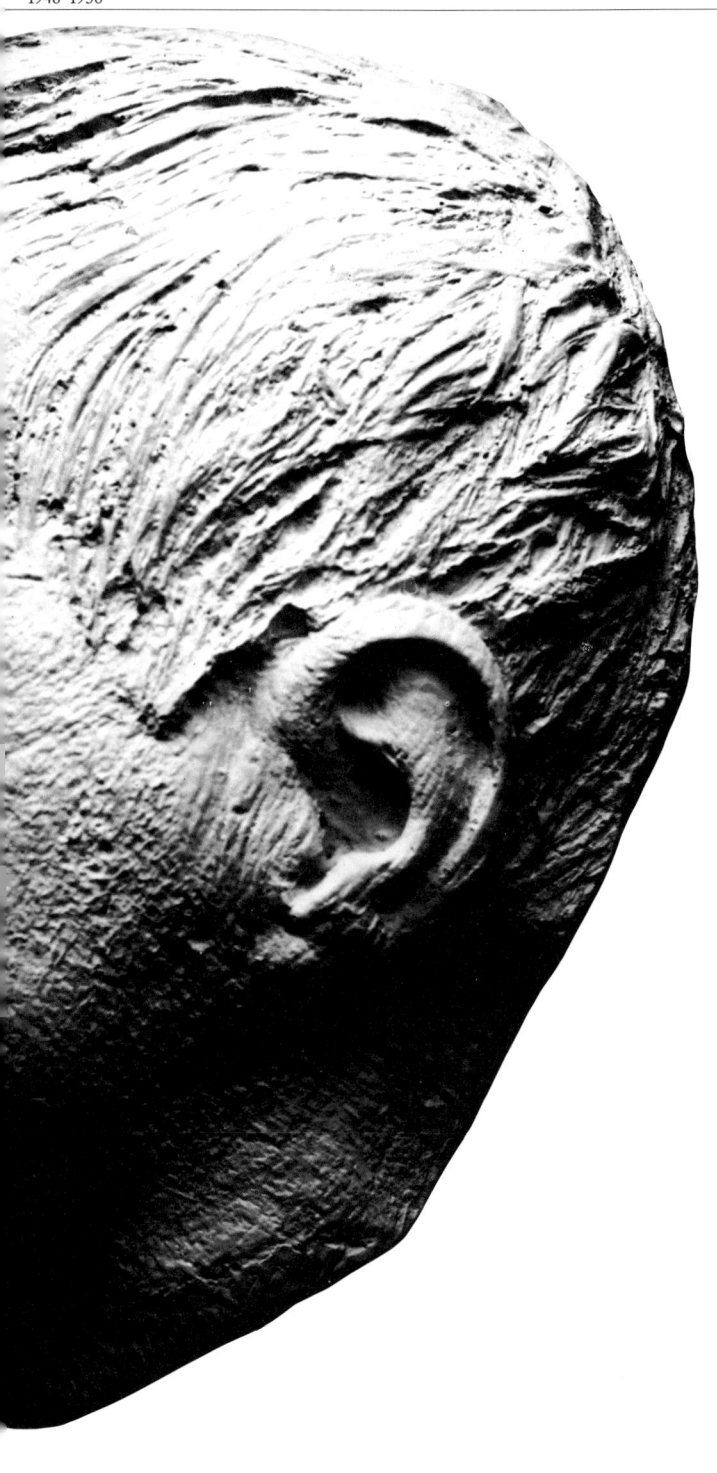

Werner Hecht
Leben und Werk in der Veränderung

1

Das Werk Brechts war in den zwanziger Jahren zunächst umstritten. Wenn auch ein bedeutender Kritiker wie Herbert Jhering schon früh auf Brecht setzte, so führte doch die Kühnheit von Intendanten oder Regisseuren, die seine Stücke auf die Bühne brachten, mit großer Sicherheit zu Theaterskandalen oder wenigstens Mißerfolgen. Der junge Brecht galt allenthalben als talentiert, aber wirkungslos. Der literarische Durchbruch begann 1927 mit der ›Hauspostille‹, der theatralische 1928 mit der ›Dreigroschenoper‹. Die eigentliche Wirkung, die nun einsetzte, erreichte Anfang der dreißiger Jahre ihren ersten Höhepunkt, als bereits infolge der fortschreitenden Weltwirtschaftskrise politische Auseinandersetzungen und ökonomischer Notstand das Schicksal von Millionen Menschen entscheidend beeinflußten. Das rapide Anwachsen der Arbeiterbewegung in Deutschland rief das Monopolkapital auf den Plan. Die politische Reaktion war längst auf Brecht aufmerksam geworden, der sich, in dieser Zeit der Entscheidungen, für das revolutionäre Proletariat entschieden hatte. Als ›Die Mutter‹ und ›Kuhle Wampe‹ an die Öffentlichkeit kamen, stand er bereits unter Beobachtung der Polizei und des Innenministeriums.

2

Das Leben des Mannes, der nun, mit 35 Jahren, aus dem Land vertrieben wurde, war schon in dieser ersten Phase in heftiger Bewegung und voller Widersprüche verlaufen. Der bürgerlich erzogene Sohn des kaufmännischen Direktors einer Weltfirma war mit Fleiß und Begabung durch die Klassen des Gymnasiums gekommen und hatte, sechzehnjährig, dem beginnenden Krieg manchen patriotischen Tribut gezollt. Als dann aber die ersten Gefallenenmeldungen, auch seiner unmittelbaren Bekannten, in die Heimat gelangten, als er das Leid der Mütter erlebte, geschah der erste große Umschwung im Leben und Denken des Mittelschülers. Das gegen die Auswirkungen des Kriegs gerichtete Aufbegehren war folgenreich. Es kam zu Konflikten mit den Lehrern, den gutbürgerlichen Mitschülern, zum Konflikt schließlich mit der Klasse, der er entstammte, wenn auch keineswegs etwa zum Bruch mit dem Elternhaus. Der Blick des jungen Mannes, der nun schon in Zeitungen öffentlich gegen das Leid des Krieges opponierte, wurde zunehmend auf die Realität gelenkt. Er studierte die Welt, wo auch immer sie sich ihm bot, mit der geübten Gründlichkeit, mit dem trainierten Fleiß, mit der erlernten Bildung, alles Tugenden, die er, der sie besaß, später gern als deutsche Übel in Mißkredit brachte.
Brechts Ausbruch aus der bürgerlichen Ordnung war gleichermaßen ein Ausbruch aus dem bürgerlichen Familienleben. Wenn auch die zahlreichen wechselnden Verbindungen zu Frauen durch ihre Offenheit eine unbürgerliche vitale Konsumtendenz hatten (»Der Teller, von welchem du ißest dein Brot, schau ihn nicht lang an, wirf ihn fort«), so fügte er sich, ohne diese Haltung aufzugeben, schließlich doch der Ordnung. Nicht lange nach seiner im Tagebuch niedergelegten Feststellung, er sei einer, der nicht geheiratet werden kann, heiratete er zum erstenmal. Als er sich dann mit der Mutter seines dritten Kindes, wie Helene Weigel gewöhnlich zu sagen pflegte: »zusammentat«, gab es bereits genügend Erfahrungen und Vereinbarungen in der Handhabung und Regelung privater Freiheiten und Pflichten.
Der junge Mann, der da auf die literarische Bühne trat, war von vornherein von der Wichtigkeit und Größe dessen überzeugt, was er zu sagen hatte. Die literarische Runde der Augsburger Freunde wirkt im nachhinein wie eine Probebühne, eine Art Vorstadtmodell für die Landespremiere. Da gab es

schon die Vorstellung der neuen Lieder mit Gebrauchswert, die saubere Handschriften-»Edition« mit Notenbeigaben, die an die Tür angeschlagenen »Suren«. Es gab den Kreis der Freunde und Mitarbeiter, die nahezu alle, im Umgang mit Brecht, ihre Produktivität angeregt fanden. Es gab auch schon den Streit mit Theaterleuten, die altes Theater anboten. Schon damals wurde aus dem vollen gelebt und gearbeitet.
Und es fehlte auch damals das Geld, vom Standpunkt des Vaters, der ein Leben lang berufsmäßig Geld zu verwahren und zu vermehren hatte, wichtigstes Kriterium für Erfolg im Leben.
Der junge Brecht machte nun den ersten Versuch, die eigene ökonomische Lage aufzubessern, denn der Entschluß, die schöne und anspruchsvolle Marianne Zoff zu heiraten, forderte erhöhte Bemühungen, durch Arbeit auch Geld, und zwar in größeren Mengen, zu verdienen.
Die ersten großen dramatischen Arbeiten (›Baal‹, ›Trommeln in der Nacht‹, ›Im Dickicht‹) brachten ebensowenig eine finanzielle Unabhängigkeit wie die zahlreichen Filmszenarien Anfang der zwanziger Jahre. Auch in Berlin lebte Brecht vor allem von Vorschüssen und Zuwendungen der Freunde und Bekannten. Mit dem Ertrag des Kleist-Preises konnten die Schulden der Inflation bezahlt werden. Der Bescheid an das Finanzamt Wilmersdorf-Nord vom Dezember 1927, daß Brecht sich infolge seiner Finanzlage für »steuerfrei« halte, war bittere Wahrheit. Mit der Bindung an Helene Weigel kam, selbst in der erneuten Notsituation des Exils, Stabilität in das bescheidene Budget der Flüchtlinge. Die Weigel war von der Bedeutung dessen, was er schrieb, so überzeugt, daß sie, die praktischste der Frauen, alles tat, um ihm eine störungsfreie Arbeit zu ermöglichen. Die berühmte Schauspielerin gab ohne Wehmut ihren Beruf auf und widmete sich, bei stetem Training ihrer schauspielerischen Mittel auch ohne Berufsmöglichkeiten, dem Haushalt und der Kindererziehung.

3
Schon in der Weimarer Republik hatte sich Brechts Werk unmittelbar aus den Vorgängen in der Wirklichkeit ergeben. Ihm war daran gelegen, Mißstände in der Gesellschaft aufzudecken und mit der Absicht zu kritisieren, daß Leser oder Zuschauer angeregt werden, sie zu verbessern. ›Trommeln in der Nacht‹ ging von der Novemberrevolution aus, im ›Dickicht‹ waren Kämpfe zwischen einzelnen Menschen gestaltet worden, als die sich ihm Konkurrenzkämpfe, in bestimmter Weise auch Klassenkämpfe, am Anfang mitteilten. Zu ›Mann ist Mann‹ stellte er einen Menschen auf die Bühne, der ummontiert, also absichtsvoll verändert wird. Es war keineswegs eine witzige Bemerkung, wenn Brecht 1927, nach dem Studium des ›Kapital‹, behauptete, Marx sei der einzige Zuschauer für seine Stücke und er wünsche schon deshalb eine Verbreitung der Werke des Klassikers. Der Zugang zum Marxismus öffnete sich ihm interessanterweise durch einen »Betriebsunfall«: Bei der Arbeit am Stück ›Joe Fleischhacker‹ kam er, der stets sehr gründliche Materialstudien betrieb, mit Grundfragen über Ursachen von Börsenschwankungen nicht ins klare. Mit anderen Worten: er brauchte das Studium der Werke von Marx und Engels für die Arbeit. Die Folgen waren entscheidend für das gesamte weitere Werk wie für sein Leben. Die Verse aus dem berühmten Terzett der ›Dreigroschenoper‹: »Wir wären gut – anstatt so roh / Doch die Verhältnisse, die sind nicht so« brachten das Thema der Zwiegespaltenheit des Menschen auf, das nunmehr in fast allen folgenden Werken gestaltet wurde: Der Fleischkönig Mauler hat zwei Seelen in seiner Brust, freilich in ganz anderem als dem Goetheschen Sinne: eine menschliche und eine unternehmerische. Auch Galilei kann

nicht handeln und forschen, wie er will, weil er sich nach den Verhältnissen richten muß. Die Courage verliert ihre Kinder wegen der Tugenden, die sie ihnen anerzogen hat, aber eben nur im Krieg, der damit der Kritik ausgeliefert wird. In der Figur der Shen Te wird die Zwiegespaltenheit sinnlich evident, wenn der gute Mensch von Sezuan zur Erhaltung der eigenen Existenz geradezu genötigt wird, sich in einen anderen, den »Vetter« Shui Ta, zu verwandeln, der mit allen kapitalistischen Wassern gewaschen ist. Puntila ist ebenfalls ein gespaltener Mensch, der – in einer komödienhaften Variante – »Menschlichkeit« nicht von vornherein entwickelt, sondern erst nach Zufuhr einer ausreichenden Menge Alkohols. Die Abhängigkeit des menschlichen Verhaltens von den Verhältnissen wurde in allen Stücken und auch bei deren Aufführung auf dem Theater künstlerisch umgesetzt. In einem Interview 1926 hatte Brecht behauptet, er gestalte, was ist, alles andere sei Sache des Zuschauers. Wenn auch die Idee vom Zuschauer als seinem »eigenen Kolumbus« geblieben ist, so hat sich doch die Gestaltung der Realität in den folgenden Jahren in vielfacher Hinsicht entwickelt und verändert. Einmal ist das, was ist, in Brechts Vorstellung immer mehr zu dem geworden, was zu verändern ist. Zum anderen sind seine Ansprüche an die Form der Gestaltung immer mehr gestiegen. Es ging um das Schwierigste: die stimmige Umsetzung des Inhalts in die Form, also um die große Form.

4

In seinem ›Arbeitsjournal‹ hat Brecht eine Reihe von historischen Voraussagen gemacht, wie er schrieb: zur späteren Überprüfung. Die meisten sind eingetroffen. Auch in anderen Notizen hat Brecht einen erstaunlichen historischen Weitblick bewiesen. Aber in einer Voraussage hat er sich geirrt: daß sich der Faschismus in Deutschland nicht lange halten könne. Er wählte zunächst Exilorte in der Nähe Deutschlands, um auf die Rückkehr jederzeit eingerichtet zu sein. Der Weg von Wien, Carona, Paris nach Skovsbostrand beschreibt einen Halbkreis um das nationalsozialistische Deutschland, dessen Machthaber sich seiner entledigten, weil er »für den Klassenkampf Propaganda« gemacht und (mit der ›Legende vom toten Soldaten‹) »den deutschen Frontsoldaten beschimpft« habe. Die »niedrigste Gesinnung«, die ihm die Faschisten nachsagten, interpretierte Brecht, der Dialektiker, sofort als die »Gesinnung der Niedrigen«. Die politische Maßregelung hatte eine entscheidende politische Aktivierung Brechts zur Folge. Der zuvor allgemein gegen die politische Reaktion, gewöhnlich gegen einzelne »Vertreter des Alten«, vorgegangen war, analysierte jetzt sehr klar politische Situationen und Zusammenhänge. Beim Ersten Internationalen Schriftstellerkongreß 1935 in Paris wandte er sich mit seiner Rede polemisch gegen viele seiner bürgerlichen, aber gleichfalls exilierten Schriftstellerkollegen, die den Faschismus wegen seiner unnötigen Grausamkeiten verurteilten, während er diese Erscheinungen im Zusammenhang mit der kapitalistischen Handhabung der Eigentumsverhältnisse betrachtet wissen wollte. Die Idee einer »besseren Welt«, die herbeizuführen seine Kunst anregen will, entstand im Exil, in der Nachbarschaft der faschistischen Barbarei, wie so vieles bei Brecht: als »Gegenentwurf«.
Die Abreise aus Dänemark verlief geplant. Aber aus Schweden rettete ihn und seine Familie nur noch die Flucht. Nach Ausbruch des Zweiten Weltkriegs waren die skandinavischen Länder bedroht und die Emigranten gefährdet. Das finnische Exil war von vornherein als Zwischenaufenthalt vorgesehen, der dann länger dauerte als vermutet.
Die Sowjetunion, die damals mit Deutschland einen Nichtangriffspakt

abgeschlossen hatte, vermied verabredungsgemäß die offene, also publizistische Propaganda gegen den Paktpartner. Veröffentlichungen von Emigranten (Brecht war Mitherausgeber der Zeitschrift »Das Wort«) waren nicht mehr möglich. So war das Land für Brecht nur Transitstation auf der Flucht vor den Truppen Hitlers, die sich bereits an der Ostgrenze des Reiches sammelten. Einige Tage, nachdem Brecht von Wladiwostok aus mit einem Frachtschiff abgefahren war, erreichte ihn die Meldung vom Überfall der Deutschen auf die Sowjetunion.

5
Brechts Erwartungen an das amerikanische Exil erfüllten sich nicht. Er hatte mit einem Job bei der Filmindustrie gerechnet, aber schon der erste Versuch mit ›Hangmen Also Die‹ scheiterte, weil Brecht künstlerische und politische Interessen in einen nur kommerziell interessierten Kunst-Betrieb einbringen wollte und weil er den Praktiken Hollywoods nicht gewachsen war. Immer noch mußte sich die Familie Brecht auf das Nötige einschränken. Erst zwei Jahre nach der Ankunft in Kalifornien konnte sich Brecht eine Bahnreise nach New York leisten. Das amerikanische Exil ermöglichte freilich die Zusammenarbeit mit vielen Freunden aus München und Berlin, die in die USA emigriert waren. Mit Feuchtwanger, der ihn einst »entdeckte« und förderte, arbeitete er an dem Stück ›Die Gesichte der Simone Machard‹, für die Fortsetzung der Zusammenarbeit mit Weill entstand ›Schweyk im Zweiten Weltkrieg‹, beides Stücke – wie auch der Heydrich-Film – mit Widerstandsthematik. In Dänemark hatte Brecht geschrieben, es sei gewiß merkwürdig, daß er, auf den friedlichen Sund blickend, ein Stück geschrieben habe, das den spanischen Kampf gegen die Generäle zum Thema habe, aber schließlich säße er als Vertriebener dort und könne aus seinem Schreiben nicht heraushalten, was sein Leben so nachhaltig beeinflußt hat: »Wie soll Kunst die Menschen bewegen, wenn sie selber nicht von den Schicksalen der Menschen bewegt wird?« Auch in den USA bewahrte Brecht diese Haltung. Das politische Engagement hatte die gleichen Folgen wie in Berlin: FBI ließ Brecht wie ehedem das Landeskriminalamt Berlin beobachten. In Berlin war er wegen ›Kuhle Wampe‹ vor die Zensurbehörden geladen worden, in den USA verhörte ihn der »Kongreßausschuß für unamerikanische Betätigungen«. Die geplante Rückkehr bekam durch diese Vorladung unbeabsichtigt den Charakter einer Flucht, die nur möglich blieb bei geschickter Argumentation. Brecht hatte sie tags zuvor mit einem Freund einstudiert und so wirkungsvoll vor dem Ausschuß demonstriert, daß er tags darauf das Land verlassen konnte.

6
Bei einem Zwischenaufenthalt in der Schweiz bereiteten sich Brecht und Helene Weigel auf die Theaterarbeit in Berlin vor. Mit der ›Antigone‹-Aufführung in Chur wurde unter anderem getestet, ob die Weigel, für die fast ein Jahrzehnt zuvor die Rolle der Stummen Kattrin geschrieben worden war, in Berlin schon die Courage spielen könnte. Die Inszenierung des ›Puntila‹ war ein weiterer praktischer und das ›Kleine Organon für das Theater‹ ein theoretischer Versuch für die kommende Theaterarbeit. Bis auf wenige Ausnahmen hatte es für Brecht im Exil keine Möglichkeit praktischen Ausprobierens seiner Stücke gegeben. Die »Stücke für die Schublade« bedurften alle der praktischen Erprobung, die für den Stückeschreiber, der auch Regisseur war, die letzte Arbeitsphase für die endgültige Textfassung darstellte. Dazu bot die letzte Periode seines Lebens in Berlin ausreichend Gelegen-

heit. Brecht wurde nach dem Erfolg der ›Courage‹ am Deutschen Theater die Gründung eines eigenen Ensembles ermöglicht. Er übertrug seiner Frau die Leitungsfunktion der Intendanz und ließ sich von ihr als Erster Spielleiter unter Vertrag nehmen.

Mit dem Berliner Ensemble machten Brecht und Helene Weigel Theatergeschichte. Hier scheint das Leben des »Klassikers Brecht« zu beginnen, des erfolgreichen, einflußreichen und anerkannten Schriftstellers und des politisch aktiven Zeitgenossen.

Brecht ist sich aber bis zuletzt darin gleich geblieben, daß er in allen Phasen seines Lebens die Entwicklung in der Auseinandersetzung suchte, im Kampf gegen das Alte, in der Polemik gegen das Mittelmaß, in der Kritik des Gewohnten. Größte Untugend blieb die Zufriedenheit mit einem Zustand, also der Verzicht auf die Bewegung. Wie schon 1930 in den ›Mahagonny‹-Anmerkungen formuliert, galt bis zuletzt der Grundsatz des Dialektikers: »Wirklicher Fortschritt ist nicht Fortgeschrittensein, sondern Fortschreiten. Wirklicher Fortschritt ist, was Fortschreiten ermöglicht oder erzwingt.« Die Brechtsche Position blieb immer eine Kampfposition, im Leben wie in der Kunst.

Diese Grundhaltung hat sein Werk vor dem historischen Verschleiß bewahrt. Die Einfunktionierung der Kunst in den gesellschaftlichen Entwicklungsprozeß verlangt immer aufs neue die Analyse der entwickelten Bedürfnisse derer, die die Kunst genießen sollen. Gültige Rezepte schließen sich ebenso aus wie für alle Zeit gültige Kommentare. Das Werk des Dichters, der so früh starb, beweist bei jeder produktiven Begegnung mit dem Publikum seinen aktuellen Gebrauchswert.

Auch in der Zukunft wird die Lebensfähigkeit des Werkes von Brecht von dem Gebrauch abhängen, den seine Nutzer zu ihrem Nutzen von ihm machen.

7
Leben und Werk von Bertolt Brecht sind so vielfältig und so reich, daß der Versuch einer Vorstellung in Bildern und Dokumenten aussichtslos erscheinen mag. Andererseits ist es so interessant in seiner Entwicklung, in seinen Widersprüchen und in seiner Veränderung, daß die Kenntnisse der Umstände und Umgebungen vielleicht besseren Zugang zum Verständnis verschaffen und Impulse für die Auseinandersetzung geben können. Die Vielzahl der verfügbaren Fotos machte eine Auswahl des Wesentlichen notwendig.

Das Foto liefert ständig die Konfrontation mit Brecht. Es bot sich deshalb als geeignete Darstellungsform ein Band an, der eine subjektive Sicht verlangt, eine Darstellung der Stationen, Vorfälle, Affären, Dokumente und Werke gewissermaßen subjektiv aus Brecht aus. Deshalb stehen zu den Abbildungen Aussagen und subjektive Niederschriften wie Tagebuchaufzeichnungen, Briefpassagen und Selbstdarstellungen. Es ist beabsichtigt, durch die Kombination von Bild und Text auch für das Bekannte neue Gesichtspunkte zu liefern und das Unbekannte als vertraut, also zitierbar, vorzustellen.

Bei der Bildauswahl war nicht entscheidend, ob eine Fotografie noch nicht publiziert war. Mit Bedauern, aber ohne Verlust für das Buch wurde auf mehrere hundert unbekannter Fotos verzichtet, die keine wesentlichen neuen Nachrichten anboten oder die, wie so viele, einfach fotografisch uninteressant waren. Freilich konnte insbesondere dieser zuletzt genannte

Vorsatz nicht konsequent verwirklicht werden, weil als Reservoir vorlag, was überliefert oder zur Verfügung gestellt worden war. Hier zeichneten sich auch die Grenzen des Vorhabens ab: von einigen wenigen wichtigen Ereignissen oder Begegnungen fehlten die Bilddokumente. Der Band mußte deshalb von vornherein auf Beispiele hin konzipiert werden, die insgesamt den Überblick in typischen Stationen und in charakteristischer Vielfalt, nicht aber im detaillierten Verlauf vermitteln konnten. Die Chronologie der Ereignisse ist im allgemeinen eingehalten, es gibt auf Grund von Themenzusammenziehung aber einige durch Datierungen ausgewiesene Zeitsprünge, die zum Vor- und Rückblättern einladen sollen.

Die ausgewählten Manuskripte und Typoskripte zeigen die Vielfalt der Arbeitstechniken. Meist wurden erste, in fast jedem Fall aber Korrektur-Fassungen aufgenommen, die auch dem Kenner der Werke wiederum beispielhaft eine Einsicht in ursprüngliche Fassungen und Formen vermitteln.

Chronik
Überblick in Daten

1898
Eugen Berthold Friedrich wird am 10. Februar in Augsburg geboren. Sein Vater ist kaufmännischer Angestellter, später Prokurist und schließlich kaufmännischer Direktor der Haindlschen Papierfabrik. Brecht besucht die Volksschule, ab
1908
das Realgymnasium. Literarische Versuche in der Schülerzeitschrift ›Die Ernte‹.
1914
Erste Publikation von Texten in Tageszeitungen.
1916
Kritik am Heldentod in einem Aufsatz führt zu harten Schulstrafen. Bekanntschaft mit Paula Banholzer.
1917
Notabitur. Immatrikulation an der Philosophischen Fakultät der Universität München. Zahlreiche ›Lieder zur Klampfe‹.
1918
Intensives Studium – Brecht belegt auch Literaturseminare. Durch Gesuch des Vaters vom Militärdienst zurückgestellt. Erste Fassung an ›Baal‹ entsteht. Am 1. Oktober wird Brecht als Lazarettsoldat eingezogen. Im November Mitglied des Augsburger Arbeiter- und Soldatenrates. ›Legende vom toten Soldaten‹.
1919
Arbeit an dem Stück ›Spartakus‹, der ersten Fassung von ›Trommeln in der Nacht‹. Am 30. Juli Geburt von Brechts und Paula Banholzers Sohn, Frank.
1920
Brecht publiziert Theaterkritiken in der Zeitung ›Volkswille‹. Auseinandersetzung mit dem Personal des Theaters. Erste Reise nach Berlin. ›Baal‹ liegt im Satz vor, wird von vom Verlag nicht gedruckt, weil Zensurverbot befürchtet wird.
1921
Arbeit an ›Garga‹, der ersten Fassung von ›Dickicht‹. Unter Valentins Einfluß entstehen Einakter. Arbeit an Film-Drehbüchern. Erneute Reise nach Berlin. Verhandlungen mit Verlagen und Theatern.
1922
Brecht in München und in Berlin. Einlieferung in die ›Charité‹ wegen Unterernährung.

Am 29. September ›Trommeln in der Nacht‹ in München. Arbeit an ›Dickicht‹. Buchausgabe von ›Baal‹ erscheint. Engagement von Helene Weigel nach Berlin. Am 3. November Heirat mit der Opernsängerin Marianne Zoff. Aufführung von ›Trommeln in der Nacht‹ auch in Berlin. Bei der Premiere Bekanntschaft Brechts mit Helene Weigel. Verleihung des Kleist-Preises an Brecht durch Herbert Jhering.
1923
Mit Feuchtwanger Arbeit an Marlowes ›Leben Eduards des Zweiten von England‹. Am 12. März Geburt der Tochter Hanne. Uraufführung von ›Dickicht‹ in München. Brecht widmet die Buchausgabe von ›Trommeln in der Nacht‹ Paula Banholzer. Uraufführung von ›Baal‹ in Leipzig.
1924
Inszenierung der Bearbeitung von ›Leben Eduards des Zweiten von England‹ an den Münchner Kammerspielen, Brechts Schulfreund Caspar Neher entwirft das Bühnenbild. Endgültige Übersiedlung nach Berlin. Arbeit am ›Galgei‹, der ersten Fassung von ›Mann ist Mann‹. Am 3. November Geburt des Sohnes von Brecht und Helene Weigel, Stefan. Aufführungen von ›Dickicht‹ und ›Leben Eduards des Zweiten von England‹ in Berlin.
1925
Fortführung der Arbeit an ›Mann ist Mann‹, Fertigstellung der Urfassung. Helene Weigel spielt neben vielen anderen Rollen mit großem Erfolg die Klara in ›Maria Magdalene‹.
1926
Umarbeitung von ›Baal‹ für die Berliner Aufführung, bei der Brecht mit Oskar Homolka Regie führt. Uraufführung von ›Mann ist Mann‹ in Darmstadt und Düsseldorf. Durch Schwierigkeiten der Materialanalyse für ein neues Stück wird Brecht zum Studium des Marxismus angeregt. Herausgabe der ›Taschenpostille‹ in kleiner Auflage.
1927
Im Propyläen-Verlag erscheinen ›Bert Brechts Haus-

postille‹, später ›Im Dickicht der Städte‹ und ›Mann ist Mann‹. Brecht fällt als Preisrichter eines Lyrik-Wettbewerbs ein vernichtendes Urteil über die jungen Gedichteschreiber. Uraufführung des Songspiels ›Mahagonny‹. Arbeit an ›Fatzer‹. Mitarbeit am Theater Piscators. Scheidung von Marianne Brecht.
1928
Aufführung von ›Mann ist Mann‹ in Berlin mit Helene Weigel als Begbick. Bearbeitung der ›Beggar's Opera‹ von John Gay, die seine Mitarbeiterin Elisabeth Hauptmann aus dem Englischen übersetzt hat. Völlige Umgestaltung des Stücks, das unter dem Titel ›Dreigroschenoper‹ am Theater am Schiffbauerdamm Berlin mit großem Erfolg uraufgeführt wird.
1929
Uraufführung der Lehrstücke ›Der Flug der Lindberghs‹ und des ›Badener Lehrstücks vom Einverständnis‹ im Rahmen der Baden-Badener Musikfestspiele. Arbeit am ›Brotladen‹ und ›Fatzer‹. Am 10. April Heirat mit Helene Weigel.
1930
Uraufführung der Oper ›Aufstieg und Fall der Stadt Mahagonny‹ in Leipzig endet als Theaterskandal. Arbeit am Lehrstück ›Die Maßnahme‹, das am 10. Dezember im Großen Schauspielhaus Berlin uraufgeführt wird. Arbeit an ›Die heilige Johanna der Schlachthöfe‹ und ›Die Ausnahme und die Regel‹. Prozeß gegen die Filmgesellschaft Nero wegen Nichtbeachtens der Vorschläge des Autors bei der Verfilmung der ›Dreigroschenoper‹. Aufführung der Lehrstücke ›Der Jasager‹ und ›Der Neinsager‹ mit Schülern. Am 28. Oktober Geburt von Brechts und Helene Weigels Tochter, Barbara.
1931
Inszenierung von ›Mann ist Mann‹ am Staatstheater. Uraufführung des Films ›Die Dreigroschenoper‹. Arbeit am Film ›Kuhle Wampe oder Wem gehört die Welt?‹ Brecht schreibt das Stück ›Die Mutter‹ nach dem Roman von Maxim Gorki.

Chronik

Fertigstellung des Stücks ›Heilige Johanna der Schlachthöfe‹.

1932
Uraufführung der ›Mutter‹ mit Helene Weigel in der Titelrolle. Kontrolle der Aufführungen durch die Polizei. Nach mehrfachem Verbot des Films ›Kuhle Wampe‹ durch die Zensur wird er nach großem öffentlichen Protest gekürzt freigegeben. Kauf eines Landhauses in Utting.

1933
Am 28. Februar, einen Tag nach dem Reichstagsbrand, verläßt Brecht mit seiner Frau und dem Sohn Stefan Deutschland und begibt sich über Prag nach Wien. Er reist allein in die Schweiz und sucht ein Unterkommen. Helene Weigel kommt mit den Kindern nach. Durch die Konfiszierung alles Eigentums einschließlich der Tantiemen an in Deutschland verlegten Werken durch die Nationalsozialisten reisen Brecht und seine Familie nach Dänemark und kaufen preisgünstig ein Fischerhaus in Skovsbostrand auf der Insel Fünen. Auf einer Rezitationstournee erkrankt Helene Weigel in Moskau und muß längeren Erholungsurlaub nehmen.

1934
Brecht schreibt den ›Dreigroschenroman‹, der in Amsterdam erscheint. Unter Mitarbeit von Margarete Steffin, die Brecht ins Exil gefolgt ist, entsteht das Lehrstück ›Die Horatier und die Kuriatier‹. In Paris wird die Sammlung ›Lieder Gedichte Chöre‹ publiziert. Reise nach London.

1935
Brecht reist nach Moskau, trifft sich mit Freunden, hält Vortragsabende, schreibt Gedichte über seine Eindrücke. Im Juni nimmt er am Ersten Internationalen Schriftstellerkongreß in Paris teil. Reise nach New York zur Teilnahme an den Proben zur ›Mutter‹ in der Theatre Union.

1936
In Moskau erscheint die deutschsprachige Zeitschrift ›Das Wort‹, herausgegeben von Brecht, Bredel und Feuchtwanger. Brecht schreibt an der Szenenfolge ›Furcht und Elend des Dritten Reiches‹. Uraufführung der ›Rundköpfe und Spitzköpfe‹ in Kopenhagen. In London Filmarbeit mit Fritz Kortner. Teilnahme am Internationalen Schriftstellerkongreß in London.

1937
Der Einakter ›Die Gewehre der Frau Carrar‹ entsteht und wird am 16. Oktober in Paris mit Helene Weigel als Carrar uraufgeführt. Das Stück wird von Ruth Berlau unter Mitarbeit von Brecht und Helene Weigel mit Arbeiterschauspielern in Kopenhagen inszeniert. Weitere Szenen der Folge ›Furcht und Elend des Dritten Reiches‹ entstehen.

1938
Arbeit an dem Roman ›Die Geschäfte des Herrn Julius Cäsar‹. Uraufführung mehrerer Szenen aus ›Furcht und Elend des Dritten Reiches‹ unter dem Titel ›99 %‹ in Paris. Beginn der Auseinandersetzung über Fragen des Realismus in der Zeitschrift »Das Wort« (Expressionismusdebatte). Es entsteht ›Leben des Galilei‹.

1939
Mit Margarete Steffin Übersetzung der ›Erinnerungen‹ von Martin Andersen Nexö. Brecht schreibt mehrere Novellen. Durch Galileis Dialoge angeregt arbeitet er an einem Dialog über Theater (›Der Messingkauf‹). Im Mai wegen der Kriegsgefahr Übersiedlung nach Schweden. Er erhält von der Bildhauerin Ninnan Santesson ein Landhaus in Lidingö zur Verfügung gestellt. Arbeit an dem Stück ›Der gute Mensch von Sezuan‹. Es entstehen ›Mutter Courage und ihre Kinder‹ sowie das Hörspiel ›Das Verhör des Lukullus‹. Keine skandinavische Bühne bringt den Mut auf, die ›Courage‹ zu spielen.

1940
Nach Einmarsch der Hitlertruppen in Dänemark und Norwegen sind Brecht und seine Familie in Schweden gefährdet. Flucht unter Zurücklassung des Mobiliars nach Finnland. Auf Einladung der Schriftstellerin Wuolijoki Gast in Kausala auf ihrem Gut Marlebäck. Brecht schreibt mit ihr ›Herr Puntila und sein Knecht Matti‹ sowie die ›Flüchtlingsgespräche‹. Umzug nach Helsinki.

1941
Vorbereitung einer Übersiedlung in die USA. Für Amerika schreibt Brecht ›Der aufhaltsame Aufstieg des Arturo Ui‹. Am 19. April Uraufführung von ›Mutter Courage und ihre Kinder‹ in Zürich. Auf der vierteljährigen Reise in die USA stirbt Brechts schwerkranke Mitarbeiterin Margarete Steffin. Brecht und seine Familie wohnen in Hollywood, siedeln sich aber dann in Santa Monica an. Arbeit an verschiedenen Filmstoffen.

1942
Mit Fritz Lang und John Wexley Arbeit am Film ›Hangmen Also Die‹. Mit Feuchtwanger Beginn einer Zusammenarbeit an einem Jeanne-d'Arc-Stoff (daraus entsteht das Stück ›Die Gesichte der Simone Machard‹). Brecht schreibt an weiteren Filmstoffen. Umzug in ein geräumiges Haus in Santa Monica.

1943
In New York trifft Brecht mit vielen emigrierten deutschen Schriftstellern, Künstlern und Politikern zusammen. Er schreibt ›Schweyk im Zweiten Weltkrieg‹. Anschluß an den ›Council for a Democratic Germany‹. Am 9. September Uraufführung von ›Leben des Galilei‹ in Zürich. Brechts und Paula Banholzers Sohn, Frank Banholzer, fällt als deutscher Soldat an der Ostfront. Arbeit an ›The Duchess of Malfi‹.

1944
Arbeit am Stück ›Der kaukasische Kreidekreis‹. Beginn einer Übersetzung und Bühnenfassung von ›Leben des Galilei‹ mit dem Schauspieler Charles Laughton. Seine Mitarbeiterin Ruth Berlau, die sich in New York angesiedelt hat, beginnt auf Brechts Anregung mit dem Aufbau eines Filmarchivs der literarischen Arbeiten.

1945
Änderung der Konzeption für ›Galileo Galilei‹ nach Abwurf der Atombomben. Verfassung des ›Kommunistischen Manifests‹.

1946
Brecht bereitet seine Rück-

kehr aus dem Exil vor. Er regelt Buchausgaben seiner Werke.

1947
Aufführung des ›Galileo Galilei‹ in Beverly Hills mit Charles Laughton. Vorladung vor das Komitee für unamerikanische Tätigkeit in Washington. Sofort danach Abreise aus den USA. Zwischenaufenthalt in der Schweiz.

1948
Aufführung der ›Antigone des Sophokles‹ mit Helene Weigel in Chur. Inszenierung von ›Herr Puntila und sein Knecht Matti‹ in Zürich. Das ›Kleine Organon‹ für das Theater entsteht. Brecht und Helene Weigel reisen nach Berlin und bereiten am Deutschen Theater die Aufführung von ›Mutter Courage und ihre Kinder‹ vor.

1949
Am 11. Januar Premiere von ›Mutter Courage und ihre Kinder‹ mit Helene Weigel als Courage. Brecht reist erneut in die Schweiz, regelt Versand des Umzugsgutes. Er schreibt das Stück ›Die Tage der Commune‹ und engagiert Schauspieler für ein eigenes Ensemble, mit dessen Gründung Helene Weigel beauftragt worden ist. Rückkehr nach Berlin mit der Tochter Barbara. Helene Weigel erhält für die Courage den Nationalpreis. Am 12. November stellt sich das Berliner Ensemble mit ›Herr Puntila und sein Knecht Matti‹ erstmals der Öffentlichkeit vor. Brecht leitet als Erster Spielleiter des Theaters die künstlerische Arbeit. Brecht und Helene Weigel wohnen in einer Villa in Berlin-Weißensee.

1950
Brecht nimmt an der Gründungsveranstaltung der Deutschen Akademie der Künste teil. Er wird zum Akademiemitglied berufen. Die ›Neuen Kinderlieder‹ entstehen.

1951
Brecht inszeniert am Berliner Ensemble ›Die Mutter‹. Für die Weltfestspiele der Jugend schreibt Brecht mit Paul Dessau die Kantate ›Herrnburger Bericht‹. Er verfaßt einen Offenen Brief an die deutschen Künstler und Schriftsteller. Am 7. Oktober wird Brecht mit dem Nationalpreis I. Klasse ausgezeichnet. Nach Absetzung, Diskussion und Überarbeitung wird die Oper ›Die Verurteilung des Lukullus‹ von Brecht und Paul Dessau am 12. Oktober in der Deutschen Staatsoper uraufgeführt. Übersetzung und Bearbeitung des ›Coriolan‹ von Shakespeare.

1952
Mit dem Berliner Ensemble auf einem Gastspiel in Warschau. Am Schermützelsee in Buckow mieten Brecht und Helene Weigel ein Landgrundstück. Mit Erwin Strittmatter bereitet er eine Bühnenfassung der Komödie ›Katzgraben‹ vor. Premiere von ›Die Gewehre der Frau Carrar‹ mit Helene Weigel.

1953
Brecht setzt sich für die Befreiung von Ethel und Julius Rosenberg ein. Von Februar bis Mai inszeniert Brecht Strittmatters ›Katzgraben‹ am Berliner Ensemble (Premiere am 23. Mai). Brecht wird von der 5. Generalversammlung des PEN-Zentrums Ost und West im Mai zum Präsidenten gewählt. Aktives Verhalten bei den Ereignissen am 17. Juni. Den Sommer verbringt Brecht in Buckow, er schreibt an dem Stück ›Turandot oder Der Kongreß der Weißwäscher‹. Die ›Buckower Elegien‹ entstehen. Brecht und Helene Weigel ziehen in ein Hinterhaus des Grundstücks Chausseestraße 125 um.

1954
Johannes R. Becher beruft Brecht in Künstlerischen Beirat des Ministeriums für Kultur. Das Berliner Ensemble zieht in das Theater am Schiffbauerdamm. Das neue Haus wird am 19. März mit ›Don Juan‹ von Molière eröffnet (Regie: Benno Besson). Brecht wird zum Vizepräsidenten der Deutschen Akademie der Künste berufen. Am 7. Oktober Aufführung des ›Kaukasischen Kreidekreises‹ in der Regie von Brecht. Anfang Dezember diskutieren Becher und Brecht in Westberlin mit westdeutschen und amerikanischen Publizisten. Verleihung des Stalin-Preises ›Für Frieden und Verständigung zwischen den Völkern‹ am 18. Dezember.

1955
Am 12. Januar Premiere von Johannes R. Bechers ›Winterschlacht‹ in der Inszenierung von Brecht und Manfred Wekwerth. Brecht spricht auf der Tagung des Friedensrates in Dresden und übergibt dem Deutschen Friedensrat 176 203 Unterschriften zur Erklärung gegen die Pariser Verträge. Entwürfe für ein Stück ›Leben des Einstein‹. Bei wiederholtem Gastspiel des Berliner Ensembles in Paris werden die Aufführung ›Der kaukasische Kreidekreis‹ und Brecht triumphal gefeiert. Brecht beginnt mit Proben zu ›Leben des Galilei‹ am Berliner Ensemble.

1956
Teilnahme am IV. Deutschen Schriftstellerkongreß. Am 10. August beteiligt sich Brecht zum letztenmal an den Proben des Berliner Ensembles. Bertolt Brecht stirbt am 14. August kurz vor Mitternacht an den Folgen eines Herzinfarkts. Am 17. August findet die Beisetzung auf dem Dorotheenstädtischen Friedhof statt.

Anmerkungen

5-6
Der Vater schrieb den Söhnen Karten und Briefe, in denen er sie in der Adresse als »Herren« bzw. »Gymnasiasten« titulierte.

7
Die Mutter war kränklich und ging häufig zur Kur nach Bad Rain in Oberstaufen. Ein Spielgefährte Brechts aus der Bleichstraße erinnert sich: »Ich bin der festen Überzeugung, daß Brecht dem Wunsch seiner kranken Mutter entsprach, wenn er Medizin studierte. Er erklärte mir einmal, daß es seiner Mutter lieb wäre, wenn er herausbringen könne, was ihr wirklich fehle. Sie hoffe, daß er sie einmal werde heilen können, wenn er studiert habe. Eugen war zu seiner Mutter immer sehr rührend. Mehrmals sah ich, wie er sie sehr besorgt vom Garten ins Haus trug. Die Mutter konnte damals schon kaum noch laufen.«
(Friedrich Mayer, in ›Brecht in Augsburg‹)

10
Brechts Schulkamerad Franz Kroher erinnert sich aus der ersten Schuljahre: »Ich habe Brecht als einen etwas schwächlichen, aber ruhigen und ordentlichen Schüler in Erinnerung, mit dem die Lehrer keine auffallenden Schwierigkeiten hatten. Von seiner Mutter wurde er lange zur Schule gebracht und auch wieder abgeholt. Nach einigen Wochen ging auch er den Weg in die Schule allein. Während der Winterzeit wurden die Brechtbuben – da sein Bruder Walter in die andere Klasse ging – zuweilen vom Dienstmädchen mit dem Schlitten zur Schule gefahren, wobei sich Eugen nicht bis vor die Schultür bringen ließ, er stieg bereits einige Meter vor der Schule vom Schlitten und lief daneben her. Von der dritten Volksschulklasse an wurden wir beide der Schule am Stadtpflegeanger zugeteilt. In diesem Jahr, es mag 1906 gewesen sein, war Brecht einige Zeit nicht in Augsburg. Wie es hieß, war er wegen seines unruhigen Zustandes mit seiner Mutter in Bad Dürrheim im Schwarzwald; er hatte ein nervöses Kopfzucken, was sich aber dann verloren hat. Im Turnunterricht war Eugen durchschnittlich, er konnte ganz gut laufen.«
(›Brecht in Augsburg‹)

16
Der Deutschlehrer, der Brecht in der VIII. Klasse unterrichtete, gab über seinen ehemaligen Schüler folgende Auskunft: »Brecht gehörte zu den hochbegabten und originellen Schülern, die man zeitlebens nicht vergißt, wenn er auch nicht gerade zu den angenehmsten seiner Klasse zählte. Im Gegensatz zu verschiedenen Kollegen, die sich oft bitter über den ›kecken, vorlauten und arroganten Burschen‹ beklagten, war ich mit seinem Verhalten und zumal mit seinen Leistungen recht zufrieden und drückte nicht selten auch mal ein Auge zu oder half ihm aus der Patsche, wenn er sich eine Suppe eingebrockt hatte. Dafür hatte er auch fühlbares Vertrauen zu mir und erinnerte sich auch noch in seiner Berliner Zeit gerne an meine rednerischen Freiübungen und besonders an meine Interpretationen vom ›Faust‹. Weniger lag ihm das Pathos Schillers, dessen ›Wallensteins Lager‹ für ihn ein ›Oktoberfest mit Bockbierausschank‹ war. Von seiner Schule hielt er meines Erachtens nicht allzuviel. Unter seinen Mitschülern hatte er nur wenige, die er seines Umgangs würdigte.«
(›Brecht in Augsburg‹)

18
Im Lehrplan der Klasse VII standen u. a. die folgenden Themen: *Religionslehre (protest.)*: Einführung in Schriften des Alten Testaments; Lesung der Psalmen; alte und mittlere Kirchengeschichte; Philipper-Brief.
Deutsche Sprache: Wesen und Arten lyrischer Dichtung; die wichtigsten ausländischen Reimstrophen; lyrische und epische Gedichte von Goethe, Schiller, Uhland und anderen neueren Lyrikern; Schiller, ›Wilhelm Tell‹; Grillparzer, ›König Ottokars Glück und Ende‹; Uhland, ›Ernst, Herzog von Schwaben‹; Heinrich von Kleist, ›Prinz Friedrich von Homburg‹; Lessing, ›Minna von Barnhelm‹; das Nibelungen- und Gudrunlied; Gedichte Walthers von der Vogelweide im Urtext; Heinrich von Kleist, ›Michael Kohlhaas‹. Hausaufsätze waren über folgende Themen zu schreiben: »Der Reichtum ist schlecht, als Herr und als Knecht, / Wer ihn zum Freund macht, der nützt ihn recht« / und / »Der Krieg ist schrecklich, wie des Himmels Plagen, / Doch er ist gut, ist ein Geschick, wie sie (Schiller)«.
Lateinische Sprache: Cicero ›Laelius‹ in Auswahl; Ovid, ›Phaethon‹; Vergil, ›Aeneis‹ I. II. III. V. VI. VIII.; Livius, XXI und XXII; Sallust, ›De coniuratione Catilinae‹; Grammatik und stilistische Regeln.
Französische Sprache: Mühlan ›La guerre 1870/71‹.
Englische Sprache: Geography of the British Isles.
Geschichte: Von Augustus bis zum Ende des Mittelalters mit besonderer Berücksichtigung der bayerischen Geschichte.
(›Brecht in Augsburg‹)

22
Brechts Cousine Fanny erinnert sich an ihre Tante: »Tante Sophie war sehr ästhetisch veranlagt. Dabei hatte sie einen starken Willen. Sie förderte in Eugen das Interesse an Literatur. Sie war selbst sehr belesen. Später, als sie schon sehr krank war und an Sonntagen in ihrem Stuhl oft den ganzen Nachmittag in dem Garten im Hof saß, war für sie die Lektüre eines Buches das schönste Vergnügen.« (›Brecht in Augsburg‹)

24
Brecht schrieb seinem Schulfreund Caspar Neher, der bereits zum Militär eingezogen war, zahlreiche Briefe und verlangte ihm Zeichnungen ab.

25
Brecht war schon einmal am 14. Januar 1918 gemustert worden. Am 1. Mai 1918, dem Tag der neuerlichen Musterung, richtete Brechts Vater an den »Civilvorsitzenden der Ersatzkommission Augsburg« folgendes Gesuch: »Mein Sohn, Eugen Berthold Brecht, geb. 10.11.1898 zu Augsburg, ist bei der Musterung als Sanitätssoldat d.g.v.F. [dauernd garnisonsverwendungsfähig Feld] ausgehoben worden. Derselbe besucht z. Zt. die Universität München und stelle ich hier-

mit das ergebene Gesuch, meinen Sohn zur Fortsetzung des Studiums für das laufende Semester geneigtest beurlauben zu wollen. Hochachtungsvollst! B. Brecht, Fabrikdirektor.« (›Brecht in Augsburg‹) Dem Gesuch wurde stattgegeben.

26
Heiner Hagg schreibt zu diesem Silvesterausflug: »In dieser Silvesternacht haben wir tatsächlich eine Rodelpartie zu siebt in Nervenheil unternommen. Ohne Mädchen. Gegen Mitternacht saßen wir um im Lagerfeuer und prosteten uns gegenseitig zu. Das hatte Brecht alles organisiert. Als wir dann in der kalten Nacht am Feuer hockten und still in die Flammen starrten, sagte Brecht ganz gelassen, wie abwesend, ohne dabei den Kopf zu wenden: ›Das Feuer wäre noch schöner, wenn jetzt eine nackte Hure darüber springen würde.‹« (›Brecht in Augsburg‹)

27
Die Kneipe am Lech war bevorzugter Treffpunkt von Brecht und seinen Freunden.

30
In seinen Theaterkritiken und in anderen Artikeln hat sich Brecht über Strindberg und Wedekind weniger negativ geäußert.

32
Vollständige Transkription der Seite:
Mein lieber Rudolph Neher! Ich dank Dir für Deinen Besuch Sonntag vor 8 Tagen. Leider war ich auf dem Friedhof, als Du kamst. Also schreibe ich, was ich zu sagen habe. Sei noch einmal bestens für die Farbskizze ›Faust‹ bedankt. Bei nochmaliger Prüfung dachte ich folgendes: Komposition schön. Jedoch würde ich die Erscheinung nicht in der Weise gesehen haben. Im ›Faust‹ steht nur von einer »rötlichen Flamme« in der Geist erscheint. – Faust selbst dürfte sich (vielleicht) besser im Profil zeigen. (Gestützt auf den Schreibtisch?) Fenster [?] u. Leuchter sind *sehr* schön . . . Als Freund, nicht als Kritiker (denn da hätte ich kein Recht) rate ich Dir, die Behandlung des Lichtes nicht zu einer Manie auszugestalten d. h. allzu grobe u. unwahrscheinliche Lichteffekte zu vermeiden.

Nun, bisher allerdings, vermittelt das Licht außerordentlich poetische Stimmung, aber – – Aber der Dichter (und Maler nach meinem Sinne) ist von der Wirklichkeit abhängig. Naturwahrheit *und* Idealismus zu verschmelzen, ist Kunst. »Wirklichkeit ist das Lager des großen Dichters auf dem er seine Träume träumt.« (Diese Kunst, alltägliche Begebenheiten in die Höhen des Geistes emporzuheben, hat G. Hauptmann!) Man lese ›Michael Kramer‹ letzter Akt, dem Schönsten, was je einem Naturalisten [Shakespeare ausgenommen] glückte!)
Man braucht keine Stoffe, die sich schon an sich durch äußere Schönheit auszeichnen. Man braucht keine Könige zu Helden, keine Dichter, keine Philosophen. (Keine Antigone, keinen Faust). Auch das Schicksal einer Waschfrau (Mutter Wolffen im ›Biberpelz‹) . . . Der Abschnitt endet folgendermaßen:
. . . kann tragisch (also schön) sein. Das wichtige ist der Geist *des Künstlers*, der das Objekt verklärt, mit seinem Wesen durchdringt. Meuniers Arbeiter sind wertvoller als Kaulbachs leere Damengesichter, und Leo Putz' Dirnenfratzen vielleicht wertvoller als Thomas Bäuerinnen. (Defregger hasse ich!) Ein moderner Maler muß Zola lesen.
Denn noch immer ist die Stelle des großen (Maler-) Naturalisten frei. Die Seele des Volkes ist noch nicht erforscht.
Der Brief enthält des weiteren eine frühe Fassung des Gedichts »Moderne Legende« und einen Vorschlag Brechts, das Gedicht mit allegorischen Zeichnungen zu »umranken«.

33-34
Nach Ablehnung eines weiteren Gesuchs von Brechts Vater um Verlängerung der Rückstellung seines Sohnes vom Militärdienst wurde Brecht am 1.10.1918 ins »Reservelazarett Augsburg« als »Militärkrankenwärter« eingezogen. Er hatte seinen Dienst in der Station D (Dermatologie) bei geschlechtskranken Soldaten zu leisten. Heiner Hagg beschrieb Brechts Militärzeit folgendermaßen: »Über Brechts Aussehen als Soldat war ich oft erstaunt, er benahm sich meines Erachtens unmöglich. Ich sah ihn herumspazieren, die Hände in den Hosentaschen vergraben, damit hielt er die Hosen hochgezogen, dazu hatte er gelbe Halbschuhe an, manchmal war er ohne Jacke, nur mit einem Pullover bekleidet, meist ohne Kopfbedeckung, oder er hatte eine Art Reitgerte in der Hand, natürlich war er immer ohne Koppel, er war mehr Zivilist als Soldat. Ich habe mich wiederholt gefragt, wo Brecht den Mut hernahm, sich in einem derart unmöglichen Aufzug in der Öffentlichkeit zu zeigen.« (›Brecht in Augsburg‹)

35
Brecht hatte an der Tür zu seinen Mansardenzimmern in der 2. Etage der Bleichstraße 2 »Zwölf Suren für meine Besucher« angeheftet, in denen sie aufgefordert wurden, Beschränktheit und Voreingenommenheit abzulegen und Erleuchtung und Begabung frei zu entfalten.

36-39
Paula Groß geb. Banholzer berichtet über die Zeit mit Brecht: »Der Brecht damals, das war schon meine große Liebe, meine erste große Liebe. Er war ein hochmoralischer Mensch. Und er äußerte kein unschönes Wort. Unter uns war er sehr beliebt. In seiner Art war Brecht warmherzig und verbindlich. Er konnte aber auch ein sehr großer Egoist sein. Wenn er Freunde um sich versammelt hatte, mußten sie ihm alle irgendwie dienlich sein. [. . .] Obwohl mein Vater Direktor Brecht kannte, hätte er es nie geduldet, daß ich einen angehenden Dichter heirate. Einmal durfte ich ihn zum Kaffee zu uns einladen, da waren sie natürlich freundlich zu ihm. Bei mir wollte man's nicht haben, daß sich mich mit Brecht abgebe. So eine Berufswahl galt eben als unbürgerlich.« (›Brecht in Augsburg‹)

40
Brecht lernte Dora Mannheim bei seiner ersten Berlinreise auf einem Kostümball kennen. Sie machte ihn später mit Elisabeth Hauptmann bekannt. Siehe dazu: Hasen-

fratz, Doris, Aus dem Alltag eines Genies, in ›Die Zeit‹, 19. August 1966.

41
Brecht belegte im 1. Semester medizinische Vorlesungen und Seminare, aber auch schon literarische und theatergeschichtliche Veranstaltungen (u. a. Prof. Dr. Artur Kutscher: Stilkunde und Theaterkritik, Prof. Dr. Friedrich von der Leyen: Ibsen, Björnson, Strindberg), siehe dazu: ›Brecht in Augsburg‹.
Nach Ausbruch der Revolution in Bayern wurde in München Kurt Eisner zum Vorsitzenden des Arbeiter- und Soldatenrates und zum provisorischen Ministerpräsidenten ernannt. Die neue Regierung ordnete am 13. November 1918 an, daß neben den Kasernenräten auch Lazaretträte zu wählen sind. Am 28. November bestätigte der Arbeiter- und Soldatenrat von Augsburg die Konstituierung eines solchen Lazarettrates, dessen gewähltes Mitglied Brecht zeitweilig war.

43
Brechts Onkel Karl berichtet über seine Eltern: »Mein Vater war Lithograph und betrieb hier im Haus eine Steindruckerei. Meine Mutter arbeitete täglich mit in der Werkstatt, die lange im ersten Stock untergebracht war. So schnitt sie die Weinetiketten, die mein Vater druckte, mit einer gewöhnlichen Schere zu. Als man bei einem Kollegen eine Schneidemaschine billig hätte kaufen können, lehnten sie es ab, man sparte das Geld, und die Mutter schnitt die Etiketten weiterhin brav mit der Schere. Überdies mußte sie für die Familie – wir waren fünf Geschwister – und noch dazu das Haus mit der Werkstatt sauberhalten, das war kein leichtes Leben.« (›Brecht in Augsburg‹)

44
Auf den Tod Wedekinds schrieb Brecht einen Nachruf, der in den ›Augsburger Neuesten Nachrichten‹ vom 12.3.1918 veröffentlicht wurde. In einem Brief von Ende April 1918 fügt er folgenden Vierzeiler bei: »*Zu Wedekinds Begräbnis:* Sie standen ratlos in Zylinder-

Anmerkungen

hüten. / Wie um ein Geieraas. Verstörte Raben. / Und ob sie (Tränen schluchzend) sich bemühten: / Sie konnten diesen Gaukler nicht begraben.«
47
Aus Brechts Notizbuch. Die Zeichnung des Ausspruchs unter dem Gedicht mit »Geh. Rat. Kraus« muß als fingiert angenommen werden. Mehrere frühe Gedichte Brechts mit pornographischem Einschlag, die bislang nicht veröffentlicht wurden, zeichnete er beispielsweise mit »Thomas Mann«.
48
Marie Rose Aman berichtet: »Ich war vom ersten Augenblick an beeindruckt von den ausgezeichneten Manieren des Gymnasiasten, von seinen Kulleraugen, die heimlich nach mir schielten. Davon hatten jedoch die Mitschülerinnen, die an meinem Tisch saßen, nichts bemerkt. Und tatsächlich steckte er mir noch zur gleichen Stunde einen Zettel zu, auf dem er mir ein Kompliment über mein langes Haar machte und mich eindringlich um ein Rendezvous bat. [. . .] Später besuchte ich Brecht einige Male in seiner Mansarde, die mir wegen ihres Boheme-Charakters noch in Erinnerung ist. Einmal sagte mir Brecht, er werde mir später nur noch einen Hut jährlich genehmigen, mich dafür im Laufe der Zeit mit sieben Kindern überraschen.« (›Brecht in Augsburg‹)
49
Brecht und Paula Banholzers Sohn wurde im Andenken an Wedekind »Frank« genannt.
53
Heiner Hagg berichtet: »Direktor Brecht war wie mein Vater ein aktiver Sänger in der Augsburger ›Liedertafel‹ und zeitweise auch im Vorstand. Bei der Anglervereinigung war er ebenfalls Vorstandsmitglied. Die Hausdame der Brechts, Fräulein Roecker, hat in ihrer Wohnung noch heute das Aquarell hängen, das Vater Brecht einmal bei einem Wettfischen in der Wens gewonnen hatte. Wenn es seine Zeit erlaubte, fuhr er übers Wochenende zum Angeln oder machte einen Ausflug ins Voralpenland.« (›Brecht in Augsburg‹)

54
Caspar Neher zeichnete zahlreiche Bilder zu ›Baal‹. In seinem Notizbuch bemerkte Neher zu ›Baal‹ u. a. am 16. 1. 1920 folgendes: »Wir arbeiten zusammen am ›Baal‹, und ›Baal‹ wird ungeheuer schön. Jede Figur ist jetzt ausbalanciert und gleich. Und jede Gestalt hat jetzt Möglichkeit erhalten, sich zu bewegen. Man arbeitet, und es gelingt. Heute muß ich Baals Bilder fertig machen, unbedingt, nur dann gehen sie an den Verlag.«
55
Brecht begann das Stück ›Baal‹ im Sommer 1918, ein Jahr später lag eine völlige Umarbeitung vor. Die hier abgebildete Textpassage stammt aus einer weiteren Umarbeitungsphase, deren Ergebnis schließlich die Grundlage für den ersten Druck des Stückes 1920 bei Georg Müller, München, bildete. Da dieser erste Druck wegen Zensurbefürchtungen nicht zustande kam, muß die Publikation des Stückes durch den Verlag Kiepenheuer, Potsdam 1922, als die erste öffentlich wirksame Ausgabe von ›Baal‹ angesehen werden.
57
Marianne Zoff trat vom 21.9.1919 bis zum 16.5.1921 in Augsburg auf. Danach ging sie nach Bad Reichenhall. Für die Spielzeit 1921/1922 erhielt sie ein Engagement in Wiesbaden. Marieluise Fleißer erinnert sich: »Die Marianne sang zuerst in Augsburg. Es hieß damals, Brecht habe in einer Besprechung weniger ihre Stimme als vielmehr ihre Beine gelobt. Daraufhin habe sich Marianne bei Brecht beschwert, und Brecht habe sie eingeladen. – Marianne hat als junge Ehefrau Ende 1922 zunächst in Augsburg, in Brechts Kammer in der Bleichstraße 2, gewohnt. Als sie 1922 schwanger wurde, wollte sich Brecht nicht binden, und nur durch massive Vorhaltungen Lion Feuchtwangers kam die Heirat zustande. Obwohl Marianne erst 1927 von Brecht geschieden wurde, ging die Ehe schon 1923 in die Brüche. Dennoch hing Brecht weiterhin sehr an Marianne. Ein Foto von ihr hatte er auch

später immer zur Hand und zeigte es. Die vollendete Schönheit der Marianne Zoff war es, die er mit großer Ausdauer bewunderte.« (›Brecht in Augsburg‹)
65
Marieluise Fleißer schrieb über die Münchener Jahre Brechts: »Bei Brecht überstürzten sich die Dinge privat. Er mußte einen Hausstand gründen, und eigentlich wollte er nach Berlin, seine Stadt lag dort. Aber der Berliner Aufführung der ›Trommeln‹ wurde eine Enttäuschung, und die Kritik vom Kerr verzieh er ihm ewig nicht oder doch sehr lang. – Sofort fuhr er nach Bayern zurück und stürzte sich in eine wahre Arbeitswut, mit Feuchtwanger wieder. Er schrieb am ›Leben Eduard des II.‹, an einem ›Gösta Berling‹ in Moritatenmanier und gereimt. Das ›Dickicht‹ schrieb er kurz vor der Aufführung nicht einmal um. Das alles durcheinander, mehrgleisig schuftend, wenns da nicht weiterging, dann dort. Das Ehepaar Brecht hauste in Augsburg unter dem väterlichen Dach, in München wurde die Wohnung nicht gefunden, und als sie gefunden war, war sie zu klein. Brecht ist dem Kindsgeschrei davon und dem Matriarchat, er wußte nicht wo schreiben. Er kreuzte bei Freunden zum Arbeiten auf. Die Währung rutschte ab, Hitler versammelte die Massen. Dem Feuchtwanger wurden Steine ans Fenster geworfen, antisemitische Schmähworte schrie man ihm hinauf. Brecht hatte Aufführungsverträge, aber endlos fiel die Mark.« (Fleißer, Marieluise, ›Gesammelte Werke‹, 2, Frankfurt/M. 1972, S. 298 f.)
68
Auf der Rückseite der Mitgliedskarte befindet sich der Stempel des Verbandes mit der Unterschrift des Schatzmeisters.
69
Von 1920 bis 1924 reiste Brecht mehrfach nach Berlin, bis er sich von September 1924 endgültig dort ansiedelte. Anfangs kam er bei dem Journalisten Frank Warschauer unter, der für die ›Weltbühne‹ und für die ›Frankfurter Zeitung‹ schrieb. Arnolt Bron-

nen berichtet: »Er hatte in Wochen mehr Bekannte in Berlin als andere in Jahren. Mit Darstellern, die Bronnen nur als ferne Stars aus den Gazetten kannte, hatte er längst geredet. Er hatte noch keinen einzigen Vertrag in der Tasche; aber mit Klöpfer, Kraus, Wegener, George hatte er bereits wegen der Übernahme von Rollen in seinen Stücken verhandelt. Er kannte alle Dramaturgen, wie Reinhardts Felix Holländer, wie Jessners Dr. Lipmann, er kannte die wichtigsten Literaten, wie Ludwig Berger, wie Heinrich Eduard Jacob, und zum mindesten bei drei Verlagen, beim Drei-Masken-Verlag, beim Propyläen-Verlag, beim Kiepenheuer-Verlag hatte er eine engagierte Anhängerschaft, die sich vom Chef bis zur jüngsten Sekretärin erstreckte.« (Bronnen, ›Tage mit Brecht‹)
70
›Baal‹ wurde am 8. Dezember 1923 im Alten Theater Leipzig uraufgeführt (Regie: Alwin Kronacher, mit Lothar Körner als Baal). Die Vorstellung 1926 am Deutschen Theater war eine Sonntags-Veranstaltung der ›Jungen Bühne‹, bei der Schauspieler aller Berliner Theater neue Dramatiker vorstellten.
71
Der Kritiker des ›Berliner Börsen-Courier‹, Herbert Jhering, der 1922 den Kleist-Preis zu vergeben hatte, gab bekannt, daß er Brecht ausgewählt hat. Jhering hatte alle Premieren von Brecht-Stücken verfolgt und im ›Berliner Börsen-Courier‹ darüber berichtet. Er wurde zum Wegbereiter Brechts auf dem Theater und zog damit zugleich den Zorn seines Widersachers Alfred Kerr auf den jungen Dramatiker.
72
Bekanntgabe der Preisverleihung im ›Berliner Börsen-Courier‹ vom 13. November 1922.
74
Nach Auskunft von Helene Weigel begann ihre erste Bekanntschaft mit Brecht bei den Proben zu ›Trommeln in der Nacht‹ 1922. Die Wiener Schauspielerin hatte zu dieser Zeit ein Engagement am Staatstheater, später wechselte sie an verschiedene

Theater über. Siehe dazu die Zusammenstellung »Die Rollen der Weigel im Spiegel der Kritik«, in: ›Helene Weigel zu ehren‹, Frankfurt/M. 1970, S. 101 ff.

75
Die Eltern von Helene Weigel unterhielten ein Geschäft für Spielwaren. Sie mißbilligten den Entschluß der Tochter, Schauspielerin zu werden, unterstützten sie aber dann, als sie erste Erfolge hatte, ständig finanziell. Die Schwester verehrte die bald bekannte Schauspielerin und sammelte in Schulheften alle Zeitungsrezensionen. Mehrere Jahre war Brechts Sohn Frank in ihrer Obhut. Nach dem Bericht von Helene Weigel sind nahezu alle ihre jüdischen Verwandten in den Gaskammern der nationalsozialistischen Konzentrationslager umgekommen.

77
Der 1926 fertiggestellten Fassung des Lustspiels ›Mann ist Mann‹ gingen zahlreiche in Augsburg entstandene Pläne und Versionen voraus. Der erste Entwurf entstand 1919 mit dem Plan, ein Stück ›Der dicke Mann auf der Schiffschaukel‹, späterer Titel ›Galgei‹, zu schreiben. In Berlin bekam Brechts Konzeption eine andere Tendenz. Als Mitarbeiter am Stück nannte er außer Elisabeth Hauptmann: Emil Burri, Slatan Dudow, Caspar Neher und Bernhard Reich. – Die hier wiedergegebene Korrekturseite beruht auf der Fassung des Arcadia-Verlages von 1929, die Brecht danach bearbeitet hat.

78
Brecht lernte die Lehrerin Elisabeth Hauptmann (geb. 20.6.1897 als Tochter eines Landarztes) erst 1923 in Berlin durch die Vermittlung von Dora Mannheim kennen. Er gewann sie als Mitarbeiterin, die u. a. auch Kontakte zu Verlegern und Zeitungsredaktionen vermittelte, und regte sie zu eigenen literarischen Arbeiten an (in den zwanziger Jahren teilweise mit den Pseudonymen Catherin Ux oder Dorothy Lane gezeichnet).

80
›Bertolt Brechts Taschenpostille‹ wurde 1926 vom Gustav Kiepenheuer Verlag, Potsdam, herausgegeben. Ein Jahr später gab der Propyläen-Verlag Berlin die überarbeitete Fassung der Gedicht- und Liedersammlung unter dem Titel ›Bertolt Brechts Hauspostille‹ heraus. Die aufgeschlagene Seite zeigt u. a. die ›Legende vom toten Soldaten‹, die später von den Nationalsozialisten als einer der Gründe für Brechts Ausbürgerung angegeben wurde (siehe: Abb. 173).

81
Der Propyläen-Verlag Berlin veröffentlichte 1927 das Schauspiel ›Im Dickicht der Städte‹. Die Ausgabe enthält 4 Abbildungstafeln mit »Städte und Menschentypen aus den ersten Jahrzehnten des Jahrhunderts«.

83
Hanne Brecht wurde Ballett-Tänzerin, später Schauspielerin (Hanne Hiob).

86-87
Brecht begann 1926 eine Biographie über den Boxer Paul Samson-Körner zu schreiben. Darüber äußerte er sich folgendermaßen: »Samson-Körner ist ein großartiger und bedeutsamer Typus. Ich wollte an ihm festhalten. Die einfachste Methode war, mir von ihm sein Leben erzählen zu lassen. Ich halte allerhand von den Wirklichkeit. Allerdings sind solche Wirklichkeiten wie Samson-Körner an den Fingern herzuzählen: Glücksfälle. Was mir bei Samson zuerst auffiel, war, daß er nach einem ganz nichtdeutschen sportlichen Prinzip zu boxen schien. Er boxte sachlich. Das hat einen großen plastischen Charme. Es ist schlechthin unnachahmlich, wie Samson-Körner beispielsweise eine einfache Fahrkarte in seiner Tasche verstaut. Darum ist er auch ein ganz beträchtlicher Filmschauspieler.« (Was arbeiten Sie? / Gespräch mit Bertolt Brecht)

88
Nach der Darmstädter Uraufführung des Stückes (25.9.1926) kam ›Mann ist Mann‹ in Berlin am 5.1.1928 an der Volksbühne heraus, Regie: Erich Engel, Bühnenbild: Caspar Neher, mit Heinrich George (Galy Gay), Helene Weigel (Begbick), Harry Lamberts-Paulsen, Victor Schwannecke, Friedrich Gnaß (Soldaten) und Hans Leibelt (Fairchild).

89-91
Die Bilder sind dem Filmporträt ›Helene Weigel‹ von Christa Mühl und Werner Hecht entnommen, Fernsehen der DDR, Berlin 1973.

92-93
Siehe Anmerkung zu 89-91

95
Emil Hesse-Burri war ein junger Schriftsteller, der an mehreren Stücken Brechts mitarbeitete. 1932 inszenierte er mit Brecht das Stück ›Die Mutter‹. Brechts Angriffe gegen die ›Junge Bühne‹, die Moritz Seeler leitete, siehe auch: ›Junge Bühne‹, in ›Schriften zum Theater‹.

97
Helene Weigel überließ Brecht ihre Atelierwohnung in der Spichernstraße 16 und zog mit ihrem Sohn Stefan Weigel in die Babelsberger Straße 52 um. Die Anmeldung ist von Elisabeth Hauptmann geschrieben.

98
Die Anmeldung für Brechts Wohnung in der Hardenbergstraße 1a ist von Helene Weigel geschrieben.

101
1928 wandte sich der neue Direktor Ernst Josef Aufricht an Brecht und bat ihn um ein Stück für die Eröffnung des Hauses unter seiner Direktion. Brecht war unter anderem gerade bei einer Bearbeitung der ›Beggar's Opera‹ von John Gay, die ihm Elisabeth Hauptmann aus dem Englischen übersetzt hatte. Brecht ließ sich einen Arbeitsurlaub bezahlen und schrieb mit Kurt Weill eine neue Version des Stückes, die er während der Proben, auf Empfehlung von Lion Feuchtwanger ›Dreigroschenoper‹ nannte. Nach dem großen Erfolg der Aufführung bekam Brecht im Theater am Schiffbauerdamm die Möglichkeit für weitere Versuche.

102
Die Fotoserie ist dem Filmporträt ›Helene Weigel‹ von Christa Mühl und Werner Hecht entnommen, a.a.O.

106
Regisseur der Uraufführung war Erich Engel, das Bühnenbild gestaltete Caspar Neher. Die Aufführung wurde einer der größten Erfolge auf dem Theater Ende der 20er Jahre.

108-113
Im Herbst arbeitete Brecht in Augsburg und in Kochel vor allem an ›Fatzer‹.

114-117
Die Aufnahmen sind dem Filmporträt ›Helene Weigel‹ von Christa Mühl und Werner Hecht entnommen, a.a.O.

121-122
Emil Stumpp (1886-1941) war Maler, Graphiker und Pressezeichner.

122
Transkription des Plans:
1
traumerzählung
L[uckerneedle] beschimpft J[ohanna]
›ihr leid ist leid um die suppe
2
Zollgesetz gefällt.
Mauler fodert sein vieh.
3
J will nicht zu den strohhüten gehören
L verlangt taten.
J erkundigt sich nach solchen, die etwas tun wollen.
4
kein vieh da.
mauler entdeckt als der große aufkäufer
5
J bei den kommunisten.
der arbeiterführer: Sicher werden die fleischleute noch allerhand lügen ausstreuen, daß alles geordnet sei und der generalstreik nicht stattfinde.
die L ist nicht bereit, ihre geschichte zu erzählen auf den höfen.
sie übernimmt den brief
6
M[auler] beunruhigt durch die vorgänge auf den höfen.
M trägt slift auf, vieh abzugeben und verläßt die börse.
M setzt das gerücht in umlauf, er habe vieh abgegeben. *es gebe keinen generalstreik.*
slift gibt *nicht* ab
7
wirkung des gerüchts.
L und die chöre
426
L erkennt die Lage.
Sie waren zu kurz arbeitslos!
J gibt den brief *nicht* ab.
8
M erfährt, daß er ruiniert ist.
9
J erfährt, der generalstreik komme.
sie rauft sich mit der L um den brief.
10
M im haus der S[chwarzen] S[trohhüte]

Anmerkungen

11
arbeiter: sie sind dagewesen und weggegangen. dann ist eine frau gekommen und hat nach ihm gefragt. wir haben ihr die richtung gezeigt.

12
arbeiter dringen ins haus der S[chwarzen] S[trohhüte] ein und suchen »eine frau, die . . .« und sie erzählen die geschichte der Luckerneedle. »Nein, das ist sie nicht.«

123
Lion Feuchtwanger (1884 bis 1958) über Brecht: »Er schreckt vor keiner Derbheit zurück und nicht vor letztem Realismus. Er ist ein wunderliches Gemisch von Zartheit und Rücksichtslosigkeit. Von Plumpheit und Eleganz, von Verbohrtheit und Logik, von wüstem Geschrei und empfindlicher Musikalität.« (Bertolt Brecht, dargestellt für Engländer, 1928)

124
Arnolt Bronnen (1895-1959) über Brecht: »Brecht war ein Freund, der sich für die, welche er seiner Freundschaft würdigte, stark und zäh einsetzte. Das war, wie ein Schlagwort jener Tage lautete, *Realpolitik* und brachte es offen auf dem: Do ut des.« (›Tage mit Bertolt Brecht‹)

125
Herbert Jhering (1888-1977) über Brecht: »Der vierundzwanzigjährige Dichter Bert Brecht hat über Nacht das dichterische Antlitz Europas verändert. Mit Bert Brecht ist ein neuer Ton, eine neue Melodie, eine neue Vision in der Zeit.« (›Der Dramatiker Bert Brecht‹, 1922)

126
Erich Engel (1891-1966) über Brechts ›Dickicht‹: »Garga hat viel von Brecht: Die nervöse Flugbewegung des Kopfes, die schief aus dem Hals heraus entsteht; die Grinsgrimasse; die qualvolle Belebung des ganzen Körpers; die Hektik, die seltsam zeichnerische Mimik.« (1923, in: Engel, Erich, ›Schriften / Über Theater und Film‹, Berlin 1971, S. 75)

127
Bernhard Diebold (1886 bis 1945) über ›Mann ist Mann‹ (Uraufführung 1926 in Darmstadt): »Bert Brecht hat ganz augenscheinlich etwas gegen die ›Charakterköpfe‹ – wie er's schon nennt. ›Charakterkopf‹ ist eine Störung des normalen Menschen-Typus durch das persönlich Individuelle. ›Höchstes Glück der Erdenkinder‹ ist keineswegs mehr die Persönlichkeit – wie Goethe es seinerseits noch anzunehmen wagte.« (›Brecht in der Kritik‹, München 1977, S. 53 f.)

128
Max Reinhardt (1873-1943) engagierte Brecht zusammen mit Carl Zuckmayer ans Deutsche Theater Berlin.

129
Thomas Mann (1875-1955) über ›Dickicht‹: »Auf verwandte Art stürmt und drängt es in den Dramen des jungen Bert Brecht, von denen das erste, ›Trommeln in der Nacht‹, die bittere Geschichte eines aus dem Krieg heimkehrenden Soldaten, zwei gute Akte besitzt, dann aber zerflattert. Des zweiten, mit Namen ›Dickicht‹, glaubte die Staats-Schauspielbühne München, das Residenztheater, sich annehmen zu sollen, obgleich es, bei aller Begabung, im Punkte künstlerischer Disziplin und geistiger Gesittung gegen das erste eher einen Rück- als Fortschritt bedeutete. Aber Münchens volkstümlicher Konservatismus war auf seinem Posten gewesen. Er duldet keine bolschewistische Kunst.« (›The dial‹, New York, Oktober 1923)

130
George Grosz (1893-1959) über Brecht: »Er war nicht milde melancholisch wie die meisten Lyriker; er war gar nicht passiv. Was er sagte, war stets originell und oft besser als das, was er schrieb, und obwohl er alles andere als ein farbloser Mensch war, liebte er das Graue, nicht das Undurchsichtige, sondern das nüchtern, unromantische Graue des Theoretikers, Erklärers und Schulmeisters.« (Grosz, George, ›Ein kleines Ja und ein großes Nein‹, Hamburg 1955 S. 181)

131
Erwin Piscator (1893-1966) über sein Theater: »Wenn der Besucher unseres Theaters das Haus betreten, so soll die Welt nicht hinter ihnen versinken, sondern sich auftun. Nicht die Welt des Dichters, die Welt von gestern und vorgestern, mit überlebten Schicksalen und Meinungen, sondern *unsere* Welt in ihrer ganzen Unerbittlichkeit, Härte, Grausamkeit, wie sie tatsächlich ist.« (Das Theater unserer Zeit, in: ›Klassenkampf‹, Berlin H. 1, 1927, 2, S. 47)

132
Leopold Jeßner (1878-1945) leitete von 1919-1930 das Berliner Staatstheater und war zugleich einer der bedeutendsten Regisseure dieses Hauses. Helene Weigel spielte in mehreren Aufführungen unter seiner Regie.

133
Alfred Döblin (1878-1957) hatte Brecht, insbesondere mit seinen Romanen »Die drei Sprünge des Wang-lun« und »Wadzeks Kampf mit der Dampfturbine«, stark beeinflußt. 1926 trat Brecht mit Döblin und Bronnen in einer gemeinsamen Matinee in Dresden auf.

134
Georg Kaiser (1878-1945) auf die Rundfrage: »Gibt es noch eine Gesellschaft?«: »Ich lebe mit Kindern und Tieren. Was sich hinter meiner Waldgrenze als Publikum sammelt oder lockert, überblicke ich nicht. Also kann ich mich zu diesem Vorgang nicht äußern.« (›Berliner Börsen-Courier‹, 25. Dezember 1924)

135
Fritz Sternberg (1895-1963) im Dialog mit Brecht: »Sie sind nicht durch Marx dazu gekommen, den Niedergang des Dramas zu erkennen, Sie sind auch nicht durch Marx dazu gekommen, vom epischen Theater zu sprechen. Sie sind durch sich selbst dazu gekommen. Denn, sagen wir doch ganz ruhig: Episches Theater, das sind Sie, lieber Herr Brecht.« (Sollen wir nicht die Ästhetik liquidieren? In: Berliner Börsen-Courier‹, 2. Juni 1927)

136
Herman Duncker (1874 bis 1960) war Mitbegründer des Spartakusbundes und der KPD. Er gab Schriften von Marx, Engels und Lenin heraus. Herman Duncker leitete die Marxistische Arbeiterschule (MASCH) Berlin-Neukölln, in der Brecht mehrere seiner Vorlesungen und Seminare besuchte.

137
Bernard von Brentano (1901-1964) schrieb Gedichte, Dramen und Essays. 1933 ging er in die Schweiz. Brentano hielt zeitweilig engen Kontakt zu Brecht und seiner Familie.

138
Karl Kraus (1874-1936) über Brecht: »Im kleinen Finger der Hand, mit der er fünfundzwanzig Verse der Ammerschen Übersetzung von Villon genommen hat, ist dieser Brecht origineller als Kerr, der ihm dahintergekommen ist.« (Kerrs Enthüllung, 1929)

139
›Der Lindberghflug‹ wurde am 27.7.1929 zum erstenmal im Rahmen der Musikfestwochen im Kurhaus von Baden-Baden aufgeführt, Regie führte Ernst Hardt, Dirigent: Hermann Scherchen. Die Berliner Konzertaufführung fand am 5. Dezember 1929 statt.

140
Nach der Uraufführung des Lehrstücks ›Die Maßnahme‹ wurde das Stück am 18. 1. 1931 im Großen Schauspielhaus Berlin aufgeführt. Brecht schrieb für eine spätere Ausgabe der Lehrstücke: »Der Stückeschreiber hat Aufführungen der ›Maßnahme‹ immer wieder abgelehnt, da nur der Darsteller des jungen Genossen daraus lernen kann und auch er nur, wenn er aus einem der Agitatoren dargestellt und im Kontrollchor mitgesungen hat.« (Anmerkung zu den Lehrstücken, ›Stücke‹, Band 5, S. 276).

144
Brecht ließ sich, wie schon in seiner Studentenzeit, von Paul Hamann einen Gipsabdruck seines Kopfes machen. Er ließ sich mehrfach mit den Gipsplastiken in der Hand fotografieren. 1918 hatte er an Caspar Neher geschrieben: »Jemand hat mir die Totenmaske abgenommen. Das war sehr unangenehm, man kann dabei ersticken, denkt man.« (März 1918). Die hier abgebildete Bronzeplastik stammt aus dem Besitz von Brechts Bruder, Prof. Dr. Walter Brecht.

145
Rudolf Schlichter, in dessen Kreis unter anderem George Grosz und Brecht verkehrten, gestaltete von Brecht und Helene Weigel auch Ölgemälde.

147
Das Stück ›Untergang des Egoisten Johann Fatzer‹ sollte aus dem Fatzerdokument, also dem eigentlichen Stück, dem Fatzerkommentar sowie aus den Chören bestehen. Es wurde von Brecht nicht fertiggestellt.

149
Die Aufführung, für die Brecht das Stück nochmals überarbeitet hatte, fand am 6.2.1931 mit Peter Lorre als Galy Gay und Helene Weigel als Begbick statt. Bei den Proben kam es zu Meinungsdifferenzen zwischen dem Intendanten des Staatstheaters, Ernst Legal, der ursprünglich die Regie übernehmen wollte, und Brecht. Brecht führte die Proben fort, zeichnete aber dafür ebensowenig wie Legal. Der Intendant, der für die Aufführung auf Brechts Wunsch Gäste verpflichtet hatte (siehe dazu den Arbeitsvertrag Abb. 160), setzte das Stück nach wenigen Vorstellungen ab.

154-156
Brecht, Dudow und Eisler hatten bereits bei der ›Maßnahme‹ zusammengearbeitet. Die Arbeit an ›Kuhle Wampe‹ begann im Sommer 1931 und wurde durch die systematisch betriebene Niederkonkurrierung der progressiven Filmfirma Prometheus GmbH unterbrochen.

157
Die Premiere der ›Mutter‹ fand in einer ersten geschlossenen Aufführung durch die Gruppe Junger Schauspieler und die Aufricht-Produktion im Rahmen der Jungen Volksbühne am 12. Januar 1932 im Wallner-Theater Berlin statt. Vom 16. Januar ab wurden mehrere Vorstellungen im Komödienhaus am Schiffbauerdamm, später auch in anderen Theatern gespielt. Den gesamten Kartenvertrieb hatte die Junge Volksbühne übernommen. In der Zeitung ›Berlin am Morgen‹ vom 17. Januar 1932 wurde bekanntgegeben: »Die Karten sind für alle Tage zum Preise von 1.20 und 1.80 RM (Erwerbslose die Hälfte) in den Vorverkaufsstellen und an der Theaterkasse der Jungen Volksbühne zu haben. – Eine ganze Reihe proletarischer Organisationen, die Junge Volksbühne, die Revolutionäre Gewerkschaftsopposition, die Interessengemeinschaft für Arbeiterkultur, die Internationale Arbeiterhilfe, die Rote Hilfe Deutschlands, die Interessengemeinschaft für rote Sporteinheit, der IB, der Verband proletarischer Freidenker, die Arso, empfehlen ihren Mitgliedern den Besuch der Aufführung aufs wärmste.«

159
Helene Weigel war wegen ihrer Schwangerschaft 1930 aus dem Staatstheater ausgeschieden. Als Agitatorin in der ›Maßnahme‹ erhielt sie einen befristeten Dienstvertrag des Staatstheaters für die ›Mann ist Mann‹-Inszenierung.

160
Helene Weigel hielt sich in den Sommermonaten mit den Kindern in Süddeutschland auf. In Berlin bezog sie verschiedene Wohnungen. Brecht verblieb in seiner Wohnung, Hardenbergstraße 1A, und unterschrieb formal die Hausordnung der Charlottenburger Wohnung seiner Frau als »Mieter«.

163
Die Freigabe des Filmes wurde mit folgenden Auflagen ausgesprochen: 1. Jugendverbot, 2. Verbot von 3 Sequenzen, 3. Verbot der ganzen Nacktbadeszene.

164
Den Hintergrund des Titelblatts bildet die Versammlung der Sportler, vor denen die Agitproptruppe ›Das Rote Sprachrohr‹ (die einzige im Film dokumentarisch überlieferte Gruppe dieser Art) ein politisches Programm vorführt.

165
Während Oberregierungsrat Erbe bei den Nationalsozialisten Karriere machte, wurde der Leiter der Politischen Abteilung im Reichsinnenministerium, Ministerialdirigent Dr. Kurt Häntzschel, der damalige Sachverständige bei der Sitzung der Film-Oberprüfstelle, mit Brecht zusammen ausgebürgert (siehe dazu Abb. 173). Dr. Häntzschel war von den neuen Machthabern wegen seiner liberalen Prinzipien im Presserecht vom Dienst suspendiert. In einer Petition an den Innenminister Frick verwies Häntzschel auf seine außerordentlichen Verdienste bei der Bekämpfung des Kommunismus. Als Frick darauf nicht reagierte, wanderte Häntzschel nach Österreich, später nach Südamerika aus.

169-170
Die Aufschrift befindet sich auf der Rückseite des Fotos.

171
Die Nationalsozialisten hatten den von ihnen initiierten Brand des Reichstagsgebäudes benutzt, um einen äußeren Vorwand für die Verhängung des Ausnahmezustandes (Notverordnung vom 28.3.1933) sowie für die Annahme eines Ermächtigungsgesetzes zu schaffen. Tausende von Antifaschisten wurden verhaftet. Der Reichstagsbrandprozeß sollte den faschistischen Terror gegen die KPD, SPD und andere antifaschistische Parteien rechtfertigen. Brecht entwarf ein zweites Braunbuch über den Leipziger Prozeß und den Londoner Gegenprozeß.

173
Die Ausbürgerungsliste, eine unter vielen, erschien im ›Deutschen Reichs- und Preußischen Staatsanzeiger‹, Nr. 133 vom 11. Juni 1935, S. 2, Sp. 2.

178
Brecht erwarb das Haus für 7000 Kronen. Einen großen Teil der Summe konnte er von Einnahmen aus dem ›Dreigroschenroman‹ finanzieren. Karin Michaelis hatte das erste Vorsprechen von Helene Weigel 1919 in Wien miterlebt und berichtete am 26. Mai 1919 darüber in der ›Vossischen Zeitung‹. Danach hat Direktor Rundt on der Wiener Volksbühne das Urteil ausgesprochen: »Eines der größten dramatischen Genies, die jemals geboren wurden.«

183
Der dänische Journalist Fredrik Martner schrieb über Brechts Arbeitszimmer: »Ein Arbeitstisch aus gebeizter Kiefer nahm die ganze Längsseite des Zimmers ein. An den Wänden hingen chinesische Theatermasken und eine riesige Fotografie seiner Frau Helene Weigel. Auf einem Balken unter der niedrigen Decke stand ein Lenin-Zitat: *Die Wahrheit ist kon-* *kret.* Die Buchstaben waren aus schwarzem Karton geschnitten und mit dünnen Nägeln an dem Balken geheftet. Im Zimmer standen kleine niedrige Lederstühle und nur vor einem kleinen Tisch mit einer Schreibmaschine ein gewöhnlicher Holzstuhl. Auf Tischen, Stühlen und Boden lagen unordentliche Haufen Bücher und Manuskripte.«
Brecht spielt aus seinem Vertrag mit dem Niederländischen Verlag Allert de Lange an, bei dem 1934 sein ›Dreigroschenroman‹ herauskam. Brechts Vater besuchte seinen Sohn mehrfach im dänischen Exil.

188-189
Brecht wurde von seinen Kindern »Bidi« genannt. Mit »Marie« ist Marie Hold, Brechts Augsburger Haushälterin, gemeint, die der Familie nach Dänemark gefolgt war. – Das angefügte Gedicht nahm Brecht später in seine Sammlung auf und gab ihm, sich nicht mehr an die chinesische Postkarte erinnernd, den Titel »Zu einer japanischen Zeichnung«, in Puppenspiel darstellend, das Kinder Kindern vorführen«.

190-191
Brecht fuhr mit Karin Michaelis zum I. Internationalen Schriftstellerkongreß zur Verteidigung der Kultur nach Paris (21. bis 25. Juni 1935). Auf diesem Kongreß wurde die ›Internationale Schriftsteller-Vereinigung zur Verteidigung der Kultur‹ gegründet. Zu dem Kongreß waren Schriftsteller aus 37 Ländern gekommen. Unter den deutschen Teilnehmern befanden sich u. a. Lion Feuchtwanger, Johannes R. Becher, Alfred Kerr, Egon Erwin Kisch, Heinrich Mann, Klaus Mann, Hans Marchwitza, Anna Seghers, Bodo Uhse, Erich Weinert. Henri Barbusse und Heinrich Mann waren Mitglieder des Präsidiums. Brecht wollte den Meinungsstreit zwischen Henri Barbusse und André Gide in seinen »Tui-Roman« einbauen. Siehe dazu die Notizen ›Der Redekampf Barbusse-Gide‹ in: BBA 808/15-16.

Anmerkungen

192-193
Brecht verließ Kopenhagen am 7. Oktober 1935 und fuhr nach New York, um an den Proben zur ›Mutter‹ teilzunehmen. Das Stück wurde von der Theatre Union in einer Weise einstudiert, die Brechts und Eislers heftige Kritik hervorrief. Es kam zu Auseinandersetzungen, die aber auch nicht durch Vermittlung des Verantwortlichen der KP, Jerome, geschlichtet werden konnten. (Siehe dazu: »Materialien zur ›Mutter‹.«) Nach der Aufführung blieb Brecht noch bis Ende Dezember in New York und verhandelte mit Verlagen und Theatern.

194
Bei seiner Moskauer Reise 1935 traf Brecht auch mit Carola Neher zusammen, die mit ihrem Mann in die UdSSR ausgewandert war, desgleichen mit seinem Mitarbeiter aus der Münchener Zeit Bernhard Reich und dessen Frau Asja Lacis. Er wurde begrüßt von seinem Freund Sergej Tretjakow, der viele seiner literarischen Werke ins Russische übersetzt hat. In Moskau lernte er den chinesischen Schauspieler Mei Lan-fang kennen. Er trat, zusammen mit anderen deutschen Schriftstellern, in literarischen Abenden auf. Zur Einweihung der Moskauer U-Bahn schrieb er das Gedicht »Inbesitznahme der großen Metro durch die Moskauer Arbeiterschaft am 27. April 1935«.

195
Brecht schrieb zur Vertonung der Kantate: »Angenommen, in einer Kantate über den Tod Lenins soll der Musiker seine Haltung im Klassenkampf wiedergeben. Der Bericht über den Tod Lenins kann, was den Gestus betrifft, natürlich sehr verschieden gebracht werden. Ein gewisses feierliches Auftreten besagt noch wenig, da dies auch gegenüber dem Feind im Falle des Todes für schicklich gelten kann. Zorn über die ›blindwütende Natur‹, die den Besten der Gemeinschaft zur ungünstigsten Zeit entreißt, wäre kein kommunistischer Gestus, auch weise Ergebenheit in dieses ›Walten des Fatums‹ wäre keiner, der Gestus der kommunistischen Trauer um einen Kommunisten ist ein ganz besonderer Gestus. Das Verhalten des Musikers zu seinem Text, des Referenten zu seinem Referat zeigt den Grad seiner politischen und damit menschlichen Reife an. Worüber ein Mensch in Trauer verfällt und in was für eine Trauer, das zeigt seine Größe. Die Trauer zum Beispiel auf eine große Stufe zu heben, sie zu einer die Gesellschaft fördernden Sache zu machen, ist eine künstlerische Aufgabe.« (Über gestische Musik, etwa 1938)

196
Der amerikanische Bühnenbildner Mordecai Gorelik, der diese Aufnahme vor dem Lorry in Kopenhagen machte, war 1936 zur Aufführung von ›Die Rundköpfe und die Spitzköpfe‹ nach Dänemark gekommen.

198-199
Brecht reiste im April 1936 nach London. Mit Kortner arbeitete er an einem Bajazzo-Film für Richard Tauber. – In Brechts Nachlaß befindet sich eine Serie von fast 30 Fotos, die ihn im Freien rezitierend zeigt. Es fehlen jegliche Angaben über Thema und Zweck dieses Vortrags.

200
Das Stück ›Die Gewehre der Frau Carrar‹ erarbeitete Brecht zusammen mit Margarete Steffin. Der Titel der ersten Fassung lautete ›Generäle über Bilbao‹. An das Typoskript ist rechts ein Zettel mit einer Ergänzung angeklebt, die an der mit einem Kreuz versehenen Stelle eingefügt werden sollte. Diese Passage lautet:
Der Junge: ich habe hunger.
Theresa: aber du hast etwas dagegen, dass dein bruder aale sticht.
Der Junge: weil das auch ich machen kann und juan etwas anderes zu tun hat.
Theresa: ich dachte, du willst auch dorthin?
Der Junge: ob die englischen Lebensmittelschiffe hereinkommen?
Theresa: ich habe jedenfalls kein mehl mehr, wenn dieses brot gebacken ist.

201
Anna Seghers über die Aufführung: »Endlich in diesem Winter hat die Weigel wieder spielen können. Alles war da – nichts war vertan worden, nichts verlorengegangen von ihrer Begabung und ihren Kenntnissen. Immer noch diese genaue nur einen einzigen unabwendbaren Schluß zulassende Stimme: ›Gott hatte Menschen Berufe gegeben, mein Sohn ist Fischer.‹ Und als der Sohn sagt: ›Wenn es nach mir ginge‹, antwortet die Weigel mit ihren fünf einsilbigen Worten, wie man ein Nägelchen einschlägt. ›Es geht nicht nach dir.‹ Daß die Weigel das spielen konnte, das verdankt man nicht ihr und nicht nur Brecht, sondern vor allem auch der Truppe. Diesen paar jungen Genossen, welche vollständig verstanden, worauf es bei dieser Sache ankam. [...] Dank diesen Genossen, Dank dem Lohmar, der Tür, Fenster und Backofen wie ›für Reinhardt selbst‹ baute. Was aber macht die Stimme der Weigel jetzt? Eine Stimme, die soviel Wert sein könnte wie Zeitungsauflagen oder viele Packen Flugblätter oder ein Waggon Munition. Kann man mit dieser Stimme doch Stumpfe erregen und Feinde unsicher machen und die Unsrigen stärken. Man spricht hier von ihrer Stimme, weil man sie wieder seit langer Zeit gehört hat. Viele gibt es – freilich, soviele nicht, daß wir diesen Besitz verschludern dürften, statt uns darum zu kümmern. (›Internationale Literatur‹, 4, 1938.)

202
Brechts »Angebinde« war das hier abgedruckte Gedicht ›Die Schauspielerin im Exil‹.

205
Die Premiere fand am 19. Dezember 1937 im ›Theater der Arbeiter‹ Kopenhagen statt. Im ›Aftenbladet‹ vom 20. Dezember 1937 wurde die Aufführung u. a. folgendermaßen besprochen: »Geschrieben hat es der jetzt landflüchtige, seinerzeit so gefeierte Bert Brecht. Der typische Schauspielautor der Nachkriegszeit lebt jetzt in Dänemark als Emigrant [...] Das stark dramatische Stück wurde ausgezeichnet dargeboten, geprägt sowohl von der inneren Begeisterung dieser Laienschauspieler als von der gekonnten Inszenierung Ruth Berlaus. Namentlich Dagmar Andreasen als Mutter spielte fein und empfindsam.«

208-211
Die Premiere fand am 21. Mai 1938 in der Salle d'Iena in Paris statt. Es spielten u. a. Ernst Busch, Erich Schoenlank, Steffi Spira, Günter Ruschin, Hans Altmann, Friedel Ferrari und Erich Berg. In der ›Deutschen Volkszeitung‹, Paris, wurde Helene Weigels Darstellung folgendermaßen beurteilt: »Brecht hat diese Aufgabe hervorragend gelöst, mit ihm vor allem seine Mitarbeiterin Helene Weigel, die in der Wiedergabe einer jüdischen Frau eine tiefe erschütternde Wirkung auslöste, in der Darstellung einer trauernden Frau, die sich zum Widerstand bekennt, nicht nur mahnend und beispielgebend wirkte, sondern als eine tapfere Vorkämpferin im Ringen um die Freiheit unseres Volkes dastand. Was Helene Weigel an diesen Abenden gab, war sehr reife Schauspielerkunst, aber weit mehr noch ein kämpferisches Bekenntnis zum Antifaschismus.«

212-213
Brecht schrieb für seine Mitarbeiterin Margarete Steffin u. a. die ›Lieder des Soldaten der Revolution‹ sowie den Gedichtzyklus ›Nach dem Tod meiner Mitarbeiterin M. S.‹ sowie zahlreiche ›Sonette‹. Einige Gedichte nannte er die ›Steffinsche Sammlung‹ und vermerkte, daß es sich um solche Gedichte handelte, die sie im skandinavischen Exil »gesammelt« habe.

214
Das – wie die meisten Manuskripte Brechts – von Helene Weigel in Leder eingebundene erste Exemplar mit Vorsatzpapier Andrucke von farbigen Meßblättern.

215
George Grosz schrieb über Brechts Auto: »Brecht war ein glänzender Autofahrer, einer der schnellsten und unvorsichtigsten meiner Bekanntschaft. In Langeland, in Dänemark, wo ich ihn in den Dreißigerjahren

besuchte, fuhr er ein uraltes Fordmodell, das man noch ankurbeln mußte, worauf es, wenn es überhaupt ansprang, heftig zu zittern anfing. Aber dem Brecht war es völlig untertan und gehorchte ihm trotz Altersschwäche. Als ich ihn damals wiedersah, wie er in Arbeitsanzug und Ledermütze neben dem schlotternden Ford stand, mußte ich laut lachen; es war wie ein Bild einer Brechtschen Varieténummer: Bert und sein komisches Automobil, mit Kurbelmusikbegleitung.« (Ein kleines Ja und ein großes Nein, Hamburg 1955, S. 182.) Nach einer Notiz der Zeitung ›Politiken‹ vom 24. Oktober 1938 hatte Brecht zu dieser Zeit einen Zusammenstoß mit einem anderen Auto.

216
Brecht erhielt eine Einreise nach Schweden über die Einladung zu einem Vortrag an der Studentenbühne Stockholm. Das Visum wurde für die Dauer von 3 Monaten ausgestellt. Natürlich hatte Brecht von vornherein die Absicht, nicht nach Dänemark zurückzukehren. Er hatte das meiste Mobiliar, Bücher und Hausrat auf dem Schiffswege nach Stockholm nachkommen lassen. Die Einreisepapiere der beiden Kinder besorgte Helene Weigel von Stockholm aus. Eine vorläufige Unterkunft fand Familie Brecht im Hotel Pallas, Klarabergsgatan 37.

217
Mitte Juli zog Brecht in ein Landhaus der Bildhauerin Ninnan Santesson auf Lidingö um. In einem Gespräch erinnerte sie sich: »Brecht [...] wurde in Svendborg unruhig und wollte nach Schweden. Dann hat Naima Wifstrand mit mir gesprochen, ich hatte damals ein Haus auf Lidingö, und wir sind uns einig geworden. Ich sagte, sie können gern einziehen. (In: Jan E. Olsson, Bertolt Brechts schwedisches Exil, Dissertation, Lund 1969, S. 90)

220
Dieses Foto wurde von Brecht auf dem Umschlag der Kriegsfibel zusammen mit dem Gedicht »Geflüchtet un-ter das dänische Strohdach« veröffentlicht. Seitdem wird fälschlicherweise angenommen, es handele sich um das Svendborger Fischerhaus.

221
Nach seiner Hochzeit mit Brechts erster Frau Marianne hat Brecht in Berlin mehrfach mit Theo Lingen im Theater zusammengearbeitet. Lingen wurde später im Film und auch beim Publikum sehr beliebten Komikertyp festgelegt. Er widerstand an ihn herangetragenen Wünschen, sich von seiner Frau aus Rassengründen zu trennen, und stellte sich so schützend vor Marianne und Hanne.

224
Das ›Arbeitsjournal‹ begann Brecht 1938 zunächst mit Notierungen. Später klebte er Fotos, Zeitungsausschnitte, Briefe u. a. ein, seine Notizen illustrieren oder verfremden sollten. – Arnold Ljungdal, Dichter und philosophischer Schriftsteller, war in der Stockholmer Stadtbibliothek tätig und verhalf Brecht zu Büchern. Der Dichter Johannes Edfelt war aktiv an der Verbreitung von deutscher Literatur in Schweden beteiligt. Er übersetzte zahlreiche Gedichte Brechts und rezensierte u. a. 1939 seine ›Svendborger Gedichte‹ in ›Social-Democraten‹. Zum Kreis der schwedischen Antifaschisten und Vertretern der Arbeiterbewegung Georg Branting, der sich aktiv für Brechts Übersiedlung nach Stockholm einsetzte, gehörte der Schriftsteller Henry Peter Matthis, mit dem Brecht zusammen das Filmexposé ›Vi vil flyga‹ (Wir wollen fliegen) schrieb.

225
Bereits im ›Arbeitsjournal‹ stellte Brecht zu einigen Fotografien Epigramme. Diese »Fotogramme« wurden später in der ›Kriegsfibel‹ zusammengestellt. Die Auswahl zweier Motive aus der letzten Kriegsphase in Zusammenhang mit den Notierungen Brechts vom Kriegsanfang sollen die Spannweite der Ereignisse und ihrer Widerspiegelung zum Ausdruck bringen.

227
›Der Messingkauf‹ ist Fragment geblieben. Brecht stellte die Dialogfragmente der ersten Nacht teilweise zu einem Ganzen zusammen. Von den anderen Nächten sind nur Bruchstücke überliefert. Die theoretische Zusammenfassung des ›Messingkauf‹ nahm Brecht 1948 im ›Kleinen Organon für das Theater‹ vor.

229
Nach dem Notizkalender von Margarete Steffin hat Brecht am 27. September 1939 die ›Courage‹ angefangen und am 3. November 1939 in der ersten Fassung fertiggestellt. Im Dezember 1939 übergab Brecht Naima Wifstrand ein Exemplar des Stückes mit der Widmung: »Meiner Mutter Courage Naima Wifstrand in Dankbarkeit.«

231
Brecht stellte Fotos, die Arbeitsphasen der Büste abbilden, auf einer Tafel zusammen und hängte sie in seinem Arbeitszimmer auf. Als Ninnan Santesson, unzufrieden mit ihrer Arbeit, die Büste zerstörte, tilgte Brecht die hier abgedruckte Passage über die Santesson, desgleichen die für sie geschriebene Widmung seines Aufsatzes ›Betrachtung der Kunst und Kunst der Betrachtung‹.

235
Transkription der Handschriften des ›Sezuan‹-Plans:
[Zu 1] Freundlichkeit ist LG / Schreiner: vor Zeugen Anspruch notiert / »Zerbrecht nicht das Wassergerät!« / Die Invasion *ehrlicher* Leute! / Die Hauswirtin: Ja, eine Option, aber nicht bezahlt! / Über die Baracken: sie wollte ihn selber, sie hat Baracken / Die 7 Säcke Rohtabak / Die Verächter müssen an die Götter glauben / Statt Schreiner: die dicke Hure / Die 8 schreien: Der Großvater
[Zu 2] LG ich muß weg / Schin: sein Rat ist ein Schild: Laden zu verkaufen / Die Familie / Der Schreiner / Der Polizist / Diebesgut. Sie wollen es nicht mitnehmen / Die Hauswirtin verlangt Miete oder kündigt
[Zu 3] Li Gung: Lob des Regens / Alles oder nichts ist seine Parole
[Zu 4] Vorschlag *Meineid* vom Arbeitslosen / Lied der L G: / Warum haben die Götter nicht Tanks und Kanonen? / Schlachtschiffe und Bombenflugzeuge und Minen / Die Bösen zu fällen, die Guten zu schonen / Es stünde nicht besser mit uns und mit ihnen! / Sie zeigt Sun triumphierend das Kuvert mit der Miete / Die Miete wird nicht bezahlt
[Zu 5] Er will keinen Laden, er will fliegen / Der Barbier bietet seine Baracke an
[Zu 6] Sie haben alle zu rauchen / »Raucht! Raucht den Laden auf!« / »Der Laden geht in Rauch auf heut« / Sie hat Unterkunft für die Schützlinge / Sun verbirgt seine Hand.
[Zu 7] (Im Hof spielend, die Wäsche wird gewaschen) / Sun erfährt von der Schwangerschaft / Frau Yu: Anstatt für 2 zu packen, nur für sich. – Er wollte nicht zurückkehren. / Li Gung erkennt. / Beim Wäschehängen wird Li Gung schwindlig / Schan soll noch fliegen / Sun verbirgt seine Hand / Li Gung gesteht, sie lud ihn nicht zur Hochzeit, weil sie ihm nicht in die Augen schauen konnte / Er zeigt ihr, daß er die Hand fast nicht brauchte. / Die Arbeitslosen *begrüßen* die Arbeit
[Zu 8] Ich fürchtete, er würde sich aufhängen, aber er war wohl zu hungrig dafür *Der gesamte Plan umfaßt alle 10 Szenen.*

236-240
Im April 1940 mußte Brecht in Lidingö eine Haussuchung durch die schwedische Polizei über sich ergehen lassen, die wahrscheinlich politische Publikationen suchte. Die faschistischen Truppen hatten Dänemark und Norwegen überfallen. Da berechtigte Anzeichen vorhanden waren, in Schweden einen nationalsozialistischen Putsch zu arrangieren, bestand für die Sicherheit von Brecht und Helene Weigel erhöhte Gefahr. Nach der Schilderung von Hermann Greid stellte sich die Situation folgendermaßen dar: »Um halb zwei Uhr nachts hat Brecht Hermann Greid angerufen, und ihn gebeten, sofort zu kommen. In Brechts Haus waren alle versammelt. Brecht fragte Greid, ob er meinte, daß die Deutschen schon im Land stünden, was dieser verneinte. Brecht fragte weiter,

Anmerkungen

ob Greid nicht der Ansicht sei, daß man sofort aufbrechen müsse. Dieser versprach, am nächsten Morgen Fredrik Ström anzurufen, um von gut informierter Stelle zu erfahren, wie man an verantwortlichen Stellen die Lage beurteile. Fredrik Ström, sowie Georg Branting, mit dem Greid auch gesprochen hat, rieten, keinen Tag länger zu warten. Sie erzählten auch, daß sie sich selber zur Flucht bereit hielten. Ein Flugzeug stehe bereit, um die Regierung und andere politische Führungskräfte in Sicherheit zu bringen.« (Jan E. Olsson, Bertolt Brechts schwedisches Exil, Dissertation, Lund 1970, S. 66)
Der überstürzte Aufbruch Brechts glich einer Flucht. Die Möbel wurden Freunden zur Aufbewahrung gegeben und nach der Rückkehr aus dem Exil teilweise für die Einrichtung in Berlin verwendet. Erst von Finnland aus konnte er sich von vielen seiner schwedischen Freunde verabschieden. Am 14. April 1940 fuhr Brecht mit seiner Familie und Margarete Steffin mit dem Schiff nach Helsinki und wohnte zunächst im Hotel Hospiz, Vuorikatu 17. Vom 26. April bis 5. Mai wohnte er in Töölö, Linnankoskenkatu 20. Sein Aufenthalt auf dem Gut Marlebäck hatte nur drei Monate gedauert.
241
Als Helene Weigel ihrer Tochter die Puppenstube baute, wohnte die Familie bereits in einer kleinen Zweizimmerwohnung, in Helsinki am Hafen, Köydenpunojankatu 13. Der Umzug war durch den Verkauf des Gutes Marlebäck am 7. Oktober 1940 notwendig geworden. Geldmangel, Lebensmittelknappheit und Unsicherheit hatten für Brecht und seine Familie eine sehr schwierige Situation mit sich gebracht.
245
Brecht klebte in das Typoskript der ersten Niederschrift Fotos und Karikaturen der faschistischen Führer ein. Er schrieb für das Stück folgenden ›Vorspruch‹: »Der aufhaltsame Aufstieg des Arturo Ui, 1941 in Finnland geschrieben, ist ein Versuch, der kapitalistischen Welt, den Aufstieg Hitlers dadurch zu erklären, daß er in ein ihr vertrautes Milieu versetzt wurde. Die Verssprache macht das Heldentum der Figuren meßbar.« (Anmerkungen zu ›Der aufhaltsame Aufstieg des Arturo Ui‹).
247
Den Geburtstagsgruß von Margarete Steffin fügte Brecht dem ›Arbeitsjournal‹, ist, siehe Eintragung vom 4. Februar 1941.
249
Brecht hatte mit dem Schauspieler Heinrich George mehrfach zusammengearbeitet (z. B. 1922 ›Baal‹, 1927 ›Mann ist Mann‹). Er verfaßte den ›Offenen Brief an den Schauspieler Heinrich George‹ im Dezember 1933 im Auftrag des ›Bundes proletarisch-revolutionärer Schriftsteller‹.
250
Paul Hindemith hatte mit Brecht am Lehrstück ›Der Flug der Lindberghs‹ (später: ›Der Ozeanflug‹) und dem ›Badener Lehrstück vom Einverständnis‹ zusammengearbeitet. Durch Brechts Engagement für das Proletariat kam es jedoch zu erheblichen Meinungsdifferenzen zwischen beiden. Als im Sommer 1930 die künstlerische Leitung der ›Neuen Musik‹ verlangte, das Stück ›Die Maßnahme‹ sollte »zur Zerstreuung politischer Bedenken« vorgelegt werden, protestierten Brecht und Eisler in einem Offenen Brief, der auch an Paul Hindemith gerichtet war, gegen die »Vorkritik der Polizei« und forderten den Rücktritt der Leitung.
251
Walter Benjamin (1892-1940) über Brecht: »Er lehnt es ab, seine großen schriftstellerischen Talente ›frei‹ zu verwerten. Und es gibt vielleicht keinen Vorwurf gegen sein literarisches Auftreten – Plagiator, Störenfried, Saboteur –, der nicht für sein unliterarisches, anonymes, aber spürbares Wirken als Erzieher, Denker, Organisator, Politiker, Regisseur wie einen Ehrennamen beanspruchen würde.« (Aus dem Brecht-Kommentar, 1930)
252
Karl Korsch (1886-1961) wurde 1919 Professor für Philosophie an der Universität Jena. Als Mitglied der USPD, später der KPD, wurde er Mitglied der sozialdemokratisch-kommunistischen Koalitionsregierung in Weimar und bis 1928 Mitglied des Reichstags. Wegen seiner oppositionellen Haltung wurde Korsch 1926 aus der Partei ausgeschlossen. Korsch ging 1933 nach England in die Emigration. Er besuchte Brecht mehrfach in Dänemark und traf ihn auch später mit ihm in den USA zusammen.
253
Der sowjetische Schauspieler und Regisseur Konstantin Stanislawski (1863-1938) regte durch sein System der Schauspielerführung viele Theaterleute zu einer intensiven Arbeit an der Rolle an. Brecht setzte sich mehrfach mit den Ideen Stanislawskis auseinander, die in den Büchern verschiedener Schüler des Regisseurs in unterschiedlicher Weise vermittelt wurden. Nach Kenntnis der Werke Stanislawskis, die in den fünfziger Jahren bekannt wurden, kam Brecht zu differenzierten Urteilen über das System.
254
Siehe dazu Anmerkung zu 224.
255
Brecht unterstützte Hans Tombrock (1895-1966) bei seinen Bemühungen um eine naiv-realistische Bildgestaltung. Tombrock hatte viele Länder kennengelernt. Seit 1937 lebte er in Schweden. Dort entstanden, unter Brechts Beratung, mehrere Zeichnungen zu Werken von Brecht, insbesondere zu ›Leben des Galilei‹.
257
Sergej Tretjakow (1892-1939) über Brecht: »Ein geborener Deutscher, ist er trotzdem die reinste Hohn auf alles, was wir Ausländer gewohnt sind, für deutsch zu halten. Was ist denn das für ein Sohn der rotwangigen und derbknochigen Germania, wenn das dyskratische Wort ›Schmächtling‹ im Vergleich zur Konstitution Brechts vor Gesundheit zu strotzen scheint?« (Bert Brecht, 1934)
258
Mei Lan-fang (1894-1961) begann am 21. Februar 1935 mit seiner Truppe ein Gastspiel in der Sowjetunion. Brecht lernte ihn bei seiner Moskau-Reise kennen. Die chinesische Truppe spielte u. a. die Stücke ›Kuei-fei tsui-chiu‹ (Die betrunkene Schönheit) und ›Ta-yü sha chia‹ (Die Rache des Fischers) mit großem Erfolg.
259
Julius Hay gab in seinem Buch ›Geboren 1900/Erinnerungen‹, Hamburg 1971, auf Brechts polemische Fragestellung, warum das Stück ›Haben‹ kein marxistisches Stück sei, folgende Antwort: »Ich war selbst überrascht, wie wenig mich diese Frage aufgeregt hatte. Wenn ich nicht irre, hat Becher den Gedanken aufgeworfen, Brecht und ich sollten über diese Frage im ›Wort‹ öffentlich diskutieren. Ich hatte aber entschieden keine Lust dazu. Das XX. Jahrhundert begann, sein erschreckendes Gesicht zu zeigen. Im Westen war der Krieg schon im Gange. Ich verzichtete auf die dramaturgische Diskussion.« (S. 219)
260
Georg Lukács (1885-1971) emigrierte 1919 aus Ungarn nach Wien, später nach Berlin, 1932 nach Moskau. In der Sowjetunion publizierte er, vor allem in der Zeitschrift ›Internationale Literatur‹ zahlreiche Essays über Formalismus und Realismus in der Literatur. Brecht polemisierte in mehreren Aufsätzen und Notizen gegen Lukács' Auffassungen. Da Brecht aber eine Spaltung der exilierten Schriftsteller für politisch falsch hielt, sah er von einer Veröffentlichung seiner Beiträge zur Expressionismusdiskussion ab.
261
Wystan Hugh Auden (geb. 1907) schrieb Gedichte und Dramen; Brecht gewann ihn zur Übersetzung seines Stückes ›Der kaukasische Kreidekreis‹.
262
Schon in den zwanziger Jahren hatte Brecht heftige Angriffe gegen Thomas Mann vorgebracht (siehe auch

Abb. 129). Im amerikanischen Exil traf Brecht mehrfach mit Thomas Mann zusammen. Am 1. 8. 1943 unterschrieb Brecht mit Thomas Mann, Heinrich Mann, Lion Feuchtwanger, Bruno Frank, Berthold Viertel, Hans Reichenbach und Ludwig Marcuse eine gemeinsame Erklärung, in der sie eine Kundgebung deutscher Kriegsgefangener in der Sowjetunion begrüßten, die zur bedingungslosen Kapitulation und zur Errichtung einer Demokratie in Deutschland aufriefen. Brecht empörte sich darüber, daß Thomas Mann einen Tag später seine Unterschrift unter die Erklärung wieder zurückzog und wenig später Brecht und andere verdächtigte, sie führten nur »Befehle von Moskau« aus. Vergleiche dazu das ›Arbeitsjournal‹, Notierungen vom 9. 8., 14. 8. und 9. 9. 1943.

265
Brecht hatte sich schon in Schweden um Einreisepapiere in die USA bemüht. Nach Beendigung seines Aufenthalts in Marlebäck mußte er noch 8 Monate in Helsinki warten, bis die Papiere zur Verfügung standen. Am 15. Mai verließen Brecht und seine Familie sowie Margarete Steffin und Ruth Berlau Helsinki. Nach einer Reise durch die Sowjetunion begaben sich die Flüchtlinge am 15. Juni in Wladiwostok an Deck des Frachtschiffes ›Annie Johnson‹. Noch an Bord des Schiffes erfuhren sie am 22. Juni 1941 vom faschistischen Überfall auf die Sowjetunion. Am 21. Juli legte das Schiff in San Pedro, dem Hafen von Los Angeles, an.

270
Das Foto zeigt das Haus im Zustand von 1976. Brecht nannte es eine »schreckliche Kleinbürgervilla«.

272
Der Film sollte nach Brechts Wunsch ›Trust the People‹ (Vertraut dem Volke) heißen. Die Autoren konstruierten eine Widerstandsgeschichte unmittelbar nach Bekanntwerden des Attentats auf den Reichsprotektor von Böhmen und Mähren, Reinhard Heydrich, ohne Kenntnis der historischen Fakten. Brecht schrieb das Buch zusammen mit dem Schriftsteller John Wexley, der es dann aber, zusammen mit Fritz Lang, ohne Mitarbeit Brechts, veränderte. Ein dagegen geschriebenes »Idealscript«, das Brecht später in die ›Versuche‹ aufzunehmen plante, ist verlorengegangen. – Der Film ›Hangmen Also Die‹ kam 1943 bei den United Artists heraus (Produzenten: Fritz Lang, Arnold Pressburger). Die Musik komponierte Hanns Eisler. Es spielten: Brian Donlevy (Dr. Svoboda), Walter Brennan (Prof. Novotny), Anna Lee (Mascha Novotny), Gene Lockhart (Czaka), Hans von Twardowsky (Heydrich), Alexander Granach (Grüber), Reinhold Schünzel (Ritter) u. a.

273
Fritz Lang (1890-1976) war einer der führenden deutschen Filmregisseure der Weimarer Republik. 1933 emigrierte er nach Frankreich, dann in die USA. In Hollywood schuf er bedeutende Filme wie ›Fury‹ (1936), ›You and Me‹ (1938), ›The Return of Frank James‹ (1940), ›Western Union‹. Brecht war an einer Zusammenarbeit interessiert; er hoffte, durch Lang in das Filmgeschäft zu kommen. – Das Foto zeigt den Regisseur bei der Arbeit an ›The Big Heat‹, 1952.

274-275
Übersetzung des Zeitungstextes: Extra / Los Angeles Times / Rennergebnisse / Band LXI Drei Teile – 38 Seiten / Montag früh, 8. Dezember 1941. Seite A Es ist Krieg! / Kriegserklärung durch Japaner; 350 Tote bei Hawaiiangriff gemeldet

276-277
Oskar Homolka (geb. 1901) hatte unter Brechts Regie in der Uraufführung von ›Leben Eduards des Zweiten von England‹ in München und in der Berliner Aufführung von ›Baal‹ 1926 die Titelrolle (siehe Abb. 70) gespielt. Homolka war über Großbritannien in die USA emigriert, er spielte in mehreren Hollywood-Filmen. – Sehr erfolgreich war Peter Lorre (1904-1964), der 1933 über Österreich, Frankreich und Großbritannien ebenfalls in die USA gekommen war. In der Aufführung von ›Mann ist Mann‹ 1931 am Staatstheater spielte er unter Brechts Regie die Rolle des Galy Gay. Brecht schrieb im Exil mehrere Filmexposés mit Rollen für Lorre (z. B. ›Rich Man's Friend‹, ›All Our Yesterdays‹, ›Der Mantel‹, ›Der große Clown Emaël‹). Brechts Bemühungen, Lorre als Gast für das Berliner Ensemble zu verpflichten, scheiterten.

278
Ende der zwanziger Jahre hatte Elisabeth Hauptmann Ferdinand Reyhers Stück ›Don't Bet On Fights‹ ins Deutsche übertragen. Das ›Boxerstück‹ wurde 1929 am Staatstheater Berlin unter dem Titel ›Harte Bandagen‹ aufgeführt in der Zeit vom 31. Dezember 1929 bis 15. Januar 1931). Reyher besuchte Brecht in Svendborg. Während des amerikanischen Exils schrieb er mit Brecht mehrere Filmstorys, siehe dazu auch: James K. Lyon, Bertolt Brecht's American Cicerone, in: Brecht heute / Jahrbuch der Internationalen Brecht-Gesellschaft, Frankfurt/M., 1972, S. 187 ff.

279
Die Thesen, die Brecht dem Bühnenbildner Mordecai Gorelik gab, sind unter dem Titel ›Kleines Privatissimum für meinen Freund Max Gorelik‹ in den ›Schriften zum Theater‹ veröffentlicht. Gorelik war der Bühnenbildner der ›Mutter‹-Aufführung New York 1935 (siehe Abb. 192/193); im Meinungsstreit zwischen Brecht, Eisler und der Leitung der Theatre Union hatte er den Standpunkt der Autoren eingenommen. – Das hier abgebildete Foto klebte Brecht in das ›Arbeitsjournal‹ unter der Notierung vom 14. Januar 1942 ein.

281
Brecht mußte die Personalkarte mit seinem ursprünglichen Vornamen »Eugen« zeichnen. Auf der Karte steht der Vermerk, daß sie – nach den gesetzlichen Erfordernissen – jederzeit mitzuführen ist.

282
Brecht trauerte dem Tod seiner damals 33jährigen Mitarbeiterin Margarete Steffin in verschiedenen Notierungen nach. Am 30. Juni 1942 schrieb er im ›Arbeitsjournal‹: »Ich habe nichts getan und werde nichts tun, den Verlust Gretes zu ›verwinden‹. Sich mit Geschehenem aussöhnen – wozu sollte das gut sein? Da sind viele Enden an diesem Strick, an die noch angeknüpft werden muß. Hitler hat sie umgebracht und der Hunger. Hitler lebt noch, und der Hunger beherrscht die Welt. Bei meinem Versuch, sie zu retten, bin ich geschlagen worden, und es ihr leicht zu machen, habe ich nicht vermocht. Die gelungenen Werke soll man vergessen, aber nicht die mißlungenen.«

283-284
Lion Feuchtwanger (1884 bis 1958) war mit Brecht seit Anfang der zwanziger Jahre befreundet. Beide gaben, zusammen mit Willi Bredel, die in Moskau bis 1939 erscheinende Emigrantenzeitschrift ›Das Wort‹ heraus. Mit Feuchtwanger schrieb er ›Die Gesichte der Simone Machard‹. Über Brechts Arbeitsweise berichtete Feuchtwanger: »Ihm lag wie so manchem großen Deutschen die Vollendung des Werkes weniger am Herzen als die Arbeit am Werk. Er hörte denn auch begierig auf Vorschläge und Einwände und ging, wann immer Zweifel und Ratschlag ihm einleuchteten, daran, das Geschaffene zum tausendundersten Male zu überarbeiten, selbst wenn das bedeutete, daß er's von den Fundamenten her neu bauen mußte [. . .] Brecht fraß viel Hoffart, er war herrisch und stolz und forderte von seinen Freunden geduldige Mitarbeit. Aber er war ohne jede Hoffart und Prahlerei und gab selber neidlos, großmütig, in Fülle. Er gab mehr, als er verlangte. Das Wort Solidarität hat durch ihn neuen Sinn bekommen.« (Lion Feuchtwanger, Bertolt Brecht, in: ›Sinn und Form‹, 2. Sonderheft Bertolt Brecht, Berlin 1957, S. 103 ff.)

Anmerkungen

286
Die Abkürzung bedeutet:
Foto: Ruth Berlau
288
Brecht legte die Skizze seines Arbeitszimmers einem Brief an Ruth Berlau bei. Transkription: (rechts:) Masken / Bücher, Karte [. . .] (gerollt) / Dein Stehpult / Stuhl / Soldatenkoffer / Der Zweifler / Tür / (oben:) Dein Manuskriptschrank / Kleiner Tisch / fenster / (links:) Stuhl / Dein Tisch / fenster / Stuhl / Stuhl / kleiner Tisch, Dein Aschenbecher und Lampe / fenster / Dein Schemel mit Briefkästchen / (unten:) kleiner Tisch / Tür.
290-291
Brechts finanzielle Lage erlaubte es erst 1943, daß er nach New York reisen konnte, wo sich viele seiner Mitarbeiter und Bekannten angesiedelt hatten. Mit George Grosz (1893-1959) war er auch während des skandinavischen Exils in Verbindung geblieben. Nach seiner Emigration gestaltete Grosz vorwiegend Naturmotive und Stilleben. – Wieland Herzfelde (geb. 1896) hatte 1916 in Berlin den Malik-Verlag gegründet. Unter seiner Leitung wurden in diesem Verlag die Werke bürgerlich-humanistischer und revolutionärer Schriftsteller, u. a. zahlreiche Werke junger sowjetischer Autoren, herausgegeben. Nach der Schließung des Verlags durch die Nationalsozialisten führte Herzfelde den Malik-Verlag in Prag und London weiter. Die auf vier Bände geplante Ausgabe der ›Gesammelten Werke‹ Brechts konnte nur teilweise fertiggestellt werden. Nach seiner Übersiedlung 1939 in die USA eröffnete Herzfelde einen Buch- und Briefmarkenladen (Seven Sea Books), von dem er seinen und seiner Familie Unterhalt zu bestreiten versuchte. – Der Schriftsteller Oskar Maria Graf (1894-1967) emigrierte 1934 nach Wien, dann nach Prag; 1938 ging er nach New York. Graf war bis 1940 Präsident der German-American Writers Association. – Fritz Sternberg war nach Frankreich emigriert. Brecht traf mit ihm 1937 in Paris zusammen. Ein Jahr später kam Sternberg nach Skovsbostrand. 1939 siedelte Sternberg nach New York über. In seinem Buch ›Der Dichter und die Ratio/Erinnerungen an Bertolt Brecht‹, Göttingen 1963, schrieb Sternberg der gemeinsamen Begegnungen auf. – Durch Vermittlung von Joseph Aufricht (1898 bis 1972), dem Direktor des Schiffbauerdammtheaters in Berlin zur Zeit der »Dreigroschenoper«-Premiere 1928, wurde eine neue Zusammenarbeit zwischen Brecht und Kurt Weill angeregt. Aufricht erinnert sich: »Mein Vorschlag, die Geschichten des ›Braven Soldaten Schwejk‹ von Jaroslav Hašek als Vorlage für ein Libretto zu benutzen, gefiel ihm [Weill] sofort. Er erwarb die Dramatisierungsrechte von der Vertretung der tschechischen Exilregierung in New York unter der Bedingung, daß Weill die Musik schrieb und Brecht die Bearbeitung übernahm. Brecht war einverstanden, mit der Arbeit sofort zu beginnen. Ich machte mit beiden bei Weills Anwalt, einem Theaterspezialisten, einen Vertrag. Er war so ausführlich wie ein Buch, niemand konnte ihn lesen, wir unterschrieben, und ich ging auf die Suche nach Geld.« (Joseph Aufricht, ›Erzähle, damit du dein Recht erweist‹, Berlin 1966, S. 256)
292
Brecht hatte während seines New Yorker Aufenthalts für Weill eine ausführliche Schweyk-Fabel entworfen. In Santa Monica wurde das Stück nach mehrfachen Umarbeitungen fertiggestellt. Es ist eines der wenigen Stücke, für die er keinen Mitarbeiter benannt hat. Da sich Weill von dem Stück keinen Broadwayerfolg versprach, komponierte er dafür keine Musik.
293-295
Die Verbindung Brechts zu Paula Banholzer, die 1924 den Kaufmann Groß geheiratet hatte, war abgebrochen. Groß adoptierte das uneheliche Kind, dessen Frau er wurde und vernichtete Material, das an ihre erste Liebschaft erinnerte. Erst 1935 erklärte sich bereit,
Frank Banholzer aus der Obhut von Helene Weigels Schwester nach Augsburg zu nehmen. Frank erhielt eine Ausbildung als kaufmännischer Angestellter und wurde 1939 zur Luftwaffe eingezogen. Frank Banholzer, der sehr gern Filme sah, kam 1943 bei einem Bombenangriff in einem Kino im Hinterland der Front ums Leben. – Brecht schrieb das Gedicht ›An die deutschen Soldaten im Osten‹ (1941 in einer Teilfassung als ›Totenklage 1941‹) nach dem Überfall der Hitlerarmee auf die Sowjetunion.
296-297
Helene Weigel hatte seit den beiden Gastspielen in Paris 1937 und 1938, trotz zahlreicher Bemühungen Brechts, keine weitere Gelegenheit zum Theaterspielen. Sie konnte weder die für sie geschriebene Rolle der Stummen Kattrin in ›Mutter Courage und ihre Kinder‹ noch das ihr gewidmete Stück ›Der gute Mensch von Sezuan‹ spielen, da kein Theater in einem der Exilländer, in denen sie lebten, mutig genug war, eines der Stücke aufzuführen. Die Bemühungen um eine Filmrolle hatten den bescheidenen Erfolg, daß sie die stumme Rolle einer Portiersfrau in ›Siebten Kreuz‹ spielen durfte (Regie: Fred Zinnemann, mit Spencer Tracy als Heisler).
299-300
Brecht hatte bereits im skandinavischen Exil seinen Sohn in die Arbeit einbezogen. Bei der Konzipierung des ›Ui‹, notierte er, seien ihm »Steffs Kenntnisse über die Verwebungen der Gangsterwelt mit der Verwaltung« zustatten gekommen (siehe auch Text zu Abb. 245). Seinen Briefen und anderen Niederschriften zufolge legte er großen Wert auf das Urteil Stefans und berichtete ihm über wesentliche Vorhaben (siehe Texte zu den Abb. 315 und 348). Stefan Brecht wurde erst im Juli 1945 aus der Armee entlassen.
301
Charles Laughton ließ dieses Foto machen, als Barbara Brecht in der Schule auf Grund ihrer Herkunft diskriminierenden Beschimpfungen ausgesetzt war.
Übersetzung der Notierung vom 28. Oktober 1943:
»Helli, glaubst du, du kriegst es in diesen hektischen Tag rein, mir die Haare zu machen?«
302
1940 hatte Brecht bereits die Erzählung ›Der Augsburger Kreidekreis‹ geschrieben. Im März 1944 erhielt er durch Luise Rainer einen Vertrag für eine Bearbeitung des ›Kreidekreises‹ zum Zweck einer Broadway-Aufführung. Die erste Fassung des Stückes war am 5. Juni 1944 fertiggestellt. Er nahm mehrfachen Umarbeitungen vor allem der Grusche-Figur, aber auch den Vor- und Nachspiels, ist das Stück 1945 fertiggestellt.
304
Paul Dessau (geb. 1894) emigrierte 1933 nach Paris. Er komponierte die Musik zu neun Songs der Szenenfolge ›Furcht und Elend des Dritten Reiches‹, die er bei der Uraufführung in Paris selber vortrug. (Siehe dazu Helene Weigels kritische Bemerkungen im Brief an Brecht, Abb 208.) 1939 siedelte Dessau in die USA über; er verdiente seinen Lebensunterhalt als Musiklehrer, später arbeitete er auf einer Hühnerfarm. Auf Anregung Brechts siedelte er nach Hollywood über. Am Oratorium ›Deutsches Miserere‹, dem Gedichte und Fotoepigramme Brechts zugrundelagen, arbeitete er von 1944 bis 1946. Dessau komponierte die Musik zu vielen Stücken von Brecht, darunter auch die zum ›Kaukasischen Kreidekreis‹ (1953-1954).
305
Das Film-Archiv, das Brecht 1944 anlegen ließ, bildete den Grundstein zum späteren Brecht-Archiv. Die Aufnahmen wurden mit einer Kleinbild-Kamera (Bildformat 24 x 36) gemacht. Die Filme ermöglichten einen bequemen Transport und eine verläßliche Sicherung von umfangreichen Texten. Aus den zuerst fotokopierten ›Gedichten im Exil‹, die Brecht in den Kontaktabzügen vollständig in das ›Arbeitsjournal‹ unter der Notierung vom 22. Dezember 1944 klebte, sind hier fol-

gende, etwa auf das doppelte Format vergrößert, ausgewählt: ›Gedanken über die Dauer des Exils‹, ›1939 / Aus dem Reich kommen wenig Nachrichten‹, ›1941 Die Tür‹, ›Hollywood‹, ›Die Rückkehr‹.

306-307
Ruth Berlau wurde im Frühjahr 1942 zu einem Frauenkongreß nach Washington eingeladen (siehe dazu Text zur Abb. 311). Sie entschloß sich, in New York zu bleiben, wo sie im November 1942 beim dänischen Kurzwellensender im O. W. I. (Office of War Information) angestellt wurde. Von 1943 bis 1947 reiste Brecht mehrfach für längere Zeit nach New York und wohnte bei seiner Mitarbeiterin (New York City, 124 East, 57th Street).

308-309
Hanns Eisler (1898-1962) studierte bei Arnold Schönberg, er unterrichtete in Berlin und komponierte Klaviersonaten, Kammer- und Orchesterwerke. Nach seinem Anschluß an die Arbeiterbewegung kam es zu einer produktiven Zusammenarbeit zwischen Eisler und Brecht. Er komponierte die Musik zu ›Die Maßnahme‹, ›Die Mutter‹, ›Kuhle Wampe‹, ›Die Rundköpfe und die Spitzköpfe‹. 1935 war Eisler zusammen mit Brecht bei den Proben zur Aufführung der ›Mutter‹ in New York gegen eine Entstellung des Stücks aufgetreten (s. Abb. 193). Seit 1938 lebte Eisler in den USA als Hochschullehrer und erfolgreicher Filmmusik-Komponist. U. a. hatte er die Musik für Langs Film ›Hangmen Also Die‹ komponiert. Im amerikanischen Exil schrieb er außerdem die Musik zu ›Leben des Galilei‹. In zahlreichen Texten äußerte sich Brecht zu Eisler, der seinerseits, nach Brechts Tod, in mehreren Gesprächsrunden umfassend Auskunft über seine Zusammenarbeit mit Brecht gab (Hans Bunge, ›Fragen Sie mehr über Brecht / Hanns Eisler im Gespräch‹, München 1970). Brecht verfolgte die Kämpfe an der sowjetisch-deutschen Front mit großem Interesse. Am 5. April 1942 über Lyrik schreibend, notierte er: »Die Schlacht um Smolensk geht auch um die Lyrik.« Vom 10. Juli bis 10. September 1941 wurde der deutsche Angriff, der auf Moskau zielte, bei Smolensk zeitweilig aufgehalten. Im Zuge eines großangelegten Gegenangriffs wurde Smolensk von der Roten Armee am 25. September 1943 befreit. Brecht baute das Lied ›Und was kaum die Soldaten Weib?‹ in sein Stück ›Schweyk im Zweiten Weltkrieg‹ ein.

310
Die zahlreichen FBI-Akten über Brecht, die während seines Aufenthalts in den USA angelegt wurden, sind durch Tilgung von Namen und ganzen Passagen fast bis zur Unbrauchbarkeit verstümmelt.

311
Brecht sah seinen Jugendfreund Georg Pfanzelt (s. Abb. 41, 49), der ihn auch in Dänemark besuchte (s. Abb. 184), 1949 in Augsburg wieder (s. Abb. 335).

312
Brecht beschrieb die Arbeit mit Charles Laughton, die wegen Filmverpflichtungen Laughtons mehrfach unterbrochen werden mußte, in seinem ›Vorwort zu: Aufbau einer Rolle‹. Darin heißt es: »Wir pflegten in L.s kleinem Bibliothekszimmer zu arbeiten, am Vormittag. Aber L. kam mir oft schon im Garten entgegen, in Hemd und Hose barfuß über den feuchten Rasen laufend, und wies mir gewisse Neuerungen in der Bepflanzung, denn der Garten beschäftigte ihn ständig und barg viele Finessen und Probleme. Die Heiterkeit und die schönen Maße dieser Gartenwelt gingen auf eine angenehme Weise in unsere Arbeit ein.«

313
Der englische Schauspieler Charles Laughton (1899 bis 1962) arbeitete seit 1932 vor allem in Hollywood und schuf unter der Regie namhafter Regisseure bedeutende Figuren (z. B. Glöckner von Notre-Dame, 1939; Claudius, 1937). Während der Arbeit am ›Galilei‹ spielte Laughton in dem Film ›Captain Kidd‹ (deutsch unter dem Titel: ›Unter schwarzer Flagge‹). 1933 hatte Laughton einen Oscar für die Gestaltung der Titelrolle in Alexander Kordas Film ›The Private Life of Henry VIII‹ (deutscher Titel: ›Das Privatleben Heinrichs VIII.‹) erhalten.

314-315
Die Aufführung des ›Galileo Galilei‹ (Titel der amerikanischen Fassung) am Coronet Theatre in Los Angeles in Beverly Hills bei Los Angeles war für Brecht während des amerikanischen Exils die einzige Möglichkeit einer praktischen Theaterarbeit. Er hatte mit Laughton die dänische Fassung des Stücks wesentlich umgearbeitet und bei den Proben, die Joseph Losey leitete, mitgearbeitet. In den Hauptrollen spielten außer Laughton: William Phipps (Andrea), Mickey Knox (der kleine Mönch, siehe Abb. 315), David Clarke (Federzone), Herbert Anderson (Marsili), Kenneth Patterson (Sagredo), Eda Reiss Merin (Frau Sarti), Francis Heflin (Virginia), Stephen Brown (Bellarmin). – Die kalifornische Aufführung des ›Galilei‹ war die zweite überhaupt. Vier Jahre zuvor hatte die Uraufführung im Zürcher Schauspielhaus stattgefunden (Premiere am 9. September 1943, Regie: Leonard Steckel, der auch die Titelrolle spielte).

316
Brecht erhielt im März 1947 ein Ausreisevisum für die Schweiz. Er blieb jedoch bis zur ›Galilei‹-Premiere und hatte die Vorbereitungen zu seiner Abreise abgeschlossen, als er vor den ›Ausschuß für unamerikanische Betätigungen‹ nach Washington geladen wurde. Vergleiche dazu Abb. 169.

317
Im Zusammenhang mit der Verfolgung von Kommunisten wurde 1938 vom Repräsentantenhaus der ›Ausschuß für unamerikanische Betätigungen‹ eingesetzt. 1947 wurden die Verhöre verstärkt wieder aufgenommen, um eventuellen Widerstand gegen die arbeiterfeindliche Innenpolitik und die antikommunistische Außenpolitik der USA im Keim zu begegnen. Brecht wurde zusammen mit 18 weiteren Schriftstellern, Komponisten und Schauspielern (darunter Gary Cooper, Robert Taylor, Robert Montgomery, Dalton Trumbo, Edward Dmytryk, Charlie Chaplin, Hanns Eisler) vorgeladen. Die meisten Beschuldigten verweigerten ihre Antworten insbesondere auf die Frage, ob sie Mitglieder der Kommunistischen Partei gewesen seien. Brecht hatte sich bereits mit seinem Gepäck für die Überfahrt nach New York begeben und ließ sich die Reisekosten von Santa Monica nach Washington vom Kongreßausschuß bezahlen. Er zog sich aus der Affäre, indem er sich als Verfasser »historischer Stücke« ausgab, der zur Darstellung der Geschichte die neuen wissenschaftlichen Erkenntnisse brauchte. Mit Hermann Budzislawski hatte er tags zuvor die Taktik seines Auftretens durchgesprochen. Budzislawski erinnert sich: »Was wollen Sie tun? fragte ich ihn. Natürlich bin ich ein Theatermann, erwiderte er. Wir müssen sofort mit den Proben beginnen. Er war entschlossen, nur die Wahrheit zu sagen, doch auch nur das politisch Vertretbare. Er fühlte sich nicht als der Star einer Sensation, als Held einer selten dagewesenen Publicity, sondern als antifaschistischer Widerstandskämpfer. Die Proben dauerten nicht sehr lange, denn Brecht hatte schon angestrichen, was ihm selbst vor einem bürgerlichen Senatskomitee als schwer vertretbar erschien. Aber wir fanden sofort, daß dem Senatskomitee zu erwidern wäre, Brecht ging dann aus dem Verhör als Sieger hervor. Doch traute er nach zwei Jahrzehnten schwerer Klassenkampfes den amerikanischen Behörden nicht. Er hatte schon vor der Verhandlung den Abflug nach Paris gesichert.« (Geleitwort zu ›Bertolt Brecht und Helene Weigel in Buckow‹, Berlin 1977, S. 2 f.) Einen Tag nach dem Verhör flog er aus den USA ab.
Robert E. Stripling war der leitende Ermittlungsbeamte, den Vorsitz (chairman)

Anmerkungen

hatte J. Parnell Thomas aus New Jersey, zu den Ausschußmitgliedern gehörte Richard M. Nixon, der spätere amerikanische Präsident.
319, 321
Caspar Neher hatte in der Zeit des Nationalsozialismus zahlreiche Bühnenbilder für die verschiedensten Theater entworfen. Vor allem arbeitete Neher für die Städtischen Bühnen Frankfurt/Main sowie für das Deutsche Theater Berlin. Er arbeitete dabei u. a. mit Heinz Hilpert, Erich Engel, Hannes Küpper, Richard Salzmann, in der Oper vor allem mit Oscar Fritz Schuh zusammen. Im ersten Brief nach Deutschland, den er im Oktober 1945 an Peter Suhrkamp schrieb, fragte er nach Neher: »Nichts erfahren kann ich über Caspar Neher, von dem ich nur hoffe, daß er sich aus dummer Politik gehalten hat, da ich sehr mit ihm rechne. Tatsächlich kann ich mir Theater ohne seine Bilder kaum vorstellen.« Nachdem Brecht Nehers Adresse ausfindig gemacht hatte, schrieb er an ihn: »Es ist klar, daß es sich jetzt hauptsächlich darum handelt zu überleben. Am besten wäre es, wenn wir unsere Theaterzusammenarbeit so schnell wie möglich wieder aufnehmen könnten.« (April 1946)
Neher zeichnete viele Entwürfe zur ›Antigone‹ auf Seide und schenkte sie Brecht.
320
Die Proben fanden vom 17. Januar bis 14. Februar 1948 statt, Hans Gaugler spielte die Rolle des Kreon. Brecht verpflichtete ihn später für den ›Hofmeister‹ an das Berliner Ensemble. Die Churer Aufführung fand wenig Widerhall; sie wurde noch viermal wiederholt (davon einmal in Zürich). In den ›Neuen Züricher Nachrichten‹ vom 16. März 1948 wurde Helene Weigel als Antigone folgendermaßen beurteilt: »Die Inszenierung ließ in ihrer Einheitlichkeit die Schwächen einzelner Darsteller restlos vergessen. Unheimlich stark vermochte die Gattin des Dichters, Helene Weigel, als Antigone die epische These vertreten, diese Aneinanderreihung von Zuständen, die dem Spieler in jeder Szene neue Aufgaben stellt. Von ihr ging die geistige Spannung aus, die als conditio sine qua non für diese Spielform gilt.«
322
Brecht wohnte einige Tage im Züricher Hotel ›Zum Storchen‹, danach in der Gartenstraße 38. Der Vater von Hans-Walter Mertens stellte Brecht und Helene Weigel die obere Etage seines Landhauses in Feldmeilen, Bünishoferstraße 14, zur Verfügung. Die Wohnung führt auf eine hochgelegene Terrasse, auf der die hier abgebildete Fotografie gemacht wurde. Links von Brecht: seine Bekannten Walter Marti und dessen Frau. Rechts neben Therese Giehse rechts von zusammenklappbaren Ständern zum Wäschetrocknen, der Brecht die Kataloge zeigt. Anfang Mai 1948 inszenierte Brecht im Zürcher Schauspielhaus sein Stück ›Herr Puntila, sein Knecht Matti‹. Die Uraufführung fand am 5. Juni 1948 statt. Das Bühnenbild entwarf Neher anderweitigen Verpflichtungen nachgind, Teo Otto, mit Leonard Steckel (Puntila), Gustav Knuth (Matti), Therese Giehse, Helen Vita, Regine Lutz, Blandine Ebinger, Wolf von Beneckendorff u. a. Da Brecht als »Ausländer« keine Aufenthaltserlaubnis hatte, wurde auf dem Programmzettel nur der Name des bei der Regie assistierenden Kurt Hirschfeld genannt.
323
Max Frisch (geb. 1911) war einige Zeit sowohl als Schriftsteller wie als Architekt tätig. In seinen ›Erinnerungen an Brecht‹ schrieb Frisch u. a.: »Einmal besichtigten wir Siedlungen für die Arbeiterschaft, Krankenhäuser, Schulhäuser etc. Der Herr vom Bauamt, der ihn um die offizielle Gefälligkeit gebeten hatte, ein Adjunkt, der uns mit einem amtlichen Wagen an alle Ränder der Stadt fuhr, verstand die Fragen des Gastes nicht, erläuterte von Siedlung zu Siedlung dasselbe, während Brecht, anfänglich sehr verwundert über soviel Komfort für die Arbeiterschaft, sich mehr und mehr belästigt fühlte durch eben diesen Komfort, der Grundfragen nicht zu lösen gedenkt; plötzlich, in einem properen Neubau, fand er sämtliche Zimmer zu klein, viel zu klein, menschenunwürdig, und in einer Küche, wo nichts fehlte und alles glänzte, brach er ungeduldig die Besichtigungsfahrt ab, wollte mit der nächsten Bahn an die Arbeit, zornig, daß man den Begriff »Sozialismus« mißbraucht für solchen Unfug (also zornig auch mich) und daß die Arbeiterschaft auf diesen fortschreitenden Schwindel hereinfällt; noch hoffte er, das sei nur in der Schweiz möglich, daß der Sozialismus zu ersticken ist durch Komfort für alle.« (S. 6 f.)
Frisch hatte Brecht sein Stück ›Als der Krieg zu Ende war‹ gegeben. Das ›Kleine Organon für das Theater‹ schrieb Brecht, auf Anregung von Helene Weigel, als Zusammenfassung der Ideen des ›Messingkaufs‹, zur Vorbereitung auf die Theaterarbeit in Berlin.
326
Anfang 1948 kam Brechts Tochter aus erster Ehe, Hanne, für einige Wochen nach Zürich. Hanne Lingen hatte geheiratet und wurde als Schauspielerin mit dem neuen Familiennamen als Hanne Hiob bekannt.
327
Am 17. Oktober 1948 reisten Brecht und Helene Weigel aus Zürich ab. Da sie keine Genehmigung hatten, durch die amerikanische Besatzungszone Deutschlands zu fahren, wählten sie den Weg über Wien und Prag nach Dresden und Berlin. – Alexander Abusch (geb. 1902) war damals Sekretär des Kulturbundes zur Demokratischen Erneuerung Deutschlands. Über Brechts Rückkehr äußerte er in seiner Rede auf dem ›Brecht-Dialog 1968‹: »Brecht kam, aus der Emigration zurückkehrend, in unser Land, das im Gange seiner zwei Revolutionen seit 1945 gerade mitten in der antifaschistisch-demokratischen Umwälzung stand. Wir mußten ungeheure Schwierigkeiten bei der Revolutionierung der Köpfe und bei der Überwindung der materiellen Not nach dem Hitlerkrieg meistern. Brecht kam zu uns, um mit uns die sozialistische Umwälzung vorzubereiten, wie sie die sozialökonomische geschichtliche Notwendigkeit unseres Jahrhunderts erfordert und wie sie von ihm selbst in genialen Dichtungen begründet wurde.«
Johannes R. Becher war zur Zeit der Rückkehr Brechts Präsident des Kulturbundes. Ihm kommt in dieser Funktion das große Verdienst zu, sehr viele bedeutende Dichter und Künstler aus dem Exil nach Berlin geholt und für die Mitarbeit an der demokratischen Erneuerung des Landes gewonnen zu haben. Herbert Jhering arbeitete als Chefdramaturg am Deutschen Theater.
Brecht und Helene Weigel wohnten zunächst im Hotel ›Adlon‹ in der ehemaligen Wilhelmstraße.
328
Julius Hay war zur Aufführung seines Stückes ›Haben‹ nach Berlin gekommen (Deutsches Theater, Regie: Falk Harnack, mit Gerda Müller). – Mit Jakob Walcher war Brecht mehrfach in New York zusammengetroffen. Er wurde, neben Hermann Duncker und Hermann Budzislawski, zu einem wichtigen Diskussionspartner bei Auseinandersetzungen über aktuelle politische Probleme. In Westberlin besuchte Brecht seinen Schulfreund Otto Müllereisert, der dort als Arzt tätig war.
329
Wolfgang Langhoff, damaliger Intendant des Deutschen Theaters, engagierte Brecht an sein Theater. Mit Erich Engel zusammen, der aus München kam, inszenierte er sein Stück ›Mutter Courage und ihre Kinder‹, Premiere: 11. Januar 1949, Bühnenbild: Teo Otto und Heinrich Kilger, mit Helene Weigel (Courage), Ernst Kahler (Eilif), Joachim Teege (Schweizerkas), Angelika Hurwicz (Kattrin), Paul Bildt (Koch), Paul Esser (Feldhauptmann), Renate Keith (Yvette). Die Aufführung wurde eines der bedeutendsten Ereignisse auf

dem deutschsprachigen Theater nach dem Kriege. Brecht und Helene Weigel erhielten Zusicherungen für die Gründung eines eigenen Ensembles.

331
In dieser Zeit entstand das Stück ›Die Tage der Kommune‹ (von Brecht in allen Typoskripten mit K geschrieben). das er für eine Aufführung in Berlin plant. Er verhandelte mit vielen Schweizer Schauspielern und war bei Regine Lutz, Benno Besson, Wolf von Beneckendorff, Leonard Steckel, Therese Giehse erfolgreich. – Im Haus ›Au Bien Être‹ in der Hottingerstraße 25, vor dem sich Brecht von Ruth Berlau fotografieren ließ, bewohnte er ein Zimmer vom 1. März bis 2. Juni 1949.

332
Barbara war in der Schweiz schwer erkrankt. So oft es ihr möglich war, nahm sie in Zürich am Schauspielunterricht teil. Brechts Versuch, Kortner als Darsteller für die Rolle des Mauler an das Berliner Ensemble zu binden, war nicht erfolgreich.

333-335
Brecht erhielt von der Sowjetischen Militäradministration einen Interzonenpaß und fuhr vom 28. August bis 4. September 1949 nach Augsburg und München.

336-338
Am 27. Mai 1949, als sich Brecht noch in der Schweiz aufhielt, richtete Helene Weigel die neue Wohnung in dem Weißenseer Haus ein. Dazu ließ sie auch Mobiliar aus Schweden kommen, das sie 1940, bei ihrer Flucht aus dem von den Faschisten bedrohten Land, Freunden zur Verwahrung gegeben hatten.

339
Das Theater am Schiffbauerdamm, inmitten von Berlin gelegen, hatte den Krieg überdauert. Als Brecht nach Berlin zurückkam, spielte in diesem Haus ein Schauspielensemble unter Leitung von Fritz Wisten.
Der damalige sowjetische Kulturoffizier Alexander Dymschitz, ein Professor für Literatur, erinnert sich: »Auf der Sitzung, auf der die Frage der Theaterpläne Brechts behandelt wurde, hörte ich, wie er auf das ›Theater am Schiffbauerdamm‹ entschlossen verzichtete, bis für Wisten ein neues Gebäude errichtet würde. Dann nahm er den Vorschlag des Intendanten des Deutschen Theaters, Wolfgang Langhoff, an, mit der Schaffung des künftigen ›Berliner Ensembles‹ in seinem Theater zu beginnen.« (Alexander Dymschitz, ›Ein gewöhnliches Genie‹). Erst nach dem Wiederaufbau der Volksbühne 1954 am Luxemburgplatz konnten Brecht und Helene Weigel in das Theater am Schiffbauerdamm einziehen (siehe Abb. 404). In einer Diskussion mit Studenten aus Greifswald wurde Brecht 1954 gefragt, warum er in so einem alten Theater spielte, das nicht der Form seiner Aufführungen entspräche. Brecht antwortete: »Natürlich könnte man viel zeitgemäßere Theater bauen. Aber bedenken Sie die Gemüter unsres Publikums, mit ihren Balkons und dem Plüsch. Wo haben Sie das Klassenbewußtsein in dem Gemüt des Publikums? Wir setzen in die Logen Arbeiter. Ich finde den Raum ganz zeitgemäß. Wenn wir die Gipsfiguren herunterholen, entsteht auch nichts Gutes, Löcher sind nicht besser.«

340
Am 18. Mai 1949 teilte der damalige Leiter des Amtes für Kultur, Kurt Bork, Helene Weigel den Beschluß über die Theatergründung mit: »Frau Helene Weigel ist ab sofort mit dem Aufbau des Ensembles durch die Deutsche Verwaltung für Volksbildung beauftragt.«
Im Sommer 1949 hatte Helene Weigel, die ihrem Mann als ›Erstem Spielleiter‹ die künstlerische Leitung übertrug, eine Schauspielertruppe zusammen. Eine Dokumentation der ersten 6 Aufführungen brachten Brecht und seine Mitarbeiter in dem Buch ›Theaterarbeit‹ heraus.

347
Die neue Regierung der DDR wurde am 12. Oktober 1949 durch die Provisorische Volkskammer bestätigt, die sich, nach der Gründung der DDR, aus dem Deutschen Volksrat konstituiert hatte. Wilhelm Pieck war als Präsident und Otto Grotewohl als Vorsitzender des Ministerrates gewählt worden. Beide Regierungschefs waren häufig Gäste in den Theatern. Wilhelm Pieck sah sich alle Inszenierungen des Berliner Ensembles an.

354
Elisabeth Hauptmann arbeitete als Dramaturgin des Berliner Ensembles zu Lebzeiten Brechts an den Bühnenfassungen der Stücke ›Don Juan‹, ›Hirse für die Achte‹ (beide 1954) und ›Pauken und Trompeten‹ (1955) mit. Sie gab die Reihen ›Versuche‹, ›Stücke‹ (14 Bände), Gedichte (9 Bände) sowie zahlreiche Einzelbände heraus. Ihre Arbeit verstand sie als »Redaktion«.

357
Der Bühnenbildner Teo Otto (1904-1968) war 1933 in die Schweiz emigriert und hatte am Zürcher Schauspielhaus für die Dekorationen für die Brecht-Uraufführung von ›Mutter Courage und ihre Kinder‹ (1941), ›Der gute Mensch von Sezuan‹ (1943), ›Leben des Galilei‹ (1943) und ›Herr Puntila und sein Knecht Matti‹ (1948) gestaltet. Brecht übernahm Teile des Ottoschen Bühnenbilds für die Berliner ›Courage‹-Aufführung.

358
Alexander Dymschitz, damals Kulturoffizier der Sowjetischen Militäradministration, hat sich in mehreren seiner Schriften und Aufsätze über Brecht und sein Theater geäußert. Er schreibt über die ersten Jahre: »Gut erinnere ich mich an unsere erste Begegnung kurz nach Brechts Rückkehr in die Heimat. Ich betrachtete ihn mit einiger Erregung. Er war schon lange einer meiner Lieblingsautoren. Und er zeigte sich so, wie ich ihn mir vorgestellt hatte. Sehr bescheiden, schweigsam, zurückhaltend, betont alltäglich und mit ungewöhnlich klugen Augen, die auf besondere Weise glänzten. Später habe ich ihn nicht ein einmal von der Richtigkeit des ersten Eindrucks überzeugt. Seine Arbeitsmütze, seine Arbeitsjacke, sehr einfacher Haarschnitt, seine Verachtung alles Lauten und Prunkhaften, die Genauigkeit und Abgewogenheit seiner Äußerungen – alles charakterisierte den unermüdlich Arbeitenden.«

359
Wolfgang Langhoff (1901 bis 1966) war, nach seiner Entlassung aus dem Konzentrationslager 1934, in die Schweiz geflohen, wo er bis 1945 als Schauspieler und Regisseur tätig war. 1946 wurde er als Intendant des Deutschen Theaters Berlin berufen. 1956 schrieb Langhoff über Brecht: »So zwang er uns Theaterleute täglich, wach zu sein, uns selbst zu überprüfen, Altes, Eingefahrenes zu verwerfen, dem Herkömmlichen zu mißtrauen und wie Erfinder und Entdecker Ausschau zu halten nach dem, was standhält dieses Jahrhunderts, mit den Kindern dieses Jahrhunderts; das brauchbare Alte, Sichere dadurch erneut zu sichern, daß es erneut in Frage zu stellen. Man kann sagen: er rührte an den Schlaf des Theaters.«

360
Der Regisseur Berthold Viertel (1885-1955), den Brecht für einige Inszenierungen ans Berliner Ensemble holte, schrieb über Brecht: »Noch Wedekind, dieser zynisch umgedrehte Schiller, wirkte wie ein Mime, verglichen mit dir. Denn deines ist das Gesicht eines Un-Schauspielers, ein knochiges, unverschminktes, unverlogenes, ein nacktes und wahres Gesicht. Es ist so deutsch, daß man darüber lachen und weinen könnte. So deutsch ist es, wie das Hitlergesicht undeutsch ist. Und doch haben sie den einen ausgebürgert, den anderen eingebürgert. Die beiden Photographien allein, wenn sie, ohne Text, zur Wahl gestellt werden, sind an sich schon ein Plakat der Entfremdung, die da stattgefunden hat.« (Bert Brecht, in: ›Die neue Weltbühne‹, Paris, 3. Februar 1938)

361
Brecht holte sich den Dresdner Bühnenbildner 1953 ans Berliner Ensemble. Karl von Appen (geb. 1900) schrieb zahlreiche Artikel

Anmerkungen

über seine Zusammenarbeit mit Brecht: »Brecht bevorzugte die Form der kollektiven Zusammenarbeit, um möglichst viele Standpunkte zu gewinnen. Jede Erscheinung, jeder Vorschlag, jede Äußerung kritischer Art fand Brecht einer gründlichen Untersuchung und Diskussion wert. Unduldsame oder unüberlegte Ablehnung war ihm fremd. Brecht wußte immer zu höchster Konzentration zu zwingen. Das war manchem anfangs beschwerlich, erfuhr aber dann im Umschlag ins Vergnügen. [...] Der dialektische Materialismus in der Arbeitsweise Bertolt Brechts ist praktisch die Grundlage auch der Arbeitsweise seiner Mitarbeiter am Berliner Ensemble. Er hat sie erzogen zur Disziplin im Denken, zum Mißtrauen gegen sich und zum Vertrauen in die Kraft der Wahrheit.« (In: ›Sinn und Form‹, Berlin 1957, H. 2, S. 457).

362
Schon vor Brechts Rückkehr nach Deutschland machte Herbert Jhering immer wieder auf Brecht aufmerksam: »In allen seinen Stücken fand Brecht die Kraft des Gleichnisses für deutsche Probleme, die ja zum größten Teil auch internationale Probleme waren. Er entwich ihnen nicht, er umkreiste sie nur, um den schwachen Punkt zu finden und zuzustoßen. Zu den Dramatikern, die Weltliteratur zu schreiben glaubten, wenn sie ihre Stücke draußen in der Welt spielen ließen, gehörte Brecht nicht, wie sehr er auch von der großen fortschrittlichen amerikanischen Literatur beeinflußt war. Aber er packte das Problem des Kapitalismus dort, wo es am sichtbarsten war, und zog daraus die Folgen für Deutschland.« (›Der Gegenspieler‹, 30. Januar 1948)

363
Der Kritiker Paul Rilla (1896-1954) schrieb über Brechts ›Hundert Gedichte‹ u. a.: »Brechts *Hundert Gedichte* enthalten nicht nur die hohen Muster. Sie enthalten die Stationen der Brechtschen Entwicklung und Wandlung. Sie zeigen, womit er durchs Leben gekommen ist. Wenn es die Geprägtheit der Brechtschen Lyrik ist, daß die Person des Dichters völlig hinter die unerbittlich aussagende Sachformel zurücktritt, so tritt in der Sache das Persönliche der künstlerischen Lebensbewältigung um so unverwechselbarer hervor. Und der durchaus inhaltlich, durchaus realistisch akzentuierte Schritt dieser Verse schließt den unverlierbaren, den zur Dauer angehaltenen Ton nicht aus. Die hohen Augenblicke des Lyrikers Brecht erkennen wir auch dort, wo im Buche zwei der schönsten deutschen Liebesgedichte stehen: *Erinnerung an die Marie A.* und *Die Liebenden*. Aber wir erkennen sie, weil wir sie in der volkstümlich gedrungenen, in der körnigen, wesentlichen und einfachen Sprache der politischen Kampfgedichte, der Zeitlieder und Zeitbetrachtungen, der Berichte und Chroniken längst erkannt haben.« (Paul Rilla, ›Essays‹, Berlin 1955, S. 449 ff.)

364
Der Kostümbildner Kurt Palm gestaltete nahezu alle Kostüme der Aufführungen des Berliner Ensembles zu Brechts Zeiten. In der ›Theaterarbeit‹ ist über die Zusammenarbeit mit den Bühnenbildern u. a. folgendes veröffentlicht: »Der arbeitstechnische Kontakt zwischen Regisseur – Kostümgestalter und Maskenbildner ist heute ziemlich lose geworden. Im Berliner Ensemble bemüht man sich jedoch noch mit großer Sorgfalt um die optische Detail. Hier wird es als ein entscheidendes Element des Realismus angesehen. Der Regisseur gibt dem Kostümbildner eine Fülle von Anregungen, da er ein gründliches Vorstudium betreibt. Er stellt hohe Ansprüche und nimmt jeden Gedanken und jede Anregung auf. Für so lange und gründliche Diskussionen mit dem Kostümgestalter nimmt sich kein anderer Regisseur mehr Zeit.« (S. 359)

365
Der Schriftsteller Friedrich Wolf (1888-1953) begann mit Brecht 1949 einen Dialog, der später unter dem Titel ›Formprobleme des Theaters am neuen Inhalt‹ in der ›Theaterarbeit‹ veröffentlicht wurde. Wolf beginnt die Aussprache so: »Wir beide marschieren seit langem in der Welt des Theaters von verschiedenen dramaturgischen Standorten auf das gleiche Ziel. Gerade auf Grund des großen und verdienten Erfolges Ihrer ›Mutter Courage‹ wäre für unsre heutigen Theaterfreunde eine breitere Aussprache über Ihre Dramaturgie notwendig.«
In der ersten Auflage des Buches ›Theaterarbeit‹ war Wolfs Name mit ff gedruckt worden.

366
Der Leiter des Malik-Verlags, Wieland Herzfelde, der auch Brechts ›Hundert Gedichte‹ herausgegeben hat, schrieb über seine Tätigkeit als Verleger: »In der Emigration bekam ich Gelegenheit, seine Werke zu veröffentlichen. Das Wort ›Werke‹ stieß bei ihm zunächst auf Ablehnung. Er nannte seine Stücke ja Versuche. Ich war jedoch der Ansicht, es sei an der Zeit, sie nicht unter diesem Leitbegriff herauszubringen, weil ich auf Grund meiner Verlegererfahrung befürchtete, man verstehe darunter etwas, das eigentlich nur in den Kreis von Fachleuten gehöre, so wie etwa polytechnische Versuche. Es gelang mir, ihn zu überzeugen. Tatsächlich sind damals zwei Bände, sehr umfangreiche Bände, seiner *Gesammelten Werke* erschienen, zwei weitere Bände waren fast fertig, als sie den in die Tschechoslowakei einmarschierenden Hitlertruppen in die Hände fielen und vernichtet wurden.«

367
Fritz Erpenbeck (1897-1975) hatte als Schauspieler gearbeitet, 1932 u. a. auch in ›Kuhle Wampe‹. Er emigrierte in die Sowjetunion und wurde der geschäftsführende Redakteur der Zeitschrift ›Das Wort‹. In dieser Eigenschaft stand er unter kräftigem Einfluß von Georg Lukács. Nach seiner Rückkehr aus dem Exil wurde Erpenbeck Chefredakteur der Monatszeitschrift ›Theater der Zeit‹ und veröffentlichte darin zahlreiche Rezensionen gegen das »epische Theater«. 1954 schrieb er: »Einer der Ausgangspunkte, der sich anläßlich der Inszenierung des ›Kreidekreises‹ geradezu anbietet, ist die kunst-ästhetische Grundfrage: Episches oder dramatisches Theater? Ich habe meinen Standpunkt seit 1945 oft dargelegt und begründet. Nicht nur im Zusammenhang mit Werken Bertolt Brechts, sondern auch im Zusammenhang mit Werken der zeitgenössischen sowjetischen und amerikanischen Bühnenproduktion. Ich lehne das Epische Theater als gangbaren Weg in die Zukunft ab.« (›Theater der Zeit‹, Berlin 1954, Dezember). Erpenbeck korrigierte diesen Ausspruch später.

368
Mit Hermann Budzislawski (geb. 1901) war Brecht im amerikanischen Exil mehrfach zusammengetroffen. In Berlin nahm Brecht den Kontakt verstärkt auf. Budzislawski erinnert sich an seine Besuche in Brechts Landhaus Buckow: »Welche Rolle spielten bei den vielen Arbeiten in den letzten Jahren seines Lebens Brechts Freunde, die er nach Buckow einlud? Sie wurden alle in die Arbeit hineingezogen, und ich mußte unentwegt die politische Lage analysieren, denn da sie spielten, wollten ein neues Deutschland. In den wenigen Jahren, die ihm noch vergönnt waren, wurde Brecht zu einer geistigen, und beinahe hätte ich gesagt: politischen Großmacht.« (›Bertolt Brecht und Helene Weigel in Buckow‹, Berlin 1977, S. 3)

369
Der Bildhauer und Grafiker Fritz Cremer (geb. 1906) gestaltete zahlreiche Grafiken und Skulpturen zu Brecht (siehe: Graphik zu Bertolt Brecht und Fritz Cremer, Berlin 1968).

370
Der Schriftsteller Erwin Strittmatter (geb. 1912) schrieb über seine »Gesellenjahre bei Brecht« u. a.: »Es folgte die entwicklungsreichste Zeit meines bisherigen Lebens. Wir arbeiteten teils in Brechts Gärtnerhaus in Buckow, teils in Berlin. Es gab keine Minute, die für mich unergiebig

verstrich. Als die Proben begannen, wohnte ich über ein Vierteljahr bei Brecht in Berlin-Weißensee. Wir saßen abends bis zuletzt zusammen und teilten uns morgens (manchmal wirklich gleich in Unterhosen) Einfälle und Gedanken, die uns nachts gekommen waren, mit. – Nachdem wir morgens ein bis zwei Stunden gearbeitet hatten, fuhren wir zusammen ins Theater, philosophierten unterwegs oder spielten uns unsere Auffassungen über bestimmte Situationen im Stück ›Katzgraben‹ vor.« (›Wochenpost‹, Berlin, 9. August 1958)

371
Arnold Zweig (1887-1968) schrieb in seinem Nachruf auf Brecht 1956: »Den Ton seiner Dichtersprache wird niemand vergessen oder fortsetzen, den Farbenreichtum seiner Szenen und Stücke, mit denen er das Weltniveau des europäischen Dramas prägte und erhöhte, niemand verwischen: die Melodie theatralischer Beschwingtheit, mit der er uns beglückte, niemand nachahmen; die Größe seiner Gestalt, die uns so vertraut war, werden erst die Generationen abmessen, die nach uns kommen. Er hat sich zeitlebens nie gescheut, Anstoß zu erregen, oft mit Absicht, bei allen Gegnern des Neuen, Fortschrittlichen.« (›Sonntag‹, Berlin, 19. August 1956)

372
Johannes R. Becher, seit 1954 Minister für Kultur, schrieb 1956 u. a. über Brecht: »Es wurde ihm nicht immer leicht gemacht, aber vor allem hat er es sich nie leicht gemacht. Und so hielt er allen Versuchungen, Heimsuchungen, allen Schwierigkeiten und Prüfungen stand, wovon ihm in seinem Jahrhundert nichts erspart blieb. Der strengste Richter war er sich selber gegenüber. Oh, wie hielt er sich in Kontrolle! Welch eine Disziplin! Er war unbeirrbar, unbestechlich. Er ließ sich Zeit, er konnte warten.« (Johannes R. Becher, ›Über Literatur und Kunst‹, Berlin 1962, S. 789 ff.)

372
Das Berliner Ensemble stellte sich in den ersten beiden Spielzeiten mit folgendem Repertoire vor: ›Herr Puntila und sein Knecht Matti‹ von Brecht (Premiere 8. November 1949, bis 1953: 100 Aufführungen); ›Wassa Schelesnowa‹ von Gorki (Regie: Berthold Viertel, Premiere: 23. Dezember 1949, bis 1951: 50 Aufführungen); ›Der Hofmeister‹ von Lenz (Regie: Brecht/Neher, Premiere: 15. April 1950, bis 1951: 72 Aufführungen); ›Die Mutter‹ von Brecht (Regie: Brecht, bis 1955: 113 Aufführungen); ›Biberpelz und Roter Hahn‹ von Hauptmann (Regie: Monk, Premiere: 24. März 1951, bis Ende 1951: 14 Aufführungen); ›Der zerbrochne Krug‹ (Regie: Therese Giehse), Premiere: 23. Januar 1952, bis 1955: 174 Aufführungen); ›Das Glockenspiel des Kreml‹ von Pogodin (Regie: Busch, Premiere: 28. März 1952, bis 1953: 51 Aufführungen); ›Urfaust‹ von Goethe (Regie: Monk, Premiere: 23. April 1952, bis 1953: 19 Aufführungen).

375-376
Im November 1939 hatte Brecht im schwedischen Exil das Radiohörspiel ›Das Verhör des Lukullus‹ geschrieben. Dem Komponisten Hilding Rosenberg war es aber nicht gelungen, das Stück beim Stockholmer Rundfunk, der sich interessiert gezeigt hatte, unterzubringen. An der Auseinandersetzung um die gleichnamige Oper, die Paul Dessau vertont hatte, beteiligten sich der Staatspräsident, führende Vertreter der Regierung und der Sozialistischen Einheitspartei Deutschlands. In seinem Text »Änderungen des ›Lukullus‹-Textes« nannte Brecht vier Beispiele: 1. Die Schülerszene wurde so verändert, daß der Lehrer die Texte von den Schülern einfach wiederholen läßt. 2. Um die Verurteilung des Angriffskrieges, nicht aber des Verteidigungskrieges zu akzentuieren, wurde in dem Verhör des Königs und der Königin eine neue Szene eingefügt, die eine Ehrung der Verteidigung der Heimat ermöglichte. 3. Zum besseren Verständnis der Kriegsursachen wurde die Untersuchung eines Schöffen eingearbeitet, die zum Ergebnis führt, daß der Feldherr auf Veranlassung von Unternehmen und Banken seine Eroberungsfeldzüge begann. 4. In einem eingefügten Chor am Schluß beschuldigen sich gefallene Legionäre, Lukullus gefolgt und nicht zu den Überfallenen übergelaufen zu sein. 5. Der Titel wurde in »Das Verhör des Lukullus« mit der Gattungsbezeichnung »Ein musikalisches Schauspiel« geändert. – Brecht wandte sich während der Diskussion an viele leitende Persönlichkeiten, denen er, nach Beendigung der nach seiner Meinung sehr produktiven Debatte, in ausführlichen Briefen dankte.

377
Paul Dessau komponierte in den Berliner Jahren die Musik zu folgenden Stücken Brechts: ›Der gute Mensch von Sezuan‹ (1947-1948), ›Die Ausnahme und die Regel‹ (1948), ›Herr Puntila und sein Knecht Matti‹ (1949), ›Der kaukasische Kreidekreis‹ (1953-1954), außerdem vertonte er zahlreiche Lieder Brechts.

378
Das Foto zeigt Brecht bei einem Regierungsempfang zum 4. Jahrestag der Gründung der DDR am 7. Oktober 1953 im Amtssitz des Staatspräsidenten Wilhelm Pieck. Seine Gesprächspartner sind der Komponist Eberhard Schmidt und Johannes R. Becher, der damalige Präsident der Deutschen Akademie der Künste.

380
Brecht war Mitglied des Weltfriedensrates sowie Mitglied des Friedensrates der DDR. Seine Bemühungen um den Frieden wurden in erster Linie mit künstlerischen Mitteln vorgetragen. Trotz seiner Abneigung gegen Reden und Erklärungen nutzte er aber jede Möglichkeit des Kampfes um den Frieden. Er schrieb eine Rede ›Zum Weltkongreß für den Frieden‹ (1952), einen ›Vorschlag anläßlich der außerordentlichen Tagung des Weltfriedensrates in Berlin‹ (1954), einen ›Aufruf an die Jugend‹ zu einem Friedensmeeting (1954), er brachte eine ›Erklärung‹ gegen die Pariser Abmachungen des Bonner Bundestages in Umlauf und übergab 176 203 Unterschriften im Februar 1955 dem Deutschen Friedensrat zur Weiterleitung an den Weltfriedensrat: Er schrieb schließlich, kurz vor seinem Tod, am 4. Juli 1956, einen ›Offenen Brief an den Deutschen Bundestag Bonn‹, in dem er sich »gegen die Einführung der Wehrpflicht in beiden Teilen Deutschlands« aussprach.

382-383
Die Schweizer Schauspielerin Regine Lutz hatte unter Brechts Regie im Zürcher Schauspielhaus 1948 im ›Puntila‹ die Kuhmagd gespielt. Brecht verpflichtete sie an das Berliner Ensemble. Als künstlerischer Leiter des Berliner Ensembles unterstützte Brecht die anderen Regisseure (im Falle des ›Zerbrochnen Krug‹: Therese Giehse) in verschiedenen Probenphasen durch praktische Eingriffe.

384-387
Das Gärtnerhaus verfügte über einen langen schmalen Raum (Abb. 386), in dem er mehrere Tische aufstellte. Die ›Eiserne Villa‹, die von Helene Weigel bewohnt wurde, hatte einen der großen saalartigen Raum, der früher von einem Bildhauer als Atelier genutzt worden war, in dem Brecht, Helene Weigel und Freunde oder Mitarbeiter zu essen und zu diskutieren pflegten. Die ›Eiserne Villa‹ ist 1977 mit Mitteln des Ministeriums für Kultur der DDR rekonstruiert und als ›Brecht-Weigel-Haus Buckow‹ der Öffentlichkeit zugänglich gemacht worden.

389
Brechts und Helene Weigels Sohn Stefan S. Brecht hatte die amerikanische Staatsbürgerschaft erlangt und war in den Vereinigten Staaten von Amerika geblieben. Er schrieb über Hegel und die Naturwissenschaften. Seine Aufsätze über Theater werden 1978 unter dem Titel ›New Theatre in New York‹ (1. Band: The Theatre of Visions: Robert Wilson; 2. Band: Queer Theatre) in Frankfurt/M. publiziert. Stefan S. Brecht schrieb außer

Anmerkungen

weiteren wissenschaftlichen Arbeiten auch zahlreiche Gedichte. Er beteiligte sich an mehreren Broadway-Theateraufführungen. Es erschien eine Schallplatte, auf der die von ihm vorgetragen werden.

390
Wie Brecht schon als Jugendlicher ›Suren‹ an den Eingang zu seiner Augsburger Mansardenwohnung in der Bleichstraße geheftet hatte, brachte er diesen »Beschluß« an seinem Arbeitszimmer in Buckow an. Das hier abgebildete Original ist auf Pappe aufgeklebt und durch mehrjährige Lichteinwirkung stark verblichen. Die schwächer gedruckten Textpassagen sind mit rotem Farbband geschrieben.

393
Brecht kam am 16. Juni aus Buckow nach Berlin, um über Fragen der Arbeit des Berliner Ensembles zu sprechen. Angesichts der politischen Ereignisse wurde über die gegenwärtige Situation diskutiert. Am 17. Juni berief er eine Mitgliederversammlung ein und schickte Schreiben an den Ersten Sekretär der SED, Walter Ulbricht, an den Ministerpräsidenten, Otto Grotewohl, sowie an den sowjetischen Hochkommissar, Wladimir Semjonow, in denen er seine Verbundenheit mit der Führung dadurch zum Ausdruck brachte und zugleich die »große Aussprache mit den Massen über das Tempo des sozialistischen Aufbaus« als Möglichkeit der »Sichtung und Sicherung der sozialistischen Errungenschaften« einschätzte. Er begab sich mit jungen Regisseuren und Dramaturgen an Brennpunkte der Ereignisse. Brecht war sehr besorgt, als er sah, daß kolonnenweise aus den Westsektoren Gestalten »eingeschleust« wurden, wie man sie seit Jahren nicht mehr in Haufen hatte auftreten sehen«. Die hier abgedruckte Notierung aus dem ›Arbeitsjournal‹ ist Brechts umfangreichste Äußerung zum 17. Juni 1953. – In Buckow schrieb Brecht die ›Buckower Elegien‹, große Teile seiner Adaption des ›Coriolan‹ sowie

›Turandot oder Der Kongreß der Weißwäscher‹.
Mit Strittmatter arbeitete er an der Bühnenfassung von ›Katzgraben‹. Zu ›Turandot oder Der Kongreß der Weißwäscher‹: »Den Plan, ein Stück ›Turandot‹ zu schreiben, faßte ich schon in den dreißiger Jahren, und in der Exilzeit beschäftigt ich mich mit Vorarbeiten zu einem Roman ›Das Goldene Zeitalter der Tuis‹. Besonders als ich das ›Leben des Galilei‹ geschrieben hatte, in dem ich den heraufdämmernden Morgen der Vernunft geschildert hatte, bekam ich Lust, ihren Abend zu schildern, den Abend von jener Art von Vernunft, die gegen Ende des sechzehnten Jahrhunderts das kapitalistische Zeitalter eröffnet hatte.« Transkription der Handschriften des ›Turandot‹-Plans der ersten drei Szenen:
[zu 1]
die kaisermutter bringt vergifteten tee
der baumwollshawl der aufwartefrau zu billig
[zu 2]
die spinnereien sind geschlossen worden
der greis Sen und seine baumwolle
viele stammkunden gehen draußen auf und ab, kann nicht sein. wird hier nicht gemeint: können sogar den tee nicht bezahlen
gg braucht formulierung für das versetzte arsenal der bande tui (über GG)
er ist schon 3x verurteilt worden. 2x zur zuchthaus einmal zu einer halswaschung.
wird GG (der erkannt wird) das teehaus gegen sich beschützen?
[zu 3]
die kaisermutter bringt vergifteten fladen
T gibt rätsel auf
die KM verbände wollen wissen wo die Baumwolle ist. Sonst Streik!
Kaiser: jedem Kandidaten muß die volle Wahrheit mitgeteilt werden!

394-396
Am 23. Mai 1953 wurde die Komödie ›Katzgraben‹ von Erwin Strittmatter am Berliner Ensemble unter der Regie von Brecht aufgeführt, Musik: Hanns Eisler, Bühnenbild: Karl von Appen, mit

Friedrich Gnass (Kleinschmidt), Angelika Hurwicz (Frau Kleinschmidt), Gerhard Bienert (Mittelländer), Bella Waldritter (Frau Mittelländer), Erwin Geschonneck (Großmann), Helene Weigel (Frau Großmann), Willi Kleinschegg (Steinert) u. a. Bei der Arbeit der Inszenierung, die erstmals Gegenwartsprobleme der DDR auf die Bühne des Berliner Ensembles brachte, ließ Brecht durch seine Mitarbeiter viele Notate schreiben und ergänzte sie durch seine eigenen Aufzeichnungen zu einem Konvolut (›Katzgraben‹ – Notate), das er als wichtige Grundlage für eine Überprüfung des ›Kleinen Organon‹ betrachtete. 1953/1954 entstanden daraufhin die »Nachträge zum Kleinen Organon für das Theater«. –

398
Anfang Oktober 1953 zog Brecht in das Hinterhaus der Chausseestraße 125 um. Die letzte Arbeits- und Wohnstätte Brechts und Helene Weigels wurde durch das Ministerium für Kultur und vom Magistrat von Berlin 1977 rekonstruiert und als ›Brecht-Haus‹ für die öffentliche Nutzung zur Verfügung gestellt. Die Wohnräume von Brecht sind im ursprünglichen Zustand erhalten. Die Wohnung von Helene Weigel kann in dem Zustand besichtigt werden, in dem sie bei ihrem Tode 1971 eingerichtet war. Das ›Brecht-Haus‹ ist Sitz des ›Brecht-Zentrums der DDR‹, es verfügt über Diskussions- und Ausstellungsräume sowie über die ›Buchhandlung Brecht‹ im Vorderhaus. In der oberen Etage des Gebäudekomplexes hat die Akademie der Künste der DDR, die mit der Sichtung, Sicherung und Erforschung der literarischen Nachlasses von Brecht beschäftigt ist, Arbeitsräume für das ›Bertolt-Brecht-Archiv‹, ›Helene-Weigel-Archiv‹ sowie für die Nachlaßbestände von Elisabeth Hauptmann und Ruth Berlau.

403-404
Brecht benutzte im Berliner Ensemble das ›Turmzimmer‹, das vom Foyer aus

erreichbar ist und auf einen Balkon zur Spree hinführt. Er ließ eine Fotoserie von Helene Weigel als Carrar anfertigen und hängte sie an die Wände. – Helene Weigel schloß mit den Schauspielern wie auch mit ihrem Mann als »Erstem Spielleiter« entgegen sonstigen Gewohnheiten am Theater mehrjährig gültige Verträge ab.

406
Benno Besson (geb. 1922) studierte Romanistik und Anglistik, wirkte in Laienaufführungen mit. Von Brecht wurde er ab 1949 ans Berliner Ensemble als Schauspieler, Regieassistent und später Regisseur verpflichtet. Er inszenierte dort unter Brechts künstlerischer Leitung ›Der Prozeß der Jeanne d'Arc zu Rouen 1431‹ von Anna Seghers (1952) sowie ›Don Juan‹ von Molière (1954) und ›Pauken und Trompeten‹ von George Farquhar (1955). 1958 verließ Besson das Berliner Ensemble und inszenierte an verschiedenen Theatern, von 1962 bis 1968 arbeitete er am Deutschen Theater Berlin, 1969 wurde er künstlerischer Leiter, später (bis 1977) Intendant der Volksbühne am Luxemburgplatz.

407
Käthe Rülicke-Weiler (geb. 1922), studierte in Leipzig Literaturwissenschaft und schrieb eine Diplomarbeit über Brecht. Sie wurde an das Berliner Ensemble als Dramaturgin und Regieassistentin engagiert. Käthe Rülicke-Weiler assistierte Brecht bei allen Inszenierungen und schrieb über die Arbeit umfangreiche Notate und Aufsätze. 1954 inszenierte sie in einer Studioaufführung die Komödie ›Meister Pfriem oder Kühnheit zahlt sich aus‹ von Martinus Hayneccius. 1958 verließ Käthe Rülicke-Weiler das Berliner Ensemble, arbeitete an der Hochschule für Gesellschaftswissenschaften und promovierte zum Dr. phil. Seit 1968 ist sie, inzwischen zum Professor ernannt, Prorektor für Wissenschaft und Forschung an der Hochschule für Film und Fernsehen der DDR. Neben zahlreichen anderen

Publikationen veröffentlichte sie ihre Dissertation ›Die Dramaturgie Brechts / Theater als Mittel der Veränderung‹, Berlin 1966.

408
Peter Palitzsch (geb. 1918) begann 1949 am Berliner Ensemble als Graphiker und wurde von Brecht in die Arbeit der Dramaturgie und später Regie hereingezogen. Als Koregisseur inszenierte er mit Carl M. Weber ›Der Tag des großen Gelehrten Wu‹ (1955) und mit Manfred Wekwerth ›The Playboy of the Western World‹ von Synge (1956) sowie weitere Stücke nach Brechts Tod (siehe unter 409). Von 1959 ab inszenierte Palitzsch als Gastregisseur an verschiedenen Theatern der BRD, von 1966 bis 1972 arbeitete er als Schauspieldirektor in Stuttgart.
Seit dieser Zeit leitet er das Schauspielensemble in Frankfurt/Main.

409
Manfred Wekwerth (geb. 1929) hatte mit seiner Inszenierung der »Gewehre der Frau Carrar« durch Arbeiter Brechts Aufmerksamkeit auf sich gelenkt. 1951 wurde er ans Berliner Ensemble engagiert. Als Assistenzregisseur war er an Brechts Inszenierungen der Stücke ›Katzgraben‹ (1953) und ›Der kaukasische Kreidekreis‹ (1954) beteiligt. Wekwerth inszenierte ›Hirse für die Achte‹ (1954) sowie zusammen mit Brecht ›Die Mutter‹ (Wien, 1953) und ›Winterschlacht‹ (1955). In Zusammenarbeit mit Peter Palitzsch entstanden die Inszenierungen ›The Playboy of the Western World‹ von Synge (1956), nach Brechts Tod ›Optimistische Tragödie‹ (1958), ›Der aufhaltsame Aufstieg des Arturo Ui‹ (1959) und ›Frau Flinz‹ von Baierl (1961). Mit diesen sowie weiteren bedeutenden Inszenierungen (z. B. ›Die Tage der Commune‹, 1962, ›Coriolan‹, 1964, beide mit Joachim Tenschert) gelang ihm die Fortsetzung der Theaterarbeit Brechts in seinem Geiste. Wekwerth, der von 1964 bis 1969 Chefregisseur des Berliner Ensembles war, promovierte 1970 zum Dr. phil. und inszenierte an verschiedenen Theatern der DDR und im Ausland sowie im Fernsehen. 1974 wurde er, als berufener Professor, Direktor des durch seine Initiative gegründeten Instituts für Schauspielregie und 1977 Intendant des Berliner Ensembles. Manfred Wekwerth legte in zahlreichen Notaten, Aufsätzen und Abhandlungen wesentliche Beiträge zur Theorie und Praxis der Brechtschen Theaterarbeit vor (z. B. ›Theater in Veränderung‹, 1960, ›Notate‹, 1967, ›Arbeit mit Brecht‹, 1973).

410
Lothar Bellag (geb. 1930) studierte an der Hochschule für Musik in Leipzig, 1954 wurde er als Schauspieler an das Berliner Ensemble verpflichtet, später arbeitete er auch als Regieassistent und inszenierte 1957 eine Szene des Stücks ›Furcht und Elend des Dritten Reiches‹. Seit 1958 arbeitet Lothar Bellag als Regisseur beim Fernsehen der DDR und gestaltete zahlreiche bedeutende Fernsehspiele.

411
Hans-Joachim Bunge (geb. 1919) studierte Germanistik und Kunstgeschichte, promovierte zum Dr. phil. 1953 wurde er als Dramaturgie- und Regieassistent ans Berliner Ensemble engagiert. Er schrieb und publizierte zahlreiche Notate über Brechts Regiearbeit. Von 1957 bis 1968 arbeitete Bunge am Aufbau des Bertolt-Brecht-Archivs und bereitete eine historisch-kritische Ausgabe der Werke Brechts vor. Von 1968 bis 1970 war Bunge Dramaturg und Regisseur am Volkstheater Rostock, seit dieser Zeit arbeitete er am Deutschen Theater Berlin.

412
Claus Küchenmeister (geb. 1930) studierte am Deutschen Theaterinstitut Weimar, kam danach als Assistent in ein Filmstudio. Von 1951 bis 1955 war er Meisterschüler bei Brecht am Berliner Ensemble. Küchenmeister, vor allem zusammen mit seiner Frau Wera K., schrieb zahlreiche Filmexposés und Drehbücher für Filme, die wesentliche Beiträge in der Entwicklung des DDR-Films darstellen.

413
Heinz Kahlau (geb. 1931) wurde 1953 Meisterschüler bei Brecht. Es wurde als Lyriker, Fernseh- und Filmautor bekannt. Seine Gedichtbände ›Hoffnung lebt in den Zweigen der Caiba‹ (1954), ›Probe‹ (1956), ›Die Maisfibel‹ (1960), ›Der Fluß der Dinge‹ (1964), ›Du, Liebesgedichte‹ (1971), ›Flugbrett für Engel‹ (1974) waren sehr erfolgreich. Kahlau schrieb außerdem Kinder- und Jugendstücke (z. B. ›Der gestiefelte Kater‹, 1967, ›Die kluge Susanne‹, 1971).

414
Für die Inszenierung seines Stückes ›Der kaukasische Kreidekreis‹, bei der sein damaliger Schüler, Manfred Wekwerth als ›Assistenzregisseur‹ zeichnete, benötigte er, mit einigen kurzen Unterbrechungen, die Zeit vom 17. November 1953 bis zur Premiere am 7. Oktober 1954. Die Musik komponierte Paul Dessau, das Bühnenbild gestaltete Karl von Appen.
Isot Kilian war als Schauspielerin und Regieassistentin in Berliner Ensemble tätig. Nach Brechts Tod war sie als Mitarbeiterin der Regie und als Produktionsleiterin wesentlich an der Weiterentwicklung des Berliner Ensembles beteiligt. Isot Kilian ging 1970 zum Fernsehen der DDR und arbeitet seit 1974 als Prorektor des Instituts für Schauspielregie.
Ernst Busch, der schon Ende der zwanziger Jahre mit Brecht zusammengearbeitet hatte, wurde 1950 von Brecht ans Berliner Ensemble engagiert. Mit seiner Gestaltung des Semjon Lapkin (in der ›Mutter‹, 1951), des Feldkochs (in ›Mutter Courage und ihre Kinder‹, 1951), des Azdak (im ›Kaukasischen Kreidekreis‹, 1954), des Galilei (in ›Leben des Galilei‹, 1957) schuf er eindrucksvolle Gestalten und bestimmte damit wesentlich Qualität und Profil des Brecht-Theaters.

418
Brecht schätzte die Bemühungen von Harry Buckwitz, damals Generalintendant der Städtischen Bühnen Frankfurt/M., um die Aufführung seiner Stücke für sehr wertvoll und wichtig ein.

421
Hanns Eisler komponierte die Musik zu Bechers »Winterschlacht«. In einem seiner Gespräche mit Hans Bunge sagte Eisler: »Das Wesentliche an Brecht ist, daß er die Methode Marx' und Engels' auf einem Gebiet bewußt angewandt hat, auf dem sie noch nie angewendet wurde, nämlich auf dem Gebiet des Theaters und auch der Poesie: die Methode der materialistischen Dialektik.«

422
Brechts und Helene Weigels Tochter Barbara wurde nach einem erfolgreichen Testauftritt im Deutschen Theater, den ihr Vater gefordert hatte, an das Berliner Ensemble als Schauspielerin engagiert. Sie spielte neben zahlreichen kleineren Rollen die Lucy in ›Pauken und Trompeten‹ (1955) sowie die weibliche Hauptrolle Pegeen Mike in ›The Playboy of the Western World‹ (1956). 1962 heiratete Barbara den Schauspieler Ekkehard Schall. Sie inszenierte mit ihm zusammen am Berliner Ensemble ›Leben Eduards des Zweiten von England‹ (1974). Nach dem Tod ihrer Mutter 1971 wurde Barbara Brecht-Schall von der Erbengemeinschaft als geschäftsführende Vertreterin in Europa bestimmt.

423
Ekkehard Schall (geb. 1930) studierte am Schauspielstudio in Magdeburg. Danach wurde er an das Theater der Stadt Frankfurt/Oder, danach an die ›Neue Bühne‹, Berlin, verpflichtet. 1952 engagierte ihn Brecht an das Berliner Ensemble und übertrug dem talentierten jungen Schauspieler bald große Rollen. Mit seinen Darstellungen des José in ›Die Gewehre der Frau Carrar‹, 1952, des Ziehsohns (in ›Katzgraben‹, 1953), des japanischen Ortskommandanten (in ›Hirse für die Achte‹, 1954) des Adjutanten (im ›Kaukasischen Kreidekreis‹, 1954) entwickelte sich Schall zu einem der ersten Schauspieler des Theaters und erhielt nun in

Anmerkungen

›Winterschlacht‹ die erste Hauptrolle. In zahlreichen weiteren Gestaltungen großer Figuren, wie beispielsweise des Alexej in ›Optimistische Tragödie‹ (1958), des Arturo Ui (1959), des Coriolan (1964), des Woyzeck (1970), des Shlink (1971), des Oppenheimer (1965), des Puntila (1975) und des Azdak (1976) schuf er unvergeßliche Gestalten und bestimmte durch seine Arbeit wesentlich das Profil des Berliner Ensembles. Im Film und Fernsehen gelangen ihm gleichfalls zahlreiche große Figuren. Ekkehard Schall ist seit 1977 Stellvertretender Intendant des Berliner Ensembles.

424-425
Am 18. 12. 1954 beschloß das Preiskomitee, den Internationalen Stalin-Preis (jetzt: Internationaler Lenin-Preis) an Brecht zu verleihen. Zur Übergabe reiste Brecht mit Helene Weigel und Käthe Rülicke im Mai 1955 nach Moskau. Die Verleihung fand am 25. Mai 1955 im Kreml statt. Auf der Abbildung spricht der sowjetische Lyriker und Erzähler Nikolai Tichonow Glückwünsche zur Preisverleihung aus. Hinter Brecht und Helene Weigel: der Dolmetscher. – Der Frankfurter Intendant Buckwitz hatte mit den Ruhrfestspielen Recklinghausen einen Vertrag über ein Gastspiel seines Theaters mit der Inszenierung des ›Kaukasischen Kreidekreis‹ abgeschlossen, der nun, wegen öffentlicher Aufrufe zu einem Brecht-Boykott, zurückgenommen werden sollte. Das Gastspiel fand schließlich doch statt.

427
Helene Weigel war eine leidenschaftliche Pilzsammlerin. Sie suchte bis zu ihrem Tod (1971) alljährlich vom Frühjahr bis Herbst an den Wochenenden in Buckow Erholung: »Sicher wären einige Leute froh, wenn ich nicht soviel Energie hätte. Vielleicht erreiche ich das dadurch, daß ich bestimmte Pausen einlege. Ich suche mir verschiedene Erholungen: Pilze suchen, Schwimmen, Patience legen, Kreuzworträtsel, Kriminalromane – ich habe doch alles in Hülle und Fülle. Es ist tatsächlich so, daß ich dadurch völlig vergessen kann, womit ich mich die ganze Woche herumgeärgert habe. Wenn ich wegfahre, habe ich in zwei Tagen das Theater völlig aus dem Kopf verloren. Das ist furchtbar.« (Tonbandprotokoll 1969)

431
Giorgio Strehler hatte Brecht am 25. 10. 1955 im Berliner Ensemble besucht und mit ihm konzeptionelle Fragen seiner geplanten ›Dreigroschenoper‹-Aufführung besprochen. Der Einfluß, den Brecht auf die Regiearbeit Strehlers machte, ist in vielen seiner Inszenierungen und ihrer konzeptionellen Überlegungen zu spüren (siehe dazu: Giorgio Strehler, Für ein menschlicheres Theater, Frankfurt/M. 1975). Strehler: »Durch Brecht und sein Beispiel habe ich die Dynamik des Wachsens mit der Zeit und innerhalb der uns zugebilligten Zeit begriffen.« (A.a.O., S. 81)

432
Die Premiere fand zu Brechts Geburtstag, am 10. Februar 1956, statt. Es spielten Tino Carrero (Macheath), Marina Boufigli (Polly), Romana Righetti (Lucy), Checcho Rissone (Tiger-Brown), Milly (Spelunken-Jenny) u.a.

433
Strehler berichtet über Grassis Aktivität: »Paolo als einzigem auf der Welt, glaube ich, gelang es, Brecht noch einmal auf die Bühne zu ziehen (die Premiere war eine Aufführung für ein Arbeiterpublikum) und ihn zum Sprechen zu bringen. Wahrhaftig zu ›ziehen‹, denn B.B. war ein gehemmter, schüchterner Mensch wie fast alle Theaterleute, wenn es nicht um ihr ›Handwerk‹ geht. Nur wenn er auf der Bühne stand und probte, verschwand – wie bei allen echten Theaterleuten – Brechts Schüchternheit, und er wurde zum ›Chef‹, außerordentlich klar, extrovertiert, auch heftig, hassenswert und faszinierend zugleich. Außerhalb des Theaters verbarg er sich im Grunde.« (A.a.O., S. 84)

434
Erich Engel hatte sich nach der Zusammenarbeit mit Brecht bei ›Mutter Courage und ihre Kinder‹ und ›Herr Puntila und sein Knecht Matti‹ wieder dem Film zugewandt (z.B. ›Der Biberpelz‹, DEFA 1949, ›Unter den tausend Laternen‹, Real–Film 1952, ›Konsul Strotthoff‹, Kapitol-Film 1954, ›Liebe ohne Illusionen‹, CCC-Film 1955). Brecht lud ihn zu den ›Galilei‹-Proben ein. Nach Brechts Tod übertrug ihm Helene Weigel die Regie des ›Galilei‹. Die Premiere fand am 15. Januar 1957 statt. Engel wurde zum Ersten Spielleiter des Berliner Ensembles. Er inszenierte an diesem Theater ›Die Dreigroschenoper‹ (1960) und ›Schweyk im zweiten Weltkrieg‹ (mit Wolfgang Pintzka, 1962).

435
Von März 1956 ab unterbrach Brecht die Proben am ›Galilei‹ und suchte sich von den Folgen der Virusgrippe meist in Buckow zu erholen. Am 10. August nahm er an den Proben des ›Kaukasischen Kreidekreis‹ teil, der für das bevorstehende Gastspiel des Berliner Ensembles in London überprüft wurde.

440
Das Gedicht ›Ich benötige keinen Grabstein‹ ist in den Ausgaben fälschlich unter die späten Gedichte Mitte der fünfziger Jahre eingeordnet worden.

Zitatnachweis

Im folgenden werden die Quellen aller Texte des Bandes nachgewiesen. Sofern in den ›Anmerkungen‹ nicht bereits ausreichende bibliographische Hinweise gegeben sind, werden sie gleichfalls in dieser Zusammenstellung unter der Sigle A aufgeführt.
Weitere Siglen:
Werke Brechts
SzT =
Schriften zum Theater, Berlin und Weimar 1964
SzL =
Schriften zur Literatur und Kunst, Berlin und Weimar 1966
SzP =
Schriften zur Politik und Gesellschaft, Berlin und Weimar 1968
G =
Gedichte, Berlin und Weimar 1961-1969
P =
Prosa, Berlin und Weimar 1973-1975
Tgb =
Tagebücher 1920-1922/ Autobiographische Aufzeichnungen 1920-1954, Berlin und Weimar 1976
AJ =
Arbeitsjournal 1938-1955, Berlin und Weimar 1978
Weitere Publikationen
Bronnen =
Bronnen, Arnolt, Tage mit Brecht, Berlin 1973
Engberg =
Engberg, Harald, Brecht auf Fünen, Wuppertal 1974
Faßmann =
Faßmann, Kurt, Brecht, Eine Bildbiographie, München 1958
Frisch/Obermeier =
Brecht in Augsburg, Eine Dokumentation von Werner Frisch und K. W. Obermeier unter Mitarbeit von Gerhard Schneider, Berlin und Weimar 1975
Hay =
Hay, Gerhard, Bertolt Brechts und Ernst Hardts gemeinsame Rundfunkarbeit, in: Jahrbuch der Deutschen Schillergesellschaft, Bd. XII, Stuttgart 1968
Münsterer =
Münsterer, Hans Otto, Bert Brecht, Erinnerungen aus den Jahren 1917-22, Zürich 1963
NDL =
Neue Deutsche Literatur, Berlin
Rasch =
Rasch, Wolfdietrich,

Bertolt Brechts marxistischer Lehrer, in: Merkur, 1963, H 8, 988ff.
Sinn und Form =
Sinn und Form, Berlin
u =
Zitate aus unveröffentlichten Briefen
BBA =
Bertolt-Brecht-Archiv

1 G, I, 143ff.
7 A: Frisch/Obermeier, 115
10 A: Frisch/Obermeier, 31f.
16 Aufsatz zitiert von Otto Müllereisert, in: Erinnerungen an Brecht, Leipzig 1964, 18; Brief Oktober 1922: in: Sinn und Form, Berlin 1958, H 1, 31; A: Frisch/Obermeier, 79
17 Turmwacht, in: Augsburger Neueste Nachrichten, 8. 8. 1914; A: Frisch/Obermeier, 61
20 Friedrich Mayer, in: Frisch/Obermeier, 103
21 SzT, VI, 409
22 Oratorium, zitiert in: Frisch/Obermeier, 278ff.; A: Frisch/Obermeier, 23
23 Mutter sein . . ., in: München-Augsburger Abendzeitung, 21. 9. 1914
24 Brief 18. 12. 1917, u
25 Brief April 1918, u; A: Frisch/Obermeier, 137f.
26 Billett Anfang 1917, zitiert in: Frisch/Obermeier, 98ff; A: Frisch/Obermeier, 100
27 Tgb, 17
28 Hat ein Weib fette Hüften, BBA 800/4, u
29 Lied der müden Empörer, G, II, 17
30 Briefe September 1917, Juni 1918, u
32 Brief 10. 11. 1919, in: Frisch/Obermeier, 72f.
33 Brief Oktober 1927, in: Sinn und Form, 1958, H 1, 31; A: Frisch/Obermeier, 140
34 Lied an die Kavaliere der Station D, BBA 800/11, u
35 Karte 23. 11. 1917, in: Frisch/Obermeier, 118; Brief 29. 4. 1917, u
36 Brief 11. 5. 1918, u; A: Frisch/Obermeier, 125
37 Tgb, 27
38 An Bittersweet, BBA 438/31, u
39 Brief 24. 2. 1918, u; Brief Dezember 1920, in: Faßmann, 27
40 Brief März 1920, in: Die Zeit, 19. 8. 1966; Karl Valentin, in: SzT, I, 173
41 Nachdruck verboten! In: SzP, I, 43f.; Brief August 1918, in: Münsterer, 93f.

42 Großmutter zum 80. Geburtstag, in: Frisch/Obermeier, 286f.
43 A: Karl Brecht, in: Frisch/Obermeier, 25f.
44 Brief Mitte März 1918, u; A: Nachruf auf Wedekind, in: SzT, I, 7; Brief Ende April 1918, u
45 Tgb, 28f.
46 Tgb, 68
47 Sentimentales Lied No. 1004, BBA 1087/66-67
48 Brief 18. 12. 1917, u; A: Frisch/Obermeier, 91ff.
49 Tgb, 53
50 Tgb, 61
51 Tgb, 107
52 Lied von meiner Mutter, in: G, II, 84; Notiz 1920, in: Tgb, 185
53 Tgb, 114; A: Frisch/Obermeier, 20f.
54 Brief Mitte Juni 1918, u; Das Urbild Baals, SzT, II, 49f.; A: Neher, Notizbuch 1920, u
55 Das Theater gefällt mir, in: Brecht, Baal. Der böse Baal der asoziale, Frankfurt/M. 1968, 96f.
57 Tgb, 69 und 70; A: Frisch/Obermeier, 209
59 Tgb, 159 und 138
61 Tgb, 94, 103, 72
63 Glosse, S, I, 118; Brief Februar 1923, in: Sinn und Form 1958, H 1, 32
64 Tgb, 193f.
65 Brief vom Februar 1923, s. Anm. 63
66 SzT, VI, 420
67 Gespräch, SzT, II, 55; Brief Februar 1920, u; Tgb, 162
68 BBA 436/116-117
69 Brief Dezember 1920, in: Faßmann, 27; Sylvester, in: SzP, I, 57; A: Bronnen, 23f.
70 Vorspruch, SzT, II, 50
71-72 Für das Programmheft, SzT, II, 70f.; Der Erfolg von Trommeln, SzT, II, 57f.
73 Vorwort, SzT II, 60f.; Bei Durchsicht meiner ersten Stücke, SzT, VI, 412
74 Tonbandprotokoll Weigel/Hecht, in: . . . gelebt für alle Zeiten, Berlin 1975, 389ff.
76 Über die Zukunft des Theaters, SzT, II, 34f.; Briefe vom Sommer und September 1924, u
77 BBA 310/01
79 BBA 150/01; Gutachten, 82 Tgb, 193f.
83 SzT, I, 188; SzP, I, 25
86 Ulm, Berlin 1927, August, 38f.
87 A: Brecht im Gespräch, SzT, II, 291

Zitatnachweis

88 Vorrede, SzT, II, 87f.; Rezensionen, in: Helene Weigel zu ehren, Frankfurt/M., 106f.
89-91 SzT, V, 160f.
92-93 G, VIII, 85
94 Brief 16. 12. 1926, u
95 Brief 9. 4. 1927, u
96 Tgb, 197
97 BBA 720/1-2
98 BBA 720/61-62
99 BBA 205/12
100 Tgb, 205; SzT, I, 195
102 SzT, III, 290
104 SzT, V, 151
106 SzT, II, 114
107 Brief September/Oktober 1928, u; Antwort, SzT, II, 114f.
108-113 SzL, I, 83f.
117 SzP, I, 39f.; Briefe Sommer und September 1924, u
119 Brief 18. 10. 1927, teilweise zitiert in: Hay, 123
120 SzT, I, 134 und 132
122 BBA 220/47-48; SzT, II, 149
123 Tgb, 12; A: Die Weltbühne, Berlin, 4. 9. 1928, 372ff.
124 Brief Juli 1923, in: Bronnen, 117; A: Bronnen, 35
125 Brief Oktober 1922, in: Sinn und Form, Berlin 1958, H 1, 31
126 Brief 20er Jahre, in: Süddeutsche Zeitung, München, 13.-15. 8. 1966
127 Brief Oktober 1928, SzL, I, 82f.
128 SzT, I, 90ff.
129 Gesammelte Werke, Frankfurt/M. 1967, Bd. 18, 43f.
130 SzT, IV, 74
131 Brief Mitte 1927, u
132 Brief Ende 20er Jahre, u
133 SzL, I, 82ff.
134 SzT, I, 136
135 SzT, I, 102ff.
136 Brief Oktober 1926, in: Sinn und Form, 1957, H 1-3, 243
137 Brief Oktober 1928, in: Autographen aus allen Gebieten, 19. 2. 1969, Marburg, S. 9
138 SzL, I, 59f.
139 Brief Juni 1929, in: Hay 125
140 Brecht, Schriften/Über Theater, Berlin 1977
141 SzT, I, 120
143 Tgb, 195
145 G, I, 190
146 P, I, 262ff.
147 G, II, 199
149 SzT, II, 74
150 G, VIII, 94
151 Tgb, 202
154 Slatan Dudow, in: Kuhle Wampe, Protokoll des Films und Materialien, Leipzig 1971, 110f.
155 A. a. O., 92
156 A. a. O., 95
157 SzT, II, 229
159 Brief 1932, u
164 SzT, II, 249f.
165 Zentralarchiv der DDR, Potsdam, Reichsministerium des Innern, Nr. 25684, 15.01, Filmangelegenheiten
166 A. a. O.
167 SzT, V, 161f.
168 BBA 402/7-11
171 BBA 296/1; SzP, II, 171
172 SzP, II, 188f.
173 BBA 2119/11
174-175 Brief März/April 1933, u
176 Brief April 1933 an Tretjakow, u; Brief April 1933 an M. v. Brentano, u
177 Tgb, 204
178 Zufluchtsstätte, G, IV, 139; Brief Juli 1933, u; Brief Herbst 1933 (unbekannter Adressat), u
179 Brief Mai 1934, u; Alfabet, G, V, 43
183 Briefe Mai 1934 und 2. 9. 1934, u; A: Martner, zitiert von: Engberg, 97
184 Brief 22. 12. 1933, in: NDL, 1963, H 6, 183; Brief Januar 1934, u; Notiz 1934, Tgb, 203f.
186 SzL, II, 270f.
188-189 Wehe! in: G, VIII, 140, u; Brief Dezember 1934, u
190 Brief Juli 1935, u
191 SzL, I, 299f.
192-193 Brief und Memorandum, in: Brecht, Die Mutter, Materialien, Berlin 1970
194 Interview, SzP, I, 297 f.; Brief 1935, u
195 BBA 75/55-56; A: SzT, II, 306f.
196 Briefe Dezember 1935, 30. 10. 1937, u
197 Der Verläßlichen, von E. Hauptmann nicht in die ›Gedichte‹ aufgenommen, in: Helene Weigel zu ehren, Frankfurt/M. 1970, 20; Resolution, u
200 BBA 314/02-03
201 Brief Oktober/November 1937, zitiert von Rasch, in: Merkur 1963, H 8, 1000f.
204 BBA 16/12; Druck des Gedichts: G, V, 91f.; Ich besitze . . ., in: AJ, 44f.
205 Brief April 1938, u; Kunst oder Politik? in: SzL, I, 307f.
206 SzT, IV, 134f.
208 Brief Mai 1938, u
211 Brief März/April 1938, u; AJ, 14f.
213 Die gute Genossin M. S., G, V, 82; Das erste Sonett, G, V, 98
214 BBA 143
215 Brief April 1939, u
216 Brief 11. 4. 1939; AJ, 33
217 AJ, 32
218 AJ, 11
219 Tgb, 209
223 G, IV, 137
225 AJ, 37, 41
227 AJ, 24
228 AJ, 48
229 BBA 490/49-50; AJ, 160
231 SzL, I, 338, 75f.
233 Briefe April 1940 und 1940, u
234 AJ, 83f.
235 BBA 181/1-10; AJ, 59, 80f., 64
236 AJ, 90
237 AJ, 86
240 AJ, 88
241 AJ, 86f.
242 Brief 28. 8. 48, u; Mit Hella . . ., AJ, 106; Arbeit am Puntila, AJ, 104; Es wäre unglaublich . . ., AJ, 112
243 BBA 178/01
244 BBA 178/06
245 AJ, 157; A: SzT, IV, 172
246 AJ, 100, 118
248 AJ, 173f.
249 SzT, III, 7ff.
250 SzL, II, 262ff.
251 Brief Mai 1936, u; A: Aus den Brecht-Kommentaren, in: Benjamin, Versuche über Brecht, Frankfurt/M. 1966, 34ff.
252 SzP, I, 106f.
253 AJ, 20f.
254 Brief April 1939, u
255 Brief 4. 5. 1940, u
256 AJ, 180
257 Brief 11. 7. 1933, u; A: Tretjakow, Bert Brecht, in: Das internationale Theater, Moskau 1934, Nr. 3/4, 54ff.
258 SzT, V, 178ff.
259 Brief 11. 5. 1939, u
260 SzL, II, 6; Brief 5. 1. 1955, u
261 Brief Januar 1945, u
262 Brief 1. 12. 1943, in: Sinn und Form, 1964, H 5, 691f.
263 AJ, 406f.
264 AJ, 387
265 Brief Juli/August 1941, u
269 AJ, 178; Brief Oktober 1942, u
270 AJ, 228
271 AJ, 193
272 AJ, 201
273 G, VI, 57; Ich arbeite mit Lang, AJ, 282; Ich merke jetzt, AJ, 304f.; Rezept, AJ, 352
274-275 G, VI, 56; Merkwürdig, AJ, 219f.
276 G, VI, 56; Ich kann mit

Homolka, AJ, 363; Kortner und Homolka, AJ, 376
277 Brief 5. 7. 1943, u; Mit Lorre abends, AJ, 330
278 AJ, 225
279 AJ, 368
281 Die Elemente der Lebensweise, AJ, 248; Es liegt, AJ, 220; Hier erlebe ich, AJ, 290
282 AJ, 239; A: AJ, 283
284 AJ, 319f.
285 BBA 1145/02
287 Ziehen wir, AJ, 293; Eigentlich zum erstenmal, AJ, 294
288 Brief 31. 8. 1943, u
291 AJ, 322f.
292 BBA 139/128; Im großen den Schweyk, AJ, 325
294/295 G, VI, 62; An die deutschen Soldaten im Osten, G, VI, 30ff.
296 Tonbandprotokoll Weigel-Hecht, in . . . gelebt für alle Zeiten, Berlin 1975; Die besonders rüde Art, AJ, 312
297 AJ, 385
298 Steff wird, AJ, 382; Steff nach seinem Basic Training, AJ, 397
301 Von Laughtons Garten, AJ, 378; Die deutsche Kunst, AJ, 382; Helli, do you think, AJ, 355
302 BBA 192/44
303 Plötzlich bin ich, AJ, 368f.; Die Umarbeitung, AJ, 375
304 AJ, 374
307 Brief 6. 10. 1943, u; Gemeinsame Erinnerung, G, VI, 79
308/309 Ein wenig ist es, AJ, 256; Winge, AJ, 299; Eisler mag das Lied, AJ, 263
310 BBA 2229/40
311 Brief April/Mai 1942, u; Brief Dezember 1946, u
312 Arbeite systematisch, AJ, 392; Nazideutschland kapituliert, AJ, 403; Epistel an die Augsburger, G, VI, 96; A: SzT, IV, 245f.
313 Wir arbeiten, AJ, 411; Die Zusammenarbeit, AJ, 415f.
315 Brief September/Oktober 1946, u; Hintergrund, SzT, IV, 211ff.
317 AJ, 430
318 BBA 1781/21
319 AJ, 432; Brief 7. 2. 1948, u
320 AJ, 438
321 G, VIII, 31
322 Brief April 1948
323 AJ, 448f.; Brief Juli 1948, in: Kursbuch, Frankfurt/M. 7. 9. 1966, 61f.
324 AJ, 449f.
326 G, IV, 145; Brief 18. 1. 1949 in: Brecht in der Kritik, München, 1977, 452
327 AJ, 454
328 AJ, 455; Brief 25. 10. 1948, SzP, II, 198; AJ, 457
329 AJ, 472; Courage-Modell, SzT, VI, 60; Im Unglück allein, SzT, VI. 160f.
330 Brief 6. 3. 1949, in: Helene Weigel zu ehren, Frankfurt/M. 1970, 62
331 Brief 20. 2. 1949, u
332 Brief 25./26. 2. 1949, u; Brief 24. 4. 1949, in: Helene Weigel zu ehren, 62f.
333 SzP, II, 202
335 AJ, 479
337 AJ, 475
338 Brief Mitte 1949, u; Ein neues Haus, AJ, 477; Brief 9. 2. 1949, u
339 SzT, VI, 182
340 AJ, 481
343 BBA 74/49; Der Prozeß des Lernens, SzP, II, 236
344 AJ, 507
345 AJ, 478
347 An meine Landsleute, BBA, 1707/11
348 AJ, 485; Brief Mitte Februar 1950, u
349 Das Theater des neuen Zeitalters, G, VII, 60; Wahrnehmung, G, VII, 46
353 Tgb, 216
354 Brief Juli 1952, u; Brief Oktober 1945, in: Brecht-Jahrbuch 1974, Frankfurt/M. 1975, 97; Brief September 1948, u
355 Brief September 1953, u
356 Theaterarbeit, 337
357 SzL, II, 281
358 SzL, II, 279; A: Dymschitz, Ein gewöhnliches Genie, in: Theater der Zeit, Berlin 1966, H 14, 14
359 AJ, 465; A: Sinn und Form, 1957, H 1-3, 461
360 Brief November 1950, u
361 Brecht, Der kaukasische Kreidekreis, Materialien, Berlin 1968, 153
362 SzT, VII, 318
363 SzL, II, 363
364 SzT, VI, 240
365 Briefe 1. 8. und Herbst 1952, in: Das Magazin. Berlin 1963, H 10, 21; A: SzT, VI, 153
366 Brief Mai 1950, in: Über Lyrik, Berlin 1964; A: NDL, H 10, 11ff.
367 SzT, VI, 192f.
368 SzL, 365
369 AJ, 502
370 AJ, 505
372 SzL, 292
372 Brief 22. 5. 1956, u
373 AJ, 491; Die Mutter, SzT, VI, 314f.
374 Brief 7. 1. 1951, in: Die Brücke zur Welt, Beilage zur Stuttgarter Zeitung, 5. 1. 1963
375 AJ, 492f.; Brief 19. 3. 1951, u
377 SzT, VI, 329f.
378 Brief März 1951, SzI., II 290f.
379 Brief 15. 1. 1952, u
380 SzL, II, 297
383 AJ, 486
385 AJ, 502
386 AJ, 506
388 AJ, 512; Heißer Tag, G, VII, 13
389 AJ, 511
393 AJ, 515f.
394 SzT, VII, 140
395 AJ 508
396 SzT, VII, 137; Die Spielleitung Brechts, SzT, VI, 235f.
399 G, VII, 95
403 G, VII, 119
404 G, VII, 118
405 Brief 15. 6. 1953, u; Brief 13. 11. 1953, u
406-413 SzT, VI, 182; Aushang, u
414 SzT, VI, 236; 1954: Erste Hälfte, G, VII, 122
416 Brecht im Gespräch, Berlin 1977, 181f.
417 AJ, 518
418 Brief 24. 4. 1955, u
419 SzP, II, 231ff.
421 Brief Juli 1954, u
423 SzT, VII, 269ff.
424 SzP, II, 246ff.
425 Brief 6. 6. 1955, u
426 Brief 2. 3. 1955, u
428 G, VII, 123
429 Brief 26. 6. 1956, in: Studien, SzL, 1966, Beilage zu Theater der Zeit, Berlin 1966, H 14; Der Blumengarten, G, VII, 8
432 Brief 11. 2. 1956, u
433 Brief 25. 2. 1956, u
434 Brief 31. 3. 1956, u; Brief 30. 4. 1956, in: Buschs Galilei, Aufbau einer Rolle, Berlin 1958, 6
435 Brecht, Leben des Galilei, Materialien, Berlin 1970, 144 (leicht redigiert)
436 Brief 13. 8. 1956, u
441 G, VII, 142

Max Frisch, Ein Mann namens Brecht aus Tagebuch 1946-1949 und Tagebuch 1966-1971, in: Gesammelte Werke in zeitlicher Folge, Frankfurt/M., 1976, II, 597, 599, VI 23, 28f.

Fotonachweis

Helene Weigel hat in ihren letzten Lebensjahren bereits mehrere Privatarchive an Fotografien zu einer Sammlung zusammengeführt und durch Ankäufe weiterhin vervollständigt. Sie wollte diese Fotos für eine geplante Brecht-Chronik zur Verfügung stellen. Durch die freundliche Unterstützung, die Barbara Brecht-Schall dem Bildband zuteil werden ließ, konnte von einer Fülle wenig bekannten Materials ausgegangen werden. Auch Hanne Hiob unterstützte den Bildband mit mehreren Fotos aus ihrem Besitz und dem Besitz ihrer Mutter. Der größte Teil der ausgewählten Fotos, die im einzelnen nicht verzeichnet sind, stammt aus diesen Sammlungen der Bertolt-Brecht-Erben und der Helene-Weigel-Erben.

Außerdem stellten folgende Archive, Fotografen oder Privatpersonen Fotos zur Verfügung:
ADN/Zentralbild, Berlin 123-125, 128-131, 133, 134, 136, 138, 172, 249, 250, 260, 262, 291, 304, 328, 345, 357-359, 362, 363, 366-371, 374, 418, 419, 421, 424
Archiv DSF, Berlin 253, 365, 372
Bergström, Stockholm 217
Berlau/J. Hoffmann, Berlin 220, 267, 277, 282, 286, 287, 308, 309, 311-313, 315, 316, 320, 321, 326, 340, 343, 379, 395, 420
Berlau/Völker, Basel 184, 186, 323, 330-335
Bildarchiv Preußischer Kulturbesitz, Berlin 377
Bilderdienst Süddeutscher Verlag, München 73, 126
Birzele, Augsburg 9, 20
Lie Brecht, Darmstadt 56, 96, 118, 143, 392
Walter Brecht, Darmstadt 13, 21, 43, 108-113
Bertolt-Brecht-Archiv, Berlin 5-8, 51, 121, 192, 193, 342
Bretting, München 290
Dephot, Berlin 119, 140, 141
Deutsches Institut für Filmkunde, Wiesbaden 272
dpa 263, 360
Drescher, Berlin 384
Feuerstein, Frankfurt 144
Fischer, Potsdam-Babelsberg 163
S. Fischer-Verlag, Frankfurt/Main 256
Fohrer, Königsbrunn 24, 39, 46
Funk-Woche, Berlin 142
Goedhardt, Scheveningen 296, 391, 394, 406-413, 434, 435, 438
Gorelik, Huntington Beach 196
Groß, Augsburg 37, 41, 293-295
Hecht, Berlin 269, 270
Hill, Dortmund 351, 352, 381, 382, 396
Institut für Theaterwissenschaft, Köln 54
Ittenbach, Berlin 348
Kläber, Carona 175, 176
Kraushaar/AdK, Berlin 385-387, 399, 429, 437

Märkisches Museum, Berlin 44, 101
Magnum-Photos, Zürich 404
Nachlaß Elisabeth Hauptmann/AdK, Berlin 85, 354
Paukschta, Berlin 329, 361, 373, 417, 422
Pic, Paris 416
Piccolo Teatro, Milano 431-433
Pinkus, Zürich 67
Platow, Berlin 100
Saeger, Berlin 376
Suhrkamp Verlag, Frankfurt/Main 251
H. E. Schulze, Berlin 414
Stadtbibliothek, München 322
Steinfeldt, Berlin 338, 339, 398, 402
Teka-Film-Studio, Leipzig 356
V. Teuschert, Berlin 423
Theatermuseum, München 63, 64
Ullstein-Bilderdienst, Berlin 76, 78, 86, 87, 127, 132, 135, 149, 154, 155, 259, 375
Viollet, Paris 190, 191
Vogler, Berlin 427
Wuolijoki-Erben/Burkert 236-238, 240, 241, 246

Aus: ›Brecht in Augsburg‹ 2, 17, 25-27, 30, 31, 48, 49, 53

Reproduktionen: Karl-Heinz Feuerstein, Udo Michael, Maria Steinfeldt

Brecht-Titel-Register

Stücke, Stückfragmente

Aufstieg und Fall der Stadt Mahagonny 69, 79, 89
Baal 44, 45, 56, 64
Das Badener Lehrstück vom Einverständnis 95
Das Verhör des Lukullus 152, 266
Der aufhaltsame Aufstieg des Arturo Ui 152, 185
Der Flug der Lindberghs s. Der Ozeanflug
Der gute Mensch von Sezuan 149, 152, 176f., 208, 294
Der Jasager und Der Neinsager 63, 69, 79
Der kaukasische Kreidekreis 149, 217, 291, 292, 294, 300
Der Ozeanflug 69, 79, 94
Die Ausnahme und die Regel 69
Die Dreigroschenoper 69, 78, 79, 81, 145, 167, 245, 289, 305
Die Gesichte der Simone Machard 202, 203
Die Gewehre der Frau Carrar 141, 144, 145, 148, 149, 152, 167, 172
Die heilige Johanna der Schlachthöfe 69, 90f., 146, 172, 177, 237
Die Horatier und die Kuriatier 152
Die Maßnahme 94, 107, 146, 230
Die Mutter 107, 108, 136, 149, 177, 198, 261, 265
Die Rundköpfe und die Spitzköpfe 69, 140, 146, 152, 177
Die sieben Todsünden der Kleinbürger 79, 172
Die Tage der Commune 149, 243
Die Verurteilung des Lukullus 266
Furcht und Elend des Dritten Reiches 144, 151
Herr Puntila und sein Knecht Matti 183, 243, 250, 251
Im Dickicht der Städte 57, 64
Joe Fleischhacker 77
Leben des Galilei 146, 152, 224, 225, 226, 227, 245, 306, 307
Leben Eduards des Zweiten von England (nach Marlowe) 53, 64
Mann ist Mann 63, 64, 69, 71, 100, 111
Mutter Courage und ihre Kinder 146, 168f., 209, 240, 243, 245, 254, 256, 258, 260, 294
Schweyk im zweiten Weltkrieg 208, 209
Trommeln in der Nacht 51, 52, 53, 56f., 58, 59, 61, 64
Turandot oder Der Kongreß der Weißwäscher 278
Versuche 146, 260

Stückebearbeitungen

Coriolan (nach Shakespeare) 272
Die Antigone des Sophokles 232, 233, 234, 260
Untergang des Egoisten Johann Fatzer 99

Gedichte

Alfabet 134
An die deutschen Soldaten im Osten 211
An die Nachgeborenen 239
An meine Landsleute 255
Auf einen chinesischen Theewurzellöwen 284
Baals Lied 27
Buckower Elegien 275, 278, 303
Das erste Sonett 152
Das Lied vom Weib des Nazisoldaten 221
Dauerten wir unendlich 312
Die Freunde 233
Die gute Genossin M. S. 152
Die Schauspielerin im Exil 145
Ein neues Haus 246
Epistel an die Augsburger 224
Erinnerung an die Marie A. 38
Gedichte im Exil 218
Gemeinsame Erinnerung 218
Hollywood-Elegien 195, 221
Ich benötige keinen Grabstein 310
Ich bin der Glücksgott 194
Kantate zu Lenins Todestag 138f.
Kinderhymne 252
Kriegsfibel 165
Lied an die Kavaliere der Station D. 30
Lied der müden Empörer 27
Lied der Ströme 294
Lied einer deutschen Mutter 210
Lied von meiner Mutter 42
Mutter sein . . . 24
Rat an die Schauspielerin C. N. 79
Sah verjagt aus sieben Ländern 197
Solidaritätslied 106
Sommer 1942 198
Svendborger Gedichte 172
Studien 218
Taschenpostille 64
Theater 288
Über die Bezeichnung Emigranten 163
Vergnügungen 300
Vom armen B. B. 11
Wahrnehmung 256
Wiegenlieder 115
Zu einer japanischen Zeichnung, ein Puppenspiel darstellend, das Kinder Kindern vorführen 133
Zufluchtsstätte 124
Zum Einzug des ›Berliner Ensemble‹ in das Theater am Schiffbauerdamm 289

Prosa

Der Dreigroschenroman 140
Geschichten vom Herrn Keuner 99
Turmwacht 21

Schriften

Der Messingkauf 167
Kleines Organon für das Theater 234, 251
Theaterarbeit 261

Filme

Das Mysterium der Jamaicabar 51
Der Brillantenfresser 51
Hangmen Also Die 195
Kuhle Wampe oder Wem gehört die Welt? 106, 107, 112f., 119, 223
Liebesmatch 51
Robinsonade auf Assuncion 51

Namenregister

Abraham, Pierre 294
Albers, Hans 245
Aman, Marie Rose 39
Andersen 140
Anderson, Alwa 158
Andreasen, Dagmar 149
Appen, Karl v. 256, 262, 292
Auden, Wysten Hugh 189
Aufricht, Ernst Josef 78, 208
Azossew, Gertrud 136
Azossew, M. 136

Bärensprung, Horst 208
Bahn, Roma 81
Baldi, Alex 26
Banholzer, Frank 40, 41, 43, 210, 211
Banholzer, Paula 26, 33, 40, 41, 55, 210
Barbusse, Henri 135
Becher, Johannes R. 135, 189, 239, 242, 254, 263, 268, 296
-›Verbrüderung‹ 268
-›Winterschlacht‹ 296
Bellag, Lothar 290
Benjamin, Walter 128, 149, 188
Bernhard, Karl 21
Berlau, Ruth 148, 149, 158, 165, 172, 190, 198, 206, 217, 218, 223, 245, 260, 265, 294, 305
-›Jedes Tier kann es‹ 149
Besson, Benno 289, 290
Bezold, Otto 26
Bienert, Gerhard 281
Binder, Sybille 53
Bizet, George
-›Carmen‹ 48
Blaß, Edith 48
Bois, Kurt 262
Borchardt, Hans 69
Brainer 214
Branting, Georg 157, 158
Braun, Wilhelm 21
Brecht, Barbara 105, 115, 120, 124, 126, 129, 140, 141, 148, 163, 181, 187, 213, 215, 223, 242, 243, 256, 296
Brecht, Berthold Friedrich (Vater) 12, 14, 15, 17, 19, 21, 36, 40, 41, 43, 111, 120, 129, 131, 158
Brecht, Gustav 15
Brecht, Karoline 12, 19, 36, 37
Brecht, Marianne s. Zoff
Brecht, Hanne s. Hiob
Brecht, Lie 96
Brecht, Sophie (Mutter) 12, 14, 17, 19, 21, 24, 42, 43
Brecht, Stefan S. 66, 74, 84, 100, 105, 111, 115, 119, 120, 121, 126, 129, 132, 140, 148, 173, 181, 185, 187, 213, 214, 223, 256, 275
Brecht, Stephan Berthold 12, 37

Brecht, Walter 14, 15, 17, 19, 22, 43, 163
Brentano, Bernard v. 93, 121, 128, 137
Brentano, Margit v. 121, 133
Breughel, Pieter 146, 217
Brezing, Friederike 12
Brezing, Josef Friedrich 12
Bronnen, Arnolt 92
Brugsch, Theodor 308
Buckwitz, Harry 294, 299
Budzislawski, Hermann 230, 263
Bunge, Joachim 290
Busch, Ernst 79, 94, 108, 115, 265, 291, 292, 300, 306, 307

Carotenuto, Mario 305
Chaplin, Charlie 189, 299
Cole, Lester 230
Cremer, Fritz 263, 312
Crum, Bartley C. 230
Curjel, Hans 232

Dessau, Paul 217, 266, 300
Deutschenbaur, Kaspar 21
Diebold, Bernhard 92
Dieterle, William 193
Döblin, Alfred 93, 120
Dorn 40
Dressel, Alfons 95
Dudow, Slatan 94, 106, 107, 145, 151, 239
Duncker, Hermann 93
Dymschitz, Alexander 262

Ehrenburg, Ilja 135
Einem, Gottfried v. 265
Eisenstein, Sergej 77
Eisler, Gerhart 189
Eisler, Hanns 79, 106, 107, 121, 136, 140, 198, 214, 221, 223, 296
Ender, Irena 89
Engel, Erich 52, 92, 306
Engels, Friedrich 93
Erbe, Hans 113
Erpenbeck, Fritz 263

Faber, Erwin 52, 53
Falckenberg, Otto 52, 58
Falk, Norbert 71
Feuchtwanger, Lion 48, 53, 55, 92, 120, 194, 202
Feuchtwanger, Marta 48, 55, 120
Field, Erastus 190
Fischer, Adolf 112
Flesch, Hans 89
Freud, Sigmund 149
Frisch, Max 234
-›Als der Krieg zu Ende war‹ 234

Gabler, Christian 26
Gaugler, Hans 232, 233
Gay, John
-›The Beggar's Opera‹ 81
Gebhardt, Friedrich 21

Geis, Jacob 183, 247
George, Heinrich 58, 188
Gerron, Kurt 81
Geschonneck, Erwin 250, 251, 258
Geyer, Georg 26
Gide, André 135
Giehse, Therese 234, 243, 245, 246, 262, 270
Gillmann, Harry 292
Globke, Hans 113
Gorelik, Mordecai 136, 199
Gold, Käthe 262
Gorki, Maxim 265
Goya, Francisco José de 151
Graf, Oskar Maria 208
Granach, Alexander 58, 94, 100
Grassi, Paolo 305
Grieg, Nordahl
-›Die Niederlage‹ 152
Grosz, George 55, 92, 124, 126, 134, 208
Grotewohl, Otto 289
Gründgens, Gustaf 237
Guilbert, Yvette 145

Hagg, Heiner 26, 30
Händel, Georg Friedrich 81
Haindl, Georg 12, 19, 43
Hambleton, Eduard T. 230
Hamann, Paul 96
Häntzschel, Kurt 119
Hardt, Ernst, 89, 94
Harich, Wolfgang 189
Hartmann, Rudolf 26, 128
Hauptmann, Elisabeth 63, 69, 93, 208, 260, 305
-›Happy End‹ 63
Hay, Julius 189, 239
Hays, H. R. 190
Hegel, Georg Wilhelm Friedrich 93, 223, 232, 275
Heinz, Wolfgang 100
Hennemann 308
Henry, Helen 136
Herzfelde, Wieland 208, 263
Hesse, Hermann 121
Hesse-Burri, Emil 73, 108
-›Amerikanische Jugend‹ 73
Heydrich, Reinhard 195
Hindemith, Paul 188
Hiob, Hanne 51, 66, 100, 105, 115, 163, 190, 223, 236, 237
Hirschfeld, Kurt 243
Hölderlin, Friedrich 232
Hold, Marie 132, 140
Hollaender, Felix 52
Homolka, Oskar 53, 56, 79, 198, 262
Horaz 21, 272
Horkheimer, Max 188
Horwitz, Kurt 52
Hülgert, Alfred 266
Hurwicz, Angelika 292

Ivens, Joris 294

Jerome, V. J. 136, 158
Jeßner, Leopold 93

Namenregister

Jhering, Herbert 21, 30, 52, 53, 56, 92, 239, 262
Jörgen 48

Kahlau, Heinz 290
Kahler, Ernst 260
Kaiser, Georg 93
 ›Kolportage‹ 93
Kalser, Erwin 246
Karlstadt, Lisl 34
Kenny, Bob 230
Kerr, Alfred 71, 95
Kiepenheuer 55
Kilian, Isot 291
Kläber, Kurt 120, 121
Kleist, Heinrich
 ›Der zerbrochne Krug‹ 270
Klemperer, Otto 94
Knuth, Gustav 243
Koppenhöfer, Maria 52, 53
Korsch, Karl 145, 148, 188, 193
Kortner, Fritz 158, 198, 243, 245
Kraus, Karl 93, 124, 158
Küchenmeister, Claus 290
Küpper, Hannes 69
Küter, Charlotte 260
Kutscher, Artur 37

Lanchester, Elsa 215
Landsberg, Otto 113
Lane, Dorothy s. Hauptmann, Elisabeth
Lang, Fritz 194, 195, 213
Lang, Ludwig 26
Langhoff, Wolfgang 262
Laughton, Charles 215, 224, 225, 226, 227
Lardner, Ring 230
Leibelt, Hans 52, 71
Lenin, Wladimir Iljitsch 138f., 200, 231
Lenya, Lotte 79, 89
Lingen, Theo 79, 95, 100, 163
Lorre, Peter 79, 198, 199, 262
Losey, Joseph 226, 230
Lukács, Georg 189
Lukrez 146
Lutz, Regine 270, 307

Mann, Heinrich 134, 254
Mann, Thomas 92
Mannheim, Dora 34
Mao Tse-tung 291
Marlowe, Christopher 53, 64
Marx, Groucho 189
Marx, Karl 77, 93, 121, 223, 231
 ›Das Kapital‹ 77, 93
Matthis, Henry Peter 154, 157, 188
Mayer, Friedrich 22
Mehlich, Erich 89
Mei Lan-fang 189
Michaelis, Karin 124, 129, 149
Michoels, S. 136
Molière, Jean Baptiste Poquelin
 ›Don Juan‹ 289
Müller, Gerda 56

Müllereisert, Otto 30, 40, 64, 158, 223, 239
Münsterer, Hans Otto 35

Neher, Carola 79
Neher, Caspar 24, 26, 28, 29, 30, 33, 37, 39, 40, 44, 48, 52, 53, 55, 56, 79, 146, 200, 232, 233, 234, 251, 265, 266
Nexö, Martin Andersen 158
 ›Erinnerungen‹ 152, 158
Nizan, Paul 135

Odets, Clifford 213
Olden, Hans 113
Otto, Teo 262, 294, 305

Palitzsch, Peter 290, 296
Palm, Kurt 262
Paulsen, Harald 81
Paulsen, Karl 95
Peters, Paul 136
Pfanzelt, Georg (auch: George) 35, 40, 51, 64, 128, 223, 245, 246
Picasso, Pablo 248, 250, 289
Pieck, Wilhelm 255, 265
Piscator, Erwin 77, 81, 93, 136, 151, 246
Ponto, Erich 81
Prestel, Ludwig 27, 37

Quadflieg, Will 243

Rains, Ella 215
Rankl, Karl 94
Regler, Gustav 135
Reich, Bernhard 303
Reichel, Käthe 294
Reigbert, Otto 52
Reinhardt, Max 55, 78, 92
Reiß, Erich 55
Reiss, Josef Ritter v. 105
Reitter, Amalie 14
Reitter, Fritz 19
Reitter, Richard 19
Reyher, Ferdinand 199, 234
 ›Harte Bandagen‹ 63
Rilla, Paul 262
Roecker, Marie 43, 223
Rülicke-Weiler, Käthe 290
Runeberg, Johan Ludvig
 ›Fähnrich Stahls Erzählungen‹ 167

Samson-Körner, Paul 69
Sandberg, Herbert 288
Santesson, Ninnan 146, 158, 170
Sauer, Romuald 21
Schall, Ekkehard 296
Schelcher, Raimund 296
Scherchen, Hermann 266
Schiller, Friedrich
 ›Die Räuber‹ 64
Schlichter, Rudolf 96
Schmitt, Dr. 308
Schönberg, Arnold 189
Schostakowitsch, Dmitri 294
Seelenfreund 69

Seeler, Moritz 73
Seghers, Anna 120, 121
Seyferth, Wilfried 243
Shakespeare, William 53, 93, 167
 ›Coriolan‹ 272
 ›Richard III.‹ 185
Sokrates 37
Sophokles
 ›Ödipus‹ 61
Spira, Steffi 71
Stanislawski, Konstantin 188
Steckel, Leonard 243, 246, 250, 251, 262
Steffin, Margarete 108, 144, 152, 158, 177, 187, 200, 221
Steinicke 48
Sternberg, Fritz 93, 208
Strauß, Richard 266
Strehler, Giorgio 305
Stripling, Robert E. 230
Strittmatter, Erwin 263, 281
 ›Katzgraben‹ 263, 272, 281
Ström, Fredrik 157
Stumpp, Emil 90
Suhrkamp, Peter 89, 158, 260, 294, 308
Svendsck, Torben Anton 260
Swift, Jonathan 81
Synge, John Millington
 ›The Playboy of the Western World‹ 296

Tetzner, Lisa 120, 121
Tolstoi, Leo 37
Tombrock, Hans 188
Topitz, Anton Maria 94
Tracy, Spencer 213
Tretjakow, Sergej 189
Turek, Ludwig 151

Ulbricht, Walter 266

Valentin, Karl 34, 35
Viertel, Berthold 223, 262
Völker, Wolfgang 266
Voltaire 291

Wagner, Richard
 ›Rheingold‹ 48
Walcher, Jakob 239
Waldritter, Bella 281
Wallisch, Koloman 154
Warschauer, Frank 55
Wedekind, Frank 37
 ›Hidalla‹ 37
Wegener 55
Weichert, Hans 95
Weigel, Helene 40, 56, 61, 66, 74, 79, 84, 85, 94, 105, 111, 115, 119, 120, 121, 124, 136, 140, 141, 144, 145, 146, 149, 151, 152, 163, 167, 170, 187, 189, 213, 215, 230, 232, 233, 234, 239, 240, 242, 243, 248, 254, 256, 258, 265, 272, 275, 281, 289, 292, 300, 308
Weill, Kurt 78, 79, 89, 121, 208
Weiskopf, F. C. 158

Wekwerth, Manfred 290, 291, 296
Wernicke, Otto 52
Wertow, Dsiga 136
Wexley, John 213
Weyrauch, Wolfgang 269
Wifstrand, Naima 158, 167
Wild, Emmi 26
Wimmer, Maria 245
Wine, Erik 89
Winge, Hans 217, 221
Wolfson, Victor 136
Wolf, Friedrich 263
Wolff, Ernst 95
Wuolijoki, Hella 172, 178, 179, 183, 185, 187, 251
—›Die Sägemehlprinzessin‹ 183

Zoff, Marianne 48, 49, 51, 55, 74, 100, 236
Zweig, Arnold 263
Zweigert, Erich 113

Dank für Hilfe

Für Hilfe, Mitarbeit und Beratung ist zu danken: In erster Linie den Verwandten Bertolt Brechts, die dem Unternehmen aufgeschlossen und interessiert gegenüberstanden, vor allem Barbara Schall-Brecht, Lie Brecht, Prof. Dr. Walter Brecht und Hanne Hiob. Außerdem danke ich für freundliche Hilfe: Paula Groß, Werner Frisch, Erwin Burkert, Robert Voisin, Mordecai Gorelik sowie Maria Steinfeldt, Udo Michael, Percy Paukschta, Johannes Hoffmann und Klaus Völker. Fachkundige Beratung gaben Lisa Kiel, Herta Ramthun, Günter Glaeser, Gisela Knauf und Irene Ebel. Für Hilfe bei Zusammenstellung und Endfertigung danke ich meinen Mitarbeitern Marianne Conrad und Gert Hof. Schließlich gebührt den Mitarbeitern von Verlagen, Bildarchiven, Film-Verleihanstalten, die aus ihren Beständen Fotos zur Verfügung gestellt haben, freundlicher Dank.
Werner Hecht

Bertolt Brecht
im Suhrkamp Verlag und
im Insel Verlag

- Werke. Große kommentierte Berliner und Frankfurter Ausgabe. Dreißig Bände. Herausgegeben von Werner Hecht, Jan Knopf, Werner Mittenzwei und Klaus-Detlef Müller. Jeder Band ca. 450 bis 700 Seiten. Leinen ca. DM 64,– bis ca. DM 72,– (Subskriptionspreis: ca. DM 48,– bis ca. DM 56,–). Leder ca. DM 164,– bis ca. DM 172,– (Subskriptionspreis: ca. DM 148,– bis ca. DM 156,–).
Die ersten Bände der »Großen kommentierten Berliner und Frankfurter Ausgabe« werden zum 90. Geburtstag Bertolt Brechts im Februar 1988 als Gemeinschaftsausgabe des Suhrkamp Verlags Frankfurt am Main und des Aufbau-Verlags Berlin und Weimar erscheinen, und zwar jeweils textidentisch und seitengleich. Je zwei Herausgeber, Werner Hecht und Werner Mittenzwei (beide Berlin/DDR) bzw. Jan Knopf (Karlsruhe) und Klaus-Detlef Müller (Tübingen), verantworten gemeinsam alle dreißig Bände.
Diese neue Brecht-Ausgabe präsentiert jeweils die ersten autorisierten Drucke und zeigt damit die Entwicklung des Dichters anhand der Texte, mit denen er an die Öffentlichkeit getreten und bekannt geworden ist. Gibt es weitere, stark veränderte Fassungen etwa eines Stückes wie *Galilei,* so werden auch diese vollständig in die Ausgabe aufgenommen. Darüber hinaus wird die Ausgabe eine Fülle unbekannter und unveröffentlichter Texte enthalten: u. a. den Einakter *Prärie,* die Bearbeitung *Biberpelz und Roter Hahn* nach Gerhart Hauptmann, zahlreiche Stückfragmente, neue Schriften und Briefe. Neu ist außerdem, daß hier erstmals umfangreiche Sachinformationen zu den einzelnen Werken in einem Kommentar gegeben werden, der jeweils den zweiten Teil der Bände ausmacht: er enthält Angaben zu den Textgrundlagen, gibt eine Übersicht wichtiger Daten, dokumentiert Entstehungs-, Text- und Wirkungsgeschichte (zu Lebzeiten Brechts); in einem Zeilenkommentar werden ausführliche Einzelerläuterungen gegeben.
- Gesammelte Werke. Dünndruckausgabe in zehn Bänden. Herausgegeben vom Suhrkamp Verlag in Zusammenarbeit mit Elisabeth Hauptmann. Leinen und Leder
Band I: Stücke 1. Stücke 1918–1931
Band II: Stücke 2. Stücke 1931–1945
Band III: Stücke 3. Stücke bis 1956. Bearbeitungen, Einakter, Fragmente
Band IV: Gedichte 1913–1956
Band V: Prosa 1
Band VI: Prosa 2
Band VII: Schriften zum Theater
Band VIII: Schriften zur Literatur und Kunst, Politik und Gesellschaft
Supplementband I: Texte für Filme 1920–1956
Supplementband II: Gedichte aus dem Nachlaß 1913–1956
- Werkausgabe in zwanzig Bänden. Diese Ausgabe ist textidentisch mit der Dünndruckausgabe. Leinenkaschiert
- Supplementbände I–IV zur Werkausgabe. Leinenkaschiert
- Arbeitsjournal 1938–1955. Herausgegeben von Werner Hecht. 3 Bände. Leinen
- – Arbeitsjournal 1938–1955. 2 Bände. Leinenkaschiert
- Briefe. Herausgegeben und kommentiert von Günter Glaeser. 2 Bände. Leinen
- Tagebücher 1920–1922. Autobiographische Aufzeichnungen 1920 bis 1954. Herausgegeben von Herta Ramthun. Leinen, kartoniert und es 979
- Versuche. 4 Bände in Kassette
- Erste Gesamtausgabe in 41 Bänden von 1953ff.: Die Einzelbände dieser Ausgabe sind nur noch teilweise lieferbar, sie werden nicht mehr neu aufgelegt, da der Text für die Gesammelten Werke 1967 nochmals revidiert wurde.

Einzelausgaben

- Aufstieg und Fall der Stadt Mahagonny. es 21
- Ausgewählte Gedichte. es 86
- Ausgewählte Gedichte Brechts mit Interpretationen. Herausgegeben von Walter Hinck. es 927
- Baal. Drei Fassungen. Kritisch ediert und kommentiert von Dieter Schmidt. es 170
- Baal. Der böse Baal der asoziale. Texte, Varianten und Materialien. es 248
- Bertolt Brechts Dreigroschenbuch. Herausgegeben von Siegfried Unseld. 2 Bände. st 87
- Bertolt Brechts Gedichte und Lieder. Auswahl von Peter Suhrkamp. BS 33
- Bertolt Brechts Hauspostille. Gedichte. Mit Gesangsnoten. BS 4
- – Mit Radierungen von Chr. Meckel. it 617
- Bertolts Brechts Hauspostille (1927). Bibliothek deutscher Erst- und Frühausgaben in originalgetreuer Wiedergaben. Herausgegeben von Bernhard Zeller (Insel Verlag)
- Buckower Elegien. IB 810
- Das Badener Lehrstück vom Einverständnis. Die Rundköpfe und die Spitzköpfe. Die Ausnahme und die Regel. Drei Lehrstücke. es 817
- Das große Brecht-Liederbuch. Herausgegeben und kommentiert von Fritz Hennenberg. 3 Bände im Schuber. Leinen
- Brecht-Liederbuch. st 1216
- Das Verhör des Lukullus. Hörspiel. es 740
- Der aufhaltsame Aufstieg des Arturo Ui. es 144
- Der Brotladen. Ein Stückfragment. Die Bühnenfassung und Texte aus dem Fragment. Herausgegeben von Manfred Karge und Matthias Langhoff. es 339
- Der gute Mensch von Sezuan. es 73
- Der Jasager und der Neinsager. Vorlagen, Fassungen und Materialien. Herausgegeben und mit einem Nachwort versehen von Peter Szondi. es 171
- Der kaukasische Kreidekreis. es 31
- Der Ozeanflug. Die Horatier und die Kuriatier. Die Maßnahme. es 222
- Der Tui-Roman. Fragment. es 603
- Die Antigone des Sophokles. Materialien zur ›Antigone‹. es 134
- Die Bibel und andere frühere Einakter. BS 256
- Die Dreigroschenoper. es 229
- Die Gedichte in einem Band. Leinen
- Die Geschäfte des Herrn Julius Caesar. es 332

- Die Gesichte der Simone Machard. es 369
- Die Gewehre der Frau Carrar. es 219
- Die heilige Johanna der Schlachthöfe. es 113
- Die Maßnahme. Kritische Ausgabe mit einer Spielanleitung von Reiner Steinweg. es 415
- Die Mutter. Leben der Revolutionärin Pelagea Wlassowa aus Twer. es 200
- Die Tage der Commune. es 169
- Einakter und Fragmente. es 449
- Flüchtlingsgespräche. BS 63
- Frühe Stücke: Baal. Trommeln in der Nacht. Im Dickicht der Städte. st 201
- Furcht und Elend des Dritten Reiches. es 392
- Gedichte. Ausgewählt von Autoren. Mit einem Geleitwort von Ernst Bloch. st 251
- Gedichte für Städtebewohner. st 640
- Gedichte über die Liebe. Ausgewählt von Werner Hecht. Leinen, Leder und st 1001
- Gedichte und Lieder aus Stücken. es 9
- Gesammelte Gedichte. 4 Bände. es 835–838
- Geschichten. BS 81
- Geschichten vom Herrn Keuner. st 16
- Herr Puntila und sein Knecht Matti. es 105
- Im Dickicht der Städte. Erstfassung und Materialien. es 246
- Kuhle Wampe. Protokoll des Films und Materialien. Herausgeben von Wolfgang Gersch und Werner Hecht. es 362
- Leben des Galilei. es 1
- Leben Eduards des Zweiten von England. Vorlage, Texte und Materialien. es 245
- Liebesgedichte. IB 852
- Mann ist Mann. Lustspiel. es 259
- Me-ti. Buch der Wendungen. BS 228
- Mutter Courage und ihre Kinder. es 49 und BS 710
- Prosa. 4 Bände. es 182–185
- Schriften zum Theater. Über eine nichtaristokratische Dramatik. Zusammengestellt von Siegfried Unseld. BS 41
- Schriften zur Politik und Gesellschaft. st 199
- Schweyk im zweiten Weltkrieg. es 132
- Stücke in einem Band. Gebunden
- Stücke. Bearbeitungen. 2 Bände. es 788/789
- Svendborger Gedichte. Mit dem Kommentar von Walter Benjamin »Zu den Svendborger Gedichten«. BS 335
- Trommeln in der Nacht. Komödie. es 490
- Über den Beruf des Schauspielers. Herausgegeben von Werner Hecht. es 384
- Über die bildenden Künste. Herausgegeben von Jost Hermand. es 691
- Über die irdische Liebe und andere gewisse Welträtsel in Liedern und Balladen. Auswahl Günter Kunert. Illustrationen von Klaus Ensikat. Mit einer Schallplatte, besungen von Helene Weigel und Bertolt Brecht. (Insel Verlag)
- Über experimentelles Theater. Herausgegeben von Werner Hecht. es 377
- Über Lyrik. es 70
- Über Politik auf dem Theater. Herausgegeben von Werner Hecht. es 465
- Über Politik und Kunst. Herausgegeben von Werner Hecht. es 442
- Über Realismus. Herausgegeben von Werner Hecht. es 485
- Bertolt Brecht singt. Die Moritat von Mackie Messer. Lied von der Unzulänglichkeit menschlichen Strebens. Schallplatte.

Materialien zu Brechts Werk

- Bertolt Brechts ›Buckower Elegien‹. Mit Kommentaren von Jan Knopf. es 1397
- Brechts ›Aufhaltsamer Aufstieg des Arturo Ui‹. Herausgegeben von Raimund Gerz. stm. st 2029
- Brechts ›Gewehre der Frau Carrar‹. Herausgegeben von Klaus Bohnen. stm. st 2017
- Brechts ›Guter Mensch von Sezuan‹. Herausgegeben von Jan Knopf. stm. st 2021
- zu ›Der gute Mensch von Sezuan‹. es 247
- zu ›Der kaukasische Kreidekreis‹. es 155
- Brechts ›Heilige Johanna der Schlachthöfe‹. Herausgegeben von Jan Knopf. stm. st 2049
- zu ›Die heilige Johanna der Schlachthöfe‹. es 427
- Brechts ›Mann ist Mann‹. Herausgegeben von Carl Wege. stm. st 2023
- Die Rundköpfe und die Spitzköpfe. Bühnenfassung. Einzelszenen, Varianten. Herausgegeben von Gisela Bahr. es 605
- Brechts ›Leben des Galilei‹. Herausgegeben von Werner Hecht. stm. st 2001
- zu ›Leben des Galilei‹. es 44
- Brechts Lyrik. Herausgegeben von Jan Knopf. stm. st 2071
- Brechts ›Mutter Courage und ihre Kinder‹. Herausgegeben von Klaus-Detlef Müller. stm. st 2016
- zu ›Mutter Courage und ihre Kinder‹. es 50
- zu ›Die Mutter‹ (nach Gorki). Zusammengestellt von Werner Hecht. es 305
- Brechts ›Puntila‹. Herausgegeben von Hans Peter Neureuter. stm. st 2064
- Brechts Romane. Herausgegeben von Wolfgang Jeske. stm. st 2042
- zu ›Schweyk im zweiten Weltkrieg‹. Herausgegeben von Herbert Knust. es 604
- Brechts ›Tage der Commune‹. Herausgegeben von Wolf Siegert. stm. st 2031
- Brechts Theorie des Theaters. Herausgegeben von Werner Hecht. stm. st 2074
- Bertolt Brecht. Sein Leben in Bildern und Texten. Herausgegeben von Werner Hecht. Gestaltet von Willy Fleckhaus. Leinen
- Leben Brechts in Wort und Bild. Von Ernst und Renate Schumacher. Leinen
- Bertolt Brecht – Leben und Werk in Daten und Bildern. Herausgegeben von Werner Hecht. it 406
- Brecht im Gespräch. Diskussionen, Dialoge, Interviews. Herausgegeben von Werner Hecht. es 771
- Brecht in Augsburg. Erinnerungen, Texte, Fotos. Eine Dokumentation von W. Frisch und K. W. Obermeier. st 297
- Auf Anregung Bertolt Brechts: Lehrstücke mit Schülern, Arbeitern, Theaterleuten. Herausgegeben von Reiner Steinweg. es 929
- Brechts ›Kreidekreis‹, ein Revolutionsstück. Eine Interpretation von Betty Nance Weber. Mit Texten aus dem Nachlaß. es 928
- Brechts Modell der Lehrstücke. Zeugnisse, Diskussion, Erfahrungen. Herausgegeben von Reiner Steinweg. es 751
- Brecht-Journal. Herausgegeben von Jan Knopf. es 1191
- Brecht-Journal 2. Herausgegeben von Jan Knopf. es 1396